新 视 界

始于未知　去往浩瀚

铁腕拗相

王安石

北宋的
改革家和
变法者

罗少亚

著

上海远东出版社

图书在版编目（CIP）数据

铁腕拗相王安石：北宋的改革家和变法者 / 罗少亚
著 . -- 上海 ：上海远东出版社，2024. -- ISBN 978-7
-5476-2056-4

Ⅰ . K827＝441

中国国家版本馆 CIP 数据核字第 2024EZ2769 号

出 品 人　曹　建
责任编辑　季苏云
封面设计　宋　涛
扉页题字　黄启雄

铁腕拗相王安石：北宋的改革家和变法者

罗少亚　著

出　　版　上海远东出版社
　　　　　（201101　上海市闵行区号景路 159 弄 C 座）
发　　行　上海人民出版社发行中心
印　　刷　上海锦佳印刷有限公司
开　　本　710×1000　　1/16
插　　页　1
印　　张　23.25
字　　数　346,000
版　　次　2025 年 2 月第 1 版
印　　次　2025 年 2 月第 1 次印刷
ISBN　978-7-5476-2056-4/K・207
定　　价　98.00 元

序

王安石与北宋政权的兴衰轨迹

读到耄耋老人罗少亚先生的书稿——《铁腕拗相王安石：北宋的改革家和变法者》，心有所动，不禁想说点什么。罗老从二十世纪七十年代起就收集阅读王公的著作和资料，逐渐熟悉王安石变法历程与他的德能勤绩，以及北宋政权的兴衰轨迹。有关这段历史的文献汗牛充栋，但与所谓的正史《宋史》一样，多是歪曲熙宁新政，诋毁变法诸人，甚至将它曲解成北宋灭亡的直接缘由。虽然学者间有异议，直到清代蔡上翔的《王荆公年谱考略》问世，才把颠倒了的王安石变法史实和进步意义纠正过来。

国家进入改革开放时期，罗老激流勇进，积极将个人职责融入国家发展的大局之中，力求与国家战略同频共振。从现实的艰难进程中，他感到社会潮流与近千年前的那段历史进程竟然有某些惊人的相似，从而开始构思写作，希望在现实世界之外构建一个平行的世界。尽管公务繁忙，罗老依然坚持不懈，利用每一个碎片化的业余时间投身文学创作之中，这份对文字的热爱与执着未曾有过丝毫动摇。前后经历四十余年，至今终于完稿付梓。罗老的这种韧劲或许蕴含了湖南人"霸得蛮、耐得烦"的性格特质。

本书从王安石被刚即位的神宗诏京"越次入对"写起。二十岁的皇帝深感国家积贫积弱，却要屈辱地向敌国辽、夏缴纳巨额岁币，心想富国强兵，但不知从何入手。众大臣纷纷举荐王安石，神宗便多次与比自己大近三十岁的长者昼夜恳谈，获知他有富国强兵的整套设想，更有"不加赋而国用足"的妙招，便升任他为参政知事即副相，紧催他建立机构、调集干员、规划新法。

王安石上下为官二十多年，深知从真宗"澶渊之盟"起，苟且而得几十年和平安逸，人们思想凝固，朝政懈怠，权臣以设家庭歌舞班社为荣，上下以享乐纵欲为上。面对这种社会情势，王安石早有改变局面的设想，那就是十多年前任知制诰时的《上仁宗皇帝言事书》。然而，一腔热血遇寒冰，奏折被抛入冷宫。当今年轻皇帝忧患意识强，矢志图治，虽非秦皇汉武唐宗宋祖那般文韬武略，但初心不改，任宰相谋事，召集一批忧国为民的栋梁之才，以新法为支点，撬动朝廷励精图治，促使国家强大起来。

当此之时，神宗言听计从，君臣相知如一人。在王安石入朝一年多的熙宁二年（1069年），六路均输法、常平籴敛法、农田水利法等新法相继出台。投石激浪，连串新政惊扰到按部就班的朝廷，也使路、州、县、军应接不暇，甚至叫苦不迭。有人支持，有人观望，有人反对，更有人阴使京畿百姓涌入京城冲击开封府、围攻王宅。初受冲击的年轻皇帝手足无措下诏暂停青苗法。帝师司马光借机以好友身份敦促王安石收敛，但遭严辞驳斥。神宗很快知道不该被异论所惑，便在三五年间，连续颁布改更戍法、置将官法、立保甲法、行募役法、更定科举法，颁行市易法、保马法等诸多新法。这些因"富藏不济于民"而"损有余而补不足"的新法在全国轰轰烈烈地推行；反对派群起而攻，包括原来推荐王安石、同情变法、支持新政的旧日同盟者。本书精心构建了一个宏大的叙事框架：以新法逐步实施的历程为主线，以错综复杂的君臣关系为经纬，再巧妙地将众多人物的命运起伏穿插其间，编织成一部波澜壮阔、震撼人心的历史著作。

基于历史事实，书中出场人物很多，作者着力刻画了几个主要人物，其中以描绘王安石"知其不可为而为之"的毅力和韧性为重。面对神宗治力渐长、被动了奶酪的既得利益集团和后宫上下掣肘愈演愈烈，王安石深感朝廷脊梁骨缺钙，不得不全心全意谋事。决策大政，他口嚼石莲以运其思，时常刮得口腔流血；连吃饭时也专注政事或学问，习惯性地只夹身边那盘菜，塞饱肚子了事，神宗和御厨们便误以为这位师臣只爱獐子肉。他坚决退回下属为治疗他的喘疾而买的紫团参，并严厉告诫新法制定执行者们和亲属不得徇私枉法，先自治而后才能治人。尊崇个体生命存在的价值，他毅然决然从法理上拯救被判死刑的民女；将夫人为他买的贫穷女子无偿退回，还资助她家还清巨额债务。他乘驴薄暮行荒村，是中国历朝历代唯一不坐轿、不奢华、不纳妾、不积聚私产的宰相。他有注入血液的自律，是个应该大写的硕儒。在彰显主人公奇特个性的字里行间，洋洋三十多万字充满了罗老对王安石和新法执行者由衷的敬重。

大事往小里写，国事往家里写。王安石在鄞县任职时，长女出生，但不幸的是，孩子未满两岁便不幸夭折。离任时，他特意到埋葬爱女的山野吟诗作别。长子王雱聪慧好学但性情过敏急躁，他耐心教导儿子修心养性，并不得不将被儿子虐待的儿媳另嫁他人，所谓拆散一对，和好四人。他规定活泼天真的女儿们勤读诗书抄佛经，温顺侍候夫家人；还用他宰相地位有意压低女婿官职，且不准亲家申诉。他对学生、下属如陆佃、郑侠、曾布、吕惠卿等循循善诱，只有忠君爱国、切实为民者才谓之大器，忠告而善道之，不可则止。

特别是这位职业政治家只有政敌，没有私仇。虽然一令方下，一谤即随，政事之堂，几为交恶之地。以文为能事、执意反对新法的苏轼，被诬告入狱，王安石极力营救，与神宗制定赏疑从与、罚疑从去、罪疑惟轻、功疑惟重等原则，熙宁朝不杀大臣。苏轼长期被放逐州县，近距离体验到新法确实有益于民众，便在王安石辞相后谦恭地到江宁看望，深悔"从公一觉十年迟"，否则自己的人生道路也许是另一个模样。对最极端的政敌司马光，王安石一直支持他修《资治通鉴》；在生命的最后时日得知司马宰相彻底废除熙宁新法，他彻夜难眠，涂写司马光三字数百遍，但不贬损司马光的人格。

吴氏夫人是本书女主角，她是王安石母亲娘家女，有教养，初识诗文，讲究卫生，善于插花艺术。王安石在地方转辗为官时，母老弟弱，曾寄食于官舟，衣薄食单，是她勤劳节俭，敬老爱幼，维持了家政。她也深感位高权重的丈夫为人处事低调，在两宫太后赐赠首饰时她选择中等规格，后宫钦佩首相夫人不贪不俗的良好品性。

书中还设计了一些特殊人物，如老道李士宁、道医陈景初、保镖金台、神奇义士蓝衣人、宫中小丑张寺等。他们不仅巧妙地串联起各个情节，为故事增添了无限活力，还以各自独特的方式评论世事、辨明是非，其风趣幽默的言行更是极大地提升了读者的阅读乐趣与体验。

当然，为了推动情节的发展，书中在叙述某些历史事件及其中的人物时,不得不偏于某个侧面,有时甚至脸谱化,如文彦博、富弼等,并非不尊。大事不虚,小事不拘,就像《三国演义》中的曹操形象一样,相信读者定能宽容谅解。

　　本书在艺术表现上的一大亮点,即通过对话深刻展现与刻画人物性格。罗老先生凭借其在电影事业多年的积淀,擅长构思充满画面感与动作性的细节,使得人物对话不仅精炼且贴近口语,更巧妙地融入现代词语,犹如戏曲舞台上巧妙的插科打诨,令人回味无穷,如同品味醇厚佳酿。这样的语言风格,也极大地丰富了文本的层次与韵味。

陈包

2025 年 1 月

前言

一个大写的儒者圣贤

2024 年 11 月中旬，我再次瞻仰了王安石南京故居"半山园"，并向这位大写的儒者圣贤致以崇高的敬意。1984 年秋，即此园重建后不久，我曾首次造访，那时便坚定了用文字来敬仰他的决心。九百多年前，王公第二次辞去相位回到江宁，择地修建居所以终老。居所位于江宁府至钟山（紫金山）的半途，因此得名"半山园"。这是一座拥有二进院落带偏室的小院子，正面矗立着王公高举新法文卷的全身立像，周边林木花草整洁肃穆。前后二厅堂展示着描绘王公经历和业绩的连环书画，历代伟人们对他的评价也赫然在列，占据显眼位置；长廊上镶嵌着诗碑，书柜里则收藏着《王文公文集》和相关研究著作。

我对王公的研究始于二十世纪七十年代，当时大量被认定并推崇为中国历史上的"法家"著作的书籍印行，其中也包括王安石的著作。我喜不自禁，不惜节衣缩食以求购市面上所能见到的王安石著述，以及研究他的代表作，如蔡上翔《王荆公年谱考略》、梁启超《王安石传》等，并如饥似渴地啃读数年，被这位先贤梦想成真的超凡能力、九死其犹未悔的英雄主义感动得血脉偾张、荡气回肠。英贤虽异世，自古心相许。作为中文系的学生，我深感仅在唐宋八大家之列尊崇王公远远不够。公系通才，无论是作为思想家、教育家、经济学家、社会学家，还是文字训诂家，他都烛照当时传扬后世。更异于他人的是，他还是一位政治家、改革家、清官、理想主义者，在他所涉及的每个领域，他都力求做到尽善尽美，这集中体现在他奋不顾身地推动熙宁新政，即历史上著名的"王安石变法"。

　　在二十世纪八十年代初那个春风送暖却又起伏跌宕的时代里,我痛感人的突出成就首先取决于其志向的高远和人格的伟大。我致力于塑造一个英雄推动历史的理想形象,以烛照现实世界中的公职人员,并激励后代能像王公那样为国谋事、为民尽心。然而,由于职务所限,这项工作只能时断时续地进行。出于对荆公志向与人格的深刻敬仰,这种敬仰刻骨铭心、魂牵梦绕、欲罢不能,在严格的自我管理和不懈攀登的毅力驱使下,我将那段时期对人生的感悟融入其中,反复雕琢,最终在王安石逝世千年的纪念日之前,完成了这部历史非虚构长篇的定稿。这部作品前后十易其稿,跨度四十余年矣! 幸运的是,我健康地度过了两个四十多岁的年龄段,也算得上是老牛力耕、不懈奋斗吧!

　　1021年,王安石诞生于抚州临川(今江西省抚州市临川区)的一个并不富裕的书香官僚家庭,小名唤作獾郎。自幼与家境贫寒的孩子为友,他深知民情艰苦,便发奋研读古圣贤书。在考取进士后,他立下宏愿:进士,就要为大宋国富民强而仕。在官场的历练中,他更加深刻地洞察到社会的诸多不公以及黎庶生存的艰辛,而他刚毅不屈的性格,又促使他能够拥有超凡的远见卓识,勇往直前,无惧无畏。

　　他首次踏入仕途,便被朝廷任命为鄞县(今浙江省宁波市鄞州区)的县令。到职伊始,他便跋山涉水,访遍全县乡村,目睹了因海塘年久失修而导致的常年旱涝和作物歉收,以及人们不得不聚集海滩煮私盐以维持生计的困境。他主动联合乡绅,带领农民恢复水利工程;同时推行了后来被定名为"青苗法"的政府贷款政策,即在青黄不接,贫困农民无力备种春耕之时,将国有常平仓的粮钱借出,帮助他们完成春种、夏耕、秋收、冬藏的农业生产周期,而政府收取的利息比富豪的高利贷低得多,以保证农民来年能够继续借贷。此外,他还聘请教师、兴办学校,关注民众教育,潜心提高社会的文明程度。任职间,人们发现,他一旦捕捉到一闪而过的创意,便会全力以赴去实现自己的设想。牛刀初试成效显著,鄞县的面貌焕然一新,因此被明州府树立为各县施政的模范。

　　二十九年后,开国百年的赵宋王朝传到第六代皇帝神宗赵顼手中。二十岁即位的他,痛感每年向劲敌辽、西夏进贡七十五万多匹银绢之沉重,而权贵们却在这高价换来的太平中贪图享乐,将前几代的积蓄挥霍殆尽。面对国家积贫积弱、国库入不敷出、权贵醉生梦死的极端困境,年轻皇帝茫然四顾,无所适从。当他得知四十八岁的王安石有"不加赋而国用足"的良策时,便毅然决然重用了王安石。然而,那些习惯苟且行乐的朝官听闻王安石的革新理念后,却认为他不过是自以为是的空想家、偏执狂,甚至将他曾上奏先帝仁宗而被冷落的万言书再次翻出来大肆宣扬,称其所谓的改革方案不过是水月镜花、荒谬绝伦的幻想。

王安石辗转官场二十年,始终致力于改变社会面貌和黎庶命运,堪称一位肩负使命、敢于冒险的改革先锋。他深知,好点子在被实现之前,往往会被视为疯狂之举。问题的筋节在于开拓坚持,无论前路多么艰难,唯有全力以赴、持之以恒,才有希望。眼前最迫切的任务是坚定皇帝的决心,使其能一往无前,并将变革的理念变成朝廷上下的共识。

神宗急于求成,在翰林学士王安石入朝的第二年,便授予他参知政事之职,催促他组建制置三司条例司以迅速草拟并推行新法。成竹在胸的王安石原打算先开启皇帝心智,并逐步引导朝廷形成共识,但此时不得不加速推出均输法、青苗法、免役法等改革举措。这些法令旨在减轻底层民众所受的剥削与压迫,却直接触动了王公显贵富商地主的利益,因而遭到了元老重臣的强烈反对。这些重臣中不乏此前极力赞扬并推荐王安石入朝的有识之士,如欧阳修、韩琦、富弼、文彦博、司马光等。他们不约而同地对王安石及其改革派进行了激烈的攻击与诋毁,甚至到了欲置其于死地的地步,这种反对的声势之大,甚至波及天子本尊。然而,那些广泛受益于新法、心怀感恩的老百姓的欢呼声,却被保守官员们层层压制和屏蔽。天高皇帝远,这些声音很难上达朝廷。

王安石变法推行了许多其他人连设想或尝试都不敢的大胆政策。他在朝期间,带病躬行,起起伏伏,两次为相而又两次辞归。其间施行的十多项新法,极大地促进了农工商业的繁荣,数千万计的农民和普通市民的生活得到改善,国库充盈了(财政收入达到唐朝的三倍),军队振奋了,强敌不敢觊觎,还收复开拓了熙州等西北边陲和南方少数民族地区的大片国土。可以说,北宋的市场经济得到了空前的发展,科技有了新突破,思想文化更加世俗化，海陆丝绸之路远达亚欧，多国来朝，基本实现了国强民富的目标。天命昭昭，中国历史上少有比王安石更坚毅之人，任何了解到他变法经历的人都会对他心怀敬意。几百年后，列宁赞誉他是"中国十一世纪的改革家"；美国前副总统华莱士也感谢他的青苗法为美国提供了灵感，帮助美国扭转了1929年前后的经济大萧条危机。

不幸的是，神宗皇帝在位十八年便英年早逝。人去政变，比王安石年长两岁但健康状况较好的司马光主政元祐朝。这位历史学家终究成为政治上的"杠精"，气急败坏地将新法全部废除，将新政官员一律罢免或围猎驱赶到边远地区。这样庭犁穴扫的极端举措，连原来携手同一战壕、尽情嘲弄攻击新法人事的苏轼等名流，都觉得太意气用事了。极端而又反复的举措使得朝政如翻烧饼般频繁更迭，甚至出现了"元祐党人碑"，欲把司马光等一百多名朝廷高官永远钉在历史的耻辱柱上，这无疑是历史的悲哀。

近五百卷的元朝官修《宋史》，是一部千方百计捏造诋毁新法与王安石一众的史书。它把由保守派主政而导致强敌深入、北宋灭亡的罪责，一股脑儿推到王安石等改革者身上。直到数百年后的清中叶，众多有识之士才奋力为王安石及其变法翻案，揭露一个令中华民族深感羞愧的弥天冤案。

本书从取材到人物构思，参考《宋史》而又颠覆传统对王安石变法的固有描述与论断，一方面着重描绘了王公的性情、家庭和谐关系以及他内心深处不为人知的苦衷；另一方面，深入刻画了神宗赵顼的锐气以及他在后宫中所面临的喜乐与种种掣肘的复杂局面；同时，还详细记录了变法旗手们的聚散离合，他们的各自诉求与理想，以及他们与反对者之间的纠葛和冲突，尤其是王安石这位"拗相公"与司马光、苏轼之间的亲密关系与尖锐冲突以及这些关系最终导致的悲剧性结局。史事皆有据可依。我从个体生命存在的价值着眼，致力于以通俗易懂的白话与精炼的警言，全面而深刻地揭示历史的深层智慧，雕琢出如诗一样的语言以触动人心，力求还原并塑造一个最真实的王安石。

专家学者们发现，某些历史现象往往惊人地相似并反复出现。在我看来，中国历史上的重大改革，尤其是王安石变法的成败得失，为我国新时代改革开放提供了宝贵的经验和教训。王公传统而先进的思想理念、敢为人先的豪迈志趣、知其不可为而为之的坚毅性格、律己持家之严几近苛刻、认清社会真相依然热爱那个社会、只为政见没有私敌的高尚品德等,在他所处的那个时代实在难能可贵,值得子孙后代敬仰与借鉴。归来仍是王者,王安石是个大写的儒者、圣贤!唯情最长久,虽然王安石已经远去,但他的精神依然炽热如茶,滚烫人心。

　　兴亡谁人定,盛衰岂无凭!先贤们认定,无公则无熙宁新法,有史必有安石其名!现在,我仅以此书敬献于王公灵前,感谢他为中华民族精神和先进文化添彩;同时,期望在中华民族复兴进程中,他的精神遗产能够继续为子孙后代提供智慧与鼓舞,让先圣们所追求的世界大同理想如同日月星辰般璀璨闪耀,共同促进一个发展、安全、文明的地球村的实现。

罗少亚

2024 年 11 月于湖南长沙

目　录

第一章
官家诏命赴京师

捏碎一个又一个核桃

熙宁元年（1068年），江宁知府馆舍书房，只有一张写字台、四墙书柜、书架、瓷瓮、条幅挂画之类，几张椅凳，别无长物。四十七岁的王安石背手踱步，凝神思考，未察觉女儿们悄悄进来。二女儿素雯双手捧着一瓶插花，悄悄地置于几案，低声地说："爹，娘给您又插了一瓶鲜花，看看喜欢不？"

王安石的思路被打断，扫视插花，顿感一日一新，不觉心旷神怡。他的视线由瓶花转向素雯，不经意间，发觉十六岁的女儿削肩长项，瘦不露骨，眉弯目秀，顾盼生辉，面颊红润如玉，不擦胭脂也如花一样俊美。尤其是她踢毽子的姿态，身轻如燕，活像她娘年轻时模样。如果鄞女还在，该十九岁了。三个女儿在一起玩耍、读书，该多么惬意呀！此时，三女儿素雾娇滴滴如鸟儿歌唱："阿娘插花工艺越来越巧，花市商家夸她是活花瓶咧！爹，您真要去汴京当京官呐？"

王安石这才回到原来的思考："官家诏命。韩子华伯伯转称：'今上恳切眷顾。'"王安石招手叫她近前说话："宝贝儿有何高见？"素雾指着自己的鼻子："我，高见？"王安石："你不是常常喜欢给别人出主意嘛？可也是，十岁了，应该有自己的想法了。"素雾并非始终是个心直口快的直肠子，转而指着姐姐："爹的谋士十六岁了，您总爱听她的，叫她说吧。"

素雯："爹，您不是一直不愿做京官嘛！"素雾："说书人讲，伴君如伴虎。

帝都开封,虎狼之地呀! 爹说是吧?"素雯:"汴京,天子脚下,万民景仰,万国朝拜! 爹是说在州县,方便为百姓做实事。当年在鄞县,如今在江宁,士子百姓总喜欢到我们家来议农事,谈学问,聊家常,那时候爹开心又精神!"王安石:"还是雯儿懂得爹。"

素雾见爹坐下,便靠着他的藤椅说话:"爹这回真要变主意呀?"王安石摸着小女儿的头问道:"你们都跑到书房来,娘呢?"素雾:"娘为爹赶做衣裳,说您上朝见官家要体面,不能邋里邋遢。"

此时,吴夫人抱着一件木棉布内衣进来:"你们又一起吵爹! 做功课去!"素雯:"娘,爹要进京陪侍官家,我们舍不得。"

王安石:"是呀,书馆的事太忙,未问你们功课如何。"素雾:"爹,我正要请教您。除了《论语》,那些《孟子》《大学》圣贤书,越读越糊涂。"吴夫人手指素雾额头:"我看是越宠越糊涂。"

王安石直视不解:"学以明理,你们的先生在教,怎么会越读越糊涂?"素雾:"孟子曰:人之性善。荀子曰:其为善者,伪也。扬子又曰:人之性也,善恶混。韩昌黎则又曰:性之品有三。圣人之书,莫衷一是。小女子我怎能不糊涂? 先生不回答,只得请教您这位大学问家呐!"王安石听到小女的话,甚是高兴:"这就是了。学而不思则罔。尽信书,不如无书。读古人书,重在拔根取要,一方面要懂得古人聪明得怎样,还要看得出古人傻到什么程度。雾儿切问而多思,有些入门径了。"聪慧爽快的素雾煞是得意:"姐,爹说我入门径了,你不要总把我比作园子里唧唧叫的糊涂虫呐!"吴夫人指着素雾对王安石说:"看你的明珠好得意!"

王安石转问素雯:"人之性善性恶,雯儿怎么看?"文静而话不多的素雯听爹说话时已想出了答案:"性相近也,习相远也。"王安石点头:"看来,你们的先生教导有方。在学问上,你们都要向大哥学习。他二十岁时,已有纵论天下大事的策论三十多篇咧,而且紧接时局,有的放矢。"素雾:"我们哪有大哥聪明! 他几岁时,就能说出'鹿边是獐,獐边是鹿'! 好狡猾的,简直比爹的那个少年朋友方仲永还聪明。"素雯似乎在提醒:"大哥太精明,还有点刻薄。我听嫂子这么说他。"

王安石:"提起我那少年朋友方仲永,确实绝顶聪明。记得有一次夜里一起玩，我就油灯即兴出了个上联：'白蛇过江，头戴一顶红日。'他见墙壁上挂着一杆秤，出口就对：'青龙挂壁，身披万点金星。'真是个无师自通、远近闻名的神童。人们都劝他爹延师指点，他爹却说：'神童还用得着老师教吗？'卖诗售联足以养家糊口咧。——呀，小家伙们是说，养不教父之过啰！呵，想不到鬼精灵在这儿等着我！除了家庭教师，我和你娘也没有少教你们呐！"吴夫人见此情此景，也被孩子们的童真拨弄得忍俊不禁。

王安石："不过，我告诉你们，仅仅读经还不足以知经。文者，以实用为本，务求有补于世才是真知。"吴夫人："到先生那里做你们的功课去，我与你爹有事商量。"王安石："还有，你们两个以后不要干涉大哥家事，也不能挤对小弟！"素雯爽快应答："知道了！"

娘的谋士、爹的明珠一起出书房，素雯神秘兮兮地对姐姐说："难怪三百岁老道预知爹会当宰相哩！"素雯悄悄地打住："傻丫头，老道逗我们开心哩！"

吴夫人对王安石说："韩子华捎话，吴家再三央求他催媒，尽早办理素雯与安持的婚事。相公与冲卿是同龄同期的异姓兄弟，早就答应了他家的。"王安石："这次赴京，一定与冲卿当面商定。"

此时，小儿王旁闻声进来："爹，娘，不准把二姐嫁出去！她走了，我就没人玩了。"吴夫人："胡闹，快十岁了，还想玩！认真念书，将来考进士。咱们王家，自你曾祖父到你哥，前后六十八年，四代八进士呐！"王旁："啊，四代八进士？难怪爹常说，进士，进士，要为老百姓谋事咧！"王安石独自议论："现在的进士考试，以辞赋章句录取，于世事毫无补益。如果不改，不考也罢。"

这一日，王安石照常独自骑毛驴上蒋山。素称帝王州的江南佳丽地金陵，长江龙蟠，蒋山虎踞。壮丽的峻岭覆盖茂密的树林，乔木、灌木、地衣、青苔立体交叉，构成城市的绿肺。溪水潺潺弯弯曲曲流淌，呼吸着清新而透着丝丝甜腻的空气，王安石像往常一样如醉如痴。毛驴识途，极为驯服地驮着主人，一声不响地爬坡过坳，穿林绕谷。即便溪水潺潺流淌，它也无暇驻足解渴；尽管稚嫩的青草散发出诱人的清香，它也未曾浅尝一口。它沿着自己踏出的高低曲折的小道印痕前行，钻入隐藏在密林中的佛国圣地定林寺，直达别院住持的茶房前庭，自行停步。王安石下驴后，摸了摸气喘吁吁的毛驴，随后将缰绳交给沙弥去投喂，自己则步入了禅房。刚坐下，好像约定似的，身体魁梧、略为年长的道原长老披着僧服，满面笑容地提着一壶白茅根茶进来。

道原与王安石双手合十致意："施主，这壶白茅根茶，是用徒儿们在山南潦涯上摘得的鲜嫩白茅根文火煎熬而成，治疗您的溲血症，效果应更好。"王安石立即倒了一碗，一边饮用一边说："难为道原师父精心治疗一年，溺色淡多了。"道原："再服个把月，有望完全痊愈。"王安石："只怕无福在此继续享受师父那妙手回春的杏林绝技了。"

道原："介甫拿定了主意？"王安石摇头："咱们下棋吧。"他们移坐棋桌开始弈棋。小沙弥随后送来一盘核桃。王安石似乎心不在焉，一边布子，一边捏核桃。一个核桃捏碎了，棋子却未下几枚。道原见他心不在棋盘，便问："去年朝廷授施主翰林学士，施主久辞不受。这次官家诏您越次入对，再也推辞不了吧？"王安石点头，棋子在手不落："已三上辞呈，官家仍不允准，还令人再三催促。"

颇为关心俗事的道原要问究竟："老衲不明白。仁宗至和二年（1055年），授施主进直集贤院掌管秘书图籍，同修起居注。这个记录皇帝言行举止的官位，历来只有翰林院大学士充任，前几朝更是只有相当宰相资格的大学士兼任。即便是学士、直学士、修撰官等职务，都是上层士大夫、文人墨客艳羡的高位。别人孜孜以求而不可得，施主却三番五次推辞不去，直至躲进茅厕耍赖。"

王安石眼前浮现那次拒接圣旨的闹剧——

家人们欢天喜地，簇拥着王安石接旨。他却决意拒绝，对埋怨他的家人们解释："进京做朝官，金马玉堂，锦衣玉食，美则美矣，于天下黎庶何益？在地方上我能给黎民百姓做点实事。到大内跟在皇帝身边，随时随地记录他的圣迹，身不由己，会把我自己扭曲，也会忘掉黎庶！"家人们不理解他的反常举措，可又无可奈何。

黄门吏隔着院子再三恳求："王相公，我们求您老人家接了圣旨！要是连个升官发财的圣旨都送不出去，显得我们无能，回京会挨板子、丢饭碗的！"王安石一时无计推脱黄门吏。事也凑巧，当日他肠胃不和，就顺便进了茅厕而久久不出。堂堂朝廷信使,总不能将神圣的诏书塞进污秽场所吧。

此时的道原忍俊不禁:"只有王介甫才敢那样恶作剧!"周围的小沙弥都哄笑起来。王安石这才落下一子,也呵呵笑着向沙弥们摇头自嘲:"小师父,官场无赖事,被逼的,不算无赖之徒吧。"道原:"施主幸运,朝廷未追究不遵圣命之罪。"道原注目王安石下的棋子:"你这个子落得叫我莫名其妙,难怪徒儿们都说施主是个不按常理弈棋的人。"王安石:"没有呀,顺理成章!"

道原:"我师父说过施主一件事。当年你十七岁,随父在江宁读书。一日来到灵谷寺,我师父很诧异:'刚才梦见唐太宗李世民驾临寺院大雄宝殿,郑重对老衲说,你身边的王安石,将来会做宰相。'说完就悄然离去。恰恰你就到我师父身边。"王安石点头默认:"大师是在迎逢我爹啰。"

此时,道原示意小沙弥退出,轻声地对王安石耳语:"老衲预知施主您不出则已,出则要像在鄞县、江宁一样,力图革故鼎新,求民富而国强。"王安石回复:"确闻今上天性孝友,入事两宫终日站立,虽寒暑不变。即位以后小心谦恭,敬畏辅相;求直言,察民隐,恤孤独,养耆老,振匮乏;不治宫室,不事游幸,励精图治,似有大作为。"道原:"我佛亦同。《金光明最胜王经》云:'巨富多财,库藏盈满,军兵武勇,众所钦伏,常以正法施化黔黎,人民炽盛,无有怨敌',是为富强。"

王安石仔细听取而陷入沉思,又捏碎了一个核桃,乃曰:"孟子曰:'天下有道,以道殉身;天下无道,以身殉道。'"道原笑了笑,指着案上的核桃残渣:"殉身殉道,与此物何干,为啥跟它们过不去!"

棋局结束,王安石似乎定了主意,向大师辞别。道原目送王安石骑驴离去,直到背影消失于丛林,才自言自语:"不知何年何月能再见喽。"

王安石下山回府,陆佃已等他半个时辰。王安石说:"农师,我正想去找你们。"他们进书房就坐后,陆佃说明来意:"据传,今上一再催先生赴京越次入对,书馆学子们特意叫我来问问学馆的事。"王安石:"为师不得不应诏入对,书馆暂无课程,你们自修研讨,等我回来补课吧。"陆佃探问:"今上诏命翰林学士,恳留顾问左右,先生怕是要告别江宁府了。"

原来,闻知王安石回江宁守制,青年学子如彭汝砺、杨骥、陆佃、龚原、李定、沈凭、蔡渊、杨训、蔡京、郑侠、徐君平等来求学,或有来自千里之外。只因王安石早年著述《淮南杂说》《易解》《洪范传》等风闻遐迩,那些"莫大之恶,成于斯须不忍""道义重,不轻王公;志意足,不骄富贵"等至理名言,已被天下尊崇。王安石痛感现行取仕制度难以寻求经世致用的真学问,在《潭州新学诗(并序)》《虔州学记》《太平州新学记》等文中,反复论述教育取士方向事,并设帐讲学以实践。

王安石:"如果今上执意挽留,我们就京师会试时见吧。扬子曰:'先自治而后治人之谓大器。'以农师天资学力,通经又能经世用,自有成器之日。"陆佃感言:"先生从《诗经》开讲,经《书经》《礼记》而后《春秋》,便会一通百通。真可谓,诸生横经饱余论,宛若茂草生陵阿。而我,北山楷木今成列,独傍师门想见丘。晚生平日就师十年,不如从公之一日也。"王安石:"农师映雪囊萤,瘦成这个样子,要努力加餐饭呐。啊,还有,你们将'如何做到不加赋而国用足'的命题再研讨一番,好吗?"陆佃痛快应承:"好呢,我会把众生见解报告予您。"

待陆佃离去,吴夫人出见王安石心情十分轻松,估计拿定了主意。夫妻大半辈子,懂得他一旦下决心,别人是很难扭转的。不过,她还是询问:"愚妻我一事不明,相公为官多年,多次力辞朝廷敕命。去年授翰林学士,人称内相,您久辞不就;这次诏命越次入对,您却泰然拜表,不再迟疑,却是为何?"王安石笑着回答:"天子再诏,岂敢推辞!韩子华已打发雱儿回江宁来陪我一起进京,叫老四随同,明天一早起程。"吴夫人:"雱儿体弱,不歇息几天,会累坏的。"王安石:"官家紧催,耽误不得,赶紧为我收拾行装吧。"

吴夫人应命,将两口大箱子交付王安国并叮嘱:"四弟呀,三十年来,朝廷授你三哥京官,他多次推辞不受。此次官家诏他越次入对,还关照你和雱儿一起陪侍。你晓得的,他不大修边幅,他们父子今后就得老弟你多操心了。道原长老精制的这大包白茅根,更要精心煎熬,治愈他的溲血症。"王安国亲切地对吴氏说:"嫂子放心。李道人预示此去难回头,书籍物品尽量多带些。"吴夫人点头:"那老道江湖气十足,他的话,你三哥乐意听也就罢了。四叔你呢,不要太当真。"

王安国别有心事:"贤嫂呀,三哥心高得很!愚弟担心他把庆历年间《上仁宗皇帝言事书》那套论调又搬出来。当年提倡庆历新政的范文正公未得好下场,楚国屈原投汨罗江,秦朝商鞅遭车裂,闹改革的大臣殃及五服数代呀! 想起来我就毛骨悚然! ——也许,愚弟不该向贤嫂讲这些话。但若此时此地不讲,将来也许后悔莫及。"

吴夫人顷刻间汗毛倒竖,但马上镇静下来。她原是王安石母亲吴老夫人的侄女,自小与王安石青梅竹马,相互倾慕。作为表姐与王安石成婚后,她育有三子三女。在为婆母守丧期间,她全力操持兄弟姊妹二十多口的大家庭,三世同堂,上和下睦,妇德极高,很受尊重。此时,她以长嫂身份谆谆劝导:"贤弟多虑是好事,怕事就不必。你哥从鄞县县令到如今江宁太守,一路深得民心;有损民众和朝廷的事,他是不会做的。当然做事也得罪一些人,但不至于你讲的投江、车裂、腰斩那么吓人吧。"王安石进来答话:"夫人所言极是,用不着那么紧张。我知道长安居,大不易,只想把江宁世道民心以及巡查所见详情,禀报今上和二府首相,再看望韩公、子华、持国等恩人老友就立即回来。"

吴夫人语重心长地嘱咐:"贤相公呀,要细听四弟的劝。不然,到时候只怕由不得你。另外,你不理会我这个洁癖也行,但那是京师,定要改变邋里邋遢的习性。"

熙宁元年(1068 年)四月,王安石告别江宁,踏上赴京行程。

告贷无门的皇帝

北宋治平四年(1067 年)正月前后,北宋王朝经历了十分悲惨和动荡的时日。去年十一月,以孝德著闻、继位才四年、正在全力打理朝政的英宗皇帝赵曙突发重病,抢救两个月便驾崩于福宁殿。四年中连续办理两代皇帝丧事,举国上下都很闹心。皇族、后族明争暗斗,或期望得到至高无上的权力,或唯恐失势甚至满门抄斩;一朝天子一朝臣,官场显贵日夜博斗在此起彼伏、利害得失的激流旋涡中;守卫边疆和禁中的官兵们担心,突遭强敌辽、夏趁火打劫而丧失性命;权势富有者或庆幸盘剥一次、享乐一天赚一天,醉生梦死;深陷于天灾人祸中饥寒交迫的百姓叫天不应、入地无门……

有幸的是,在宋英宗病入膏肓的前一个月,颍王赵顼被拥立为太子,羽翼未丰的他竟然顺利继位。当此之时，二十岁的熙宁皇帝冷静地沿用父皇治平年号度过当年，并以迅雷不及掩耳之势尊祖皇仁宗后曹氏为太皇太后，父皇后高氏为皇太后，立安国夫人向氏为皇后，分封几个弟弟为某某王、妹妹为某某夫人，委任三朝元老、宰相韩琦为山陵使，带领几万民工赶修永厚陵，宣称所有朝廷大臣一律履行现职，不得玩忽职守。

年轻继位新君一边匆忙打理盘根错节的皇家事务，一边诚惶诚恐地责成原职大臣们整理政务，小心翼翼地向全国下诏诉说："朕以薄德承至尊，托于公卿兆民之上，大宋治理得如何，责在朕躬，故夙夜兢兢，上思有以奉天命，下念所以修政事之统。朕仓促承大统，愧欠敏明，未明政治之理。故而布告内外文武群臣，若朕知见思虑之所未及，至于朝之缺政，国之要务，边防戎事之得失，郡县民情之厉害，各令直言抗疏以闻，无有所隐。"

现在，展示在读者面前的是五品以上官员参加的逢五大朝会。神宗朝会分日朝、五日朝、朔望朝三朝。皇帝日御垂拱殿。文武官员日赴文德殿曰常参，宰相一人押班。朔望朝亦于此殿。五日起居则于崇德殿或垂拱殿，中书、门下为班首。

宽敞明亮、雄伟壮观的垂拱殿，以宰相韩琦、曾公亮为基点，左右排开的枢密使、参知政事等大臣，与后面按序站立的百十名群臣，尽着光鲜的朝服，气氛显得庄严肃穆。他们静静地等待年轻活跃、小心谦抑、动止有常、敬畏辅相的神宗出现，心情较为放松。可是，当年轻皇帝从帷幕里出现步入龙座，面向群臣时，却让群臣觉得有点反常。他那隆准龙颜一脸严肃，像是有特殊重大事情要发生。人们等待天之骄子的金口玉言。

神宗扫视过全场，启唇说话："朕即位数月，痛感国库空虚，财用不足。日前，已关照有关省、司、部、院准备陈述。今天请各位大臣就朝廷当家理财诸事，畅所欲言，献计献策。"

下面就是新君与旧臣心心相印的精彩展示，虽然不免唇枪舌剑、政见针锋相对。

管理财政的三司使韩绛首先出班，低沉地奏道："天下不幸，不满四年，仁、英二帝驾崩，内外公私府藏用尽，深感百年之积惟存空簿。故臣以为，方今至要莫先财用；财用不足，生民无以为命，国非其国也。"

　　大臣气度颇足的翰林学士承旨张方平慷慨接奏："天之生民,以衣食为命,圣人因而均节之,立君臣贵贱等威之分,以止其争且乱。衣食不足,何礼刑之有哉!万一饥馑,加之以寇患,臣恐智者难以善于后矣!"

　　两位当事权臣开场调子低沉,大家颇感问题严重,但认知不一,"或者不知内情而不以为然,或者不识所以而茫然"。

　　方厚庄重的尚书左仆射、同中书门下平章事曾公亮沉深而周密地启奏："财用不足,究其本源,冗兵最为大患。禁军由真宗朝的十万至今四十万人,一卒岁给约五十千,岁费二千万缗,加之厢军共八十万,占岁入十之七八;每岁纳币辽、夏又是六十年来成例。国库如此拮据,作为宰相,什么事也不敢承办。"

　　处在压班位置、风骨秀异、须发花白的右相、山陵使韩琦,不动声色,垂绅正笏,眼睛只盯朝笏而不面朝皇帝地上奏："各地水旱蝗灾严重,岁入大减;冬雪春寒,流民进京,施舍颇巨;辽夏纳币,去年勉强凑足七十万;本山陵使领永厚陵民工三万五千人,加石匠四千人,较嘉祐八年建仁宗永昭陵四万五千人,减了三分之一。"

　　节省到先帝的葬仪上,用老百姓的话说,连死都死不起了。神宗大惑不解,乃至急切地惊问："奉先帝,可损乎?"张方平舒缓地应答："以先帝之志行之,可谓孝矣!"枢密使、永兴军节度使文彦博："前蒙赐本镇公使钱三分之一。咱枢府没有宴请犒劳之费,公钱无虚受之理,伏望收回。"两位三朝老臣都在自己管理的事务上节支了,众臣似感到朝政确实不妙。

　　枢密使、礼部侍郎、参知政事吴奎言："陛下推诚以应天。天意无他,合人心而已。今民力困极,国用窘乏,直须顺成,然后可及他事。"这位副宰相不痛不痒的说话,似乎趋于应景,缓和不了上述重臣的忧虑,也让人觉得说了等于没说。

　　太子右庶子、判太常侍卿韩维言："承平日久,用度无节,以至公私财力匮乏。陛下此时即位,正当躬行节俭,率先天下,以强国阜民为意。"韩绛觉得老弟说得四平八稳,似乎把问题冲淡了,便对着朝笏引经据典再次强调:"《易》曰:穷则变,变则通,通则久。又曰:变而通之以尽力。《节》卦之辞曰:节以制度,不伤财,不害民。故伤财害民之事,当为制度以节之尔。家国之计重大,在陛下所忧无先于此。今欲保泰丰财,安民固本,当自中书、枢密院同心协力,修明祖宗以前旧典,裁而正之。日月逝矣,岁不我与! 后虽噬脐,何嗟及矣!"穷困到吞噬自己的肚脐,说得过于形象了吧。还说时不我待,紧急又紧急,全力应对,竭力变通,没有比这更急切的!

神宗赵顼静听几位重臣齐心一致的启奏,痛感数月以来朝政之艰难、理财之紧急,内心紧缩得有点冒虚汗。他若有寄望地感叹:"日月逝矣,岁不我与! 后虽噬脐,何嗟及矣! 大臣们真知灼见,语重心长,有振聋发聩之功。朕前已召翰林学士司马光等一班干员,深究裁减国家费用事。现请司马学士直述详情状。"

年正五十、满脸儒气的翰林学士兼侍读司马光神缓气弱地奏称:"我们几个朝臣遵诏,取先帝庆历二年支出数额与治平年间支出比较。众臣认为,国库空虚,国用不足,在于朝廷用度太奢、赏赐不节、宗室繁多、官职冗滥、军旅不精等造成,必由陛下诏两府大臣及三司官吏深思救弊之术。愚臣等未有裁减之法。"

神宗听完面目呆滞、言语木讷、近乎口吃的司马学士叙述,由满心期待转至失望,尽管他在竭力抑制自己的不满情绪。

不久前接替司马光御史中丞职务的吕海见势不佳,赶紧补充道:"臣等在度支省发现,竟有二三十年未开封的账簿。"问其所以,度支官员答曰:"州郡发来账簿时,随账簿皆有贿赂。只要达到常数,便不会开启账簿查验。如果不足常数,则会遭到百般问难,足数了才会放过。"

韩维私下嘀咕:"勘究了这么些日子,什么办法都提不出来,又把球踢回陛下,真是一班蹴鞠好角色!"

年岁最长的宰相韩琦纯熟圆滑地再次出班启奏:"国库空虚,国用不足。今岁南郊祭祀,乞陛下不再赏赐我等侍臣。"神宗见这位名高位重的三朝元老带头辞赏赐,自然明了他的特殊用意;又见他习惯性诚惶诚恐地奏事,总觉拘谨不安,如芒在背。司马光接应:"韩老相公之主张,正是我等共同的请求。救灾节用,权贵亲近者均该带头。"尚书、户部郎中赵抃提议:"或许可搜集朝廷工艺古玩精品以赐嘛。"

韩维出班:"微臣不敢苟同韩相、司马学士和赵尚书。陛下继位首次郊祀免赐,或赐以玩物,实在有损威严,有辱国体!"这算是第一位跳出来反对节用的人物,难道因为他曾是颍邸记室、太子庶子!

神宗忍不住眼噙泪水、一字一句地诉说:"军费年耗五千余万,卿等不议省兵;辽、夏每年勒索我国七十万之巨,卿等束手无策,却在朕头一回郊祀大典上耗费这么多心思。咳,你们劝朕即位,竟是要朕当这么个穷斯滥矣、告贷无门的皇帝!"神宗凄然挥手,满朝大臣不敢仰视声张,有眼浅者情不自禁地为年轻穷皇帝落泪。

曾公亮慢慢抬头说:"国家财用不足,是臣等不善理财。为相不能国强民富就是渎职,我提请辞去宰相职务。"前见头号宰相韩琦辞职意向,又见二号宰相趁机甩耙子,神宗或许心冷,孤掌难鸣,趁便轻声劝慰:"曾相言重了。"

御史中丞吕诲出班叫号:"什么善于理财,增加赋税,不过是千方百计盘剥百姓而已!"这位谏官头儿,似乎性格突兀,或者对财政一无所知,或者以为民情众意全由他一人把握。

韩维:"不敢苟同御史中丞吕公之说!若财用者,散之甚易,聚之实难。当国如处家,处家人情,非钱不行,非得善于理财不可。而善于理财者,可不加赋而国用足。"神宗日夜忧心如焚的是国用不足、饥民无着、边务不备三桩大事,而首当其冲的是国库空虚。听韩维之说,神宗十分惊异:"卿详细奏来。"韩维兴致勃勃而又故作神秘地上奏:"不是微臣有何妙法,是江宁知府、新授翰林学士王安石有这样的妙法!"

神宗更加兴奋:"欧阳修公、韩琦公、富弼公、曾公亮公等老相都一致推荐此人,太常侍卿你韩维也说他清节美行,干练持重,博学广闻,识见高远,乃王者之佐。朕前已授他知江宁府,稍后又授他翰林学士。呵呵,王学士到翰林院了吗?"韩维轻松地补充:"他一直推辞翰林学士咧。不过,十年前他《上仁宗皇帝言事书》就提出过,也是他二十年前在江南东路做鄞县县令时,用过而立见成效的办法。"

司马光疾言厉色:"哪有这等好事!天地所产财物有一定的数量,不藏于民,即纳官府。所谓善于理财,如果是官府千方百计压榨盘剥百姓,那比增加赋税害处更大。"韩维寸步不让地驳斥:"丰歉年成无定,天下财富怎么会是个定数?风调雨顺,田土收成好,城市坊郭产量增加,番族商贾争着来中国贸易，我大宋财富不就多起来了吗？"

神宗感觉伤神："卿等动不动就针锋相对，争论不休，于国事何益！哎，再下一道敕命，催请王学士立即来京赴任，越次入对。"曾是颍邸侍读、现押班太监孙思恭禀告："半年中，已下三道敕命。"不知这位江宁知府是真有病，还是要挟朝廷。

神宗亟不可待："韩侍卿不妨给你的好友写个信，催他尽快到职。"韩维连连摇头："不可不可。此人一贯大公无私，不徇私情。陛下以礼明诏入对，他不会不来，也不敢不来。如果微臣私信催促，他必定不会来京赴任的。"

神宗对孙思恭："再催！"孙思恭："领旨。"

龙座上皇帝眼泪婆娑

年轻气盛的神宗皇帝背身擦拭涌出眼眶的泪水，气呼呼地回到崇宁宫。宫女们十分尴尬，一个接一个连忙施礼问安。神宗不耐烦地挥手高喊："免，免！"丑宫女背地做了个鬼脸。

神宗和衣倒入卧榻，气呼呼地蒙住头，不禁抽泣。比他大两岁的向后见势，匆匆跟进，悄悄进入卧室。看见丈夫蒙头抽泣，不免心酸发蒙。良久，聪明贤惠的向后用在颍王府的爱称叫道："仲箴，你累了吧？"

神宗难免对爱妻发点牢骚："祖宗们做够了太平天子，子孙却穷斯滥矣！难得一日清闲、半天舒坦呐！"善察眼意、懂眉语的向后温柔地扶起丈夫，掏出丝绢擦着他的眼圈："准是那些老臣们又同陛下闹别扭，看把你气的！"神宗被善解人意的娇妻所感动："终日战战兢兢，唯恐有失，可总是事与愿违，无计可施。"

娇艳无比的向后随性要起娇来："咳，太皇太后的乖乖孙儿，太后的乖乖小皇帝，你才二十岁，即位未满一年，切忌性急啰！"神宗深感皇后撒出一身娇气，好像从未仔细欣赏过似的：肩平颈滑，眉弯目秀，白牙如石榴籽，嘴唇堪比樱桃花，顾盼神飞，无处不透露缠绵悱恻之态。他便将她纤纤细腰拥入怀中，又拍拍自己的头顶，说道："姐姐难道不知，戴上那顶皇冠，就必承其重吗？"向后："向氏知道陛下在颍邸就满怀雄才大略，立意再造乾坤，但得慢慢来呀！常言道,欲速则不达嘛。"

神宗轻贴向后那白里透红、生怕被自己的短髭扎破似的脸蛋:"姐,你还是叫我仲箴吧,什么'皇帝''陛下'的,叫得我本性全无。咱们在颍邸那两年的甜蜜日子,孙思恭陪读,韩维料理,你陪我开心,我逗你嬉戏,天设地置,无所顾忌,真怀念呀!"向后同样小鸟依人地享受着丈夫的爱抚,不禁朗诵老词人张先的《醉垂鞭》:"双蝶绣罗裙,东池宴,初相见。朱粉不深匀,闲花淡淡春。"想起那月上柳梢头、人约黄昏后的元宵夜,真想月月元宵,永远年轻。

神宗紧盯向后的那双凤眼与卧蚕眉、樱桃嘴:"姐姐背的是张三影老先生的《醉垂鞭》吧?近日传闻他八十岁迎娶了一个十八岁姑娘,苏轼笑他'一树梨花压海棠'咧。姐姐晓得他为何自称'三影'吗?"向后:"当然晓得。老先生号子野。有客谓曰:'人皆称公"张三中",即心中事、眼中泪、意中人也。'老先生答曰:'何不称"张三影"?'客不知其意。词人曰:'云破月来花弄影''娇柔懒起帘幕卷花影''柳径无人堕絮飞无影',此余生平所得意也。于是公众以'张三影'称之,张先之名淡薄了。"

神宗知道她封后以后,一直在努力提升自己,并带领宫女们识文弄舞,便接诵下阕以资鼓励:"细看诸处好,人人道,柳腰身。昨日乱山昏,来时衣上云。"向后纤纤素手击拍,让夫君双臂轻搂细腰,感到无比甜蜜,不禁涌出热泪。

神宗见那梨花一枝春带雨情状,心中块垒被酥酥地融化。此情此景,世间的一切烦恼都应烟消云散,但神宗的思虑却骤然莫名其妙地转折:"朝廷政事,容不得朕半点疏忽。那些奥秘,我们年轻时毫不在意,而今责任在身便懂得了,可怕的是,真正懂得时就不再年轻了!哎,朕的姐姐,皇后,多情总被无情恼啊!"向后觉得已经驱除了丈夫心中的烦恼,便从容地接话:"无情未必真丈夫!在本姑娘眼里,你是那个永远的仲箴!"

此时,俏皮小宫女匆匆进入笙歌悠扬、好不热闹的慈寿宫,向年长宫女悄悄嘀咕:"后宫都在传,陛下早朝哭了,眼泪一滴一滴像豆豆滚下脸,掉在龙座上溅开花,好伤心咧!"年长宫女做割舌头状:"你丑八怪看到了?瞎说,是要割舌头的!"俏皮小宫女是太监头目张茂胜的亲属,太皇太后曹氏的"开心果",以丑为傲,聪明而故作滑稽地回复:"我还有舌头吗?我以为进娘娘宫来,早把这东西丢在外面了咧!"

年长宫女:"真的!为啥?"俏皮小宫女:"不是针的,是属锥子的。"年长宫女:"向娘娘好不心疼吧?"

二宫女入内,见太皇太后曹氏手托佛珠喃喃念佛,正对壁上挂匾"谨守成法"发愣。俏皮小宫女:"太皇太后娘娘,银耳汤都凉了,这里还有您老人家进宫时亲手栽的杏树果咧。"太皇太后惊喜地瞥了一眼杏果。年长宫女立即拣了一粒,恭敬地奉入太后口中。年长宫女:"太皇太后的飞白真好看,这写的是晏老相公的《浣溪沙》吧?"太皇太后曹氏:"嗯呐,你叫石得一、张寺他们来一起唱唱,看看错没错。"年长宫女去叫人。

乐声起。宫女们与石得一、说诨话的张寺等边舞边唱:"一曲新词酒一杯,去年天气旧亭台,夕阳西下几时回?无可奈何花落去,似曾相识燕归来。小园香径独徘徊。"

太皇太后眼含泪珠,眼前浮现仁宗赵祯、曹后以及宰相晏殊等人的往昔画面:"她力劝赵祯不要理会那帮秀才的如簧之舌,之乎者也。"仁宗将王安石的《上仁宗皇帝言事书》拿起来,抬头瞧见"谨守成法"匾额,久久注目,然后搁置案上,吩咐宰相富弼留中不发。仁宗酣睡百日不上朝,群臣望向空空如也的龙座朝拜。侄女高氏所嫁的曹氏姐姐的儿子,被仁宗收为嗣子,改名赵曙,后继位为英宗。英宗生神宗。神宗即位,富弼、韩琦、欧阳修、曾公亮、文彦博等拥立大臣济济一堂。皇太后升级为太皇太后,曹氏溢出满足的泪水。老太监石得一也热泪满面。

俏皮小宫女:"太皇太后娘娘,您哭了?皇帝今早也哭了。"太皇太后惊异:"胡为乎来哉!世间未有威严如天子者,谁敢欺侮我皇孙!石得一,去崇宁宫!"太皇太后曹氏乘坐的是神宗登基后为祖母亲手制作的玉辇。曹氏抚摸着玉辇上的玉石黄金装饰,目视太监、宫女左右扶持车辕,显得从未有过的舒坦和威风。

侏儒丑角张寺笑笑咧咧、手舞足蹈地跟随。丑宫女询问:"张哥,你为何总是嘻嘻哈哈、无忧无虑呀?"

张寺甩手跳跃:"嗨,丑八怪我待人诀窍是用笑不用骂;我笑,你笑,大家都笑。笑能化解烦恼,笑能征服一切。乖乖咙嘀咚!"

第二章
当务之急是富国强兵

做宰相也不易

    人们随太皇太后进入御花园。一个梦幻般的世界展示在人们面前,让心灵放松和净化。纷繁的花卉构成了一片姿态万千的花海。曲曲折折的小径错落有致,石桥横跨在小溪上,溪水潺潺流淌,轻声泠泠。雕梁画栋的亭台楼阁,建筑精美典雅,金边琉璃瓦熠熠生辉。多处设有石桌石凳,为人们提供了休憩场所,细细品味皇室的华贵。

    太皇太后瞥见神宗全身披挂,满脸汗珠,正与身任殿前都指挥使的"天下拳王"金台演练对阵枪法。旋如飞轮云雾间,刺似蛟龙不见影,翻如猿猱纵身,静如木桩扎根,你来我往,出神入化。她不让通报,伫立回廊欣赏演练。

    话说这位金台,可是百年难遇的武学奇才。他本河北贝州府梧桐庄人氏,祖籍却在浙江金华府义乌县佛堂镇。自幼投师蛋子僧学得一身出色本领,而后广交天下武林好汉,行侠仗义,偕同结义弟兄,力挫七十二座擂台,可谓打遍天下无敌手。英宗治平年间,荣获"天下拳王"之称,市井细民有口皆碑。他后来的入室弟子有朝廷武术教师周侗。周侗的学生有:水泊梁山五虎将之一的禁军教头林冲,步军五虎将之一的打虎英雄武松,还有河北玉麒麟卢俊义;岳飞亦是金台的再传弟子、周侗的关门徒儿。金台现以殿前都指挥使的身份,同时兼任神宗武术教练和贴身保镖,见官高一品。

　　太皇太后与随人们一会儿惊一会儿喜，一会儿担心一会儿赞许，又一会儿瞟看豪华而古雅的玉辇，眼前展现孙儿为她亲手制作的情景。她十分满足：在曹家做女儿时，怎么也没想到此生有幸扶持三代帝王，眼下又亲见皇孙儿的绰约英姿。演练收势。侍臣唱："太皇太后驾到！"

　　侍臣们正要给神宗脱盔卸甲。神宗止住，忙向前打恭："恭请太皇太后圣安！"太皇太后喜见孙儿体健力足："官家免礼。生龙活虎，神出鬼没，金台的武艺真是了得！难怪内外都说'王不过霸，将不过李，拳不过金'。有这样的禁军教头，何愁练不出悍兵强将来！"金台跪谢："谢太皇太后娘娘夸奖。"太皇太后嘱咐金台："两个年轻人，操练不要使性子过于劳累，更不失手创伤。"

　　神宗点头承应，转问："娘娘喜欢我这身打扮？"太皇太后颇为自豪："官家英武非凡呐！自你曾祖父真宗与契丹订下"澶渊之盟"至今，天下承平六十余年，真叫我儿英雄无用武之地呀！如果，有朝一日须陛下披挂此等物什上阵，则国家何其难堪矣！"

　　太皇太后的话像钢针一样扎到神宗的痛处。他默然卸甲而后动容："祖宗承平百年，群臣苟且成习，权势醉生梦死，以致国穷民贫，国库空虚得连郊祀赏赐都支不出，朝廷官员月俸也不能按时发放。孙儿告贷无门啊！"

　　太皇太后恍然大悟："原来官家因此愁苦。三朝老臣欧阳修、韩琦、富弼、曾公亮、文彦博、张方平都是柱国忠良呀！国库钱粮那些事，叫他们操心去嘛！"神宗摇头："他们呀，总是支支吾吾，一个个竟然束手无策。"太皇太后嘱咐："孙儿年轻，还不知道做宰相也不容易呀！欧、韩等老臣，犹如殿堂之栋梁，咱大宋基业全赖他们咧！"

　　曹氏骤然想起宰相韩琦当年奉劝病重的英宗用药之事——病病歪歪的赵曙竟然打翻药碗，泼韩琦一身。在场的她颇觉尴尬，对儿媳高氏说："当宰相不容易，赐韩相新袍一领。"皇后高氏立即寻出一领新袍，宦官石得一接手奉赐韩琦。韩琦推辞，最后还是接受了。自此以后，英宗每有大事必问韩琦。韩琦将太后赐袍珍藏多年，直到英宗驾崩才着此袍告别。

　　听到祖母紧倚栋梁的叮嘱，神宗顿时联想起日前视察景福殿国库的情景——库官们既紧张而又无所谓，指挥库役一一开门。神宗但见库中空空如也，只有老鼠穿梭，蜘蛛网密布。他询问库官："当年艺祖，为易胡人首级，积累缣帛二百万匹，特别存于景福殿。那些缣帛在哪里？"库官诚惶诚恐而又坦然地跪复："陛下提到的是百八十年前的事。微臣自仁宗嘉祐年间就在这景福殿管库，三十二库，犄角旮旯，我曾经伸手就能摸出所要的物品。如今哪还有什么缣帛啰！"神宗极端失望，摇头叹息却又无可如何，无不气愤地命令孙思恭："上笔墨！"孙思恭吩咐库管："笔墨侍候！"神宗奋笔直书："五季失图，猃狁孔炽。艺祖造邦，意有惩艾。爰设内库，基以募士。曾孙保之，敢忘厥志。"孙思恭与库管们惊骇莫名。神宗叮嘱："这三十二字分为库名，朕要它们一个个充实起来！"

神宗回到现实中，斩钉截铁地恭对太皇太后说："孙儿定要改变积贫积弱之状况，走富国强兵之路！"太皇太后无不惊讶地询问："陛下已得强盛之法了？"神宗："翰林学士知江宁府王安石有'不加赋而国用足'的好办法。"太皇太后停顿，想了又想而后道："官家是指给你祖皇上过万言书的那个南方人？"神宗："是的，就是给祖皇仁宗上书言事、提议除旧布新的那位干臣。"太皇太后双眼放亮："想起来了！听说你祖皇批示：'此人乃变世奇才；当今天下太平，可惜生不逢时。'便留中未予置理。"

神宗静心听取下文。

太皇太后："此人是个正人君子。哀家听张寺讲过他好多为人处事的笑话。"俏皮小宫女："娘娘讲来叫大家也开开心嘛！"

皇太后高氏此时进来。她听说婆母突然来崇宁宫，便也跟来看究竟。太皇太后故作严肃："后宫哪能传播那些男女暧昧之事。"俏皮小宫女："丑八怪张哥的歪嘴笑料总可以吧。"

蜷缩在角落里的张寺正闲得嘴痒痒，便上前向两宫太后鞠了一躬，抹了抹嘴角，清了清喉咙，故作怪态拉开了话匣子："那是某某年间，皇帝诏王某知制诰。四十郎当岁的他，既无特别嗜好，也不游乐浪漫，还不纳妾。那年月，京中达官贵人往往妻妾成群，还有畜养家庭歌舞班的，以此炫耀身价。王某夫人本来贤德体贴，却常常听到别人丑化她夫君的闲言蜚语，感觉十分委屈。也许夫人碍于自己大过夫君两岁，便咬牙买了一个妖艳无比的小妾照料丈夫起居。"年长宫女："吴夫人确实贤惠。"

侏儒张寺边说边模拟:"一日,此公回府,不见夫人,只见一衣着鲜艳、身材苗条的女子,恭坐卧榻旁,秀发如云,玉簪螺髻,略施粉黛,如花似玉,十分好奇。一时臆想是不是狐仙入室。"丑宫女:"四十正当年,有什么好奇的!"太皇太后:"掌嘴!"丑宫女左右开弓自己打脸。

张寺:"王公问那女子是什么狐仙蛇精,敢入官舍迷惑本相公!那女子被吓得跪于地下,讲明她是夫人买来给老爷做妾的。王公想,夫人从未提起过,此女一定另有隐情。"小太监:"嗨,到处都有插标卖身为奴的,什么隐情不隐情的。"

张寺:"夫人讲明用意,王公并未责备她。得知此女原是军弁之女,军人因押运官船被盗贼凿沉失陷军品而获罪,须九十万钱乃可赎身。军弁家资不足,只得卖儿卖女。"年长宫女:"九十万缗,身价那么高呀,吓死人了!"漂亮宫女:"这女子大义凛然,佩服!"张寺:"王公得知真情,未告知夫人,便打发那女子回到家。"丑宫女:"那几十万钱呢?"张寺:"王公说不要了,还给了那女子回家的盘缠。"俏皮小宫女手舞足蹈地叫好:"世间竟有这样的好事呀!我怎么碰不到?"太监和宫女们或赞扬王安石高风亮节,好人会有好报;或说他经常骑小毛驴外出,一定是被那蠢驴把脑壳踢傻了。张寺笑笑咧咧对那人说:"真不知道谁被驴踢了。"

听了张寺添油加醋的叙说,太皇太后、太后着实开心,在场的人也跟着哄笑了一大阵。俏皮小宫女调笑张寺:"你丑八怪点名道姓丑化朝官,不怕被衙司宰了?"张寺:"小妹咒我!愿你将来出宫嫁个麻脸多须郎。谁与我丑八怪过不去,会自认倒霉咧!"

高太后笑过后,不忘补充道:"哀家听说还有个狂妄事。王某人奉命纠察刑狱时,认定开封府判少年死罪不当。这少年一羽善斗鹌鹑被人抢走,他便追杀了那人夺回鹌鹑。在刑部行文支持之前,有同僚担心王某自找麻烦,叫他赶紧向朝廷谢罪。王某理直气壮:'我为官家执法立德,哪有什么罪!'所以说,此人为官正道,个性执拗,还有点狂妄。"太皇太后点头:"算个强项令。哀家又记起来,当年,他支持孟知县奏告你高家内亲荀子豪,仁宗不得不罚荀子豪纹银一万两。你们高家人忌恨人家王安石哩!王安石堪称圣贤胚子,安贫乐道,定是勤于政事的能臣。"

　　神宗兴奋异常："父皇授他江宁知府,朕新授翰林学士。孩儿苦思而未得解说的富国强兵之道,他早在十年前知制诰时就进奏过,早知朕意咧!"太皇太后顿时警觉,一字一句地嘱咐:"太祖、太宗创立咱赵家基业,真、仁两代恬淡而治,承平百年,让我们享尽荣华富贵。皇儿定要与老臣们固守祖宗成法,切不可为好事者所动!尤其那些言官,要么没脸没皮,要么脸皮厚硬,不可不听,也不可全听。"神宗:"孩儿随时随地听候太皇太后、太后娘娘教诲。"

　　太皇太后再次声言:"哀家不会多管,也不会不管!"高太后随即迎合:"听到了吧!俺们不会多管,也不会不管!"太皇太后白了高太后一眼,责怪她重复自己的话,更看不惯她狐假虎威的恶习。神宗转而拘谨:"孩儿记住了。"向后看在眼里,记在心头。

　　高太后指着礼品盒说:"这是国舅老爷曹记玉楼春孝敬我们的茶点,很地道,带给你们分享。"向后恭敬地致谢:"孩儿们谢谢两宫娘娘,谢谢曹国舅。"

穷得连赏钱都拿不出

　　治平四年(1067 年)冬至日三更,皇宫仪仗从大内宣德门相继出行至内城。七头象组成象队,各以文锦被其腿,金莲花座安其背,金辔笼络其脑;锦衣人跨其颈,次第高旗大扇,画戟长矛,五色介胄。马队随后,千乘万骑浩浩荡荡,由御街南行至朱雀门至外城,再过南薰门出城。

　　话说北宋都城汴京,也叫开封,习称东京,筑有内外三套城垣。中心是皇城,周围五里,南面三门,东、西、北三面各一门。东西之间有一条横街,街南为朝廷机构所在,街北是皇帝居住生活区。皇城外称内城,又称旧城,即唐代汴州旧城,周围二十里又一百五十步。东面两门,另三面各三门。外城周围五十里又一百六十五步,城高四丈,周边十二门城楼宏伟壮丽,瓮门三层,屈曲开门,以利平原地形防御。城墙外壕称护龙河,宽十余丈,深一丈五尺,两岸皆植杨柳树,多处与五丈河、金水河、汴河、蔡河沟通。偌大的城市居住人口过百万人,当时世界绝无仅有。

　　大内正门宣德楼列五门,门皆金钉朱漆,壁皆砖石间甃,镌镂龙凤飞舞之状,雕甍画栋,峻桷层榱,覆以琉璃瓦,曲尺朵楼,朱栏彩槛,下列两阙亭相对,悉用朱红杈子。在浩浩荡荡的队伍中,神宗安坐御驾,忽觉眼前却浮现海市蜃楼般的幻影——由朝廷纳币使押送的长长队伍叠映在宣德门前御街上,他们满载着丰厚的岁贡,渐渐分成两支:一支顶北风、踏草原、过沙漠,向辽国都城上京;一支逆黄河而上,纤夫凄厉爬行,艄公在波涛惊险中穿越中流砥柱,船队驶向西夏都城兴庆府(银川)……

神宗从幻觉中惊醒,御驾入青城郊坛灵星门,按司仪使引领行礼、跪拜。祭坛高三层,前阶七十二级。坛上设二黄褥,位北面南曰昊天上帝,东南面曰太祖皇帝。震耳欲聋的乐声响起。数人初则文舞,皆手执一紫囊,盛生笛管结带。武舞,一手执短槊,一手执小牌,比文舞加数人,击铜铙响环,又击如铜灶突的响器。又两人共携一铜瓮就地打击。舞者动作如击刺,如乘云,如分手。随乐声击木柷,每奏乐打击一下,内外共九下。

礼直官奏请圣驾登坛。前导官皆躬身侧引神宗至坛。神宗跪酒,向北向东拜毕。一赞者喝曰:"赞——拜!"百官皆拜。至此礼毕。左右两中书舍人举册而跪读。进玉爵盏,意谓皇帝饮福。神宗降坛。坛上礼料币帛玉册,都随之降阶而下。南向去坛百余步有燎炉,高丈许;诸物上台,一人点唱,随之投炉焚烧,细尘冲天。

还有许多祭祀礼数,不一一描述。

郊毕驾回。神宗升玉辇,教坊在外墙东西排列,钧容直先奏乐。一甲士舞一曲破讫。教坊进口号,乐作,诸军队伍鼓吹,声震天地,直吹入南薰门。御路数十里之间,起居幕次,贵家看棚,华彩鳞砌,略无空闲去处。开封市民如过大节,聚集御街,人山人海,热闹非凡。神宗内心五味俱全,极感穷得连赏赐钱拿不出的羞报,自觉愧对列祖列宗,愧对朝廷百官,愧对万民,冲淡了至高无上的尊严。

汴京市民的情绪却全然相反。市民甲:"当皇帝,就是威风!"市民乙:"国家积贫积弱,还这么大的排场!"市民丙:"太祖太宗几朝传下来的。年轻皇帝新登基,岂敢变祖宗法度哇。"市民丁:"据说,今年郊祀,没有赏赐群臣。"市民乙:"穷得连赏钱都拿不出,这个皇帝当得有啥意思!"市民甲:"他赵家的事,何必我们操空心。管他娘的,去桑家瓦子散散心去。"市民丙:"急什么,宣德楼还宣布大赦咧,看看有没有我们家那个判了死罪的远房亲戚!"

朝廷大臣随神宗登宣德楼。他们心情与皇帝不同,自觉威严无比。楼前立大旗数面,其中最大一面与宣德楼齐,名曰盖天旗,旗杆耸立御路中央。又有所谓鸡竿,约高十数丈,竿尖有一大木盘,上有金鸡,口衔红幡子,书"皇帝万岁"字。盘底有彩索四条垂下,有头裹红巾者四人争先缘索而上。最快捷的那人取得金鸡红幡时,万众欢呼声山响,红巾者向皇帝谢恩。

宣德楼上有红锦索连通门下一彩楼,金凤衔赦书沿锦索而下,彩楼里通事舍人奉接赦书,神情庄严地宣读。开封府大理寺早已将被赦罪人排列楼前。罪人着绯缝黄布衫,狱吏簪花而立。赦书宣毕,鼓声大作,狱吏开枷放人。被赦人等山呼谢恩,万众欢呼涌动。楼下钩容直乐作,杂剧舞旋,御龙直装神鬼,斫真刀倬刀。楼上,神宗开心地给百官赐茶酒,总觉不像堂堂大宋朝至高无上的皇帝。

驾还大内,仪仗跟入。六军归营。御街上民众久久逗留,百万人沉浸在熙宁天子主持的节日欢乐中。

第三章
经营之道巧在哪儿

治弊需下重药

熙宁元年（1068年）四月，在古名邗沟的大运河上，向北行驶着一个庞大的转运使船队。运河河面宽阔，往来船只如梭。船队首船挂"江南六路发运使"旗帜。红日西沉，白鹤成群飞翔，落树归窝。农夫赶着耕牛或骡马归村，鸡鸭鹅群喧闹，农舍炊烟袅袅。

船头甲板上迎风背手站立着一个五十岁左右、身影高大的官人，眺望两岸风光，左右陪侍着一个中年人和一个青年人。他方脸大耳，短髭，神情凝重，使水手们感到这个高大身躯中蕴藏着经天纬地的力量。一个稍矮于他、年纪较大的官人上前亲切地说："翰林公，四相公，大公子，晚风凉，请回舱歇息吧。"

翰林公便是赴京越次入对的王安石，中年人是他的四弟王安国。那白面文弱、精明内秀、脚有点跛的是二十五岁的长子王雱，去年三月进士及第授旌德尉，被今上特意打发回江宁陪父进京。王雱眼尖，发现远处一艘高挂旗帜的楼船由北向南驶来："薛运使，您看前面那艘船！"

转运使薛向知道远处那艘敲锣打鼓的楼船是干什么的，便吩咐水手长加速。水手长随即高叫："弟兄们，再加把力，趁夜赶到蚌埠！"水手们得令奋力摇橹，汪弄沟特别用劲。王安石："薛运使，我正想看看那船的风采。"

船上官员、水手闻锣鼓声，纷纷上甲板看热闹，包括一个胖胖的主纲吏和押运使。对面官船越来越近。只见两个人被绑在船头，胸前挂着牌子，其中一个是

"死罪盗粮犯某某某"，另一个是"刺配玩忽职守犯某某某"。皂吏鸣锣高唱："原漕运主纲吏某某某盗窃官物、凿沉官船，刑部判断腕巡河三日，斩首弃市！原漕运监押官夹带私货，抛失漕船官物，玩忽职守，刺配三千里！皇上重法以儆效尤，各路漕运引以为戒！"见那船上被押罪犯面如死灰，胖主纲吏战战兢兢。押运使外表若无其事，腿脚却在颤抖。王安石、薛向将这一切收在眼中。

王安石自言自语："金逢火炼方知色，人与财交便见心呐。"薛向："翰林公见笑了，责在下官为治不严。本使禁绝舟工夹带私货吧，他们心气不服。眼见转运使官吏、朝官、禁军将领，利用官船伙同做生意。你追究吧，他们借口迁延时日，甚至毁船沉货。转运司每年损失不下二十万斛。"

王安石："三司使韩绛如何处置？"薛向："下官每每上报，三司多不回话，韩使君有令难行。"王安石："自太祖命宰相赵普置转运使统管一路之财，虽节度使、防御、团练、观察使及刺史，皆不得签书金谷之籍，财利尽归于朝廷。我曾在三司略知，百年以来，祖制逐渐败坏，上下鲸吞贪污、左右积弊成习，至今愈演愈烈，可谓病入膏肓，非下重药不可。"薛向："在下读史，知太祖、太宗以文臣知州，以朝官知县，以京朝官临监财赋，又置转运使、通判，皆为收揽方镇之权力。那时候朝廷以一纸诏命下郡县，如身使臂，如臂使指，毫无留难，真所谓天下一统。"王安石连连点头称是："薛使知其所以然，却难力尽其职，是吧？"

巡河罪船渐渐消失在视线外。薛向随王安石、王雱和王安国进舱说话："我们加紧赶路，会比敕命指定的行程提早到达京师。"王安石："元泽，你不是要听虢伯伯讲故事吗？去吧。我同你薛伯伯有话要讲。另外，船上有个水手，我眼熟，你去问问是谁。"王雱按照吩咐去了。

回到座舱，王安石留薛向一起品茶漫谈。

王安石亲切地问："师正，我十年前在三司，记得曾推荐你主持马政，此后总揽江淮六路漕运几年了？"薛向高兴地回复："谢三司看重，三年了。"王安石："你主漕运，包揽哪些事务？"薛向："采办王宫和朝廷所用物资，包括军用物资，供办京师粮米。京师所需，十分之七由大运河输送。"王安石："我国历朝多建都北方，而衣食多仰仗东南。自隋朝开凿邗沟以来，它一直是我国南北大动脉，生命线所系，功劳至巨。"

薛向："可不是。得益于大运河的开通与繁荣，唐朝形成'扬一益二'的局面。扬州节制淮南十二郡,自淮南之西,大江之东,南至五岭,蜀汉十一路,百姓迁徙贸易人等,皆经运河往返,南北舟车日夜不断。食盐,船运百里斤一钱,而陆运则四钱。"王安石:"水运价格仅为陆运的四分之一,这我晓得。大而言之,国家东西南北地各万里,统而维之,数千里之间而转运使独一二人。金钱粟帛,仓庾府库,舟车漕引,凡上之人,皆须你们主持,可见责任之重呀。运使名行于天下,而材信于朝廷;政令有大施舍,常咨而后定;生民有大利害,得以罢而行之;而处之宜,必有补于当世。大运河,真可谓天下之重,虽天子其忧未尝不在大运河也。我以为,世之士大夫无足寄以重,独执事为能当之耳!"薛向:"翰林公谬夸,卑职不敢当。"

王安石:"京师现在每年需粮米几何?"薛向:"发运使岁贡京师米以六百万石为额。其中来自淮南一百三十万石,江南东路九十九万石,江南西路一百二十八万八千九百石,荆湖南路六十五万石,荆湖北路三十五万石,两浙路一百五十万石。通余羡岁入六百二十万石。"王安石:"贵使如何采办?"薛向:"下官总领江淮荆湖六路转运,所赖诸路上供,岁有定额。数额和采购地,都得按朝廷多年不变的规定办理。即便交通方便的地方,丰年价格便宜,本使不敢多买。歉年物资紧缺,价格高于常年许多,也不敢少购。"

王安石:"这就会蚀本亏损。从远方辛辛苦苦运到京师的粮米物资,因为不需要或多得用不完,又得压价甚至不到半价卖掉。是这样吧?"薛向:"正是如此。三司转运使,年年只能按那个固定地区和数额采办运输。只要按时送到京师,便万事大吉,谁也不敢打板子。"王安石:"朝廷需求的那一方呢?"薛向:"各司每年提供大致固定的数额,或者担心歉收年份缺乏,便又多报需求;用不完便匿藏起来,不想调配给别人用,二府三司六部库藏无法调剂。这就出现百姓缴纳租税数额,往往增加几成甚至一倍;而朝廷所用之物,多求于不产之地,又往往不是收获季节。富商大贾,多乘公私之急,从中低收高卖,牟取暴利。"

王安石:"我们大宋朝像一盘棋,转运物资的多少、轻重、缓急,就像如何布局、落子,是需要很多技巧的。"薛向:"我读过汉代桑弘羊、唐代刘晏他们的办法,佩服他们都有完备而缜密的法制。"王安石:"师正了解汉、唐均输旧制,以为当朝怎样才能办得更好?"薛向:"我知道翰林公早在鄞县,近年又在江宁施行过一些均输的好办法,我怎敢班门弄斧。"王安石:"现在江南六路转运使是你在做，你就是老师。其实，今天你已给我上了精彩的一课！"

薛向郑重其事地说："翰林公谬奖，卑职担当不起。我反复思索过，觉得最主要的是，朝廷要给发运使徙贵就贱、用近易远、从便买卖的权力，还要划拨钱币和货物作为头本。这样，在我们所掌握六路财赋有无余缺的情况下变通采购，既能保障对朝廷和京师的供给，又在传输中省劳费，去重敛，宽农民，一举而数得呀！"王安石非常赞同："避贵就贱，用近易远，从便买卖，庶几国用可足，民财不匮矣！"

薛向听得浑身舒畅，乃至手舞足蹈："多年以来，朝廷重臣一再推荐王公，今上即位后就立即诏命您越次入对，一定会擢拔您掌管朝政。此乃大宋之福、万民之幸也！"王安石掩饰："师正或许知道我一直不愿做京官，不会出现你希望的那种事情。你任过陕西和东南六路转运使多年，对漕运利弊认知很深，对天下物流定有高见。"

薛向显得深沉："微臣拜读过您的《上仁宗皇帝言事书》，佩服之至，岂敢在您面前谈物流。就转运来说，我认定一点，经营之道在于巧。"王安石："好一个'巧'字！师正道尽了物资流通的窍门。"薛向继续期望："左手算盘右手笔，文章银纸两关情。能否把'巧'字用好做好，最着力的还是盼望翰林公做好朝廷那边的文章呐。"

王安石："师正对朝廷那篇文章有何高见？"薛向显得更加轻松："小人家下萤火之光，照人不亮。用水手们的话说，宰相主意，官家点头，朝政就出来了。"王安石笑着不置可否。薛向俏皮地提醒："水手们还有话，千万不要跟皇帝的娘、太娘话政事。"王安石深情地笑着说："水手们好调皮。"

薛向突然想起一人而转告王安石："船上有一位从四川合州府回京述职的周敦颐先生，王公可曾认识？"王安石十分高兴："哦，周敦颐，字茂叔，荆湖南路道州人，长我四岁。此公儒学深邃，思路开阔，师正可引我一见。"薛向："周先生说过，他知道您在这里，很想见到您咧。"王安石："好啊，我立即拜访。"

就在那个风清月明的夜晚，周敦颐恰在这时造访王安石。王安石再次见到这位两眼放光、机智深沉、中等身材的南方兄长，瞬间产生一种可亲可敬的感觉："介甫我正要去拜见茂叔兄，茂叔兄却先来了。失礼失礼！"周敦颐稳重而又客气，眼中闪烁智慧的光芒："介甫公客气，茂叔久仰大名，只是远在南方履职,无缘登门就教。朝报说,诸多老臣推荐,今上诏介甫入京越次入对,巧在这转运使船上相遇,周茂叔我有幸呐。"

王安石谦虚地求教:"茂叔自幼酷爱读书,寻根究底,锐于求志,出仕后以洗冤泽物为己任,胸怀如光风霁月,我心中佩服之至。今上年轻有为,意气风发,甫以继位,便广开天下言路,诏安石入对。我不能推脱,但不知该呈说什么,请公见教。"周敦颐客气地回复:"不敢。介甫在仁宗朝就上过言事书,对大宋朝政早已雄图在胸。今上是要亲自聆听您的高见,并将置左右顾问啰。"王安石试探地询问:"我朝承平百年,人们耽于享乐,致使国家积贫积弱,今上会不会着意改变这种状况?"

周敦颐略显深沉:"应该。今上即位伊始就广开言路、急诏介甫越次入对,是已明了天下之势。圣人与天地合其德,日月合其明,四时合序,鬼神合其吉凶。愚以为,天下情势不妙,要靠朝政去挽回。认识不到,人力不济,无力与邻藩竞争,那是天意。认识不早,力量不积,苟且岁贡,则是人事问题,不能怪天。"王安石听到周敦颐从天地、日月、四时、鬼神的维度看政事,推知朝廷必须用力挽回国家积弱积贫颓势的结论,心里特别高兴,更觉他确是见解深邃、融会贯通的哲人,有相见恨晚的遗憾。

王安石继续设问:"茂叔此议深刻,只是不知会不会得到朝野赞同。"周敦颐:"我在朝野讲学有年,知道人们认识会有不同,但目标只能是一个——富民强国。介甫老弟注意,立天之道,曰阴曰阳;立地之道,曰柔曰刚;立人之道,曰仁曰义。我希望熙宁皇帝立志改换旧章,施行新政,但情势多变,不会一帆风顺。诚拙者圣!介甫定要把这层意思禀呈今上。"

这次面谈,王安石欣喜从对方那里得到了新的启迪和鼓舞。他深情地致谢:"谢茂叔兄指点,介甫记住了。"王安石礼送周敦颐离开自己的舱室,还久久地回味着他那"诚拙者圣"的叮嘱,感慨他政治上远见卓识,善于启发开导,以致忘记了吃药和睡觉,直到四弟安国送来煎好的白茅根茶。

漕运风云急

王雱去到船工住舱,见虢伯伯独自举杯浅酌黄酒。他手捧一筒茶叶递给虢伯伯:"虢伯伯,我给您带来一点江宁钟山定林寺茶叶。"饱经风霜、脸如树皮的虢伯伯,揭开竹筒,鼻孔凑近茶筒,捋着胡须笑眯眯地说:"阿拉平生一不赌,二不嫖,就好这口杯中物,哪里喝过这么好的茶叶啰!"王雱:"虢伯伯品味品味吧,我爹与道原禅师都喜欢喝此茶。"虢伯伯:"土坯比不得火砖,叫花子比不得神仙,只怕糟蹋了佛国珍品。公子还想韵味阿拉的苦难人生吧?"

王雱虔诚地说:"极想听完您的漕运故事。"虢伯伯:"唉,那些撑篙摇橹拉纤的经历,昨天说到哪儿了?"王雱:"第二次纲运。"虢伯伯:"就是令尊在我伲(方言,我们)鄞县任满后一年,阿拉第二次被征调到两浙路转运使,驾船运粮往京师。"王雱:"漕引江湖,利尽南海。京师百万人口六分之五的米谷货物靠汴漕运入哇!"

虢伯伯:"刚入太湖,漕运隶卒就肆意侵盗纲物,沉船灭迹。"

森森太湖,风浪大作。纲运船队在行进中,虢伯伯和伙计们紧张搏斗。船舱货物被搬往几只舢板。舱内咚咚响,两个士卒在使劲凿船。水涌入舱,两名凿船士卒跑上甲板,煞有介事地喊叫:"不好了,船漏水了!要命的快跳水呀!"虢伯伯与众水手见二人跃入湖中,面面相觑。近舱口一看,舱内货物所剩无几。湖水从凿孔喷涌入舱,木茬与零星货物随浑浊的水流旋转。虢伯伯对水手们说:"当官的好狠心,盗走货物,沉船灭迹,却拿我伲抵挡王法!这碗饭吃到头了!伙计们,侬各逃命吧!"水手们纷纷跳入风急浪高的湖水中。不知过了多长时间,清醒过来,虢伯伯发现自己躺在岸边,精疲力竭地爬起来。人们惊异泥猴水鬼上了岸,妇人和小孩惊慌逃离。岸边各船装卸零星货物,有的低声耳语,有的伸手要价,有的招手告别。

虢伯伯只身孤影流落街头,只见路口挂着"江南西路转运使招收漕运船工"木牌。他加入长长的队伍。招人官吏:"看你这个样子,驾过船?"虢伯伯:"打渔人。"官吏:"多大岁数?"虢伯伯:"四十五。"官吏:"中。"

虢伯伯再一次上船,从京师回纲,船内装有盐、铁、矾等。船行至淮南地带,遭遇全副武装的厢军。灯影桨声,混杂一片。厢军提辖:"哪里来的船队?"主纲吏指着高挂的旗帜"江南西路转运使":"没长眼睛!"厢军提辖:"既然都是大宋官家的,我们上司要借用几日。"主纲吏:"放屁!敢在本使面前放肆!"厢军提辖招手:"好不识时务!闭了鸟嘴!动手!"武装军士施放飞钩,钩住两艘货船,拉向身边。军士们登上货船,人人一张弓一壶箭,手使一把三尖两刃四巧八环刀,迫使船工向码头划去。虢伯伯:"他们将转运官吏捆绑关进船舱,劫走货物,然后叫我伲将船划走。"

王雱:"明火执仗,到底是官军还是土匪?"虢伯伯:"谁知道呢! 反正我伲又得另谋生路。就这样,辗转漕运十几年,只回过鄞县两次,百姓生计远不如你爹当知县那时候了。"王雱:"您老人家真不容易!"

虢伯伯:"去年,老伴死了,田土被豪强霸占。咳,只得老死船上啰。乡亲们都惦念着令尊。当年,王公在鄞县当行脚僧,行德政,借常平仓谷作阳春(春耕),利息低。修筑了堤堰,开挖出陂塘,为水陆之利,耕田种稻有水了,再不怕干旱。连年丰收,老百姓过起了富足安稳的日子,好不高兴咧! 令尊到我伲石塘乡勘查时,第一个陪同的就是阿拉。后来,家乡民众自动出钱,在陀山为相公修了生祠,立了塑像,一直香火不断。乡民有事祈求,灵验得很! 去年,当朝天子诏命王相公为翰林学士。乡亲们都说:'王相公治天下,大宋百姓有好日子过啦!'"

虢伯伯说得激动不已,两眼含泪。王雱:"您老人家却坠入了苦海!"虢伯伯:"阿拉两肩担一口,到哪里都饿不死。我伲几代人等着王相公辅佐当今官家,引领大宋子民,像鄞县当年那样整治农田水利,贷放常平钱谷,不让豪强盘剥霸占,过丰衣足食的好日子咧。"

王雱莫测深浅地点头:"时下做官当老爷,贪图享受、得过且过的官吏太多,为百姓办实事的人太少了!"

虢伯伯:"阿拉这点事算不了什么,那个汪弄沟,比阿拉苦多咧!"王雱顺着虢伯伯指向看去,汪弄沟就是那个腰圆膀粗的水手,夜晚还有兴趣观察星象咧。王雱:"汪弄沟,是不是你们鄞县在海边煮盐,总在沟里滚弄泥沙的那个小屁孩?"虢伯伯:"是呀! 弄沟的名字还是依爹起的咧。他说看到天空有一颗福星,出现在汴京的上空,照耀着大宋朝廷!"王雱:"观星象? 我爹打听他咧。"虢伯伯:"哈哈,相公心真细,还记得当年的小屁孩?"王雱:"记得记得! 我爹说,他长我两岁,样子好像我,我们一起在水中游、滚泥猴,还在县学杜先生那里一起朗读子曰诗云哩!"

第四章
营田官回来了

知县像个行脚僧

在去汴京的转运使船上，王雱向父亲津津有味地讲述虢伯伯和汪弄沟的故事，触发王安石对当年在鄞县县令任上牛刀初试的美好回忆，以及结交虢伯伯和汪弄沟一老一小两位农民朋友的往事。

庆历七年（1047年）春，二十七岁的王安石以大理评事赴知鄞县。他翻阅公案上堆着的惩治百姓煮私盐以及上司催办的厚厚公文，沉思后，决定带领吏人胡舜元和衙役去海边实地巡查。他们风尘仆仆地来到石塘村，但见猛烈的海风吹得树影婆娑，千军万马似的白色海浪被崖岸撞碎，煮盐石锅、晒盐石板凌乱地布满狭窄的海滩。人们破衣喽嗖（方言，指不整洁）像野人，一见官吏便习惯性地四散逃跑藏匿。有个光屁股小孩，跑不快，被衙役逮住。

王安石轻声问他："小老乡叫什么名字？侬家有几人在这煮盐？"小不点轱辘着小眼睛四顾张望，找不到援助，绝望着，不得不战战兢兢地回答："阿拉姓汪，常在沟里玩泥沙，人家就叫阿拉弄沟，全家七口都在这里。"王安石："家里好好的房子不住，为何到海边来受这风吹日晒之苦？"汪弄沟像大人一样回答："家里鼎锅挂在房梁上敲得叮当响，没米下锅。"王安石："家里人知道煮私盐不缴税，犯王法要坐班房吗？"汪弄沟："晓得。参说，饥饿比蹲班房难熬。官人，侬放过我伲吗？只要有顿饱饭吃，自己去衙门坐牢。"

王安石笑道："侬家耕田种土没有？收成好，不是就有饭吃了吗？"汪弄沟："阿拉家上等水田，都被陈老虎收去了。"王安石："侬晓得陈老虎是什么人吗？"汪弄沟点头："晓得，陈老虎院子大，田地多，每年收的租谷无处堆放。青黄不接时，阿拉家借他家稻谷，他就把阿拉家的水田霸占去了……"

吏人胡舜元："真是一边捆着草，一边饿死牛哇！"

王安石扫视周边，只见几个隐蔽者不时露头，在倒塌的石塘或树木后面察看动静，可能是汪弄沟家人正担心孩子的命运。王安石对吏卒叹道："一民之生重天下呀！"胡舜元："一民之生重天下！穷光蛋，沟死沟葬，路死路埋，谁看重啊？"王安石摇头："官府惩办煮盐贩盐不可谓不力。可犯者不休，告者不止，与抱薪救火无异。我们回去吧。"

王安石一行转身离开海滩，行走在乡间小道。他吟咏刚成腹稿的《收盐》诗："州家飞符来比栉，海中收盐今复密。穷囚破屋正嗟欷，吏兵操舟去复出。海中诸岛古不毛，岛夷为生今独劳。不煎海水饿死耳，谁肯坐守无亡逃？尔来盗贼往往有，劫杀贾客沉其艘。一民之生重天下，君子忍与争秋毫？"

胡舜元："相公，您唱的什么呀？"王安石："收盐诗。"胡舜元："您说一民之生重天下，不抓捕违法愚民，怎样向州府交代呀？"王安石重复："一民之生重天下，君子忍与争秋毫！"

王安石回到县府，立即起草《上运使孙司谏书》："伏见阁下，令吏民出钱购人捕盐，窃以为过矣！"上书送出以后几天，十一月初七，正直二十七岁生日的王安石英气勃勃，行走在两浙路明州府鄞县山水陂原之间。只带一书僮、一皂隶跟随。他们跋山涉水，昼夜兼程历经十三天，遍访东西十四个乡。

在洪水湾一处河道湮塞地，隐隐传出歌谣："赤日炎炎似火烧，野田禾苗半枯槁，农夫心里如汤煮，豪富人家把扇摇……"歌谣是一个农夫唱出来的。王安石上前与他攀谈。王安石："乡尊大名？贵庚？"其人潇洒随意："乡人虢瑞新，今年三十八岁。"

王安石亲切地说："与阿拉大哥年龄相仿，就叫侬大哥吧。大哥唱'野田禾苗半枯槁'，是自己编的？"虢瑞新不亢不卑地点头。王安石继续设问："今年年景不大好吧？"虢瑞新毫不含糊地回复："糟透了，心如汤煮。本地沙土最怕干旱,去年雨水少,收成薄;连年干旱,十有三四颗粒无收。"王安石想问出个究竟:"怎么会是这样?"

虢瑞新这时才仔细端详来人,着意把握分寸:"说来话长。太祖太宗立宋,县里设置营田吏卒,每年带领乡民疏浚河道,清理沟渠。上游来水存储在沟塘里,有水灌溉禾稻收成就好。从阿拉记事起,营田官吏渐渐不见了,渠道、河床淤积。雨季,山洪滚滚入海不潴留。炎炎夏日十几天无雨,所有河渠完全干涸。"

王安石联想起曾出使契丹路过河北,黄沙漫天蔽日色。想不到滨海之地也不毛,并非乡民懒惰,实是官府不作为。

虢瑞新讲得刹车不住:"乡民巴望朝廷打发营田官吏回来呐。"王安石:"来了没有?"虢瑞新十分绝望:"官家、朝廷,哪里听得见农夫的呻吟啰? 县乡官老爷只贪图自家猪三狗四的,谁存心想将黎民百姓心声上达!"

王安石继续试探:"今冬农闲时节,本官召集大家浚治川渠,怎么样?"虢瑞新这才惊讶地审视来人:"侬?"王安石笑着说:"是呀,阿拉就是营田官,不像吗?"虢瑞新见他面目瘦削黧黑而闪亮,两眼光芒四射,颊有三毛,形容憔悴,衣衫陈旧襟沾泥水,左看右辨直摇头,不觉他是官人,倒像个行脚僧。吏人胡舜元这才说话:"他就是新上任的知县王相公。"虢瑞新连忙躬身行单跪礼:"侬就是不愿去京师当朝官、要来我伲两浙路明州府鄞县这偏远小县的王相公?! 父母官驾到,小民失礼,得罪得罪!"

王安石迅即扶起虢瑞新:"大哥不必多礼! 本县已走了县里十几个乡。乡亲们这地方嘛,既然有水,田就不该旱,人也不该穷。治穷嘛要攻坚,让河水有所潴留,塘膨坝满,就不怕没水灌田啰。侬讲对不对?"虢瑞新愉快而又迟疑:"父母官这等锐气,乃阿拉鄞县百姓之幸。只要天老爷保佑今年风调雨顺,大家有饭吃,就好办。"

王安石:"干旱年份,村里缺衣少食人户可达几成?"虢瑞新掐指计算:"三日所进不足一日所出者,大概六七成吧。"王安石:"哦! 豪强富户家有余粮者占几成?"虢瑞新迟疑了一下才回答:"一成不到。"王安石:"他们的田产占到几成?"虢瑞新欲止又言:"六到七成吧,只多不少。"

王安石:"遇到歉收年份,农人怎么度春荒?"虢瑞新:"有的向富豪借高利贷,有的煮盐,有的去明州各县或更远处游乡要饭。"王安石:"县府常平仓放不放粮?"虢瑞新:"常平仓几近荒废,有的年份放一点,多年无粮可放。"

王安石:"今冬明春,县府开常平仓放粮,半年息二分,穷困户会来领取吗?"虢瑞新:"青黄不接季节,富豪人家出借粮谷年息六七分、七八分咧。父母官有这么好德政,民众求之不得!只怕常平积谷不够放。"王安石:"阿拉会向州仓筹集。"吏人胡舜元凑近王安石耳语:"小人可与乐成,难与虑始,只怕有借无还。"

王安石询问虢瑞新:"只借不还,会那样吗?"虢瑞新:"不会的。我伲鄞县民风好,懂得有借有还,再借不难。个别泼皮无赖,坊厢里正自有办法督促。"王安石高兴地说:"那就好,那就好!有饭吃了,乡民愿意投工兴修水利?"虢瑞新:"肚子不饿,当然乐意。敬田得路,即使劳役繁重,也会在所不辞。当然,人过一百,形形色色,即便有使奸耍滑的,乡众自有办法强制!"

王安石:"建立保甲,十户为一甲,十甲为一保,委任有威信的乡贤担任。像侬这样的人当保甲长,凡事都由保长、甲长统领。"虢瑞新:"这样好。凡人都想过好日子,求亲告友不如靠自己。"

王安石:"鄞县民风淳朴,正如大哥侬讲的,敬田得路,敬老得福。"虢瑞新:"鄞地民勤,父母官会大有作为。"

王安石:"我伲吃着皇粮,领着国俸,'邑有流亡愧俸钱'哪!"吏人胡舜元:"心忧天下,并非只有君王啰。"虢瑞新兴奋地对空高呼:"父母官成了营田官!营田官回来了!营田官回鄞县来了啰!"

王安石一行来到一所寺庙打尖,僧人以蔬菜豆腐招待。胡舜元悄悄提醒王安石:"相公,夫人特别嘱咐,今日,十一月十三日,是相公的二十七岁生日,我们买只鸡恭贺您吧!"

王安石故作神秘:"百姓认我为营田官,比鸡味香甜得多!舜元侬记住,不准向夫人告状;不然,阿拉揪你们耳朵。"书僮和皂吏都笑着捂住自己的耳朵。胡舜元嘟着嘴说:"打板子也要揭发!跟相公出行十多天,我瘦了十来斤,相公不疼阿拉娘心疼哩!"

冬闲时节,王安石看见穷人纷纷到常平仓贷钱、借粮。汪弄沟随其父挑着粮袋,兴高采烈地从县府常平仓出来。虢瑞新询问他们:"老汪,侬贷了多少稻谷？"汪弄沟抢话："一石。"虢瑞新："能度饥荒了？"汪弄沟父："两稀一干瓜菜代,捆紧肚带,紧紧巴巴过呗。"虢瑞新："县府组织河道清淤修海塘,供饭,以工代赈,侬愿投工吗？"汪弄沟父："只要不饿肚皮,干什么活都行。"

虢瑞新在水利现场,见县令指挥各保长、甲长,带领乡民老少施工。乡民大多不惜余力,奋力而为。只是淫雨淋淋,部分土方坍塌。洪水湾乡民齐声恳求抬鲍君祈止雨。保甲长恳求县令赐祭文,王安石连夜赶写《祭鲍君永泰王文》。长老高声朗诵祭文："鄞县令某敢告于鲍君之神。农人之劳,神之所知也。岁之四时,而于冬为最隙,然又筑场圃,治屋庐,涂囷仓,粪田畴,未尝一日晏然而休息。今兹令又以其暇时,属之使治渠川；比往年农人更加劳苦,神宜哀怜。开工即遇雨,丁壮老弱车干积水施工,淫雨仍不止。不仅农夫们愁苦,本县令也日夜愁苦不已。如果神灵给以晴日,该工程早就完成。本县令之所以如此忧虑,是为了老百姓。您神灵享受百姓的供品香火已久,其忧之亦不可在本县令之后也。谨告。"

众乡民抬鲍君巡行原野,壮男们前后左右拥护在神轿周围。王安石跟随其后。胡舜元询问："相公相信鲍君能止雨？"王安石："阿拉不信怪力乱神。知县从众,方能众志成城。只要农田水利事成,阿拉就不能以无意为有憾。"淫雨停止,工程竣工。当年夏旱,人们从渠塘得水灌溉。汪弄沟等贫民分到了水利工程中新开辟的田土,禾稻丰收。水利工程占用富豪的田土得到补偿。丰收年景,富豪收到的田租多了,赞扬知县年轻有为,虢瑞新等更豪呼"熙宁天子得人"。

两浙转运使杜杞收到鄞县县令王安石《上杜学士言开河书》："鄞之地邑,跨负江海,水有所去,故人无水忧……以副吾君吾相于设官任才、休息元元之意。"杜杞拍案叫好："王安石是个干才！县官施政从治水开始。对头！本府要上奏朝廷为其请功。"

王安石又指挥县民将孔庙改成县学。在两进两厢四合院中,学生书桌坐凳齐了,教师书房兼卧室用具也制备完毕,招收学生的告示已贴到四乡八方。这一天,王安石带领胡舜元数人,翻山越岭深入四明山中古道,寻访不愿为官的隐士杜醇。王安石悄悄地接近隐士茅庐,但见柴门上贴着两行字："更作世间儿女态,乱栽花竹养风烟。"书僮："相公,这不是侬给鄞县西亭写的吗？他一个隐士，却偷来贴在门口。"王安石很得意。书僮敲门，一童子出来搭话："师父采药去，林深不知处。"长途跋涉饥渴难耐，王安石求得山泉解渴，便坐在横卧的大树干上等待，闭眼困了一会儿，又睁眼欣赏山景。

一个仙风道骨之人背着药筐从树林中现身，口里哼着："人主擅操柄，如天持斗魁。赋予皆自我，兼并乃奸回……"书僮："相公，这山人不是吟诵侬的《兼并》诗吗？"王安石点头，诚挚地向杜醇鞠躬："古路无行客，寒山独见君。"年近半百的杜醇仔仔细细打量王安石，自言自语："前朝刘长卿诗句。人如其诗，诗如其人，是个清廉汉子。"童子："山人，他说他是我们鄞县的父母官，要请侬出山。"杜醇卸下背篓，王安石欲接，童子赶紧接住。杜醇："不劳父母官，请入茅舍。"王安石："隐士山居，绿树和风，竹篱茅舍，清爽宜人。"

杜醇便与父母官并列坐在横梗的古树干上。杜醇径直问道："相公不辞劳苦，来深山老林寻找与世隔绝的山人，有何事吩咐？"王安石开门见山："'密竹岂妨流水过，山高那碍野云飞。'本县要兴办学校。"杜醇惊异，呆呆地注目这个年轻知县，而后说："治国之道，富民为始。富而后教，圣贤所宁也！"王安石深情地点头，继续说："君不得师，则不知所以为君；臣不得师，则不知所以为臣；民不得师，则不知所以为民。君不知所以为君，臣不知所以为臣，人们不知礼义廉耻，就会横行不法，巧取豪夺，互相残杀。民无生路，国将不国。这便是本县兴教的用意。"杜醇闻听此言有如石破天惊，立即回应："相知无远近，万里尚为邻。"

王安石："本知县王安石，字介甫，尊请杜先生回城为孔圣人执鞭。"杜醇得遇圣贤，异常兴奋："何时兴学？"王安石："现在。"杜醇："学校在哪里？"王安石："孔庙。"杜醇："立即起行？"王安石："立即下山。"杜醇招呼童子："收拾行头，随王令下山！"童子："先生不是发过誓，十年不回城吗？"杜醇："彼一时此一时也。"他们如临春风，一齐下山，快步如飞，回到县城。

孩子们，包括王雱、汪弄沟欢天喜地拥到孔庙就读。杜醇在教室里领着孩子们朗诵："我们的父母官介甫先生曰：'当皇帝的没有师父教导，就不懂怎样当个好皇帝；当官的没有老师教育，也不懂怎样当好官吏；老百姓没有先生教导，就不知礼义廉耻。'皇帝不知道怎样当好皇帝，官吏不知道怎样当好官，人们就会愚昧到相互欺诈、残杀，以致回到史前状态，或自行毁灭，这是大宋子民最大的不幸！我们来学校读书的意义就在这里！"

王安石与楼郁、杨适、王说、王致四位先生，同在教室后座听讲。县民将四人与杜醇合称"五先生"。此时他们齐声鼓掌。

王安石摸着汪弄沟的头，他的个头、长相与王雱颇为相似："汪仔，侬认真读书，再也不要去煮私盐了。"

与王安石同期，余姚县令谢景初带领民众筑海塘，阻海患，得平湖水田若干顷。他邀请王安石来余姚县实地观看。王安石："师厚叫我来开了眼界。昔日'白浪大于马'的海浪，'处处坏堤防'，浸淫湖田。如今'绿波满平湖'，足见谢君治理海塘成效卓著，不胜佩服。"谢景初："我是学介甫君的做法呐。"王安石："民惟邦本，本固邦宁。知安石者，师厚也！"

两浙转运使杜杞向越州（今绍兴市）各县令展示《越州余姚县海塘记》。他说："鄞县王安石兴水利，明保甲，兴学校，其善举被余姚县谢景初仿照，泽及明州一府，值得举荐。他们二人与知会稽谢景平、知钱塘韩玉汝，被民众称为'吴越四贤'。本转运使已上奏朝廷请求表功。"

鄞女留孤魂

皇祐二年（1050年），王安石三十岁，知鄞县届满离任前，独自一人驾扁舟，来到万灵乡郊野告别一岁夭折的长女。王安石戚戚地念叨："鄞女，侬随父出生在鄞县。此地夏朝时为'堇子国'，以赤堇山得名，后人加'邑'为'鄞'。托大宋朝的福，侬在成千上万乡亲们的关爱中满了周岁。"

王安石眼前展现乡民们为爱女庆贺生辰、奉为至宝的情景。虢瑞新夫人："鄞县民众盼来一个好父母官，上天顺势顺时送来了宝贝你。妮子是鄞县百姓的女儿，那就名叫'鄞女'吧！"民众："鄞女，好名字！祝鄞女健康美貌，福寿双全！"鄞女健康活泼，在各种公共场合，县民关爱有加。吴夫人写诗抒发长女喜得鄞女之名的欢快心情。

鄞女乍病，吴氏心急如焚。王安石正在帮助余姚县兴修海塘，耽误了治疗。王安石抚摸乍死的爱女悲痛欲绝："鄞女，鄞女！你享受不起衣食父母的抬举，才活了十几个月。呜呼！"吴夫人晕倒在丈夫怀中。按当地习俗，为防止野兽残害，傍晚，王雱独自为小妹坟堆点燃稻草火把，置于坟侧。荒山野岭灌木成林，微风飒飒摇响树叶，阴气袭人。王雱不禁心惊胆战，转身奔跑。

王安石："鄞女，侬的父母和哥哥就要离开这里。侬一个童稚孤魂留此荒丘，乃父不胜悲怆：'行年三十已衰翁，满眼忧伤只自攻。今夜扁舟来诀汝，死生从此各西东。'呜呼哀哉！"广利寺长老、虢瑞新夫妇带领汪弄沟家人和鸡山、育王山、灵岩、钱湖等地闻讯而来的百姓齐聚祖关山，在山风海涛中凝视悲诵诗句的王安石，个个呜咽泪奔，情绪感天动地。

漕船舱内，王安石从戚戚的回忆中惊醒。王雱："爹，您是想念鄞女妹妹吧？佛爷又送来聪明伶俐的雯、雱二妹和我、旁兄弟，您心应该释然。"王安石点头："最思东山湖树霭，更忆山春秋水波。"王雱："您常说'邑有流亡愧俸钱'。您把鄞县治理得百姓安居乐业，应该释然了。还有，薛伯伯同意把虢伯伯和汪弄沟转给我们家。"王安石点头："好的，赓续鄞县与我们的缘分。"

王雱："爹，我一直在琢磨，今上急切诏您越次入对，是否欲施行您《上仁宗皇帝言事书》中所提的建议？"王安石："今上似有改变大宋积贫积弱颓势、百官苟且疲软状况的急切心情。"王雱："何以见得？"王安石："今上天资异于常人。在颍王府邸，韩叔叔侍读，凡所读之书，一见便解大旨。至东宫与岐王、嘉王一起读书，总是带头拜谢侍讲，侍臣皆称赞他与众不同的谦恭谨慎、精明力行的锐气。继位一年多，敬重辅相，求直言；暗访入京灾民，体感百姓疾苦，抚恤鳏寡孤独，敬老济贫，励精图治之志时有表露；而自己不修宫室，未有声色玩好之过闻于外。"王雱："今上二十岁即位，确实与耽于享乐、老气横秋的仁宗、病病歪歪的英宗大不一样。"

王安石："尤其难能可贵的是，今上把岁贡辽、夏当成国耻，每每痛心疾首；还习武强体，意在一雪国耻！"王雱："据说，今上自制四言诗为三十二爿国库题名。"王安石："官家有这么深的隐痛，可见至诚恻怛忧天下之心，而非因循苟且、无所作为之主，与老气横秋、因循守旧、得过且过的官场风气迥异。"王雱默然静听下文。王安石："我们这些天已亲见国朝命脉漕运制度的衰败。就我到过的州县看，国政大都如此，积重难返哪。"王雱："爹，您身在江宁，却一直潜心揣摩朝廷意向，可谓钻到官家的心里面去了。"

王安石起身靠近窗户，拉开窗帘，瞥见船舷河面一片宁静，乃拉上窗帘，压低声音说："咱们父子关起门讲，今上年轻有血性，也不乏悟性，但是否具有坚强的韧性，勇往直前而义无反顾的定力，这便是我毅然赴京、就近研判的心语。"王雱低声地捏拳："改变国家积贫积弱状况，再也不能等了。我不明白，皇帝有至高无上的权力，有什么怕的！常言道，怕出来的狼、吓出来的鬼嘛！"

王安石："元泽呀，你涉世未深。我朝历经五代，承平百年，积习甚深，朝廷百官能像范文正公那样忧国忧民而力图改革更易者，凤毛麟角。当年追随他的那些元老重臣，如今年事已高，苟且疲软，他们是否会一如既往地竭诚辅佐今上，还是像一群犟牛，牵着不行、骑着倒走？官家心里似乎没有把握。何况还有两宫太后在内廷掣肘。"王雱："我明白了。官家独处内廷，孤立无援，即便有心，朝廷还得有一个领头雁。看到您的《上仁宗皇帝言事书》，得知您在鄞县、江宁的政绩，寄希望于您哪。"

王安石："是呀，人生并非缺少机会，只是常常缺乏发现机会的眼力。我将像屈子一样，'路漫漫其修远兮，吾将上下而求索'。"王雱指着茶几上的金橘盆景说："爹'受命不迁，生南国兮。深固难徙，更壹志兮'。只要官家敢做敢为，敢升敢罢，就会邪不压正、所向披靡。"王安石："儿子呀，你的长处和短处都在于锐气太盛。十三岁那年，你问为何不杀尽西夏那些狗东西？人家以为你轻狂。在旌德尉任上这两年，或许你已经见了些当今官场的恶习和惰性，听到一点民间疾苦声，知道为官应该做些什么了。"王雱："行政效率越来越低，国家活力越来越小。我恨不得统统去除那些因循守旧、老气横秋的官吏！"

王安石："打住。那些为政之道以后再谈。为父现在要叮嘱你的是，朝廷人才济济，藏龙卧虎；官场苟且享乐，得过且过。你千万记住：显山露水易招祸；任何时候都要谨慎从事，低调做人。在未辨明对方立场之前，千万不能让人发现你的政见，尤其是我的入京意图。"王雱深沉地点头，但又笑道："我记住了，爹！但就我的性子，不一定能事事圆满、滴水不漏。"王安石："大宋承平百年，数朝元老济济一堂。他们或圆滑如珠，或醉生梦死，口里讲的往往并非真心话，有如勾栏瓦肆搬演的那些故事，逗你玩的。"王雱直视父亲指着的勾栏嬉戏图："圆滑如珠，逗你玩，您概括得太形象了！"

王安石："人生的价值,不是用知识多寡,而是用行动的厚度和深度来衡量的。昨日,薛师正对我说的'经营之道在于巧',一句大白话把转运使的职责概括尽了。这才是真学问、大政策。"王雱深情地点头。

王安石："还有一点要特别嘱咐你,进京以后,包括将来或许进京的弟妹,不要沾染王公贵族的骄矜和那些纨绔子弟令人生厌的坏习气。要学平民的高贵,并以此而自豪。"王雱自认理解了父亲高远的心境,顿时觉得他的形象高大无比。

王安石眼前浮现父祖等前辈身影:"我们王家先祖原是山西太原人,以平民身份迁居江西临川县。经过你曾祖父一代人努力潜心奋斗而进入官场。直到你中进士,前后六十八年,四代八进士。为父想问问你,进士进士,你为什么进士?"王雱痛快地回答:"著书立说,光宗耀祖,扬名后世。"王安石摇头:"不全是! 应该是不忘苍生苦,立志改民瘼。通俗点说,进入仕途,就是要给黎民百姓办事。"王雱顿悟:"进士进士,就是要为黎民百姓办事! 记住啦。"

第五章
知政失者在草野

三朝元老摔耙子

汴京,大宋朝廷重臣聚居处兴庆坊。御史中丞吕诲蹑手蹑脚进入槐树韩府,站立一旁,观看宰相韩琦聚精会神地写辞呈。这个相府因茂盛的槐树林而得名,吕诲静享着庭院中的清新和肃穆。

吕诲示意随后来到府门口的翰林学士兼侍读学士司马光噤声,并指指韩琦,示意不妙。他们被接入厅堂,进到书房门前,不苟言笑的司马光破例油腔滑调地说:"我大宋向来以诗词取士,作长短句浑为时尚,前辈也赶起时髦来了?"吕诲以酸楚的心意煽动:"助仁宗,立英宗,扶当今天子即位,德高望重的三朝元老要告老还乡、摔耙子不干咧!"司马光直指命穴:"难道昨日官家的眼泪为老相您个人而流?"

老态龙钟的韩琦身子震了一下却并不答理。一字一纸写完,放下笔,搓搓手,揉揉眼,未直视吕诲、司马光:"小夫子俩前来有何见教? 你这个前御史中丞和他这个现任御史中丞,是不是要串通起来参我一本? 呵呵。"吕诲:"前辈说笑,后学岂敢。我是说,国库空虚,岂是右相一人之责! 您辞禄又辞职,正中那位左相下怀。"司马光:"并非本小夫子拙眼,韩公与曾公都力荐王安石,是想给朝廷增添新气象吧。"

韩琦转守为攻:"韩某身历三朝,也算为大宋鞠躬尽瘁了。如今耳聋眼花,对于山陵使之责痛感力不从心。熙宁一朝,要看君实、献可、王介甫诸公啰。老朽不会阻挡你们一代的前程!"司马光:"君实德薄才疏,不敢妄想。看官家的殷切心情,很是寄希望于老相公的那位门下。"

韩琦:"君实是指我在扬州府时的'金缠腰'故事吧,簪花四人中确有介甫。他以秘书郎签书淮南节度判官厅公事身份在州府,其人潜心学问,且能学以致用。早年,两浙路明州府鄞县官民齐声赞扬,而今,江宁府政声颇佳。不过,也有人认为他议论迂阔,性格倔强,难经世务。"吕诲:"王安石狂言'不加赋而国用足',十足的蛊惑人心!"司马光:"介甫文章德行名扬天下,我也奏荐他入朝。不过,欧、富、曾、张诸公所说'此人不用则已,用则天下大治',怕是言之过早。"吕诲发毒誓:"等着天下大乱吧! 执拗任性之人,用之必乱朝纲! 如果我这话不兑现,你们将来可以挖出我这双眼珠喂狗去!"韩琦:"老朽让位。各人心机各自谋,你们好自为之吧。"

也就在韩琦摔耙子的后些天,即熙宁元年(1068年)四月某日,转运使官船停靠汴河朝廷专用码头。船上站立兵勇,高举"翰林学士"衔牌。码头挤满车马轿子,官员们排队迎接王安石。两边站立禁军侍卫,市民、商旅人等包括西亚象队、骆驼队翘首观看。

士大夫甲:"王安石屡召不起。今日,我等亲眼瞧瞧这个翰林学士长的什么模样,摆的什么谱!"士大夫乙:"京中传言,此公在鄞县、江宁政声卓著,不起则已,一起则天下必治咧! 江宁府学子都这么说。"士大夫丙:"此公学问德行,举国钦服,士大夫恨不识其面,做梦都想拜倒他门下。"

一行官员上前迎接。尚书左仆射、同中书门下平章事曾公亮,皇帝近侍太监程昉,翰林学士司马光,太常侍卿韩维等,依次顺跳板上船。王安石出舱时满面春风,先打招呼,然后直向曾公亮致意:"曾相,前辈! 学生这厢有礼!"首相曾公亮:"介甫呀,你可来了! 皇上盼得你好苦啊! 特诏老臣和程公公前来迎接。"王安石:"我也很想拜望恩师您呐!"

太常侍卿韩维上前拱手:"老朋友,可把你盼来了!"王安石:"持国老友好,令兄子华可好?"司马光:"介甫,又有几年未见了吧?"王安石:"君实兄,道德文章名世,想你哟!"

近侍太监程昉上前递交神宗手札:"王翰林驾临京师,皇上万分高兴,特钦赐手札,命学士您今日稍息,明日上朝越次入对。"王安石十分感动,接札:

"谢皇上。谢程公公。"

迎接王安石的车队进入伟岸、大气、肃穆的御街。每过这阔二百余步、长十余里，从宣德门至南薰门的京都中轴线，王安石总会体感到威严和振奋。在御街两边廊下朱权子外观光或闲逛的行人，和两边御廊中买卖特色饮食、服饰穿戴、珠宝玉器的商人们，看见专供皇帝与大臣行走的中心御道有车队，不免驻足观望、赞叹或嘲讽。

官家急不可待

熙宁元年（1068年）四月，宰相曾公亮引领王安石来到延和殿侧殿。孙思恭启奏："相国曾公亮引江宁知府、翰林学士王安石觐见。"神宗准奏，自帷幕后出，入座。曾公亮走近龙座，恭敬地称："臣曾公亮引翰林学士王安石应诏越次入对。"曾公亮躬身侍立。王安石两拜起身，立于曾相身后，略显紧张。神宗和颜悦色地指着左侧绣墩："请曾相、王翰林绣墩就坐。"二人恭敬地入坐，同声："谢陛下。"

神宗见王安石眉修目朗，浓眉微蹙，睛光如射，颊有三毛，仪容端庄，两道法令纹严谨坚毅，虽面带劳瘁却行动敏捷。他从王的脸上读出他的阅历，读到一个正在追求奋进的人生。而这些，正是他想象中的干臣模样，心中甚是高兴，便以温和的语气问道："江宁至京师舟车劳顿，王翰林一路辛苦！"王安石听到英气勃勃的少年天子清脆而亲切的问话，拱手对答："托陛下洪福，一路顺风。"

神宗："据说卿患溲血之症，可曾痊愈？"王安石虽然经历了三朝皇帝共二十五年，却只知制诰期间在京住了两年，就近接触过仁宗皇帝一次。年轻的今上开口就询问路途和病情，内心立即涌动一股热流，连连应答："谢陛下垂问。臣在江宁，服用钟山定林寺高僧秘方，已基本痊愈。"神宗感慨："'江南佳丽地，金陵帝王州。'诗云：'旧时王谢堂前燕，飞入寻常百姓家。'前朝悲凉，至我朝应该欣欣向荣吧。"王安石见少年天子从容儒雅，就像预想中的那样，心中顿生好感，答道："江宁山水环抱，水陆要冲。太祖当年兴仁义之师，秋毫无犯；经百年生息，更见繁荣。臣受命知府，走遍乡村，痛感黎民百姓最揪心的是：豪强兼并，富商盘剥，滑吏为虐。如果能除此三害，民富国强，并非不能办到。"

王安石三言两语就切入正题，曾公亮有点担心，却正中神宗下怀："卿庆历年间所上祖皇仁宗言事书，朕已披阅数遍。诏卿越次入对，就是要听卿谈谈从那时以来有何新的思考。知道吗，朕已眼巴巴等卿七个月了！"王安石迅即起立而惊恐地说："臣何德何能，竟至陛下如此眷念！"神宗："欧阳修、富弼、韩琦、陈升之等宰臣和在座的曾相以及司马学士，众口一词褒奖卿之政绩德能，朕岂不渴望早日见教于卿？"王安石："臣不敢当！只怕浪得虚名，耽误陛下。"

神宗并没有像老相富弼叮嘱的那样，不要让人揣测出陛下的意图好恶，而是直截了当地说："'知屋漏者在宇下，知政失者在草野。'我朝经太祖、太宗草创，历真宗、仁宗、英宗百年承平，陷入积贫积弱状态。诏卿越次入对，是为了寻找强国富民之道。"王安石："陛下即位伊始，就专注于神圣的责任而不图享受，从最高处追求富民强国之道，实是大宋朝廷之幸。"神宗："朕从即位起，就如临深渊、如履薄冰。朕大致懂得，朕的人生境界会决定熙宁朝政的高度，朕的胸怀宽窄将决定施政的格局，朕的待人态度将决定大宋事业的成败。"王安石："陛下刚过弱冠，就修炼到足以包容所有社会之重负和神圣职责，微臣实在愧近天命之年。"曾公亮又一次见证了少年天子那份渴望治理国家的虚心与急切心情，亦见王安石对答得体，堪为当世可用之才，心里十分高兴。

神宗从江南风物到吏治民情、丰年荒岁、赋税刑狱，无所不问。王安石成竹在胸，无所不答。曾公亮见君臣谈政事如述家常，心心相印，心情也跟着放松了，暗暗地向王安石竖起了大拇指。

时近中午，曾公亮示意，神宗兴犹未尽："王卿暂为迩英殿侍讲，不回江宁府了，有司正在给王卿安置府第。"王安石迟疑未语。神宗又说："卿弟安国，州县都称他贤能、孝顺、友善，割血和墨抄佛经，为母守丧而不离家赴考，礼部已奏请诏试进士。"王安石跪倒谢绝："臣弟愚昧，不堪褒奖；臣素性戆直，亦非立朝之器。蒙陛下知遇之恩，一定畅所欲言，尽其心智，然后放我回任江宁府。微臣一定把那里治理好，为陛下呈一方繁荣。"神宗笑而不答，示意曾公亮引王退下："宫中已备午膳，用膳完再谈吧。下午曾公自便。"

　　神宗与向后一同用御膳，胃口特别好，吃得很香，还不时给向后夹菜。向后："今日陛下精神忒爽，胃口忒好，有特别高兴的事吧？"神宗兴奋地回答："朕今日为朝廷得一干臣、师臣，怎能不高兴？来，陪我干一杯！"神宗一饮而尽。向后抿了一小口，乃低声细问："满朝大臣、老臣那么多，就没有一个令陛下称心如意的？"神宗回头扫视左右，才轻声地对向后耳语："不能一扫帚扫倒一大片呐。认知决定命运，像王安石这样深知朕锐意进取而胸有成竹者，还真只有一个，没有第二。"向后被"认知决定命运"一语惊醒，既高兴而又有所顾忌。

　　待王安石用膳过，餐厨侍从发现整桌菜基本未动，只有王安石座椅处的一盘獐子肉只剩一点，他们惊奇地请御厨看究竟。御厨仔细查看琢磨："所有的菜都不合他口味？你们都尝尝。"御厨们纷纷围着桌子，分别夹菜、伸舌品尝，都点头说："味道不错呀！"一侍御说："这个王相公喜欢吃獐子肉，是不是？"一人琢磨着回答："好像是这样。"御厨："几十岁的大官人，恩享御赐膳食，哪能只吃个人最喜欢的一道菜！"一侍御说："王相公进餐期间，我一直注意到他连头都不抬，筷子伸出去时也如此。恐怕是在想心事，或许官家给他出了难题。"众厨或疑惑难解，或点头认可。

　　下午，王安石继续入对。待王安石离开大内，神宗膳后，回到延和殿偏殿，急不可待地指令孙思恭："孙先生，您去翰林院请王学士来这里叙谈。"孙思恭："现在？已经二更了。"神宗："三更也不晚哪！"

　　神宗与王安石夜谈。神宗："辽、西夏何以能长期欺侮我堂堂大宋？"王安石："世界上只有一种人别人不敢欺侮：身强体壮而又有骨气！贫啊富的倒不是首要因素。"神宗不由得卷起衣袖，亮出鼓鼓的肌肉："何谓身强体壮？您看朕肌骼如何？"王安石："陛下血气方刚，龙体健壮。我是用人体比喻大宋。作为国家，人众律应益精，国大策应益祥，略制高远，利益当前。"神宗："朕欲依卿略制高远，利益当前。"

　　王安石："略制高远，臣以为应从用人开始。自陛下即位以来，大概觉得身边朝臣或乏材能，或不同心思。故所拔用者，多为有小材而无行义者。此等人得志则风俗坏。风俗坏，则成天围着陛下身边转的那些人，皆以追求个人利益而事陛下,哪里还顾及朝政的是非曲直;将他们使于四方邻国,他们也会把个人利益摆在前面,很难从他们嘴里知晓天下的真实情况和利害关系。"神宗:"这些弊端,确实是摆在朕面前的'拦路虎'。"王安石:"欲治此弊,首先是亲近忠良。"

神宗:"朕自即位以来就十分明确,近君子、求圣贤、远小人。"王安石:"天生圣人之材不会很多,而为数不多的圣人之材又很难遇见圣君。如今,上天既以圣人之材付陛下,陛下就应该将圣人之材擢拔到朝廷,以为大宋百姓谋利益。"神宗:"朕已发求言诏,希望言中见人,言中出材,故亦是求材诏。"王安石:"微臣深感陛下自爱以成德,自强以赴功。只要始终如一,坚持下去,圣贤、君子就会聚集朝廷。大宋百姓皆蒙陛下之恩泽,陛下一定会获得圣君之名。"

神宗振奋:"中国几百年才出个圣君,朕不敢奢求。熙宁熙宁,既熙且宁。朕之所以年号熙宁,是希望熙宁当朝,能出现卿所盼望的民富国强盛世。"王安石:"陛下渴求圣人之材,小人、佞人便会远离朝政。忠臣良士与有道君子一起临朝,就会形成辅佐陛下的铜墙铁壁。"神宗:"什么样的人称得上有道君子?"王安石:"深谙先王之道的人。现在的问题是,不可能通过引起这个命题的思维模式本身来解决。"神宗:"卿说的铜墙铁壁,就是有道君子组成的一个忠诚良士集体?"

旬日之间,神宗一次又一次诏王安石入对,举朝为之惊异。朝廷内外包括开封府官员们打听,赞扬、不解、猜疑、嫉妒、谩骂,应有尽有。正三品翰林学士吕公著:"官家新接大统,就急诏介甫入对,求贤若渴呀!"判太常侍卿韩维:"欧、富、韩、张、曾、陈等一班元老重臣,先后上疏推荐介甫,赞扬他遵孔孟之道,奋发图强,务实能干,政绩凸显。"三司使韩绛:"当年,曾子固向欧阳公推荐介甫,老相当即赠诗:'翰林风月三千首,吏部文章二百年',将他比拟李白、韩愈一代宗师。"中书舍人章惇:"欧阳公向仁宗夸王安石'议论通明,兼有时才之用'。王安石由此知名。"

御史中丞吕海:"老臣们以荐贤为荣,在皇帝面前显摆呗!"言官邵亢:"此人鸿运高照,看样子,年轻皇帝要他当家吧。"号称"铁面御史"的赵抃:"人心隔肚皮。前两朝都曾诏命王安石来朝为官,他却推辞不受。谁知他那葫芦里装的什么药?"吕诲:"什么药,嫌官小呗!"翰林学士司马光摇头:"不要以小人之心度君子之腹,王安石以道德文章名世,前在江宁设馆讲学,弟子们来自全国。"

天天练行伍功夫

王安石并不受宠若惊,他每天早起后,都吩咐安国和雾儿捆绑行李,准备随时离开京师回江宁。安国、王雾互相对视,不解地摇头。王安石严肃地命令:"叫捆,你们捆就是了!"叔侄俩乖乖地收拾箱箧,吩咐汪弄沟捆绑被褥。王安石并非自言自语:"臣之事君,三谏不从则去,你们不懂吗?"

王安石越次入对一场接一场地进行着。

神宗:"四十几年前,真宗朝官九千七百,而今竟达二万四千员。兵将,太祖、太宗朝四十万,仁宗朝禁军多达八十万,全国总兵一百四十万,至英宗朝有增无减。"王安石:"此中或有虚报冒领军饷者,实际人数不会那么多。"

神宗:"再说收入。太宗至道三年(997年),岁入二千二百四十万缗,当年收支相抵,结余一大半。真宗天禧五年(1021年),岁入一亿五千另八十五万缗,岁出一亿二千六百七十七万缗,收多于支。到仁宗皇祐元年(1049年),岁入一亿二千六百二十五万缗,当年都花完了。英宗治平二年(1065年),岁入减少到一亿一千六百一十三万缗,岁出却达一亿二千另三十四万缗,又非常支出一千一百五十二万缗,年亏一千五百七十三万缗。至朕即位,历年结余,早已全部花费殆尽。"王安石:"是呀,近两年连朝廷官俸或有未能按时发放。"

神宗:"不想方设法增加岁入,朕这个皇帝怎么当得下去! 朕甘当叫花子也找不着门呐!"王安石笑道:"不像辽、夏之君,确实无门讨要。据臣查访,朝廷税赋已有十几种之多。二税(田税),加耗、义仓税、身丁税、杂变税、支移折变税,还有徭役、差役、科配,等等。"

神宗:"我大宋子民口数,太祖时,三百另九万户,一千五百四十五万人;父皇治平时,全国已达一千二百九十一万户,六千四百五十八万人。一百年间,人口增加四倍;水涨船高,岁入同步增加了五倍,却还是入不敷出。"

王安石:"和平安定日子长久,人口自然会大幅增长,朝廷开支也就大幅增加。官员排场越来越大,上行下效,公众生活跟着越来越铺张奢侈!"神宗:"是呀,一是军队越来越庞大,二是官场越来越臃肿,三是寺庙、道观越来越多,都伸手向朝廷要钱。正如俗语所说,处家人情,非钱不行啰。"王安石:"三冗三费导致积贫积弱。承平日久,忧患意识全无。朝野上下,慵懒疲软,得过且过,不思进取。只知食禄之易,不晓治事之难。钱花得越多,行政效率却越来越低,国家活力也越来越弱。"

神宗:"仕皆倡琴瑟,重乐以治民。看见听见的,是养尊处优,是歌舞升平,是'云里帝城双凤阙,雨中春树万人家',是'锦城丝管日纷纷,半入江风半入云'。朕以贫为虑,却也懂得其患并不在贫。"王安石:"更加严重的情况是,富者有弥望之田,贫者无立锥之地;有力者无田可耕,有田者无力可耕。"神宗:"国事实在堪忧呐。"

王安石:"每到王朝的鼎盛时期,动乱的烽烟悄然升起,丧钟悄然敲响,只是群盲听不明看不清而已。等到'霓裳一曲千峰上,舞破中原始下来'时,就后悔莫及了。晋武帝、梁武帝、唐明皇,皆聪明智略有功之主。享国日久,内外无患,因循苟且,无至诚恻怛忧天下之心,趋过目前,而不为久远之计,自以为祸灾不及其身,却往往身遇祸灾而悔无及。"神宗:"教训深刻呐,深刻!"

王安石:"盖夫天下至大器也,非大明法度不足以维持,非众建贤才不足以保守。以臣所见,方今朝廷之位未可谓能得贤才,政事所施未可谓能合法度。官乱于上,民贫于下,风俗日以薄,财力日益困。此时此地,幸赖陛下有询考讲求之意,此臣所以窃为陛下计而不能无慨然者也。"神宗深沉地点头而躬耳细听。

王安石:"夫因循苟且逸豫而无为,可侥幸一时而不可旷日持久。晋、梁、唐三帝乃败于此。以古准今,则天下安危治乱尚可以有为。有为之时,莫急于今日。过今日,则臣恐亦有无所及之悔矣!"神宗心领神会:"卿已知大宋积弱积贫,法度不周,心怀'不加赋而国用足'的妙法。这就是朕多次催促卿速来京越次入对的深层之虑。"

实在疲倦不堪,神宗允许王安石退殿回院休息。孙思恭路遇王安石,招指计算:"一、二、三、四、五、六,总计六次了!今上仍觉同相公您言犹未尽咧。"宫丑张寺:"草庐三顾又三顾啰!"王安石笑道:"巍峨宫殿,哪来的草庐?"张寺:"官家要起用翰林为医国手,小丑没讲错吧?"王安石:"小老弟别戏弄,我哪有那本事。"张寺:"相公的挚友王介博学而善讥谲。他说您,翰林,翰林,这回怕真要大汗淋漓了。"王安石:"中甫那厮见笑。不过,我倒是一个不惜力而愿冒汗之人。出汗排毒,有益健康嘛,小老弟说是不是?"

朝臣们杞人忧天,聚集在朝廷某处,无所顾忌地一起评说。言官邵亢一班人聚议:"这个王安石真有两把刷子,要挟君上忒有本事。"御史中丞吕诲:"此人一贯居心奸险,处心积虑,谋取重位,我一直这么认定,你们现在信服了吧!"翰林学士知太原府冯京:"据说,他王安石声言要改祖宗成法,以达不加赋而国用足之目的。"号称"铁面御史"的赵抃:"几代先帝谨守成法。变法,只怕是天下会大乱。"口吃的参知政事唐介:"变法,他敢!商鞅变变法,最后车车裂了!"

司马光和韩维来到王安石住处。司马光:"今上已六次诏介甫入对。官家如此看重,介甫此生有幸啊,理应万分珍惜才是!"韩维:"我老兄子华叫我一定留住介甫。介甫无论如何不得违背君上拳拳之心。"

吕公著也来到王安石住处。时人有言:"众人之论止于介甫,介甫之论又为晦叔所止。"司马光见两位辩论家聚到一起,一定有话交锋,便以有事为由辞别。韩维亦同时退出。

吕公著见捆绑好的行李,摇头笑着说:"同年同科,嘉祐四友,你天天不忘练习这行伍上的功夫?"王安石笑而不答。吕公著:"介甫可是我心目中的真人、至人、圣人呐。"王安石一直折服于吕公著的为人,真诚地说:"期待晦叔作相,吾辈方可言任矣!"吕公著:"介甫何时学会吹捧了?"王安石:"你吕晦叔不作相,天下不会太平。"

吕公著说着,把提来的小竹筒放书案上:"越次入对的是你不是我。故乡土产,家兄叫我代赠,不成敬意。"王安石知是指他老兄吕公弼:"宝臣兄这么客气,我想念他哩。"王安石笑容满面地拿起竹筒,见是一筒六安茶,乃旋开盖子,闻了一闻:"真正的六安精品,谢尊兄。记得当年他任三司使时,我在其门下任度支判官,也曾分享过此等君子饮品。"吕公著:"是用圆形、素色开片、质感单纯的钧瓷杯泡制的吧？那是吾兄最喜欢的品茶用具，只有知己好友才有幸共享。"

王安石吩咐汪弄沟煮水泡茶。王安石："尊兄是个以极简为美的高人，悠闲潇洒。他教会我怎样品味生活。感激，感激。"

吕公著："还有一种茶芽，古人谓之'雀舌''麦颗'，言其稚嫩也。由于茶园土质肥，品质好，新芽一发便疯长，细如针，好像雀舌，或像麦颗。清明时节，一夜能长出一寸。"王安石："是呀，沈存中有诗称赞：'谁把嫩香名雀舌，定知北客未曾尝。不知灵草天然异，一夜风吹一寸长。'"

吕公著转变话题："问问政事。介甫越次入对，朝中议论纷纭，你听到不少吧？"王安石谨慎地回答："略有所闻。"吕公著非常郑重地劝道："家兄再三嘱咐，恳请介甫以遵君命为上。"

王安石沉默不语，唤汪弄沟烧来滚开的水，把六安瓜片放入素瓷杯中，一边按茶道程序操作，一边说道："世人煎茶，把叶子煮老，茶叶煮淡。我试用水冲，这才妙不可言咧！"王安石、吕公著欣赏茶芽在杯中竖立而上下浮动，立觉清香四溢，频频点头称妙。

王安石感慨："同科同年兄弟，我就像这茶芽，先浮后沉，世代乡民呐，根在草野，恐难立足朝堂，还是回州郡做事踏实。"

第六章
大有为之时正在今日

当务之急在于变俗立法

神宗第七次诏王安石入对。孙思恭悄然退出，招呼内侍回避。

神宗再三以礼恭请："朕闻卿每日早起，即整好行装，晚寝方复打开，这是做什么？回江宁？深恐朕污染卿的清节盛名吗？"王安石惶恐，躬身说道："臣虽愚钝，岂不懂陛下连续七次垂问的分量！在臣这一方，之所以要回江宁，实在有难言之苦哇！"神宗："但讲无妨。"

王安石正襟危坐，深情地说："臣想起当年庆历新政。"神宗自信地笑道："范文正所上十书，朕尚能背诵。当年，韩琦、欧阳修、富弼诸公同心勠力辅佐祖皇的情状，至今激励着朕。卿，朕的韩、欧、富也！"王安石暗自庆幸年轻皇帝秀外慧中，便鼓励他将多年思考的结论和盘托出："范公新政并非不善，何以并无善果？"神宗："愿闻其详。"

王安石："大宋立朝百有余年，无大兵革，垦农田，兴百业，人口、岁入超数倍，而国力反而不如当初，却是为何？"神宗："是呀，却是为何？"王安石："究其原因，臣以为：一曰法度不立；二曰意志不坚；三曰治标不治本。"神宗："卿认定的是三不：不立、不坚、不治本。"王安石："具体表现有：官滥于上，奢用无度，豪富侵吞，民贫于下。比如三冗三费，有目共睹。不革新，则坐而待毙；革新呢，则冒犯王公亲贵。谁能扛得起这根大梁，顶得住那铺天盖地的压力？范仲淹、富弼、韩琦、欧阳修诸位宰臣，皆当世之大贤也。自庆历年间受挫,尚且因循畏事。"

神宗:"所以,朕期望卿来挑革故鼎新这根大梁。"王安石:"我一个县令、州守、知制诰、翰林学士,能有多大能耐? 与其在朝廷干食君禄,还不如在州郡稍事兴作,做些有益于熙宁朝政的事。这是臣的肺腑之言,冒死顶撞陛下,万请恕罪。"

神宗听罢,慨然动容。如今京官上万,吃着朝俸者,可有几个潜心替朕想、诚心为朝廷筹划的? 几个月来上下求索,总算寻觅到了这位干臣。他起身离开龙座,双手紧紧握住王安石的手,极为恳切地说道:"卿求思之深,谋国之苦,乃柱国者所为,何罪之有! 这些天听卿教诲,比当年万言书更为博大精深、周到沉稳。如今内用不足,西北强敌虎视眈眈,朝廷非改易更革,别无出路。朕意已决,卿复何疑!"

王安石听到这里,再也无法把已成腹稿的推辞脱出,一时竟然无语,不知不觉涌出两行热泪来。弱冠之君便有这等浩然之气,实在是国家之幸。高山流水世罕有,人生乐在相知心哪。神宗见王安石真情流露,心甚宽慰,归座说道:"诏卿入对,已禀告过太皇太后。卿清节素著,天下称贤。慈意以为得人,卿无需多虑!"

听到太皇太后授意,王安石心中放下了一块沉重的石头。他深感知遇明君乃臣子之幸,鞠躬尽瘁,恰逢良机。王安石兴奋而又激动地说:"人言国家如敝庐,臣以为不然。百年基石,国本牢固;因循一去,便见中兴。陛下弱冠临朝,血气方刚;一代贤臣犹在,大有为之时莫急于今日!"神宗起坐重复:"正是! 大有为之时正在今日! 从哪里着手呢?"

王安石斩钉截铁:"当务之急在于变风俗,立法度。"神宗严谨地复述一遍:"当务之急在于变风俗,立法度!"王安石郑重地强调:"'风俗'二字,比'法度'更为紧要。"神宗再次兴奋地复述:"'风俗'二字,比'法度'更为紧要!"话到此处,君臣心境如同高山流水、大旱云霓,不忍惜别。

神宗回到后宫,向后见之欣喜异常,便问:"陛下今日这么高兴,再有喜讯!"神宗兴奋地对向后说:"朕喜得一干臣!"向后:"什么样的干臣?"神宗语言、手势并用描述了一番。向后转弯抹角地询问:"太皇太后知情否?"神宗心语:"祖宗法规,后宫不预政。难道什么事都得到太皇太后的首肯,你皇后不能给朕当压舱石?"向后好像在摇头:"只要太皇太后首肯就好。"神宗:"姐姐,不,向后,你才是熙宁朝的压舱石!"向后:"陛下牢记,本后严遵祖宗条法,绝不干预朝政。"

　　王安石回到翰林院,饭后院中散步。月上殿角,大内寂寂,晚风袭人,树花摇曳,香透心脾。回到室内,闻到炉香缭绕,便和衣上榻,闭目养神。传来一更钟鼓声。睁眼一看,花影移过了西窗。他毫无睡意,英气勃勃的年轻皇帝七次诏对历历在目,一句句掏心窝子的话抚摩他深情执着的心灵,一个个精彩的场面令他兴奋不已。对照恬淡无为的仁宗,这与将激流勇进的范文正公新政弃之东流的情状截然不同。我王介甫之所以一诏即起,就是为近距离考察官家的谋略和决心。君臣在积贫积弱、民劣兵弱、国基甚危等方面达成了共识。虽然老少隔代,却性格互补,视对方为知音,正是先圣所揭示的"天降大任"之时也。天时、地利都有了,缺的只是"人和";变风俗,一人心,人和可得也。

　　钟鼓楼传来二更声,王安石仍然毫无睡意。起床剔灯,磨墨铺纸,搦管着墨,笔动如飞,越写越兴奋,笔走龙蛇停不住。《本朝百年无事札子》完稿,他回头仔细检点,并无错讹,乃折叠妥置。传来四更钟鼓,伴随四弟安国和爱子王雱的呼噜声……他舒展筋骨,调养气息,乃见花影移近东墙根。他抚摸衣背,感觉有些凉意,便解衣上床。顷刻之间,王氏兄弟子侄的合奏回荡整个翰林院。

一边捆着草,一边饿死牛

　　《本朝百年无事札子》递出,王安石轻松了许多。傍晚,约王雱、王安国、吴安持着平民服饰,巡视京师市面。家丁汪弄沟随后。

　　他们步行在白天乘车经过的御街,京都的伟岸大气令所有身处其中的人心情振奋。这大宋第一街笔直宽阔,北从宣德门起南至南薰门的十里长街,两向望不到头。街阔二百余步,中心御道专供皇帝与朝廷大臣车马来往,显得格外肃穆威严。行人皆在廊下朱杈子之外。杈子里有砖石甃砌御沟两道,尽植莲荷,近岸桃李梨杏与杂花相间,望之如绣,很有生气和情趣。两边乃御廊,多有市人买卖于其间,特色饮食、服饰穿戴、珠宝玉器、中外特产皆备,铺张出一派繁华祥和景象,使御道上的权贵仿佛觉得自己离所统治的子民并不远。

从转运使船上苦力转为王府家丁的汪弄沟,一个原先在遥远的东海边煮盐的小屁孩来到天子脚下,被威严气势震慑,似乎到了天堂,心情雀跃,健步轻盈如飞。王安国对从队伍背后冲到前面的汪弄沟说:"见到御街,弄沟开眼界了吧!"

他们一行徜徉御街好一阵子,才出朱雀门外过龙津桥,折向西大街之曲院街。只见街南遇仙正店灯光明亮,气派袭人;正门彩楼由木质杆件绑缚,以彩帛彩纸扎成门楼形状;楼内廊间欢门呈半月状,雕饰繁复。每到节日,各楼房檐瓦片上摆放莲花灯,显得更加辉煌。正店前有楼子后有台,都人谓之台上。楼台各处喝酒打酒的拥挤不堪,疲敝不堪的酒博士殷勤地穿梭侍候。到处传出猜拳行令的喧闹声,店小二们或飞快或懒洋洋地应付着。

王安石知道,汴京全城这类酒楼饭有正店六七十户,它们享有特定的酿酒权。盛着各种名酒的坛子明码标价,银瓶酒七十二文一角,羊羔酒八十一文一角。其余数百家皆谓之脚店,需从正店批发。令他印象深刻的是开封最高地标建筑矾楼,它位于皇城东华门外,原以买卖白矾而得名;它的五座楼之间有飞桥栏槛,明暗相通,珠帘绣额,灯烛晃耀,是权臣显贵们的出入之所,不像这一带闹闹哄哄人满为患。

曲院街北是另一种景象。那里的薛家分茶、羊饭、熟羊肉铺、油饼店数十余炉,其中史家瓠羹、万家馒头,称东京第一。凡百所饮食店铺,门前也装有繁简不一的彩楼,各显奇巧,百花齐放。店内鲜净盘合器皿洁净明亮,煎炸炖熬食品各式吃食色香味俱全,令人垂涎欲滴。整个曲院街,直到龙津桥一带,店铺经营通宵达旦,以适应不少京师人昼夜颠倒的生活规律。

王安石一行再向西行,见到各茶肆茶坊依次排列。内有洞仙桥,仕女们来往夜游吃茶。以南的杀猪巷多是妓馆,吃喝玩乐,至夜尤盛。还有东、西两教坊,有众多像白居易笔下琵琶女那样的男女,支撑着众多妓院的才艺表演。街心市井,人们勾肩搭背,或醉或醒,任意谈论,无所顾忌。吴安持指着相反的方向说:"东边那大街麦秸巷、状元楼的妓女馆舍,也许僻静一些。再过去就是保康门瓦子,那里整日整夜拥挤不堪,嘈杂混乱甚于此处。"

王安石："在我们大宋臣民心目中,汴京最是一座宜居好玩之城。人们无忧无虑地享受着百年太平,白头老人不知干戈,垂髫小儿只顾戏耍玩乐。元宵灯会,清明游园,七夕乞巧,重阳登高,雪景花会,四季不断。像金明池那样的游乐胜地,举目望去,雕车宝马,川流不息,青楼画阁,珠帘绣户,金翠耀目,罗绮飘香,生活如同梦境,游人胜似神仙。"

又走了一阵,王安石觉得有点累,就地坐于脚店门外歇息观景。汪弄沟陪侍在他身后,自言自语地嘀咕:"好个热闹京师,比我们乡下过年过节热闹得多!"吴安持:"我们今晚看到的区域,只是京师众多区域中的一个。天子脚下的臣民,娱乐终其一生。"王安石接话:"正如安持所说,京师风气,仕皆倡琴瑟,重乐以治民。承平既久,人口岁增。兵籍益广,吏员益众。佛老外国,耗蠹中土。朝官之费,数倍于昔。百姓亦追求享乐。由贵族、官吏、商人、手工业者,与人数庞大的禁军以及这些人的家属组成百万开封市民,乐天安命,醉生梦死,这就是我们看到的京师现状,也代表国家现状。与我十年前所见的享乐之风有过之而无不及,积重难返哪!"吴安持:"仁宗皇帝是这么说的,过弛而积弱也。"王雱:"也有人认为,我大宋朝,弱而不贫咧。向辽夏纳币数十年,习以为常。"

王安国:"古有四民,士、农、工、商,商人排在末位。如今,富商大贾反客为主了。"王安石:"前些年,在百万东京城民中,商户多达一万五千余家,商人占总人数十分之一左右。当年我任三司度支判官,统计东京大酒肆接近七十家,最佳者是南仁和;脚店三千户。整个开封行市齐全,各行各业都有专卖店、行市。唐朝时只一百七十多行,我朝已达四百多行,分工细了,体系化了。"吴安持:"汴京商人十多万,不仅是普通的齐民,还常常以罢市来抗争咧。"王雱:"古人说,行商坐贾,通货殖财,四民之益也。商人勤于贸易,善于积累财货,富商大贾越来越多。"吴安持:"据说,大内、后宫要求商户到内城和御街开店咧。"王雱:"难怪,话本里常说:要想富,赶着行在卖酒醋咧。"王安国:"商人逐利,唯利是图,奸商当道,还讲什么公平交易、童叟无欺?"

汪弄沟目睹大街小巷中各式货车,有棕棚牛车、草棚牛车、驴拉板车、双辕推车、独轮车,联想起在来京时的船上见船帆蔽日遮天,堵塞难行,还听见纤夫拉船的凄厉号子声,不禁起问:"吴家姑爷,我想再问你,京城里有那么多红鼻子、红胡子人,还有全身黢黑只有牙齿泛白的人,他们是人吗?"众人大笑。吴安持:"开封成了古往今来第一个敞开型的城市。我们大宋有两条丝绸之路,一条在陆上,一条在海上,两路沿线有五十多个国家,他们都与大宋做生意咧。我们用的吃的那么多好东西,像香料、毛毡、颜料,就是他们的船队、象队、骆驼队运送来的。他们是我们大宋的朋友。"王安石:"那天下船,你不是看见骆驼队了嘛。海上丝绸之路起点就在你们两浙路的泉州、杭州,荆南路的广州。我们景德镇、佛山的瓷器,包括你老家的定瓷,还有潭州铜官陶瓷,更有江南四川丝绸,大多是由他们运到外国去卖的。"

王雱:"中国是礼仪之邦,从来尊重人,民为邦本嘛。大宋都城,天子脚下,承汉唐风气,视黄棕黑白人如同一家,他们称我国是世界首善之区。"汪弄沟:"那些红头发、蓝眼睛、黑皮肤,像海怪一样吓人。你们敢跟他们玩?"王雱:"就怕你玩不疯!"汪弄沟只获耳目之淫,不免愤愤不平:"京师乐呵呵,乡间饿死人;就像阿拉家乡话,一边捆着草,一边饿死牛!"王雱:"弄沟对我朝重商抑农不满意。你等着,我爹会还你个农商并重。"王安石止住王雱:"多嘴!弄沟的话深刻得很咧!"

王安石望见一茶馆前有一堆人围观。他也走近,看见人围中有个盲人蹲于地,用筹码飞快地运算。人们报出一组数字,盲人迅速摸着筹码,来回倒腾,纯熟如飞,明眼人眼睛很难跟上。有人故意将筹码拨乱,盲人摸到那处,停手示意:"莫动我的筹码!"他将筹码送回原处,继续操作。一会报出得数,与出题人的得数完全一致。人们无不惊异:"奇才,鬼才,简直是天才!"

王雱问围观者:"老丈,他是什么人?"老丈:"淮南来的,先天双目失明,常来这街上演算风雨阴晴、日月圆缺、地震海啸、生庚八字,获得一点施舍。"王雱:"天道不公!贼人眼睛雪亮,神算却双目失明。"王安石喃喃自语:"淮南失明人,神算难得,难得!"他将一袭乌纱递给汪弄沟,叫他放到盲人算家的接钞盘中。盲人接住,拱手致谢。

把我揉碎成为你

迩英殿御前讲席即经筵,每年二月至端午节、八月至冬至节为讲期,逢单日，由翰林学士或其他官员入侍任讲官轮流讲读。这日，神宗听完侍读学士司马光讲《礼记》，询问司马光："司马学士的《通志》先秦八卷定稿了吧？"司马光："臣等正在誊录。"神宗："朕读太史公书，知战国时期多有变法者，好像只有商鞅变法成功了。这是什么缘故？请诸位仔细讲解。"司马光："商君刻薄。他身处战乱，天下诸侯合纵连横，以欺诈为能事。以立柱之机巧欺诈民人，坏天下人心术。心术不正，难以礼治！是故古之王者……"

神宗见司马光无边无际地老生常谈，便插言道："学士书中写的商君之法太简单了。请参考太史公书，翔实一点，好吗？"枢密使、三朝老臣文彦博一直闭目养神，似听非听，至此才端正而坐，露出顾盼有威的形态插话："秦行暴政，不几年就败亡了。此乃商鞅变法之恶果，不足为训。"神宗微微摇头："朕读到'今人未可非商鞅，商鞅能令政必行'的诗句，查阅商鞅，乃知他内心烈火与冰山同时蓄存。"曾公亮说："历史早有定论，无商君之法，秦不会强大，四海也就难以统一，何来以后的中国大统！"

神宗对文彦博说："战国后期那么多弊政，不变革行吗？"文彦博未猜透少年天子心思，随便答理了一句："当然应该。"听到老枢密使截然相反的答话，在席者皆惊愕不已。文彦博觉得说走了嘴，随机补充道："房屋坏了该维修，衣服烂了要补缀，就像调琴试弦，协调就可以了，何必全部换新！"

神宗转注王安石。王安石一直保持沉默，静观各人心态，即便神宗引用他的咏史诗句，也不接话。在这种场合，他以为，发声是一种本能，闭嘴则是一种修行。学会沉默，对自己而言是一种修养，给别人留情面则是一种美德。

刑部、工部侍郎等相继进殿请旨。神宗不得不一一问话，仔细斟酌后才一一签批，实在无法分身，只得说："今天的讲读就到这里，请王翰林留下。"

众人退出。神宗移近王安石问道："卿今日怎么一句话都未说？"王安石："明仲老相公说得对，商鞅变法成就天下一统。"神宗舒了口气："秦国制度传承代有变更，以至于今。"王安石："陛下学而好问，在学问中寻求到了真知。学问学问，就是要多问。提不出问题，可能没有专心听讲；思考不深入，则所学不会成为真实学问。现代进士制度重诗赋寻章酌句，死记硬背，不专不固的人太多了，他们只能将学问挂在嘴边装潢门面而已！"神宗："然也，然也！"

王安石："臣以为读书有四境界。'孤舟蓑笠翁，独钓寒江雪'，即是板凳甘坐十年冷地读书,是第一境界;'采菊东篱下,悠然见南山',乃第二境界,一种'书人合一'的境界;'会当凌绝顶,一览众山小',乃第三境界,一种超越自我、超越现实、超然物外'天人合一'的至高至上境界;'欲穷千里目,更上一层楼',乃第四境界。人生有限,学海无涯,永无止境。书读到最后,会深感自己的渺小和知识的博大。这是一种'时人合一'的超越空间至远至臻的境界。"神宗:"自爱卿侍读以来,朕听得津津有味,也喜欢向卿提问。朕自知要达到卿所说的'书人合一'的第二境界已不容易,更不用说'天人合一''时人合一'的化境了。"王安石:"陛下勤学多思专心力行,定会达到佳境。"

神宗:"朕研读卿的《本朝百年无事札子》,便觉进入佳境:大有为之时正在今日。朝廷亟须变革的事太多,着卿一一经划,及早实施。"王安石未料神宗完全认同自己对时局的分析,更惊异于早日启动变革的话,不得不克制心绪尽力和缓地呈述:"自臣入对以来,陛下都要与有关府司部院决策日常事务,而所要变革的大政,刚刚涉及就被冲掉。改革更易都是大题目,非博论详说、待圣上透彻解误并钦定施设、本末、先后、大小、详略之方,才能顺理成章,依次奉行。"年轻皇帝一脸疑惑,抑制不住地冲口而出:"朕为天子,一言九鼎,难道要等到满朝文武如文枢密、司马翰林都想通了才诏行新政,不得猴年马月?"

神宗见王安石一时无话,乃转而平和地说:"师臣的眼界和格局,朕深为叹服。卿的更革理念和意图,朕大致烂熟于心了。"听到烂熟于心一语,王安石觉得官家确实年轻,便一字一句地强调:"臣恳请陛下在万忙之中摆脱细务,聚集时间和精力,透彻了解改易更革到底有多少事项,从哪里起步,用什么方法施行,达到什么目标,把臣所思所想所谋诸事思想透彻。就好像炖羊头,细火慢炖几个时辰才能骨肉分拆。"神宗似有所悟:"好的,我们君臣二人就关起殿门,反复研讨,琢磨透彻,一定会火到羊头烂的。"王安石笑了笑,喝了口茶,慢慢地点头:"天既以圣人之才付陛下,则人亦将望圣人之泽于此时。伏惟陛下自爱以成德,自强以赴功,把我们研讨的观念和事项,一一揉碎再一一成团,扎根在心里。"

张寺上前插话:"王学士是说,把我揉碎成为你,也就是将王安石揉碎成为陛下。"神宗笑道:"咋揉碎?你做个样子给朕看。"王安石展现难得的灿烂笑容,伸出大拇指赞扬小兄弟的见解既机智又能深入浅出地阐述问题。

第七章
民人都有生存权利

好读楞严莫分心

　　吴夫人从江宁来到京师,带来女儿们的书信。王安石拆封小女儿素雯的信,默念,好像听到了幼女稚嫩的声音:"爹,您离开我们好多天了,好想您。您在家时,我往往惹您生气;可是,您一离家,我们全家就像没了主心骨,少了许多欣喜和欢乐。"从信中,王安石好像看到女儿们在读诗、猜诗谜、追逐游戏的身影——

　　素雯:"我出个诗谜你猜猜。"素雯:"好呀!"素雯:"你丫头片子要是猜不出来,怎么认罚?"素雯:"姐先说,猜出来了,你怎么奖励我?"素雯:"猜出来给栗磕子,猜不出来当狗狗爬。"素雯:"你太刻薄!"

　　素雯:"我出题了:佳人佯醉索人扶,露出胸前白雪肤。走入帐中寻不见,任他风水满江湖。一句诗猜一人名。"素雯想了想:"第一句,佳人佯醉索人扶,假倒。贾岛,是不是?"素雯惊喜地点头。素雯:"第二句嘛,露出胸前白雪肤,是李白!"素雯:"算你丫头片子机灵。"素雯:"第三句,走入帐中寻不见,罗帐,不见,这不是罗隐嘛!"素雯再露惊喜:"第四句,谅你猜不着。"素雯想了又想,一时语塞:"任他风水满江湖,任他……"素雯做鬼脸:"猜不出来,认罚吧。"素雯:"我认为是潘阆……"

　　王安石立即铺纸回信:"可爱的宝贝女儿们,爹应诏入京越次入对,与今上谈得很投机。官家不放我回江宁,你爹也就不敢违背圣命了。你们哥已在京师租房,待你娘安顿停当,就接你们来京。不过,你们要晓得,人世岂能无聚散,你们早晚要出嫁的。如今,好读楞严莫分心……"

过了几天,王安石与吴夫人应约来到司马光府上。吴夫人与张氏夫人如同姐妹,进内室说话。王安石则随司马光进入书房。司马光:"介甫留待朝廷安心侍君,这就对了。君命不可违呀!"王安石:"君命难违,只能如此。"司马光:"据说,官家已着人在兴庆坊为你选定住宅,你却要贵公子元泽另寻住处,与我为邻。确有此事?"王安石:"你司马十二远离那槐树韩府、梧桐韩府、梨花深院集聚的权贵区,实在远见卓识。我是想就近效法你司马氏文明家风呀。"司马光:"我随意选定住处,并非有意回避谁谁谁哟。"

王安石:"我是谁并不重要,重要的是我和谁在一起。与司马家为邻,一是方便讨教你夫子,二是便于儿女们感染司马家教德行。天下谁不称颂司马光砸缸的精彩故事呀!"司马光大笑:"呵呵,那是一般文人学子胡吹瞎捧,勾栏瓦肆粉脸艺人还演绎成什么司马缸砸光咧!"王安石也哈哈大笑:"缸能砸光吗?我家还有好几口咧。不过,只有你们贵族公子才舍得砸咧。我家雱儿一直用瓦盆洗漱,是舍不得砸的。"司马光:"介甫真会讲笑话。"王安石得到启发:"如今,再心疼也不行了。只有像君实老兄那样,狠狠地将积贫积弱的水缸砸破,风俗才能改变过来。"司马光愕然,良久才说:"介甫贤弟原来在这里等着我!"

司马光与张氏夫人陪同王安石与吴氏夫人拜谒知制诰吴充府。吴充夫妇与其子安持在大门口恭迎。韩绛、韩维兄弟早已到达,与王安石夫妇、司马光夫妇热情而风趣地见礼。

韩绛:"介甫奉诏越次入对,曾想趁便与吴家定下儿女婚事,就急急回江宁府做他的闲散州官去。不曾想官家恳留,开溜不了啰。"韩维:"君命难违呀。介甫的眼界和格局,自然让今上着迷。"司马光:"介甫的雄才大略,应该为熙宁朝所用。"吴夫人:"各位老友抬爱,敬请帮他向官家说情。一个邋里邋遢的人,让他回江宁府最好。"韩绛:"官家和满朝文武恳留介甫,嫂夫人就不要拖后腿了。"

司马光:"今天是来玉成王、吴两家儿女大事,不谈别的吧。"韩绛:"是呀,介甫一向简朴从事。这桩儿女婚事,他早已叮嘱我这媒人尽力从简。都是老朋友,又是同僚,就遵从介甫意愿吧。"韩维打趣:"再简朴,也不能亏待宝贝女儿,彩礼总是要的。男家给什么彩礼呀,拿出礼单来开开眼界嘛!"

吴充夫人捧出一对玉环,递给大媒韩绛:"哪有什么礼单,备此区区贱物,怕是拿不出手!"韩绛仔细观赏:"这是大食玉镯,十分珍贵呀!"韩绛转递吴夫人:"冲卿及夫人敬请介甫与夫人笑纳。"吴夫人目视王安石,坚决推辞:"冲卿、夫人,咱们两家是同僚、同年、世交,此举不是媚俗了?"司马光:"安持与素雯结亲是家事,与同僚无关。"韩维:"高门大户,自然不能趋世俗奢靡之风,礼仪俭约,不以金帛,切莫嫌薄啊!"王安石点头,示意夫人收下。

韩绛:"聘礼交过,下面就是择黄道吉日送千金素雯过门了。"王安石点头:"诚然。"定过日期,韩维宣布礼成,行酒。大家鱼贯上席。韩绛:"在座我年纪最大,又是大媒,先讲几句。冲卿与介甫,同年又同科,如今同朝辅佐官家,又结为儿女亲家,可谓良辰、美景、赏心、乐事四美具,贤主、嘉宾二难并。我们一起为安持与素雯这对新人祝福。今日大喜,共饮一杯,然后行令,何如?"

吴安持恭敬地给各位上酒。韩维:"好像介甫、君实素不用酒,然今日可视为难得之例外。"韩绛:"介甫名句:'相逢但长啸,遇饮辄掩口。'今日既长笑,却得张口一饮而尽。"司马光:"今日吴、王两家大喜,我忒高兴。介甫,我们就破个例吧!"司马光举杯先饮。吴安持站到王安石面前,素日酒不沾唇的王安石,也随之一饮而尽。众人欢欣。

吴充夫人提议:"你们都是文人,吃酒作诗才有气氛。"司马光附议:"介甫一家均善诗词,小小素雯常有佳句佳作,连小姑子姑婿都有诗词流布。"韩绛:"建议以牡丹为题。牡丹国花,比喻素雯之美。限题不限韵,诗成,大家评定,优者插花,劣者罚酒,就请东道主娘子作令官,各位以为如何?"众人拍手赞成。吴充夫人满面春风,笑语殷勤,叫人递上笔墨彩签,自己则点了一支熏香计时。大家沉思构想。

金铃突然响起,众人齐视,一炷香燃尽。吴充夫人:"时间到!"停笔交稿。吴充夫人收集诗签,拣出王安石的诗稿交吴充,吴充看了看,大声说:"先诵读文豪亲家公诗:同官同齿复同科,朋友婚姻分最多;丹若自是年年好,可爱人合爱天合。"众人齐声说道:"着一'丹'字,人合天合,切题又切事,好诗,好诗!"吴充夫人让丫鬟将花插在王安石帽子上。热闹了好一阵子,众人尽欢而退。

吴充走近王安石,只见他黑黑的脸竟然泛红,便慰问:"亲家没多喝,不妨事吧?"王安石坦然笑道:"历来不胜酒力,今日竟然喝了三杯!人家三碗不过岗,我才三杯咧,不妨事的。"吴充:"既然未醉,我有一句话要对亲家说。朝下议论纷纭,说介甫正在谋划变法,可有其事?"听到"谋划"二字,王安石并不诧异,至于内外议论纷纷,就有点奇怪了。他喃喃自语:"朝廷果然是危疑之地。官家求治心切,恳留在京,故未离去。侍讲迩英殿时陈以治道,闲时专心注经,君实、子宣他们在场,有谁提过'变法'二字!"

吴充环视周边无人,便轻言细语地告诫:"前代贤相范文正公以先天下之忧而忧的圣贤境界,主持庆历新政,最后无果而终,无奈地请求外出巡守边事。切记官家才二十岁。回想我们自己二十郎当岁时,指点江山,激扬文字,多少想入非非呀!万望亲家谨言慎行。"王安石尴尬地点头致谢:"谢亲家诤言,万望今后时时提醒。"

此时,王安石家丁汪弄沟来报:"有位吕大人从青州来,奉欧阳公书,在翰林院等候相公。"王安石乃与吴夫人辞别亲家而去。

阿云该死否

司马光正在翰林院正堂即玉堂,虔诚地盥洗、焚香,将神宗批示的登州知州许遵上报判女子杀夫死罪案置于案上,御批:"司马学士光、王学士安石同议上奏。"他在案前来回踱步,焦急地等待王安石。正在此时,参知政事唐介带着公文进来。他有点口吃:"司马学士这这么焦焦急,什么事?等等谁呢?"

司马光:"唐参政,你不知道,官家将登州许遵上的一道死刑案件,批给下臣和介甫同议上奏。我们刚在迩英殿侍读完毕,陛下独留他说话,快一个时辰不见回来。"唐介应声:"我这里有有一件河北水灾状,御批要要王安石览奏。我也是来找找他的。"司马光:"哦,是这样。"唐介凑近司马光身边耳语:"近来奏奏事,官家总说要问问王安石。宰相、参政的政政事,却要去问问一个新到位的翰林学士,岂岂有此理!何不诏王安石为相!"司马光对官家总是独留王安石说话,心里不大痛快,但他自诩正人君子,切忌背后说人,何况涉及君上;加之唐介是朝中有名的直性子,口无遮拦,便隐忍不语。唐介明白司马光心机,便带着文件离去:"参府那边事事多,我不久久等了。"

王安石回到翰林院,接到司马光递来的上谕,立即捧读御批:"司马学士光、王学士安石同议上奏。"司马光直说:"大宋刑律,死罪都得君上核准。"王安石应声:"是呀,人命关天嘛。这个死罪案,是得仔细斟酌。君实你先审。欧阳公打发人捎信来,等候已久,我去去就来。"

王安石回到翰林院住处,一位年轻人有点拘谨地请安:"王大人安好?"王安石:"好,好,不必客气。"年轻人自我介绍:"我是吕惠卿,前任真州推官,日前诏授集贤校理,从欧阳永叔公那里来。"王安石:"哦,吕校理,请内室用茶。"

坐定以后,吕惠卿双手呈递书信:"欧阳公闻大人入京居中,赞赏朝廷得人。知道您家眷还在江宁,贵公子元泽远在淮南补旌德尉,四大人安国任西京国子监教授,故嘱咐学生就近照料大人起居。"王安石:"怎敢有劳吕校理。欧阳公如此惦念后学,介甫实在感激。"

王安石展读欧阳修书信,边读边小声地:"欧阳公想念颍川了。"吕惠卿:"是的,欧阳公时时想回颍川。"王安石问及年轻人何时入京,在真州任上忙些什么。吕惠卿恭敬而谦逊地说:"学生吕惠卿,字吉甫,号恩祖,福建泉州人。少家贫,自幼读书还算认真,嘉祐二年(1057年)进士及第至今。"王安石有意征询:"吉甫入朝,对政事有何高见?"

吕惠卿不意初次见面,王安石就问及政事,乃试探性回答:"在下出生在泉州南安水头镇农家,从小参与农事。真州四年,感觉农村农夫问题多多。"王安石继续问了些事项,觉得年轻人思辨明慧,干练精明,文采尚可,顿生好感,乃曰:"我很想听听真州情况,只是翰林院有事等我急办。来日方长,我们改日再详谈吧。"

王安石回到院署,披览司马光转来的登州许遵呈送的阿云案卷。登州女子阿云,十六岁,在为母守丧时被家人许配韦阿大为妻。新婚之夜才看清阿大一脸麻子,一只眼睛,粗俗得令她作呕,且光棍一条,大自己二十多岁。

她极为憋屈，洞房不解衣带。阿大百般凌辱她，强行那夫妻之事，然后呼呼入睡。悲愤难忍的阿云总算找到一把镰刀砍向阿大，头一刀砍在炕沿，第二刀砍到枕头，第三刀伤其一指。阿大惊醒，赤身与阿云搏斗，被阿云闭目乱砍数处，才奋力将阿云扭住。从此，阿大白天紧锁阿云，晚上做了那男女之事后，竟将她捆绑至天亮。

了无生机的阿云总算偷偷逃离韦家。天下之大，竟无弱女子容身之处，只得向县衙自首。阿大闻讯控告阿云谋杀亲夫，县衙判阿云死罪。登州知州许遵见呈，根据朝廷杀伤自首条款，以减刑二等定罪，被大理寺驳回。许遵不服，便将案情奏谳朝廷。

司马光对王安石说："民女阿云故意刺杀亲夫，大恶之至，应判死罪。许遵不知治道体制，务为小仁小义，劝善不足，纵恶有余。"王安石摇头回话："君实，七八年前，我在仁宗朝任工部侍郎、知制诰、纠察在京刑狱时，复查过不少命案。大凡贫家女子，嫁丑夫遇恶婆，诚非本人及家长意愿。大多为衣食计，贪图几斗粮米或数贯铜钱，便把女儿送入火坑，父母痛心而不得已。此案的韦阿大在阿云守丧期间娶她，实为非法婚姻，可不予承认。韦的行为不如禽兽。阿云不忍凌辱而反抗，事后自首投衙，判其死罪，情理不通。应支持许遵所呈，依大宋刑律改判。"

司马光："介甫，你错了！治民须重典。《周礼》荒政十有二，其缓刑弊害最大。"王安石："不对吧。我记得你曾撰文有世轻世重的说法，提倡兴国用轻典，乱国用重典。如今盛世，正适用轻典嘛。"司马光绝不苟同："推宽大之恩以利于民，便为奸巧虚伪开方便之门，助长虐待与凶杀。"王安石素知司马光执拗，不想多费口舌；但是官家上谕，事关人命，不能苟同。他说："重典治乱属必然，但非治民，尤其是受害小民。阿云是良民，是受害者，应享宽大之恩。韦阿大才是由虚伪奸巧而至于虐待的罪犯。"司马光咬定："奸邪得志，良民受害，绝非良法！"

王安石语重心长地劝导："君实呀，人生的许多智慧，不在于坚持，而在于分辨。阿云为何要杀亲夫？那是因为一个弱女子实在忍无可忍。她并无预谋，且只伤其一指，便投案自首。如果这样的人也要杀，天下百姓该判死罪的就太多了。法不禁止也不能诛心。"司马光不依不饶："刑法不是以犯罪者多寡来定案的。"

王安石还是想把道理向既是同僚又是朋友的司马光讲仔细:"如果案件无法用律令和理性来判定,那么,善良的心便是标准。君实呀,请你记住,这个世界除了我们自己,还有别人,单单我大宋朝就有六千多万子民呐。圣人有言'一民之生重天下'。大家都有生存的权利。阿云、韦阿大也一样,能活一人就活一人。尤其是在田间、作坊劳作者。我们的衣食住行都是他们提供的。"司马光:"看来,我们谁也说服不了谁,只得各自回奏官家了。"王安石:"那就只有这样了。"

司马光、王安石分别具状。神宗审阅了二人的申述,寻思:司马光主张"重典治民",王安石主张"重典治乱"而非"重典治民","一民之生重天下"。是呀,民惟邦本,阿云是弱女子,应该留她一条生路。

神宗御笔批答:"我朝刑事判决,以忠厚为本。祖皇仁宗常说:'死者不可复生,与其杀不辜,宁失不经。'许遵为民求生,敢于抗诉刑部,有勇气主正义,应得到支持和称赞。官府错判案件、错定人罪,应该重审改判,还应承担责任。着刑部以此著为法令:'谋杀已伤,案问欲举自首者,从谋杀减二等。'"

司马光不服,请求与神宗当面讨论。神宗乃诏司马光入延和殿。司马光面呈《议谋杀已伤案问欲举而自首状》,神宗置于御案。神宗:"师傅一向以圣人说教朕。圣人主张'民惟邦本'。弱女子阿云忍辱罪轻,应该享有生的权利。"司马光:"陛下仁心太过!"神宗:"登州太守许遵堪称仁人,万民称颂他是'父母官'。"司马光:"妇人之仁!"

司马光固执到底,神宗不知再说什么好。沉默了一会,才转移话题:"卿与安石,乃朕左膀右臂,望能同心协力,拧成一股绳。"司马光理直气壮:"臣与安石向来友善,但不敢以私情妨碍法统。"

神宗摇头,再转话题:"安石为人怎么样?"司马光:"执拗而不懂得圆通,与我性子差不多。"神宗心想,这话用到你自己身上恰切不过,何又戴到安石头上。神宗:"师父自以为是什么性子?"司马光:"臣视地而后敢行,顿足而后敢立,踏实、谨慎、倔强。"神宗想起有人评司马光的话:"孔孟度人以善,他却度人以恶,迂腐不化,颟顸固执。"神宗:"安石不贪图官职,说实话,办实事,卿说好不好?"司马光:"是个好人,但性情高傲,尤好标新立异,乃是他的短处。"

话说到如此程度,神宗只能好言相劝:"金无足赤,人无完人,贵在协调互补。朕若求全责备,天下无人可用矣! 卿,儒臣,帝师,希望与安石一起成为朕的心腹重臣,且莫辜负朕意!"听到这肺腑之言,司马光不能不有所感动,但却很觉无奈:"谨遵圣谕! 臣性执拗难改,圣上也不喜欢臣对朝政的看法和主张。咳,臣将集中精力兑现对陛下的承诺,全心全意修好《通志》(宋神宗赐名《资治通鉴》,书成后写入)就是了。"神宗一脸失望,对着司马光离去的背影摇头不止。

登州知府接到朝廷文书,喜出望外,官吏们雀跃欢呼:"一民之生重天下——圣贤经典呀! 立为法律,太好了! 今上英明! 王公如能主政,乃我大宋子民福分。"阿云从死囚监牢走出,光线刺目。她抽噎得泣不成声,待娘家人扶她缓过神来,扑然跪倒在地,对京师方向叩头:"熙宁皇帝万岁! 王相公长命百岁!"众百姓得知,围着阿云,或询问,或祈祷,或祝福。一妇人:"这么如花似玉的小女子,被韦阿大那丑八怪骗取糟蹋,天理不容!"一绅士:"司马光只晓得砸缸,不懂刑律所依,草菅人命!"一老者:"年轻的熙宁皇帝圣明! 王翰林仗义执言,吕公著、韩维、钱公辅等朝臣赞同,大宋有幸!"

初成呼应之势

熙宁二年(1069 年)二月某日,神宗在延和殿侧殿,面对御案上重叠的王安石多次辞参政表沉默而尴尬。他凝视英气勃勃的王安石,只见他双唇紧闭,浓眉微蹙,两眼熠熠生辉,两道法令纹更显得严谨坚毅,心中不由得庆幸自己得到这么个称心如意的师臣作宰辅。他打破沉默对王安石说道:"朝中多不知卿的功底,以为只懂经术,不谙治世之道。"王安石笑着答道:"是呀,常人并不懂得,钻研先王经典不能止于寻章摘句,目的是寻求治理世道的方略。读经而不能为世所用,不如不读。"

神宗见机切入正题:"既然如此,卿为何一而再、再而三地辞免参政?"王安石恳切地回答:"陛下以为我一个翰林学士兼侍讲,没有厉行变法的权力,任命我为参知政事就能从容行政吗？"神宗点头："我朝参知政事是副相，直接与朕议事。"

王安石当然熟悉三省六部二十四司的朝廷结构，三司号"计省"主财政（管钱），与中书（管权）、枢密院（管兵）三权分设。中书省执政最多五员：二相三参政或三相二参政。枢密院设使、副。六部六卿的职权：吏部辨考绩而育人才，兵部简车徒而治戎备，户部正版图而阜货财，刑部谨纪律而诛强暴，礼部祀神祇而选贤俊，工部缮宫室而修堤防。他说："臣不以为参知政事官小，而是深知单枪匹马不行，首先要有个议事机构，可叫制置三司条例司，在那里议行新法。"

神宗起座鼓掌："祖宗承唐制合盐铁、户部、度支三部为三司，制定和管理户口、赋税和田产的政令。新设制置三司条例司，由卿以参知政事身份主持。"王安石："不然，臣以为应请知枢密院事陈升之主持，我辅助。"神宗："卿曾任三司度支判官，熟知三司运行机制呀。"王安石："'夫合天下之众者财，理天下之财者法，守天下之法者吏也'，这是微臣当年在《度支副使厅壁题名记》写明的执法理政的宗旨。旸叔年长我十岁，在朝多年，阅历丰富。陛下放心，我们会合作好的。"

神宗迟疑了一下才首肯："可。还得几个干员吧？哪些人合适？"王安石："集贤院校理吕惠卿出类拔萃，是个学先王之道而能用于今世的佼佼者。我发现此人思维清晰、精明过人、文采通达，差可与前代大儒相提并论。"神宗："朕亦印象深刻。吕惠卿的进奏，条理明晰，议论出众，尤其熟谙农事。其人可任条例司主干。"王安石："暂任条例司检详文字吧。"神宗："可。还有呢？"王安石："调苏辙、章惇、曾布、韩维同检详文字，协助吕惠卿。"神宗："准奏。苏辙潜心当世之务，主张以理财为先。卿打算从哪些事项着手？"

王安石："千头万绪，农夫、农业，是大宋社稷之本，从济农、便农、兴农等事项着眼，从漕运、盐铁所具财用利害关系入手；同时，遣察访使分赴各路巡查农田水利、社会情状、百姓疾苦。"神宗见状立即认可："正合朕意！朕在王府时，痛感不能从便出行，到各地察访士农工商，了解百姓的想法和需求。卿以为到哪几路去？要派几位大员？"王安石："先行选派八员，刘彝、谢卿材、王广廉、侯叔献、程颢、卢秉、王汝翼、曾伉，分赴京畿、河北、淮南、两浙、两湖等八路，据实巡查上奏朝廷。"

神宗想不到王安石成竹在胸，且如此坦率、直接、具体，因而感到君臣重在心相知，乃十分兴奋地回应："朕言听计从，一一应允。察访使由卿提名调任，就这么下诏！"王安石："谨遵圣命。我与陈枢密商量提名一时俊杰、尽责干臣，奏陛下恩准。"

景阳钟声响起，萦绕于深宫帝苑之中。太阳正中天，君臣二人一同步出殿堂。神宗身微前倾，反手操于身后，送王安石出宫。王安石侧向年轻君主，伴神宗缓缓而行，与之成呼应之势。神宗感到，王安石与现任两制两府首领截然不同。那些享受着朝廷高俸厚禄的元老大臣，优哉游哉踱着方步，不甚领会他的改易更革雄心。

在回府途中，王安石远远看见御史中丞吕诲与参知政事唐介、言官孙固等一路同行，叙话。王安石懂得，宋廷的御史台和谏院合称台谏，职责是向皇帝弹奏朝廷百官，要求皇帝处置或罢免。两府主官不许与台谏官议政，而病病歪歪的唐介却与吕诲谈论甚欢。

吕诲挑动唐介："据枢府文公透露，官家要用那个王安石替代你这个参知政事，尊兄心情如何？"急性子大嗓门还结巴的唐介以老臣自居，又吼又跳："我我为官家守守这个摊子，日夜操操劳，容容易吗！？他他王安石才进京数月，就想替替代元老重臣，没那么轻轻易！"孙固："大宋朝廷的首相副相自然要由最有学问才干者担当。从王安石七次入对、与司马光议判登州民妇杀夫案可知，他成了官家的心腹，进宰府是早晚的事。"唐介对孙固、吕诲高喊："王王安石好学泥古，议论迂阔，官官家诏命他他参知政事，必多所所变更。咱们大大宋朝从此多事了！"

王安石远远地同他们招手招呼。他哪里知道，那些人正在仇恨地算计他哩。吕诲悻悻地睥睨王安石，好像不共戴天："等着吧，看我如何参劾你，还你个村夫本来面目！"

第八章
陛下宜法尧舜

拆洗王安石

熙宁二年（1069年）二月，神宗诏命王安石参知政事，与新任右相陈升之同领制置三司条例司。

王雱从租住的庭院大门出来，见家臣俞舜、门人魏泰指使虢伯伯、汪弄沟等张贴告示，叮嘱他们贴好后紧闭大门。魏泰："少爷刚刚回京，不歇息就去朝廷公干？"王雱点头离去。

一时间，公吏牙将、都军禁军、马步人等，富商巨贾，带着礼品，朝王安石居处鱼贯而来。他们各呈手本，开报花名，却惊见王府大门紧闭，上面贴着几行字："纷纷闾巷士，看我复何为？来即令我烦，去即我不思。"来人无趣，纷纷灰溜溜离去。有的嘀咕："常言道，当官不打送礼人。哼，他王安石有什么了不起！"有的抱怨："这个王安石，总是不按常理出牌，摸不清他到底想哪样，做哪样！"有的称赞："金水河边无佞宅，新参政有当年杨老令公遗风。"亦有褒奖："人家闭门谢客，贴诗公告，拒收彩礼，确实有古圣贤之风，不同凡响。"

吕诲并不在朝拜队伍中，远远见此情景，自言自语："王安石其人，确实怪异，是个不好对付的家伙，我吕诲竭尽全力也要参倒这怪物！"

此时，王安石在制置三司条例司厅室与苏辙谈话。王安石："据说子由在嘉祐六年（1061年）殿试时，写过这样的文字：我在路上听人说，宫中美女数以千计,只以饮酒作乐为生;皇上既不关心百姓疾苦,也不跟大臣们商量治国安邦大计。"苏辙点头承认而又摇头说:"那时懵懵懂懂,道听途说,自以为是,哗众取宠而已。"王安石:"尽管你们苏氏父子三人文章均属一流,考官们却认为你是在讥讽皇上,大有不敬,不便录取你。"苏辙:"嘿,仁宗皇帝却不以为然。他说:'朕设立科举,本是欢迎敢言之士。苏辙年轻,能如此直言,朕特予功名。'"王安石:"于是,你苏辙与其兄苏轼一同考取了进士。"

苏辙:"仁宗性情温厚,对士子终生包容,带出了积极上进、公忠体国士风,才有范文正公、包文肃公、欧阳永叔、韩稚圭等一代忠良,才有唐子方、吕献可一般敢言直臣,也才有您介甫和司马君实一干近侍大臣。"王安石:"朝野皆知你们苏氏兄弟才高。今上见你潜心当世之务,上书主张以理财为先,委屈你来制置三司条例司同检详文字。"苏辙:"谢官家记得。能在王公属下理事,子由有幸。"王安石:"制置三司条例司由新任同平章事陈旸叔兼任,参知政事我副使协助。已有吕吉甫、章子厚、韩持国、曾子宣等加入。我们就在条例司一起共事吧。"

王安石将苏辙带入条例司正堂。同平章事、三司使陈升之正在欣赏王安石当年所写《度支副使厅壁题名记》:"三司副使,方今之大吏,朝廷所以尊宠之甚备。"陈升之问:"这是介甫十几年前在三司任职时书就的吧?看来,介甫与计省结缘甚深呐!"王安石:"也许命中注定,也许进错了门。"

待大家坐定,陈升之致开场白:"制置三司条例司已经挂牌。介甫,首先该做点什么呢?"王安石:"首先,欢迎各位干员来此共事。今天,你们以条例司为荣。"陈升之:"明天,条例司必以有你们而光耀。"

王安石:"首先考订近年三司簿记,凡每年岁用及郊祀大费,统计列表,参照收入实况,编著今年支出定式。根据今上省冗费以增官禄旨意,提出裁减宫廷费用、增加朝廷和监司诸州官员吏禄方案。"陈升之:"官家决定要裁减宫廷费用。前廷或许可以,后宫那边如果有异议,怕是……"王安石:"条例司的任务是编出簿记来,以后的事由官家去拍板吧!"陈升之:"各位,照介甫的安排行事。"吕惠卿、章惇、韩维、曾布、苏辙等迅速运作开来。

交代制置三司条例司干员们运作之后,王安石回到翰林院埋头注释经义。吕惠卿进来问:"相公晋升参知政事,掌管三司,还这么隐居翰林院注释经义。条例司案上放置着一叠请柬，我给您带来了。这请柬是请今日中午赴宴，相公该动身了。"

王安石："这个访，那个拜，我门上贴封条，都碰一鼻子灰打转了。现在这个请，那个宴，我要读书想事，哪有闲工夫去吃吃喝喝、吹吹拍拍。吉甫，求你挡个驾吧！"吕惠卿不忍心地点头又摇头："怕是要得罪不少达官贵人。好的，在下甘当这个恶人。"王安石："恶人是我，你抢不去。"吕惠卿将请柬吩咐衙役一一退回。

王安石："吉甫好像也不喜交游。你年轻，初到京师，可不能学我这个怪人怪样。"吕惠卿："从遥远的闽乡来京，总觉得只是大门里一条虫，有一种自卑感。"王安石："那可不必。我也是从江西乡下来的。固然，朝廷似乎弥漫着一股风气，卿大夫据高明之势，对外以富贵自矜，对内以才智自满，眼睛长在头顶上不欲求人，总等到别人去求他。如此则上下不合，感情不通。士大夫心怀辅佐朝廷之志，何时才得以实现呀？"吕惠卿直目而视："请指点。"

王安石："你应该尽可能去拜访所有能见到的朝廷官员。去到公卿大夫门上，与之议论，察看其为人，可与言则进，不可与言则退，这不是降低身份，而是以观其可否而去就。"吕惠卿对王安石的为人与智慧深感敬佩："谢恩师指点，我会尽力而为。"

吕惠卿照旧殷勤地替王安石整理手稿，打理生活。王安石困得不行，和衣睡到藤榻上。守在旁边读书的吕惠卿为王安石盖毛毯时，发现好多虱子在他胡须上、衣领袖口爬动，便入内烧水。他在捉取王安石胡须上的虱子时把王安石弄醒了。王安石："吉甫手下留情！此君屡游相鬓、曾经御览，就让它们继续享受荣光吧。"

吕惠卿笑着住手："相公多日没有洗澡换衣服了。我已烧好热水，请洗个澡，换身衣服。我会用油茶饼皂角水烫煮、晾晒换下来的衣服，去掉虱子和虱卵。"王安石："吉甫老弟，你帮我整理文稿已感激不尽。生活上的事，我一贯就这样子，不大修边幅；小小虱虫能把我王安石啃掉吗？自不量力！"

吕惠卿："这是欧阳公所命，晚辈岂敢含糊。再则，元泽任职淮南，四爷去了西京。您又不肯住兴庆府官邸，虽然另租了住所，家眷还未来京。您身为参知政事,总揽朝中兴革大局,忙得不可开交,身边没个人照料咋行!"王安石:"你们为条例司事焚膏继晷,还要你为我受累。不好意思,写完这段就来。"

吕惠卿恭恭敬敬侍奉王安石沐浴,细致地为他搓背,搓下许多鱼鳞似的皮屑脏污。随后,他又帮助王安石擦身、穿衣、提靴、戴冠。吕惠卿边操作边吟咏白居易《沐浴》诗:"经年不沐浴,尘垢满肌肤。今朝一澡濯,衰瘦颇有馀。老色头鬓白,病形支体虚。衣宽有剩带,发少不胜梳……"王安石续吟:"自问今年几,春秋四十初。四十已如此,七十复何知。"洗毕,王安石浑身舒服,点头称许吕惠卿几句,仍然伏案注释《三经新义》中的《周礼》。

王安石骤然停笔,认认真真对吕惠卿说:"妇人们总觉我邋里邋遢。我以为,真正的干净,是看遍人间疾苦,却依旧心地光明。只有心地干净,才有能力超越人间疾苦。所以,我们要保护好这副肉身,给像镜子一样干净明亮的灵魂找到寄托安放处。"二人哈哈大笑,声音在翰林院中回旋。

恰在此时王雱来翰林院看望父亲,并感激吕惠卿对父亲的照料。王雱:"吕哥,你把家严当亲父一般照料,真是我的好兄长。"吕惠卿:"你我是兄弟,若翁即吾翁。"王雱:"家严不愿搬入官家恩赐的兴庆坊,我娘旬日到京就好了。"吕惠卿:"你任淮南旌德尉快满三年,很快就会回朝任职。即便你们安家京师,内廷这边,我会照样照料恩师,贤弟放心好了。"王雱:"辛苦老兄了,为弟不言谢。"

熙宁二年(1069 年)春,延和殿经筵。听王安石讲解《尚书》以后,神宗仍留他闲谈。司马光不愿退出,神宗索性留众侍读一起议论:"朕近日对比新旧《唐书》,本朝宋祁、欧阳修等撰写的《新唐书》比刘昫等人的旧撰,少了唐太宗与群臣议论的这句话:选天下之才,为天下之务,委任责成,各尽其用。司马师父的《通志》可要把这话补上去。"司马光连连称是。

神宗兴致勃勃地对王安石:"上下数千年,为国致治,莫遵于唐太宗。大宋兴革,效法唐太宗如何?"王安石:"我朝承平百年,与唐初不同。陛下宜以尧舜为法,则祖业自可振作也。"神宗:"尧舜,古之圣君也,高在云端;古籍记载简洁,读不出举措办法,难以效法呀!"司马光:"尧舜圣贤,非神,人皆可为。一言以蔽之,修礼可也。"赵抃说:"愚臣以为,谨守三代经典,即法尧舜也。"

神宗大为不然，笑着问："秦皇、汉武，皆谨守三代经典乎？"温顺的赵抃不能对。司马光欲言又止。唐介按捺不住贸然回答："唯其不不能守，是乃所以败败亡也。"神宗笑而不语。司马光示意唐介缄口。文彦博等闭目养神，不加理会。王安石心情忐忑地面对各人不同的眼神，从越次入对以来，他就像富户人家中的小媳妇，察言观色，一直不多言。

神宗直对王安石说："法尧舜甚当，卿详细解读。"王安石："陛下多读又勤问，人主之资彰显矣！诚然，尧舜非神，其所为也，至简而不繁，至要而不迂，致易而不难，其经世立法，常常从老百姓的需要出发。后世人不仔细研读，多以自己的臆想去忖度先王。"唐介勃然变色，但不敢发作，乃不阴不阳地说："尧舜之时，哪里有什么书可读啰！"王安石懂得神宗用意在于启发群臣议论经义治道，统一诸大臣心志，为改易更革做思想准备，便隐忍不再多话。

神宗见赵抃把局面弄僵了，便说："以史为鉴知兴替。朕听各位师臣讲经，最喜议论，否则索然无味甚至昏昏欲睡，众卿说是不是？"

王安石："陛下好学精思，正符合古代圣君特质，是大宋之福，国家之幸。"神宗扫视了总在闭目养神的文彦博。司马光感觉到神宗的用意，深忧未来局势。唐介心恨官家独善王安石，唯恐其被大用，盘算如何做些手脚。

王安石自吟诗："三代子百姓，公私无异财。人主擅操柄，如天持斗魁。赋予皆自我，兼并乃奸回。奸回法有诛，势亦无自来。"

一贯喜怒不形于色的赵抃暗自理会："抑制兼并，惩办奸回，原来就是王介甫拆洗今上、谋划更革的开场白。"

天下拳王护参相

宫中侏儒张寺来到吕惠卿身边打趣："吉甫君，有几天没有拆洗王安石了吧！你可知道王公有首自嘲诗：'世人莫笑老蛇皮，已化龙鳞衣锦归。传语进贤饶八舅，如今行货正当时。'"吕惠卿："蛇皮，龙鳞，好有趣。饶八舅是谁？"张寺："不知道吧？问问安梅姑姑就晓得了。还是我告诉你吧，王公少时生过疥疮，家住进贤县的他八舅嘲笑他周身像蛇皮咧。"吕惠卿："此话不可到处乱讲。"

张寺："我再透露一个秘密，你也不能扩散。官家吩咐禁军教头、天下第一武师金台秘派武人护卫王安石，你可不要吃醋。"吕惠卿疑问："金台是什么人？"张寺："你个文秀才，不知武坛事。治平二年（1065 年），英宗听从宰相、国丈、太师澹台伟之计，诏天下武人赴京与西夏武师黑风打擂台。浙江义乌佛堂金庄宝林禅寺出身的金台，自幼投师蛋子僧。"吕惠卿："你打住。弹子僧？什么叫弹子？我们乡里小孩们玩的泥球、玻璃弹子吗？"张寺："不是的。是说那武师个子矮，动作快如风，像个蛋在滚动。金台跟他练出一身绝妙本领，并结交天下豪杰，力挫七十二座擂台，打遍天下无敌手。金台这次应战，不几回合，便将黑风打趴下，那黑厮再也没能起来。"吕惠卿："那就是说，金台把外蕃拳师打死了啰！"

张寺："二十二岁的金台一举成了'天下拳王'。你听说过'王不过霸，将不过李，拳不过金'吧，这个'金'就是金台。老皇爷赏他御银十万两，封他皇城殿上御教师，见官大一级咧！"吕惠卿瞠目结舌："我明白了，金台出名，澹太师获罪。太师、国丈、宰相勾结西夏，遭英宗贬斥。"张寺："老皇爷驾崩，今上便将金台收为贴身侍卫、武功教头。王公的贴身保镖由今上亲自选派。"吕惠卿省悟到："啊？那是说，制置三司条例司成了众矢之的，嫉恨新法的人会整饬谋害王公！"张寺："乱讲！有备无患嘛。"吕惠卿自知失言，捂嘴，有点毛骨悚然。

王安石府中，王安梅见两个年轻英俊小伙子步入王府。她知道他们是朝廷派来护卫三哥的。等到他们从哥哥书房出来，其中一个吩咐另一个："银娃，你就在王府值班，跟随王公出行。"

王安梅见银娃出门巡视，便与金台攀谈起来："我知道你就是拳王金台，见官大一级的都指挥使。"金台："不敢当，您是？"王安梅："我是参政堂妹安梅，请问都指挥使贵庚？"金台没想到被问及自己的年龄，迟疑地回答："本都二十二岁。"王安梅："老家在哪里？"金台："姑姑对我的年甲、贯址感兴趣？老家义乌县东干山大王山尖。"

王安梅惊讶："我夫君曾在义乌为官。东干山坐东朝西，西面山脚下有麦磨山、天井山、灯头山三个馒头山，漫山遍野开着杜鹃花。山尖下有座禅院，院中有位蛋子僧武功十分了得。"轮到金台惊讶了："姑姑这么清楚！我师父就是蛋子僧咧！"

王安梅："啊？你听说过有个义乌官人的小女儿被猛虎叼去吗？"金台："知道，那虎女七岁时被我师父捡回了禅院。"王安梅无比惊异："是吗？那女孩没被老虎吃掉，她还在人间？"金台："老虎是我师父的好朋友。师父叫虎女与我一起练功，师妹功夫十分了得。"王安梅："哦，你师妹练就武功，现在哪里？"

金台："师父带我们云游天下，在河北一地被土匪冲散，师妹失踪。我们始终未曾打听到她的下落。不久，恩师便圆寂了。"汪弄沟："一定是做了山大王的压寨夫人了。"王安梅："掌嘴！"汪弄沟自知失言，掌了自己的嘴巴。王安梅不敢再往下问："我好苦命的女儿啊！"金台："师妹竟是姑姑您的爱女！"王安梅痛苦不堪奔入内室。金台与汪弄沟惊讶莫名。金台："我与你们王府这么有缘，定要找回师妹！"

第九章
善政自条例司始

不加赋而国用足

熙宁二年(1069 年)夏,神宗在垂拱殿召众大臣廷议,神情略显紧张:"今日廷议赈灾、治河、理财三项大事。"宰相曾公亮上奏:"京师、河北地震响声如雷,涌沙出水,房屋倒塌。暴雨成灾,黄河两处决口:一处恩州乌栏堤漫溢,一处冀州枣强数县百里堤防垮塌,淹没深、冀、恩、瀛四州大片田地村庄。"参知政事张方平:"赈灾紧急,请陛下诏遣御史中丞滕甫、知制诰吴充安抚河北,立即拨发江淮谷米赈灾济民。"神宗:"准奏。"

都水丞程昉将所绘河图铺于廷,大声解说:"都水丞治河方案:因嘉祐五年(1060 年)黄河于魏县分支东流,经德州、沧州入海。现稍加疏浚即可导洪宣泄,待水势减弱,再堵决口。"司马光:"都水丞方案可行。"王安石:"同意君实所言,微臣请求视察黄河。"

神宗停了片刻乃曰:"恩准司马学士视察黄河。卿出生河之上游,再去下游视察,便成全河之子了。"司马光很少听今上说俏皮话,体会到他不允许王安石离开身边一步,但又参不透官家叫他亲身体验灾民苦难之意,因而面有难色。

那位素称公忠亮直、临事果断的三朝老臣文彦博反常地发声:"老臣以为都水丞方案劳民伤财。开河,如放火;不开呢,又如失火。与其劳民伤财,不如不开。"张方平立即反驳:"为减役费而不顾大河泛滥,漕运堵塞,岂不是顾了尺寸之利而丧失泰山五岳！"王安石声援程昉、张方平："治国先治水，历代如此。劳人以除害，利大弊小，圣贤所谓毒天下而民从之，窃以为指的就是这个。"

文彦博仍然不依不饶："有谁能保证，劳民伤财后，能把大河治好，汴河疏通？"张方平理直气壮："是非有考于前，成败有验于后。"王安石："不问可能不可能，只看应该不应该。"

神宗："先祖曾将汴河等河流视为腰上的玉带，珍重如此。即便任劳也不能偷安，一定要治理黄河。至于到底采用何种办法治理，待滕甫、吴充、司马光、张茂胜等实地视察回来，再行议定。都水丞程昉做好一切施行准备。"程昉："遵旨。"

神宗："赈灾、治河二事已定，众卿议决理财。"吕公著："陛下心诚意决，定会感天动地；理财不理财，并不重要。"文彦博文绉绉地称："灾变乃上天示警，人君唯有修德，祈福禳祸，才会开天眼，得福祉。"王安石："灾异皆天数，并非人事得失所致。"

文彦博指名道姓："你王参政是说天变不足畏！我看人君所畏惧惟有天意。若不畏天，何事不可为？"王安石也点名直言："文枢密应该记得，自庆历八年（1048 年），河北、山东饥；皇祐二年（1050 年）、三年（1051 年），两浙、淮南饥；三年、四年（1052 年），江南饥；嘉祐五年（1060 年），两浙饥；六年（1061 年），福建饥。今年淮南、两浙也饥；其他如川、广、夔、陕、京西、河东，则某闻见所不及，不可得而言也。我以为，历年才一纪，而岁之空匮，民之流亡殍死，居其大半，始终未见朝廷颁布救灾办法，这不是为政失之于苟且，未建长久之策吗？自庆历以来，南北饥馑接连不断，州县不过发常平、敛富民，为箪粥之养，出糟糠之余，以有限之食给无数之民，能活下来的百未有一，而死者白骨遍野。这是有惠人之名而无救患之实。"

司马光帮腔文枢密使："什么白骨遍野！太危言耸听了吧！"中书舍人苏轼追随："汝等以有限之财，兴必不可成之役，驱无辜之民，置之必死之地，于心何忍？"内使刘恢移花接木："六塔河之役失败，黄河决口，淹死冲走数千人，只因穿土犯禁，且河口乃赵征村，于国姓御名有嫌。"王安石寸步不让："五帝三王之世，可谓极盛最隆，亦不能使五谷常登、水旱不至，却无冻馁之民。为什么呢？因为上有善政，而下有储蓄之备也。"文彦博转攻为守："自太祖太宗起，历朝都着力建常平义仓，受惠百姓极广。"

王安石坚持到底："就我所知，从古到今治日常少而乱日常多。今宋兴百有余年，四境远至万余里，其间可农桑之野，民尽居之，可谓地大物博，这正是旷世不可逢之嘉会、而贤者进取有为之时。今朝廷公卿大夫，不在此时讲究治具，倡富民化俗之道以建太平盛世，却一切惟务苟且，往往出现灾患才想起救助，甚至像刚才所说的，见灾也不欲救治。"

神宗及时总结："人君畏天。赈灾、治河，就是遵从天意。朕已下诏，就不要再争论了，集中谈理财吧。"

司马光："当今国库空虚，灾民水深火热，只有节省开支，才是当今理财之关键。"神宗点头，转询唐介："请问唐参政，能从哪些方面节省开支？"唐介哼哼哈哈，无话可答。

原三司使韩绛答道："国家最大的开支是军费，占国库开支的六分之五。军队乃国家安全之所系，减少不得。其次是官费。如今百官的俸禄只发六成，再减发，州县、朝官都嗷嗷以示不满。所能节省的，就只有宴庆、祭天、赏赐这点朝廷费用，杯水车薪。"张方平："方今至要，莫先财用。财用者，生民之命，为国之本，散之甚易，聚之实难。财用不足，生民无以为命，国非其国也。"

神宗："不错，节用应从朕和后宫开始。上年南郊祭天，王公、亲贵、二府，都未赏赐金帛，但无补国库之空虚，非求得利国富民的办法才好。"

司马光有意挑动："有人说，富民之本在于得人。陛下不是擢用王参政了嘛。"王安石接话："这话讲得对。国用不足，是由于没有善于理财的人执政。"司马光寸步不让："我所谓得人，并非善于理财之人，而是善行礼治之人也。所谓善理财者，不过是千方百计搜刮百姓钱财而已。"王安石见司马光当着满朝文武有意挑衅，便仪态从容、语气自信地说："那不是善于理财，只能说是横征暴敛。我所说的善理财者，能做到民不加赋而国用足。"

众大臣第一次听到王安石朝堂献言，而且两个大学问家针锋相对，不免有些惊异，都在屏声静气倾听。

司马光思忖，除了已经外放的欧阳修、韩琦等前辈元老大臣，谁还敢在朝堂上与贯通古今的本学士争锋，于是理直气壮地大声训诫："此乃桑弘羊欺瞒汉武帝的话。天地所产生的财货百物是个常数，不藏之于民，便储存在国库里，不加赋怎能纳入国库？"

王安石本不想与意气用事之人在朝堂费话，但想到已涉及今上孜孜以求的富国利民兴革之举，正是一朝臣之志良机，便从容而理直气壮地辩驳："所谓富国利民之术，在于谋划生财之道，开生财之源，利用天下之力以生天下之财，取天下之财以供天下之费。"

臣僚们或许捉摸到，王安石与今上七次入对的核心内容可能就是这个，不由得引颈而望、洗耳恭听。

神宗趁机倡议："请王参政继续述说。"

王安石："臣曾在度支部，那时年赋约三千六百万贯至四千四百万贯。三司使包拯包大人总领均田事，仅蔡州一县就查出遗漏赋田二十六万余顷。收回这大笔遗漏的田赋，并未提高税赋率，国库收入增加了一大笔。"

韩绛、吕公著点头，证明确实如此。张方平听得双眼发亮。文彦博假装不以为然，其实是在闭目静听。

王安石："再者，生财之道是没有穷尽的。偌大的中国不必说，仅就一个唐州，近五年中新辟田亩三万余顷，新增佃户一万一千余户，增加赋税额二万二千有余。又如，农夫生产积极性提高，风调雨顺年景，亩顷产量自然就高，社会财富总量随之增加。太祖开国时，我朝民人三百零九万户，一千五百四十五万人。到治平年间，民人达一千二百九十一万户，六千四百五十八万人，一百年中增加四倍。岁入，也由二千多万缗，增至一亿一千多万缗，同步增加四倍多。人口和社会财富，大致逐年有所增长。认为社会财富总量一成不变，那是不了解国况民情和生产过程。由此可见，我所讲的民不加赋而国用足，并非异想天开，更不是胡说八道。"

朝堂众官交相示意，有的伸大拇指，有的责怪文彦博老气横秋，嘲笑司马光学究气十足。陈升之打心里佩服这位副手振聋发聩的本事，不免信口助威："说词苍白，抹黑无用，数据最有说服力。"司马光本来言语木讷，深愧不懂社会经济，只在书斋议国事，在书中讨学问，不由得急出一头汗水。

翰林学士王珪见状，乃施放出和稀泥的本领："君实之言，节流也；安石之言,开源也。开其源而节其流,利国富民的效果是一样的,应该统一经划,一并施行,是吧?"

神宗将朝议方向固定在理财:"制置三司条例司统计出近年全国赋入和支出,初步核定今年的开销。"孙思恭当廷展读簿记。

孙思恭:"计相上报,今年预计年赋收入约一亿三千六百万至一亿四千四百万贯(缗)。以收定支,全年各项开销节减十分之四,所裁多属宫廷费用。京师岁增吏禄四十一万三千四百余缗,监司诸州新增六十八万九千余缗。"

神宗:"制置三司条例司组建两个多月,官员们任事忠勤,才识敏明,魄力坚毅,将确定朝廷理财方略。增收嘛,在朝各位人人有责。节用嘛,从朕开始,从内廷着手。朝廷善政,请制置三司条例司树立榜样。"

众官视线交集于计相陈升之与王安石以及制置三司条例司官员。

制置三司条例司热闹非凡。吕惠卿对王安石说:"垂拱殿廷议理财以后,二府三司六部,整个朝廷,都在议论相公的'不加赋而国用足'呐!"曾布:"不加赋而国用足,提纲挈领,一句话把所有理财举措都概括了!"

王安石:"历史上的每次改革都能删繁就简,主旨明晰。你们还听到什么说法?"吕惠卿:"有赞扬,有嫉妒,有巴结,也有谩骂。"章惇:"甚至有打算暗地里使绊子的,可谓无奇不有。"

王安石:"承平百年,恬淡而治,苟且成性;奢靡堕落,习以为常,享乐文化,深入骨髓。天子脚下,鱼龙混杂,水深得很,各位务必小心谨慎。"吕惠卿:"依我看,如今只有霸道,没有公道。只要那些墨守成规者当道,朝廷就不会有公道,政治就无法清明。"曾布:"有些人自认为精英,在一套光鲜的袍服之内,良知全无。假若没有权力在手,可能只会成为十足的瘪三、盗贼。"章惇:"有的人即使有灵敏的大脑,却没有脊梁,只是潮流中的投机者,只知为潮流表面的浪花起哄。"韩维:"这样的精英,朝廷越少越好。"陈升之:"我希望条例司没有这样的人。"

王安石:"官家急于兴革更替,条例司可急不得。"陈升之:"缓而图之,动静有节,这就是我们的遵循。"王安石:"君子所取者远,则必有所待;所获者大,则必有所忍。"

吕惠卿："在一个没有官员敢于负责的朝廷,必定会有强势人物出领。"韩维："依我看,官家就是强势第一人。"王安石："不惧艰难、以身许国者自投罗网,历朝历代都是有的。"吕惠卿："我们闽南有句话:怕出来的狼,吓出来的鬼;不怕吓就没了狼,鬼也不见了。"

王安石："此话概括得好。我的规矩是,位置看淡,不服就干;不务虚谈,实干兴业;不赴人请,闭门谢客;不计人骂,躬身政务。还加上埋头注经,眼不见为静。"

章惇自言自语："天造一物勤,长存报国心;忧患天下事,铮铮一干臣。"曾布："子厚在赞王公,又好像在吟咏自己吧!"

王安石："学先王之道而能运用,我寄望条例司各位才俊。"吕惠卿："王公高看了。我们诸同仁自知责任重大,追随而已。"曾布："不敢仰望王公,学生只是说说而已。"

吕惠卿："有个事要告诉相公,近来日长暑蒸,六月六日,密阁曝书,不少难得一见的珍本善本,会搬出来晒太阳。相公也该清爽清爽,是不是抽空去看看?"

王安石知道,太祖开国时,尽收全国各地图书典籍,沿唐制而建史馆、昭文馆、集贤院三馆,招引学者名士授以馆职,整理文化遗产,为政事提供咨询,突出成果有《太平御览》一千卷、《太平广记》五百卷、《文苑英华》一千卷、《历代君臣事迹》一千卷,还在研究图书馆学、目录学、校勘学等方面有新进展。他十分高兴地回答："机会难得呐,一定去开眼界。"

毕昇成就庶民文化

王安石与吕惠卿、曾布来到崇文院曝书现场,看见一摞摞图书展现在阳光下。崇文院校书张载正与校勘、检讨们指挥开橱搬箧,曝晾图书。书工们抱着春秋战国以来的竹简,沉重吃力。宋刊图书精美耀眼,张载正在翻看褚遂良《兰亭序》摹本,对程颢、沈括谈论："摹本竟然如此精妙,右军真迹可想而知,可惜被唐太宗带入昭陵,世上不复得见!"

王安石对张载了解颇深。张载,字子厚,陕西郿县横渠人,长王安石一岁。二十一岁时,他给先朝范相上过《边议九条》,二十三岁时写了《庆州大顺城记》;环庆路经略安抚使蔡挺夸过他的学问和为人。三十八岁时,他与苏氏兄弟同登进士,精读儒佛道著作,位列知名儒学家。而今在大相国寺坐虎皮椅开讲《易》经,首倡横渠四句:"为天地立心,为生民立命,为往圣继绝学,为万世开太平。"震撼学界,影响极广。

吕惠卿远远叫道:"张校书,王参政看曝书来了!"张载:"欢迎,欢迎!官家诏公七次入对,其学问人品可知,汴京无不仰望相公!"王安石:"先生不仅学问了得,还把这偌大的崇文院打理得井井有条,难怪人们称颂子厚书痴。"张载:"太祖太宗开国时,竭力收集散在全国各地的图书档案文集。朝廷将这么大的崇文院交我们管理,责任重大呀!讲到书痴,前辈曾子固先生才是算得上。自嘉祐五年(1060年)授崇文院校书,九年间,编校了《新序》《梁书》《唐令》《陈书》《南齐书》《战国策》。在编的还有《说苑》,竟然把流落民间的十三篇找齐了!淘金之功,永垂后世。正如参政您的诗吟咏的:'曾子文章众无有,水之江汉星之斗。'"

王安石:"善哉,善哉!今天,我把子宣老弟也带来了。你们早就认识吧?"张载热情地握住曾布双手:"崇文院,令兄功劳卓著,他收集这许多珍本善本,堪称国宝。可惜家遭不幸,他回江西去了。"王安石:"我本来打算与子固先生相偕来京。正当他幼女夭亡,又殇一弟,身心憔悴,不忍就行。大约岁末他能回京。"张载:"但愿子固先生顺变节哀。这里,多亏伯淳、存中二位常来相助。"

张载把二人介绍给王安石:"西京程颢字伯淳,监察御史里行;钱塘沈括字存中,昭文馆校勘。"程颢对王安石:"学生程颢,久仰先生。"沈括腼腆地笑着说:"参政多赐教。这里的许多天文、历法、算经包括《九章算术》《缀术》等书籍,何等珍贵,学生见所未见;出力不多,获益匪浅。"

王安石看到两个生龙活虎的英俊青年,程颢儒雅非凡,沈括精明聪慧,很是高兴,也很感动。他当然晓得,这一类官员分集贤殿修撰、史馆修撰、直龙图阁、直昭文馆、史馆、集贤院秘阁等,差一点的是集贤、秘阁校理,最下者为馆阁校勘、史馆检讨。又分馆职、贴职(虚职)两类。王安石:"哦,存中在钻研天文历法呀!我听谢景温说过你修复芜湖万春圩的精彩事迹,只知道你是个水利行家。"沈括："前辈谬奖。那是转运使张颙大人、谢景温的功劳；他们为万春圩差点丢了乌纱哩！"王安石："日前，我见过一个盲人推算历法，筹码口算如飞，可是了得。存中是否知道此人？"沈括："前辈讲的这个人叫卫朴，淮南农家子，先天性目盲。天道不公，令窃盗眼珠贼亮，却未给算家一双明眸。史书所载日蚀，从夏朝仲康五年癸巳至今计三千一百九十七年，共发生日蚀四百七十五次之多。从来历算家能推演出来的，以卫朴核实确认的次数最多，其中《春秋》书中所载三十六次日蚀，鬼才历算家推算出三十五次，剩下的那一次很可能是史书记载有误。"

王安石："我泱泱大国，什么人才都有哇！天才盲娃现在哪里？"沈括："其人正在我处。卫朴口算不用任何筹码，与别的计算方法所得数据丝毫不差。所有历书中所包含的数字，只要有人在他耳边读一遍，他就能背诵。如有误读，他能精准指出。再大的数字乘除，筹码拨弄如飞，旁观者眼花缭乱。如果有人故意拨乱一个筹码，经他验算，会指出那个筹码错了。"王安石回想起卫朴运算现场，更加看重沈括："前代多种历法均有混乱，有违农时，盼望存中一代人改进呐。"

沈括好像遇到知己似的点头说："是呀，依照传下来的《崇天历》，二十四节气时有滞后；如果依照《明天历》，朔望却又提前。"王安石："如果存中将来有机会领司天监，那就推算出一部准确的熙宁新历法嘛！"沈括打心里赞成王安石的提示，并暗下决心推算出新的准确历法来，但口里却说："这个，在下不敢想。那个卫朴，倒是有推算出新历的雄心。"王安石："历法，有关民生、国家的大计，一齐努力吧。"

沈括想起一事："卫朴说，那夜他收到一位官人赏赐的乌纱，是王公您的吧？"王安石点头："给他接济家用。"沈括："卫朴是将乌纱当了接济父母。"王安石骤然想起："你叫他赎回来。他不知乌纱里镶嵌了黄金片。"沈括："啊？原来是王公有意资助！"

程颢插话："参政大人，有眉山二苏的消息吗？"王安石："苏氏兄弟回川奔丧，子由会先行到京。"程颢拍手雀跃。张载："江南曾氏兄弟，中州二程，西蜀二苏，关中子弟，燕赵豪杰齐聚，正所谓人才济济。王公，纵观百代人物，哪有熙宁如此之盛啊？！"

王安石欣然点头认可："今上将力行熙宁新政,寄厚望于这一代人呐!先生的横渠四句,新颖精辟,是鼓舞我追随熙宁新政的动力之一,盼望先生的儒学大作早日面世。"

王安石翻看一部印刷精美的《大藏经》。张载:"这是毕昇胶泥活字版印制的。"王安石:"听说过,庆历年间,有个叫毕昇的雕版工匠,用胶泥活字印刷代替了以前的木刻雕版印刷,但不知字体版面如此精美。你们有谁见过吗?"沈括:"在下任扬州司理参军时,仔细求索过平山堂印社的印书技艺,亲见那个伟大的发明,非常感人。毕老前辈已于皇祐年间去世。他的嫡传弟子们介绍,毕师傅先将细腻的胶泥制成小型方块,一个个刻上凸面反手字,窑火烧硬,按照韵母分类摆放在木格子里,贴纸条标明。然后在一块铁板上铺松香、蜡和纸灰混合成的黏合剂,按照字句段落将一个个字依次排放,再在四周围上铁框,用火加热。待黏合剂稍微冷却,乃用平板把版面压平,完全冷却成固定版型。"吕惠卿:"真正的聪明乖巧!"

沈括:"印刷的时候,在版型上刷墨,覆纸,稍加压力即可。印完一版后,用火把药剂烤化,用手轻轻一抖,活字就从铁板上脱落下来,再按韵部放回原格,以备后用。同时使用两块铁板,一版加刷,另一版排字,两版交替使用,便可连续印刷。"吕惠卿:"泥字需要烧制,用木字不就简便些吗?"沈括:"毕老前辈的师傅们也曾试验过木活字印刷。木料纹理疏密不均,刻制困难;木字沾水易变形,与药剂黏合后又不易分开。"王安石连连点头:"好办法都是能工巧匠们在挫折中摸索得到的。"

沈括:"胶泥活字版印书,如果只印几本,不算省事,如果是成百上千,则比木雕版优越得多。《大藏经》五千多卷,雕了十万三千块木板,一间屋子都装不下,花了多年心血呀!改用毕老前辈的办法,几个月就完成了。"王安石:"毕昇了不起。我们写书人和读书人,应该深深感谢这位敢于创新的大国工匠。"

吕惠卿:"毕昇是哪里人?"沈括:"湖北英山县毕家铺布衣,平平常常的印刷匠人。"王安石:"我们这些人,不要以为身在朝廷就有什么了不起的本事,英雄在草野呀。"

沈括:"是呀,毕老前辈说,他的师傅却是他的两个儿子。"吕惠卿:"此话怎讲?"沈括:"有一年清明节前,毕老前辈携带妻儿回英山祭祖时,两个儿子玩起了过家家,即是用泥做成了锅、碗、桌、椅、猪、人,随心所欲地摆来摆去。前辈见此眼睛一亮!他想,我们印书匠,何不也玩玩过家家:用泥刻成单字印章,不就可以随意排列,组成印板吗?活字版就这么产生了。"曾布:"过家家,我们也都玩过。爱动脑筋的敬业者,从中获得了启迪。厚积薄发,冰冻三尺非一日之寒咧!"

王安石:"以前,要印一本书,那么难。现在到处可见活字版诗词集和各种书本,太了不起!毕老前辈的良苦用心,成就了我大宋的庶民文化,市井黎庶都有书可读了。"沈括:"我们大宋或将以活字印版著称于世界。我朝字体、书法、印版、书籍、绘画、戏剧,将引得后人崇敬。"张载:"据说,宫廷画师们,正构思一幅汴京市井风俗人情长卷,展现汴京百万市民的风采,大宋帝国的兴盛。我们大宋士人心怀中华文化、山水城郭,懂得生命比权力和财富更有价值。"

王安石:"过往皆序,未来可期,下个起点由此开始。我们大宋朝的庶民文化,或将著称于后世万代。"

此时,中书舍人章惇急急进来,笑嘻嘻地与张载打招呼:"张校书,您把王公藏在这里,叫我腿跑断了呀。曾相在都堂专等参政议事咧。"说完,章惇便把王安石请走了。

第十章
搔到朝廷的胳肢窝

官府奉上虐下

熙宁二年(1069 年)六月,制置三司条例司会议。刘彝、卢秉、程颢、谢卿材、侯叔献、王汝翼、曾伉等八使者,与三司官员一起,汇报各路察访情景。神宗的到来,让大家都显得有点紧张。

王安石笑着致开场白:"今上诏令制置三司条例司,是效仿周朝时的泉府、汉朝桑弘羊、唐朝刘晏等的办法,意在建立行之有效的理财制度和办法。日前委派各位监司连同三司判官、内外官吏,分别去各路州察访财用的利害得失,已近两月。各位都是上下公认的贤臣,在各地勤勤恳恳、不辞辛劳、不耻下问,深切体谅民情民愿,会有许多话要说。"陈升之:"今天,陛下驾临垂听各位的见闻和主张,以便确定改易更革的方向和重点。请如实汇报察访情景,畅所欲言。"

年轻皇帝虽然笑容可掬、平易近人,不时向认识的人点头或微笑,但毕竟是至高无上的天子,八使者多是未曾这么近距离接触过,不免有些紧张,一时静默无言。

陈升之扫视全场:"没有人敢打头炮,那我点名了。检详文字程学士颢,伯淳,你最年轻,先谈谈?"

年轻而又机灵的程颢应声而起:"察访一路,感慨良多。就讲京师物流吧,问题很多。有的急需物资,本来近畿有产,却按多年前定的点到千里外、已不出产这种东西的地方采购，也就是平常大家说的用远不用近。经过漕船的长途运输，损耗多，或变质成废。结果是劳民伤财，质量低劣，怨声载道。以微臣所见，朝廷的分派、采购、储运、领用物资的办法，确有许许多多需要改进的地方，有的非改不可。"

神宗对程颢点头微笑。

王安石："采购、堆放、运输、分派物资等环节所费巨大，所得甚少，有司当然会到处挨骂。如果再沿袭老办法不作变更，国家朝廷财用贫乏的状况就无法改善。看来，当前急需施行平准、均输新办法。"王安石专注吕惠卿，吕惠卿认真地点头。神宗："朕有同感，施行平准、均输新法，刻不容缓。"

卢秉受到神宗、王安石的鼓舞，接着说："微臣到扬州察访，着重漕运盐政，感觉问题颇多。淮盐向来输往江、浙、荆、湖各路。国朝初年，漕船戒规甚严，运行良好。年深日久，纲吏舟卒侵犯，掺杂沙土再卖，盐乃不可食，淮盐逐渐滞销。转运使薛向几经整饬，鞭笞流离犯赃卒吏或送刑部处置，犯罪者仍然络绎不绝，愈演愈烈。扬州淮盐堆积成山，风吹雨淋，损耗巨大。有识之士普遍呼吁：'盐政非改不可。'"吕惠卿低声议论："淮盐弛禁事，应慎重考虑。"

卢秉有些激动，脸红脖子粗地说："臣到淮南，所见所闻，深感陛下命我等各路察访之英明。自祥符以来，万事堕弛，务为姑息，渐失祖宗之旧，取士、任子、磨勘、迁补之法既坏，而任将养兵，皆非旧律。国用既窘，则政出一切，大商奸民乘隙射利，盐、茶、香、矾之法日渐混乱。微臣以为，纠偏治乱刻不容缓，现在确实是励精图治的大好时机！"

王汝翼有些按捺不住，争着说："微臣有不能不讲的隐痛。最为糟糕的是保甲上番之法。民家每一丁教阅于场，又以一丁朝夕供送。虽说五日一教，那些做保正的，日聚于教场中，受贿方释。如无贿赂，只说武艺不熟，拘之不放，以致农时俱废，保丁往往冻馁而死。衙前里正，问题更多，遭遇更惨。"

神宗忍不住插话："卿仔细讲讲衙前里正利弊。"

王汝翼："州县百姓之苦，无过于里正衙前。为官府效命的衙前，赶上刁钻的官员，如若不送礼打点，往往终年难得回家。摊上衙前的乡户，大都是有家产者，却应付不了官员们的盘剥，这就形成富裕人家反而不如贫困户、贫困者不敢或不愿致富的反常现象。并州多人户诉说：'如果你多种一棵桑树，多养一头牛，储备一二年的口粮，收藏十来匹布帛，乡邻便把你认作富户，摊派你家人去为衙前，由此遭受无边无际的痛苦和盘剥，以致倾家荡产'。历朝历代，哪有什么律例规定黎庶不敢甚至不愿勤劳致富的？"

神宗："差役旧法的流弊，已到了非改不可的地步！"

吕惠卿："我补充一点所见实情：淮南某县吕家，一手托天。暴发户吕八，黑黄脸，肥胖得像一头猪。他时常骑马巡街，耀武扬威，以便包揽四乡常平钱谷发放和徭役派送，逼迫农户不得不贱卖青苗，直至出卖安身立命的田塘屋宇。几年间，四乡膏腴之地，多半归到这吕八名下。"

王安石："常平废弃，差役困扰，逼得农户卖青苗，一年劳苦所得无几；年复一年，所有田塘屋宇都守不住。这种状况，我在鄞县、常州、江宁各地都整饬过。如果不从立法上加以改变，我们大宋朝赖以立国的基础会日渐削弱。"吕惠卿接腔："有的地方，甚至土崩瓦解！"神宗显得十分忧虑。

谢卿材绘声绘色地讲述一家被兼并的辛酸故事：

"我来到荒野一家村舍，寻见一位跌跌撞撞的老人，问道：'老丈高寿？'老叟回答：'痴长七十八岁。'我又问：'长者有几位令郎？'老叟扑簌簌泪下，告道：'曾有四个儿子，如今都死了，只与老妻独居于此。'我好惊讶：'白发人送黑发人，四位贤郎都怎么了？'老叟悽悽地慢慢答道：'近十年以来，苦为兼并者所害。大儿去当衙前，经不起折磨，当年就气累死了。次子被征调去漕运，落水淹死了。老三未成年，十岁死于痢疾。'我唏嘘地摇头：'老天不长眼！'老叟：'怨不得，怨不得！高僧说，我前世做了亏心事。'我感叹追问：'只剩幼子了？'老叟：'幼子为人彪悍，在山中遇见路人遭劫，便出手救助。寡不敌众，被强人活活打死，丢入无底深涧。'我极为同情：'您二老，这日子怎么捱得下来？'老叟：'我们自己还能动弹。在山吃山，傍水吃水，粮菜果杂，鱼虾野味，还不至饿死。'我夸他：'您老体健是福。'老叟：'僧人或说我前世不善，我倒觉得自己此生心地善良。乡邻求助，我尽力而为；路人过此，我不吝接济。一生做了些许善事，得以苟延残喘。'我问：'常平义仓是否可贷，官府有否接济？'老叟拨浪鼓似的摇头：'没有没有。官府奉上而虐下，日以棰掠为事。吏卒夜呼于门，百姓不得安寝。弃产业，携妻子，逃于深山者，年有数十。我村原有百馀人户，今只存八九家矣。我爷爷时全家男女一十六口，今仅存四口了!'老人泪涌于干枯的眼眶：'倘若少壮，我或许逃往他乡，或不在人世，官人今天也就听不到荒野愚夫的倾诉了。'"

王安石甚觉悲酸，对神宗说："除弊兴利，非合众智，则不能尽天下之理。乞诏三司判官、诸路监司及内外官有知财用利害者，详具事状闻奏，由本司汇集陈述，议定举措请旨。"

神宗无限感慨，当即肯定王安石建议："国之耻，民之病，按参相所言拟旨下诏。你们这些察访使堪称贤者，见到了民情，摸准了民心，提出了新主张，可以说是搔到了朕大宋朝政的胳肢窝。救民如抢险，陈相、王参政，新法出台步伐务必加快。首先当是均输、青苗，接着应是役法、保甲、农田水利。"听了神宗的圣言，陈升之、王安石与众人无不振奋，感到日思夜想的熙宁新政就要从地平线升起来了。

表字尽连甫，花书都带圈

制置三司条例司十分忙碌，尤其在熙宁二年（1069 年）六月这个时候。吕惠卿将均输法草案呈陈升之审阅："陈相，均输法案草稿拟出，王公请您审定。"陈升之翻阅后交苏辙："此案我已仔细斟酌，请你检详文字，送介甫最后定夺。"苏辙仔细斟酌文字，自言自语："王公说，新法，要敢于挠敏感的胳肢窝，这些条文差可做到了。"

陈升之将苏辙呈文亲自转送王安石："介甫，均输法条文拟就，由你定夺。"王安石："您主领条例司，该由您审定，怎能反过来由我定夺呢？不合适的。"陈升之："介甫老弟就别客气了。当年我们在淮南，同为韩琦属下，与王珪皆为簪花俊才，相处如同兄弟。三十年后再同班侍君，缘分啊！"

王安石："那时我初出茅庐，不谙世事，迷书。发现扬州有那么多好书，常常彻夜研读，大致天快亮才迷糊一会。一觉醒来，日头晒屁股了，急起赶班，常常扣错衣扣，衣领缩在里面，也往往忘记吃早点。"陈升之："是呀，韩公对我们说：你们看王安石这浪荡子，整夜游乐不睡觉，会把前途糟蹋的。"王安石笑着说:"兄台久在朝堂,常常提醒我遵朝规修边幅咧。"陈升之:"那时你确实够孟浪的,难怪韩公为你焦虑。"王安石:"难得长辈和兄长关爱。如今,我仍然愿意当好学生,望多赐教。"

陈升之:"今非昔比呐!介甫总是这样低调,以你的学问、才华、声誉,老哥我能与你一起主持三司条例司,三生有幸!"王安石:"兄长如此谬奖,王安石摸不着后脑勺了。"吕惠卿:"陈相,在王公身上,晚辈获得一种启迪:把自己放低,不是懦弱,而是自信和坚强。"陈升之:"低调是一种境界,是介甫长期在州县底层磨炼中获得的风度和格局。"王安石:"我们条例司同僚,要造就一个操作和竞争的局面。操作追求成效,竞争的结果是弱者出局。"

均输法文稿很快送到中书。神宗与宰相曾公亮在延和殿侧室审议,孙思恭在场。神宗:"曾卿,三司已呈上均输法,王安石画了个大圈,朕欲施行。"曾公亮审视王安石在文头上的批示,笑着打趣:"画个大圈,签上名字,很新鲜。古往今来,可能他是第一个这么花书带圈批文的。"孙思恭:"王安石总领变法,字斟句酌新法条文,还不忘读书注经,可谓日理万机。我仔细观察过,他先是阅文批件画押,将王安石三个字连起来写,后来索性只写一个'石'字:一横一撇连起来,下面的'口'字画成一个圈。我见那'石'字像'歹'又像'反',便建议他将圈画得圆一点。从此,他索性只画个滚洞圆。"

神宗:"这就是王卿不拘泥的风度和追求效率的风格。是呀,朝廷事多了,朕想按曾相您的提议,由王安石辅佐卿,您以为如何?"曾公亮:"老臣年近古稀,早希望陛下选拔年轻人接任。起用王安石为相,乃新法施行所必需,更是激活朝廷运作之善举。"神宗:"您觉得王安石会与陈相合得来吗?"曾公亮:"他们在条例司合作得很好。"

侏儒张寺进来插科打诨:"王安石表字介甫。国人跟风,多以'甫'为字。王安石写'甫'字,一笔连成,也像个圆圈。陛下可曾知道,时下流行'表字尽连甫,花书都带圈'咧!"

神宗开心地大笑:"王卿引领一代潮流哪!上下都这样跟风新法,朕求之不得!"曾公亮附和:"朝廷上下都为陛下得贤相之材而庆幸。"张寺前来凑趣:"有些人只怕是跟表不跟里!"

孙思恭将诏行均输事告知王安石,顺便将一台端砚置于书案。王安石仔细欣赏砚台，做工、雕刻、质地都属上乘，便问："这砚台从哪里来，价值几何？"曾布回答："宫廷置办，说是方便参政署理公文，表字带甫，花书带圈。还特别提示，呵气于池心，可以得水。"王安石笑道："多此一举。纵得水一担，能值几何？"众人大笑。

熙宁二年（1069 年）七月十七日，诏条例司颁行均输法，江淮发运使薛向总领其事，淮、浙、江、湖、荆等六路先行。薛向与转运副使蒋子奇应诏晋见神宗。

神宗："王相提议，由江淮发运使薛向总领均输平准法施行，蒋子奇副使协助。你们有什么建议和要求？"薛向："承蒙陛下将均输平准大事交我们首办。只是赤手空拳，难为无米之炊呀！"神宗："赐内藏钱五百万缗，上贡米三百万石，作周转本金。"薛向："可否设置官署？"神宗："理所当然。"

王安石："属官由你们自己提名。"薛向："我只要刘忱、卫琪、孙珪、张穆之、陈倩五人。"王安石："好的，我来督促吏部调用这五员干将。三司条例司的吕嘉问、魏继宗善于商贸，可助你们一臂之力。还有什么要求？"薛向："请有司具明六路每年上供数额，京师每年所用数额，国库现存可供岁月，凡当可以预计的，都及早明示转运使署。"

王安石："这个自然。我还有几句话嘱咐转运使：聚天下之众者莫如财，治天下之财者莫如法，守天下之法者莫如吏。法之不善者你们转运使署可以商议改变，吏之不良者你们考察辞掉。要是转运调度不及时，费用花费不正常，朝廷所用不能按时按量供给，百姓对于你们的征求而愁发怨气，应该当成你转运使的耻辱。只有对未履行好职责而感到羞耻的人才可为转运官。"薛向严肃地点头："谨记王公嘱咐。"王安石："你在转运使这么多年，深知禁微则易，救末者难。我相信你会尽力踢好头三脚的。"

神宗点头认可："卿等谨记参政叮嘱。天下州县治理如何，朝廷难以周知，有赖你们转运使传达。你们常年行驶于民间，疾苦愁叹，不得壅于上闻。朕委任你们如此重任，其忧虑不可以不深；官位这么高，其职责不能说不厚，好自为之吧。朝廷会做到有功必奖，有过即罚。"

次日，神宗正在为均输法落实内藏上贡米调拨事，京西陕西转运副使范纯仁回朝述职，神宗在延和殿接见他。神宗问道："卿从陕西来，转运使运转如何？那里城郭、甲兵、粮储如何？"范纯仁自负地随意回答："城郭粗全，甲兵粗修，粮储粗备。"

神宗愕然，不知此人第一次陛见就这么个声气，转而和善地慰问："卿之才品，朕信任倚重，故诏卿还朝以为辅佐。为何都言'粗'？"范纯仁傲慢地说："此等事体，参军、将校详细掌握就行了。臣只愿陛下留心社稷大事。"神宗甚为不解："边境安全不算国之大事？"范纯仁狡黠地陡转话题："臣讲的大中之大者是社稷用人。臣回到京师就听说，宰相生、老、病、死、苦，不知陛下是怎么处置的。"

神宗故意询问："卿听到什么，有何高见教朕？"范纯仁直言不讳："五位宰臣，王安石生，曾公亮老，富弼病，唐介死，赵抃苦。"神宗笑道："呵呵，那是流俗编排大臣、讥讽朝政。卿为朝官，不该传信那些蓄意编造的灰色言语，兼听各方才好。"范纯仁出言不逊："臣正是希望陛下兼听咧。"神宗笑道："朕听着卿咧。"

范纯仁更为严肃地说道："陈升之、王安石兼领什么制置三司条例司，推行什么均输法，提拔薛向总领六路，意欲尽变祖宗法度，不仅大宋朝六千万国人，包括陕西民人，被搅得人心惶惶，连朝廷官员也莫衷一是，手足无措。臣请陛下当机立断，罢法、罢相、罢参政，统统罢免！"神宗听得头脑发胀，但还是竭力抑制住心中的怒火，善意劝道："人言变祖宗法度者，实在是朝廷日常政务，更是朕的决断。陈相、王参政不过师事令尊范文正公当年新政。望卿熟悉均输条款，急民人之所急，思法度之所失，能与陈、王磋商，助朕匡扶社稷。"范纯仁更是理直气壮："臣不敢以私废公。先君在世，也断断不会受到王安石蛊惑，收受这样好为异论的弟子！也不会使用其性狡贪、无仁爱之德、渔夺商人毫末之利、以开人主侈大之心、违背先王治国之术的薛向之流。"

神宗耐心地告诉他："此法是为了保障朝廷的用度需求，提高财政资金使用效率；薛向是个深谙物流的能人，一定会把均输办好，大家等着看京师朝廷供应好转。'先天下之忧而忧，后天下之乐而乐。'"范纯仁想不到神宗用他父亲的名言开导他，气急败坏而又无言以对，当即递上《奏乞罢均输》《奏论薛向》弹劾王安石、薛向的奏章，不告而退，扬长而去。神宗尴尬地摇头，想不到贤相之后竟然这么个德性，甚至与同修起居注、知谏院陈襄、言官刘琦、钱公辅、刘述等鱼贯论奏如出一辙，神宗便置中了事。

趾高气扬的范纯仁傲慢今上还不过瘾，又气冲冲跑到参府，指斥王安石原来声称以经术佐人主，而今却以理财为先，极不应该。王安石与范纯仁曾有过交往，便客客气气请他就座喝茶，并笑着回复："正为经术以理财为先，故为之。若不合经术，必不出此。"这位先忧而后乐的贤相之后，被王安石驳斥得无言以对。

第十一章
苦苦求索边疆事

我是个武盲

正在均输法积极推行、言官群起奏难之时，王安石应老相曾公亮之请，来到中书政事堂。平居谨慎、方厚老成的曾公亮请王安石坐："听说介甫与吴充、蔡京结儿女亲家，可别忘了请老朽我喝喜酒啊。"王安石恭敬地就坐："前辈见笑。婚礼从简，也不会不请曾相您呐。"

曾公亮把案上的朱批移至王安石面前："今上御批，特请参政受领。"王安石正襟危坐，捧读上谕："发中书，示安石，明白回奏。"再看建昌军司理参军王韶《平戎策》："西夏可取。欲取西夏，当先复河、湟，则夏人有腹背受敌之忧。"曾公亮同时在他亲手绘制的西域、河西、陇右详图上指指点点："西夏，唐朝时的党项，因助征黄巢有功而被封藩镇；后晋割给契丹燕云十六州，以致二者成为我朝的大麻烦。"王安石："是呀，寇相支持杨家将虽然教训了他们一番，澶渊之盟却让他们得寸进尺。"曾公亮以手示意："澶渊之盟结束了北边战乱，人民得以休养生息，产业得到发展，但也致使他们对我大宋更流哈喇子。"

王安石仔细阅读策论，对照地图细细思索，神情十分凝重，良久才说："文职者必懂武备，不然会遭欺侮。我是个武盲，尚需明仲公启蒙。"曾公亮："客气了。武事嘛，有点神秘，但不很难，难在攻守、进退、和战、取舍之决断。目今西夏、辽国虎视我朝，终会有一战。我国必须固民心、强武备。有人妄说'二十年不言兵'，那是一厢情愿！建昌司理参军王韶之言，策之上者也。"王安石："老相几句话就把军国要事透析得条理分明，真所谓举重若轻，不胜敬佩之至。人们或许多以我大宋贫弱为虑，而不知所患并不在贫。"

曾公亮："枢密院所属北面房、河西房、民兵房、军器房等十二房责在武备。现在令人忧虑的是：只有养兵之虚名，实为骄惰无用之军。自澶渊之盟以来无战事，兵卒未尝闻金鼓、识战阵，生于无事而饱于衣食，其势不能不骄惰。不知你注意到没有，禁军入宿要雇人背被子、荷粮食。无论厢军或禁军，无功而不知愧。内部节制松懈，稍有不如意之事，群聚欲击天子之命官，有如五代。"王安石："是呀，五代时期，纷扰五十载，帝王如走马，幼主频遭殃。"

曾公亮："再说招兵买马。招兵嘛，官吏招人多者得赏，而那些穷无聊者争着当兵。官吏们强调，如果不收那些裙无头裤无裆者为兵，他们会沦为盗贼，扰乱治安。这些人入伍之后，疏于教练，往往成为终身骄惰而只吃干饭者，不额外惹是生非就阿弥陀佛了。"王安石："我读过欧阳修公、苏轼等贤者论兵的奏折：不耕而聚于畿辅之禁军数十万，食四方之贡赋。大至藩府而小至县镇，往往皆有京师之兵；因为朝廷疑惑四方之兵而专信禁军。费莫大于养兵。而禁军呢，武夫悍卒，一逆其意，则众起而噪呼。"曾公亮："治平间兵一百一十六万二千。将与兵不相知，兵与将不相习，悍将骄卒跋扈，有兵而等于无兵。兵不足以威于外而敢骄于内。介甫，这哪里称得上强武备，现状实在堪忧哇！"

王安石："以明仲公高见，出路何在？"曾公亮："吾意兴保甲、练义勇，置将军，以代替募兵。我辈已入衰颓之年，只有丁度和我曾承先帝意旨总编的《武经总要》留给你们。在有的人看来，也许只是纸上谈兵。这个"总要"能不能行，兵制能不能改，全靠你们一代了。"王安石抚摸眼前的巨著，不禁一字一顿地读道："《武经总要》，嘉祐年间仁宗敕编，天章阁待制曾公亮、工部侍郎参知政事丁度主编。"曾公亮："编书之时，大宋立国六十余年。仁宗皇帝担心武备松懈，将帅不知古今战史兵法，故诏敕我等编撰一部内容广泛的军事教科书。你会发现，我们绘制的西域、河西、陇右详图，山川、道路、壁垒、区聚，经干员反复验证，与王韶所图正相吻合。"王安石极为钦佩曾公亮一代干臣:"明仲公,至极至伟呀! 哦,这里还有遥远的南海石塘、东海琉球台湾,了不得呀了不得! 啊,还详载军事火药的配方。"

曾公亮:"臣等花了整整五年,犬子孝宽也参与了,仁宗亲自核定并赐序。这部书就送给介甫你了。"王安石翻阅扉页,见曾公亮已签章赠予,十分感动:"武盲我能拜读前辈巨著,实在是雪冻中获火炭,一生的荣幸! 一定仔细研读,还会不时请孝宽老弟指教。"曾公亮:"哪里哪里,犬子年轻幼稚,介甫多为指点。"

王安石:"前辈,上这《平戎策》的王韶,什么来历?"曾公亮郑重地回答:"王韶字子醇,嘉祐进士,司理参军。曾客游陕西,奔波西夏、青海唐古拉等地,两年中行程万里,将边界情状记述、绘图,献策于有司,竟然无人理会,当作废纸弃置。他十分无趣,不得不投奔边将郭逵。郭骂他上述行径纯属多事。他只得求助于经略使李师中,却又遭李冷遇。"王安石:"边将如此安于现状,无所事事,足见'二十年不言兵'的流毒既深且远呐。"曾公亮:"王韶见今上《求言诏》即献策,故有此策此谕。"王安石十分感动,沉吟了一会,慨然叹曰:"司理参军,不过八品,苦苦求索边疆大事,所为何来! 愧煞我辈这些高官厚禄者!"

曾公亮自有深谋远虑,越讲越激动,甚至热泪盈眶:"正是这样。国家兴亡,匹夫有责嘛,有识之士情同此意、心同此理。西夏联辽日渐扩张,对我大宋虎视眈眈。只因辽国后院起火,自顾不暇,近年才没有南来骚扰。此乃天假大宋中兴之良机也!"王安石:"明仲公此言极是,晚辈颇有同感。联想起您训斥辽使的一段佳话。"

曾公亮点头微笑:"那是先帝英宗时,契丹贺岁使来汴京,朝廷按例赐宴紫宸殿。恰逢先帝有疾不愈,命宰臣我就馆宴之。骄横惯了的契丹使者竟以尊严自居,说是违犯惯例、拒绝出席。我以大宋首相身份,毫不客气地训斥他:'天朝赐宴不赴,是贵使对君命不诚! 人主体有不适,苛求其必亲临,居心何在?'辽使无言可答,只好乖乖就席。"王安石:"尊我皇帝,张我国威,理当如此。"

曾公亮:"往事不堪回首! 老臣我年已古稀,来日无多,所以与韩公、永叔、子华、晦叔力荐介甫者,实为国家社稷之大计着想。大宋兴衰成败,在熙宁一朝。或建不世之功，慑服四海；或坐失良机，一事无成，遗患于子孙。介甫，介甫，毋负众望啊！"王安石曾听神宗对曾公亮的评价："公亮谨重周密，静重镇浮，内外无间，辅弼三朝，有始有终，号称老成，可与汉朝贤相张安世比肩。"

王安石顿时想起"老凤池边蹲不去，饥乌台上噤无声"诗联，深感前辈语重心长，字字千钧，不禁肃然起身，紧握老人的双手，恳切地说道："安石何德何能，敢当尊公此言！但愿谨奉吾君吾相，捐躯报国，不负良师益友的重托。"曾公亮稍归平静，拍着王安石的肩膀："好好，明日，我们一起回奏官家，王子醇方略可行，赶紧制定详细步骤，请旨定夺。"王安石："一定紧随曾相。"

王安石："我有一事不明，请示曾相。韩琦老相公德高望重，为何去了大名府？我记得西边歌谣：'军中有一韩，西贼闻之心骨寒；军中有一范，西贼闻之惊破胆。'韩琦、范仲淹，一代豪杰，万众领袖。如今范相作古，韩相一直是朝廷梁柱，为何非去不可？"曾公亮："想当年西边事，范主守，韩主攻，各执一端，互有千秋。范、欧、韩、富四贤乃朝廷支柱，提倡君子不党，善意可嘉。"王安石："韩老去大名府，州事太具体累人，我体会深刻。"曾公亮："唉，不堪回首，一晃眼，我们都老了！"

在座的中书舍人章惇一直仔细静听而未发一言，至此才插话："大名知府罗希古是去年赴任的，政绩很不错。他乃前朝罗成之十六世孙，出生在山东淄川县孝义村，以孝道闻名。韩相求去大名，罗知府未满期而下，不大合适吧。也许，韩相只是个由头。"曾公亮无言以对。章惇心中念叨："据相家李士宁称，龙，人臣得其一体，当至公相。曾相有如得龙之脊，参政有如得龙之睛，大宋边事可期也。"

募天下良工为匠师

熙宁二年（1069年）八月，神宗诏王韶入对，详细询问治边方略。首相曾公亮、参政王安石、中书舍人章惇在座。王韶对照地图，讲解西方边境情况，提出应对方略。神宗聚精会神地听取，并不断发问。众人或心情凝重，或喜出望外。曾公亮夸奖："数千里西边情况，子醇竟然了如指掌。"王安石："多几个子醇这样的热血将校，边事才有希望。"

神宗环顾各人乃下口诏："任王韶管勾秦凤路经略司机宜文字。"王韶立即行大礼："臣下不才，谢主隆恩！王韶为大宋边事，赴汤蹈火，在所不辞！"王安石语重心长地嘱咐："这样，子醇就可以接触到所有机密文书，更加方便地掌握整个情况，提出切实可行的新方略。子醇哪，谨记陛下的殷切期望。"王韶深沉地点头接受。

曾公亮引王韶退出，嘱咐他："'工欲善其事，必先利其器。'你抽空到南北军器监看看。"王韶参观朝廷军器监。沈括、曾孝宽陪同王韶来到兴国坊。只见南、北两大军器作坊，工匠或三五成群闲谈，或稀稀拉拉游荡，懒洋洋地做事。见朝官来到，毫不收敛回避。沈括："军器监制造各种铠甲、刀、枪等兵器以及兵幕、甲袋等装备。作坊是太祖钦定设置的，老祖宗当年常常亲自督查武器制作。从开宝八年（975 年）起，他每隔十天便查核一次各种兵器的成色数量。"王韶点头赞叹："开国元勋就是开国元勋！"

曾孝宽："南北作坊共五十一作，如铁甲作、马甲作等，分工细密，每一作专制一类兵器，每年可出兵器数十万件，制作工艺非常精致。"王韶点头。沈括："近些年来，器物质量渐渐下降，甚至滥竽充数。武库官吏只要能如数入库就万事大吉。所积虽巨，大多不能用于抗威决胜、外攘内修的战斗。"曾孝宽："天下岁课弓弩甲胄入充武库者数以万计，精好坚利的为数不多，可谓劳民伤财。您在西北前线体验比我们更为真切。"王韶苦笑着点头："费了无数人力、物力打造出来的兵器，千里万里、千辛万苦转运到前线，却又不好使用，徒然折损兵卒性命，犯罪哟！西部兵将吃这样的苦头太多了！"

曾孝宽："太祖、太宗时南北作坊兵匠多达七八千人。现在员额不足，一遇枢密院或三司检查，不得不到街上、路途去拘捕市人或农民充数。"王韶："金木、丝竹、筋胶、角羽之材，皆民脂民膏，被愚笨不经者胡乱毁损，太可惜了。"沈括："南北坊原属三司使，不利管辖。"王韶："我在《平戎策》中提议专设军器监，设判官，定制式，裁定中外所献枪刀样式，规定枪刀质量标准；奖励能工巧匠，吸收民间高手贡献器械法式，凡创新军器有利实战者，重奖。看来不是无的放矢。"

曾孝宽："王元泽在淮南任上也曾上书，谈及他在州县看到的情况：诸州作院,兵匠乏少。武库之吏,计其多寡之数而藏之。所积虽多,大抵弊恶。
他建议集州、县作坊为一处,择善工事之匠使专其职,且募天下良工为匠师,
朝廷置工官总领其事。"沈括:"想不到这个专注经学的白面书生,还有这样
精到的心思。"曾孝宽:"你没听说过吧,当年在江宁府还是个少年,胆子大得
很咧,听到从西边回来的兵将说事,就大声疾呼:将反贼统统斩首不就得了!
这次上书是王公授意所为,专题考察地方军械情况而后给朝廷的报告。"王
韶:"少相公与我异曲同工,可见军器问题既普遍,又严重。"沈括:"您在西边
听到过流行民谣吧,'好男不当兵,好铁不打钉'。承平百年,只图享乐,不识
军事,必然如此。"

　　他们来到弓弩院。沈括:"这里专制远射兵器,包括各种强弓、劲弩和各
类箭支。我设计了一种强弓劲弩,只怕筋、胶、弓料达不到要求。"王韶夸其
创意,与马上敌军血战,太需要这种武器了! 他逐一试验各部件,对用材和
质量提出建议。沈括还透露,他同一些人正在研究老祖宗发明的火药,将鞭
炮、冲天炮用于攻城和对付敌军方阵。曾孝宽兴奋得跳起来,王韶备受
鼓舞。

第十二章
生老病死苦

能畅所欲言就痛快

　　吕诲私访兴庆坊梨花深院，远远地闻到佛堂飘出香烛的清香，并听到了富府家班男女优雅的乐舞音响。被接进厅堂，画栋雕梁，金张甲第，有如宝殿仙宫。厅前立仙鹤孔雀，珍禽异兽，琼花昙花佛仙花摆列整齐，朵朵闪烁。吕诲看见老宰相富弼斜靠藤榻，半敞衣襟，微闭双眼，欣赏乐伎们弹奏的词曲和妙曼舞蹈。一侍妾双手奉上建窑精品盖杯盛的香茶，又一侍妾双握小拳轻轻地捶他那老腿。他的坐榻背面有一爿豪华而精致的佛龛，菩萨正与他一起寻欢作乐咧。

　　吕诲蹑手蹑脚地进来，双手抱拳行礼："富相安好！神仙也比不得呀！"富弼微睁双眼，装出一副老态，略略欠身，吩咐侍妾："给献可奉茶！请坐下叙话。"富弼女婿冯京闻声出来，叫侍妾端出盛满胡桃、山枣等的高脚银盘："请尝尝我带回的太原土产。"

　　吕诲弯腰奉承："富老相公返回中书，朝廷欢欣，天下称颂。"吕诲一边说话，一边注目乐伎们崭新耀眼的服装、全新铮亮的乐器，奏观音舞曲，有如仙乐，人间那得几度闻，难怪人们赞为统领大宋风骚的京师第一家班。富弼老眼微睁："韩稚圭愤而辞职，他官家拿我虚应故事。我做我的佛事，练我的气功，懒得去上朝。"

　　吕诲："近来朝廷多有更张。德高望重的三朝元老不去掌舵，谁人还能主宰?"富弼:"乱政!"捶腿侍妾被这一怒吼吓得停了手。富弼叫她捶另一条腿。

富弼:"变法,变法,谈何容易! 范希文当年尝试过,我也参与了,怎么样? 弄得个众叛亲离。变法不如守成! 守成不如复古! 变法难,复古也难。熙宁继位当时,天下太平,京师和顺,市民享受,好得很嘛!"

吕海边听边捉摸老相公的心意,骤然灵机一动:"国库空虚,官家对岁币辽、夏几十万银帛,还得称皇叔,很是烦心。"富弼继续说:"我费了九牛二虎之力赢得契丹罢兵,给大宋赢来二十年和平。真、仁、英三代都过得舒坦,烦什么嘛!"吕海:"朝廷新设制置三司条例司,不仅统管盐铁、户部、度支,好像替代了中书省咧!"

富弼猛然睁开眼睛:"哦? 有这等事?"冯京:"右相陈升之与新任参政王安石同领制置三司条例司,政事堂的事大都在条例司议定。"吕海得冯京示意,更大胆挑唆:"老相公不朝,参知政事唐子方卧病,左相曾公亮老迈昏庸,右相陈升之迁就耀武扬威的新任参政王安石,让他带领三司一帮少年,终日臆造异端邪说惑乱君上,纷扰天下呐!"富弼睁眼静听,感到朝政变得比他想象中的更糟。

吕海更加得意:"有个新进的吕惠卿,官家称他文才出众,思辨明慧。王安石视为古圣贤再世,用他拟订新法条例。此人奸佞而非贤良,像干儿子一样阿谀谄媚王安石,必将为朝廷招致怨谤。"富弼:"既然如此,你们言官干什么吃的?"吕海叹道:"群龙无首,三军无帅呀!"富弼微闭眼说:"你吕献可身为御史中丞,主台谏,怎么这样说话?"

吕海的头摇得像拨浪鼓似的:"言官畏惧王安石淫威,我一人孤掌难鸣啊,老相公!"冯京见火候已到,便说:"朝官都眼巴巴盼望老泰山出头,拨乱反正哪!"富弼眼光顿时来神,对吕海:"好吧,来日,我召集你们台谏议政,鸣鼓而攻之。"吕海得意至极:"百官万民巴望老相公力挽狂澜,熙宁朝廷全仗老相主宰!"

冯京:"苏轼服丧期满回朝,那个炮筒子倒是一块台谏好料。"吕海点头:"好主意! 富相荐他到我们台谏任职,那将如虎添翼!"

苏轼服丧回朝,由早期回来的苏辙陪同,前去拜访王安石。苏轼:"早在眉山守服，就得知介甫入朝就任翰林学士，所以我未在江宁府换船，直接进京恭贺辅相荣升。"王安石："谢谢子瞻惦记。子由先你回朝，已与我同司共事了。"苏辙点头认可。

王安石："不才忝列高位，不胜惶恐之至。眉山家事都料理好了？"苏轼点头："都料理好了。介甫的中脘病可曾好些？"苏辙笑着说："就等老兄带瞿塘峡水泡阳羡茶服用咧！"

苏轼吩咐随人抬瓮进来。他指着几口大瓮说："这就是专为介甫取来的三峡水。"王安石如获至宝，吩咐家人将一水瓮抬进厨房，亲自以袖拂拭，揭开苏轼签印的纸封。虢瑞新用银铫从中取水一壶，置于茶灶烧煮，又递给王安石定瓷白碗，王安石投入阳羡茶一撮。待水煮如蟹眼，乃倾入茶碗。王安石慢慢地等待，茶色半晌方显。

王安石端着茶碗询问苏轼："子瞻老弟，此水从何处取来？"苏轼毫不在意地回答："巫峡。"王安石："三峡之中峡？"苏轼："正是。"王安石笑着摇头："子瞻又耍起小聪明来了。"苏轼顿时紧张起来："此话怎讲？"王安石："你取的是下峡水吧，为何诡称中峡？"狡黠的苏轼大为惊异不敢回话。良久，才将因困倦错过瞿塘峡的事复述一遍。

苏轼酒醉，鼾声如雷。航船随着激流湍急的三峡江水破浪飞航。他突然惊醒，询问船工："船到哪儿了？"船工："已过瞿塘峡。"苏轼慌忙翻身披衣，匆匆出舱询问："请问老丈，巴东三峡，哪一峡的水最好？"老船工："三峡相连，上峡流入中峡，中峡流入下峡，昼夜不断，并无阻隔。"苏轼："我的朋友要取瞿塘峡水，如何是好？"老船工："同江同水，何必一定要取中峡？"苏轼想："是呀，莫不是王介甫胶柱鼓瑟，故意为难或调笑于我？"老船工："都是一样的扬子江水，无所谓好坏。"苏轼吩咐随从将带来的干净瓷瓮抱出，自己站立船头，监视水手取江水一一装满水瓮，并吩咐水手用柔皮纸逐一封好，亲手签押。

这么一说，王安石了然于心："子瞻被船工戏弄了。"苏轼："戏弄什么？"王安石："据《水经补注》记载：上峡水流太急，下峡太慢，惟中峡瞿塘水缓急相半。道人李士宁诊断我的中脘病症，必用中峡水引经。上峡水烹阳羡茶味浓，下峡味淡，惟中峡浓淡适中。今见茶色半晌才出，故知是下峡水。"

苏辙责怪乃兄："耽误参相诊治，老兄不该，真不该呀！"苏轼坦诚自责："是呀，格老子这样草率，耽误辅相治病呢！"王安石着意缓解："我是请子瞻顺路帮个忙，没有什么该不该的。只因你过于机灵而疏忽大意。"苏辙："看来，凡事都得细心琢磨领会，万不可轻言妄断！"苏轼兄弟打心里佩服王安石的博学和细腻。

王安石转变话题："不说了。知道子瞻近时回京，今上早已吩咐安排职务，等待吏部下令吧。子由在条例司检详文字顺心吧？"木讷的子由谦恭地说："在介甫属下理事，学问日新月异。"

汴京西南城外的金明池，是京师规模最大的皇家园林，岁以三月初一开池，到四月初八闭池，士庶平民皆可入园。苏轼与弟弟苏辙两家人同约张方平全家赴金明池游玩。苏轼着一件新披风，与爱妻王闰之、儿子苏迈乘一架马车，高兴地出开远门而去。与话语不多的弟弟苏辙不同，苏轼一路话语不断。远远望见金明池门楼，楼顶两座亭台格外显眼，王闰之心中涌起了非凡的欢愉。棂星门前游人拥挤不堪。苏轼一行随人流涌入，看见宽阔湖面一池碧水，棂星门、临水殿、仙桥、五殿、奥屋等沿湖临水而建，规模巨大，布局完美，高雅精致，令人心旷神怡。苏轼讲解："这五代后周挖成的水军训练基地，经历代多次营建，教池规模越来越大，兼及皇家别院，'金池夜雨'位列汴京八景之一。"由桥梁与岸边连接、伸向湖中的十字形宝津楼，那水军演练与清明节龙舟竞赛的指挥中心，皇帝观景处，显得分外妖娆。

王闰之感觉苏轼今日兴奋异常，便问："相公今日为啥子忒高兴？"苏轼向王闰之耳语："子由讲，朝中要员推荐我任职御史台，将可以畅所欲言了！"王闰之警觉："啊！御史台是做什么的？"苏轼顺口装傻："我怎么晓得？"其实，他已就言官职权有过《上神宗皇帝书》，知道台谏独立于中书门下，职责是监管上至宰相、下至州县所有官员。所谓为国司直，为帝司纠，监察奸邪，许以风闻，不问尊卑，言及乘舆则天子改容，事关廊庙则宰相待罪。乃弟苏辙戆直，答其嫂曰："台谏官员须由具备觐见皇帝资格且具有通判以上资历的官员担任。他们直接对皇帝负责，可以私下调查、专挑毛病，甚至可以依据道听途说，向皇帝奏论他人。如果奏状被官家认可，此人便可受奖升级。如果半年无奏状则视为失职，要受到责备或外放。"

　　苏轼故意逗娇妻:"畅所欲言,吾平生最快意事也!"王闰之急得直跳:"啊哈,你当个闲官还常常多嘴多舌,惹事招非,招人生厌。要是专干那事,就是泥佛劝土佛,自身都难保。记得你教过我的一句话:'智者不言,言者不智。'依贱妾看,要你去当那个啥子多嘴官的人居心不良!"苏轼:"不要胡扯八咧,是元老重臣、宰相富府的乘龙快婿冯京推荐的。"王闰之:"冯京这名字好耳熟,他是什么人?"苏轼:"冯京是个很有精彩故事的人,有趣得很咧。"王闰之:"啥子故事? 讲来听听。"

　　此时已近宝津楼廊桥。苏轼说:"这是官家赏景的宝津楼,我们入楼进餐,冯京的故事以后再讲。"孩子们看见桥下的水傀儡、水秋千、乐船等水上百戏表演,驻足不愿离去。今天有龙舟争标表演,游人越来越多,挤得水泄不通。巳正,咚咚的龙鼓响起,一双龙舟突突地向前划行,游人们合着鼓声呐喊,震天动地。龙舟左突右进,互不相让,异常激烈,临近宝津楼,人们的热情被推展到高峰。苏家孩子们嗓子都喊哑了。

　　苏辙带领两家人好不容易挤到五殿午餐。王闰之:"现在讲讲冯京吧。"苏轼:"你还惦着他咧。冯京嘛,我们大宋朝至今仅有的一位三元及第的状元。仁宗皇祐己丑年殿试,受官家宠爱的张贵妃家人非要一位姓石的亲戚中状元,而某法师预言中者姓马。考生冯京听信法师,便将自己姓名'冯'字的二点加到'京'字左边改成'马凉'。考试结束,那个姓石的文章如一摊湿泥实在扶不上壁,中状元的乃是马凉,民间编出'不中冯京中马凉''天下中冯京,天上中马凉'的黑色幽默,或推算冯京有宰相之才咧!"王闰之:"我不羡慕啥子富府穷府,冯京马凉,也不巴望你拜相封侯。当好你的官,按月领到俸禄,我们娘娘崽崽能过上安逸日子就阿弥陀佛了!"

　　苏轼不再与爱妻啰嗦,目不转睛地临窗搜视张方平一家;只因游人如织,各路水泄不通,无法到约定地点相聚。王闰之笑问:"官人在招呼谁呀? 是不是又见到相好的了?"苏轼:"你总爱吃醋。我约请安道公一家同游,挤散了嘛。安道公是啥子人,你知道吗?"王闰之摇头。苏轼:"我们苏家的大恩人哪。当年他在我们四川为官,非常赏识我们眉山苏氏三父子。"王闰之:"那么说,这位张老相公能预知未来啰?"苏轼越说越劲:"岂止! 张公秉性豪放刚正,好谈兵法,崇敬诸葛亮、谢安等古代将帅,要像他们那样'抱器待用,忧思深远,以天下事自负'。他好评朝政,斥当权者高枕优游,气质如松挺且直!"王闰之:"嗨,这位高官倒是与你一路货色、同气相求了。"

苏轼:"你别打岔。安道公把我们父子三人推荐给皇帝。仁宗陛见我们时金口玉言,说'为后代储备了几个相才'!"王闰之:"看来张公不似你惯常交往的狂放诗友和酒肉朋友。"苏辙辩解:"他是仁宗以来的三朝大臣,工于心计,长于世故,政务练达,谙熟边事。英、神二帝即位,都有他和欧阳永叔、韩相稚圭之力咧。"王闰之:"那你们得好好学学这位前辈呐。"苏轼:"还有他的诗文清远雄丽,豪爽畅达,读起来很有韵味。"

王闰之竟然不顾在场小叔子的面子,忽然变色:"相公您还有完没完!三句话不离您那狗屁诗文!我只关心油盐柴米酱醋茶!"苏轼:"现在朝廷不拖欠薪俸,按月足数发放。京师市场繁荣,要什么都买得到,你小妇人还不满足吗?"王闰之:"是呀。小叔说,他在条例司,整天与王丞相、吕相公他们商讨物畅其流、不加赋而国用足的主意。薪俸按月领到,需要的东西大都买得到,与我们几年前回四川时大不相同;可你还总是抱怨奚落人家王安石新政,对得起朋友吗?"苏轼半开玩笑地逗妻子:"你一个女人家,刚才说只晓得油盐柴米酱醋茶,现在竟然唠叨起政事来了,把我的雄文丽诗当狗屁。糟践皇帝认定的相才,可见你小女子狗眼看人低!"王闰之:"就算小女子我长的一双狗眼,也要子瞻大官人你立刻忘记什么香菜(相才)酱蒜(将帅)!你呀,老老实实写你的诗词文章吧。只有这样,或许我们一家能平平安安过日子。"

苏辙在一旁抿嘴而笑,难得听到恩爱夫妻如此生动的情话,即便尖锐甚至挖苦。苏轼见妻子把小叔子逗得忍俊不住,火气更大了:"你晓得嘛,没有胆量,就没有我苏子瞻的诗赋文章!"王闰之:"写好你的刺官告院文章就蛮不错了。你的诗嘛,可以写,但切记不能放屁!更不能拿到御史台去臭倒一廷朝官!"苏轼:"嗨,你懂什么!判官告院闲得我这文章奇才生不如死!管什么文武官员将校告身、封赠告词,文辞皆有定式,千篇一律,但行好事,绝无争端。闲得我好苦也么哥,好苦也么哥!娘子,老婆,你可知道你家官人在那里度日如年哪!"王闰之:"官人安好,苏家便像今日,蓝天白云,晴空万里。"

苏轼和弟弟或许都未想到,游览著名的皇家园林金明池,观赏万众为之欢腾的龙舟争标,竟被爱妻(敬嫂)搅得全无兴致,何来畅所欲言,更对不起恩人张公。难怪俗话说,不要同痴人说梦。

藐视朕年轻无能

富弼乘轿到都堂,被他召集的吕诲等台谏官和三馆人员张载、苏轼等早已到达。因为是替代自己的老宰相回中书首次议政,曾公亮特召副相陈升之,参知政事赵抃、王安石等在下手陪同。

如今的富弼精神抖擞、目光炯炯、镇定自若地说:"君上求治如渴,诏命老朽回中书,嘱咐两府大臣和衷共济。今天,我们两府首相召集各位宣示君上旨意:'尊崇祖宗旧制,二十年不言兵,希望合朝同心辅政。'以我多年在朝的体会,世事不是什么道理不道理之争。世上只有两种人,一种是决定别人命运的人,一种是命运由别人决定的人;一种是被别人气死的人,一种是气死别人的人。你不做气死别人的人,就肯定成为被别人气死的人。世事就是这么冷漠、冷峻、冷酷。各位当然要做决定别人命运、气死别人的人。"

一石激起千层浪,众人反应强烈,议论纷纷。或说制置三司条例司替代了中书,两府大权由条例司截留包揽了,官家所以诏富弼回中书扭转局势;或说王安石的择术为先,是误导绑架官家;或说条例司欲效法商鞅、晁错,要尽废祖宗成法,上下官员心中惴惴不安;或说朝廷进人不当,小人乱常法,君子遭冷遇;东一枪,西一棒,旁敲侧击,同声鼓噪。

吕惠卿见赵抃、司马光、吕诲、冯京等兴高采烈,而韩维、曾布等十分不解,便从心底涌出:"哪来的污秽,放出的臭屁把殿内的花朵都能熏蔫!此老不知今夕何夕,官家为何诏他回朝主政?"

而一心想在朝廷畅所欲言的苏轼,见富老相精神亢奋,赵抃喜形于色,而曾公亮闭目恭听,陈升之若无其事,王安石略显惊异;台谏席上吕诲捋须微笑,程颢、张载、王子韶似乎不知所云;李常、刘琦、钱颢和几位生面孔,竞相议论,乱而无序。苏轼对于这五光十色的场景不知所云,以致心生厌恶,对身旁的张载说了声"如厕",便扬长而去了。

　　苏轼回到家里，见苏辙陪同曾巩、曾布、沈括、邵亢等已在等候。王闰之在后堂安排好酒席，请众人入座。苏轼："今日闰之下厨，意在给文坛泰斗子固、子宣兄弟接风，特请存中、兴宗作陪。老朋友几年未能相聚，想死我苏轼了，请各位一齐干杯！"众人应声一饮而尽。

　　苏辙才吃几口菜，便急切地问："哥，富相今日召台谏、三馆议政，议了些什么呀？"苏轼："不知所云，好像是针对你们条例司的。条例司干了些什么呀？大家都那么反感。"曾布："与你老弟子由、存中等参与草拟新法呀。"沈括："条例司所议，皆大有益于天下百姓之事。"苏轼："听说是要效法商鞅，废除祖宗旧制？"

　　一向为人憨厚、是非分明、尽心做事的苏辙道："条例司隶属君上。每有圣意，先由陈、王二公斟酌，参阅旧例，访诸州县，然后草拟条文。'徙贵就贱、用近易远'的均输法就是这样出台的。近因黄河水灾溃决，治理工程急不可待，故议定的农田水利约束、常平给敛等新办法，暂缓施行；还有'计产定赋、募民代役'的免役、保甲、将兵等法令还在草创之中。"曾巩叹道："离朝四年，真有面目全非之感。欧阳永叔、韩稚圭皆国之所托、民之所望，相继而罢。看来，介甫此时执政，实不相宜，也不明智啰！"

　　曾布："大哥，新陈代谢，后浪推前浪，世所必然。大宋承平百年，辽夏虎视眈眈，朝廷岂能后继无人？当今朝野勤于王事者无过王公。官家特诏越次入对期间，王公不曾解囊，天天早晨起来便捆了铺盖，随时准备回江宁，必欲去而不得。官家苦苦留他入朝参政，大臣们都奉劝他莫违君意，王公才留京的。他是真想做事、不想当官的人。"曾巩："老弟，你涉世还浅哪！你设想子瞻今天见到的场景，不妙哇。天下之患，往往表面治平无事，其内已酝酿不测之危。坐观其变，心不忍；起而强为之，世难容。我几次劝介甫，他却坚定不移，欲求非常之功，难矣，艰矣！"

　　久不上朝的富弼乘轿子来到崇政殿早朝。神宗："传锦墩，请富相坐。"

　　众官惊异："哈，今天，日头从西边出来了。"吕惠卿不无讽刺地对曾布说："富公足疾，行走不便，思想却未老化，故今上特许他乘车上朝，搀扶站班。"曾布："拉不出屎却占茅坑。韩相、曾相比他年长，就不像他这德性。"

　　位于富弼身旁的王安石见此模样，联想起他岳翁晏殊。二十二岁的王安石首次赴京,唱着乡尊晏殊的小词佳句赴考:"昨夜西风凋碧树,独上高楼,望尽天涯路""无可奈何花落去,似曾相识燕归来"。同科吴充问道:"介甫喜欢当朝宰相、你临川老乡晏殊的小令?"王安石:"晏同叔开一代词风,领衔江西词派。官居相位而作那种卿卿我我的小词,是不是有点媚俗? 冲卿,你说呢?"胆子有点小的吴充:"噤声。后生小辈,怎么可以随意评论举国公认的江西词派盟主!"王安石:"我只讲他的小令。前辈由我们家乡神童而成为朝廷首相,当然令人钦佩。"

晏殊主考,特别欣赏其中的一篇文章,欲点为头名状元。仁宗示意晏殊选择驸马的弟弟:"这篇文章更胜。"晏殊不情愿但也无奈,默坐良久,才将欲点的文章压到第四。张榜公布名单,才知那文章却是临川学子王安石写的。吴充等人探知真相,为王安石抱不平,纷纷怂恿他揭发。王安石不以为然,一笑置之:"第四又何妨!"晏殊闻言,心有不安,特意请小老乡一叙。席间,晏相声明朝中事有许多潜规则,当宰相的也无可如何。他恳切地叮嘱:"小老乡啊,来日方长;能容于物,物亦容矣!"王安石捉摸不透,眼神迷茫地点头:"'容于物物亦容'六字,语意深奥,不知是何出处,还是他老人家自为之言?"

王安石默然心语:"我一直把晏公的六字教诲视作座右铭之一。如今一代重臣已去,'音容无处所,仿佛寄丹青'。对比眼前这位甥婿,却与他的老泰山完全另类气派!"

常事议过,群臣退殿,神宗独留富弼。神宗:"久未见老相上朝,贵体可曾安康?"富弼文不对题:"老臣听说中外诸事渐有更张,必是有小人蛊惑陛下吧?"神宗:"没有哇! 嘉祐七年(1062年),司马学士奏请'精选朝士之晓钱谷者'理财,并揭衙前之弊议改役法。去年司马光与吴充等视河赈灾回来,廷议富民之道,乃制置三司条例司经划理财,巡查诸路,修补农田水利,仅此而已。"富弼:"真是这样的话,老臣就不担心了。"

神宗:"老相公回朝,宝刀不老,望能为朕推动朝政。"富弼:"我朝台谏常与政府不协调。我虽老而无能,但舌头还在,可以讲话。日前抚慰了一下台谏,以期和衷共济。"神宗只觉富弼语意含混,怀疑自己没听清楚"抚慰了一下台谏",不知何谓,便没有回话。

富弼："朝外议论,参知政事唐介被新任参政活活气死,是矣？非矣？"神宗笑着说："朕的参知政事,咋会那样无气度！唐参政乃三朝老臣,外人太小看他了吧。铁打的朝廷流水的官员。朝官常有更替,从未听说谁被谁气死。"富弼："内外流行一种说法：王安石生,曾公亮老,我富弼病,他唐介死,参政赵抃苦,这生、老、病、死、苦,出在二相三参政身上,是实实在在的人和事,不是凭空编造的呀！"神宗："朕寄望老相公辅政,不要苟同什么'生、老、病、死、苦'的编排,那是藐视朕年轻无能的恶意攻讦。卿慎言之。"

富弼赶紧分辩："老臣岂敢,老臣不敢。"富弼被搀扶退庭。神宗望着他渐行渐远的车辆背影摇头苦笑："已看不到当年舌战辽廷、增纳岁币、叱咤风云的风采了。"

司马光纵容言官

熙宁二年(1069年)六月某日清晨,御史中丞吕诲从澄清街宣化坊出来,心情振奋。回望庄严雄伟的御史台,与朝廷二府三司六部诸多衙门坐北朝南不同,独有它大门朝北,这是他最为自傲的一方面。台内拥有三院二狱三百六十楹,堂室重重,门禁森严,自己作为这里的最高主官,肩负着建树官风正义、弹劾歪风邪气的重任,不觉周身威严自得。在去延和殿上朝中途,他兴致勃勃地拦住司马光说话："前辈,今日吾将请对。"司马光："何事？"

吕诲从袖中抽出弹文,诡谲地一笑："弹劾新任参政。"司马光瞟了一眼奏章《上神宗论王安石奸诈十事》不觉一愣,停了一会,才不解地设问："介甫文学仁义闻名于世,参政才数月,奸诈何来？"吕诲神气十足："大奸似忠,大诈似信,安石外视朴野,中藏巧诈,唯务改作立异,误天下苍生必斯人也。"司马光面对这位继自己而任的御史中丞之急切不解其究竟,乃一脸茫然地再问："安石助今上为国理财,怎谓之大奸大诈？"

吕诲心想：你个学究,不能知微见著,缺乏为国锄奸的锐气。俺知朝廷心腹之疾,救之唯恐不及,怎么能缓呢？司马光想：我识见与胆气也许不及吕献可,随他去吧。

神宗接读吕诲奏章,眉头紧皱,心中添堵,乃至御笔在指间抖动："竟然能凑成王参政十大罪状！结论是：'大奸得路，乱由是生，惟务改作，立异于人，文言饰非，罔上欺下，误天下苍生必此人。'一派胡言！条例司运转伊始，只颁布均输、常平、农田水利，而免役、市易、保甲、整军等诸多大政，还未涉及，就罪不容诛了，真是岂有此理！难道这仅仅是攻讦王安石为国司直吗？"他提起朱笔要批答，却又立即停住："吕诲虽然新任御史中丞，但久居言路，岂不知君不可抗，法不可侮？富相召集台谏议政，力荐苏轼为谏官。我朝历来不许两府干预台谏，也不能推荐言官。现在却明目张胆联手攻讦，他们要干什么呢？"

神宗站离御座，手卷吕诲弹章步出延和侧殿，久久立于廊下。只见石径阴凉，宫槐如盖，园中花开，万紫千红。远看蕊珠宫前的牡丹芍药，像云锦镶簇，灿烂夺目，向后与两宫圣母正在那厢观赏。宫女牵着刚满周岁的帝姬，学步戏耍。神宗漫不经心地踱了过去。

宫女、妃嫔见官家走来，便噤若寒蝉。小公主一头扎进向后怀里。太皇太后曹氏笑道："我们娘儿玩得开心，官家来此作甚？"神宗也笑道："孙儿也要寻开心哪。"神宗将弹章夹在腋下，上前抱起帝姬。帝姬反视她娘，怎么也逗不笑。神宗将帝姬举高，弹章滑落地上。向后俯身拾起，太皇太后顺手接过一翻，目扫弹文，然后递回向后。太皇太后见孙儿眉宇间隐藏愁绪，知道他碰到硬钉子。向后见机将女儿接到手中，避开祖母，与婆母高氏一起离开。

太皇太后温和地对孙儿说："陛下即位两个年头，朝政基本理顺。老相公富弼近时回归相位，王安石执政，司马光作师傅，政事渐有起色，我也就放心了。皇后贤慧，后宫和睦，四世同堂，玩玩乐乐，哀家好开心。"神宗："太皇太后、太后顺心，孩儿就放心、宽心。"

太皇太后突然转变话题："吕诲弹劾王安石，怎么回事？"神宗摸摸袖口才知端的，乃镇定自若地回答："新任参知政事王安石终日为理财、赈灾、治水等事务劳瘁，很有章法，很见成效。"太皇太后："风闻什么变法，可有其事？"神宗："朝廷议论，淮浙江湖诸路运送到京师的物资，有许多不便利；禁军厢军，多是老弱充数，丧失战斗力；还有科举作弊严重；等等。正在草拟成文，颁布规章，严肃行政，逐步实施。"

太皇太后点头认可，又问："吕诲是三朝老臣呀，怎么这样不懂事，刻意与陛下为难？"神宗欲言又止，但还是说出："富老相公召台谏议政，他们被鼓动起来了。"太皇太后惊愕："什么？我朝台政分治，从来没有中书召台谏的事，也不准两府推荐言官，富弼岂能不懂？"神宗："老成却不持重。"太皇太后："想必是新老大臣磨合未及，皇孙要多多抚慰化解。"神宗点头称是："谨遵娘娘教诲。"

神宗回延和殿，立即封还吕诲奏章，又手诏司马光安抚吕诲。司马光立即找到吕诲，亲切而又恳切地说："官家肯定你的忠直，但指说王安石大奸，似乎太过。"吕诲不买账："他王安石租宅与你为邻，百般讨好，你司马君实就以私废公？大奸似忠，大诈似信。王安石浪得时名，蒙蔽一班老臣。他们哪里晓得，此人好执偏见，执意变乱法度。你等着瞧吧，乱天下者必此人！"

司马光无意否定"偏执"，但也预见不到天下必"乱"，心底里便有些纵容，觉得刺激一下王安石也好："介甫现无大过，何必性急嘛。"吕诲急得大骂："君实何其愚也！奸人已僭越副相，必定败坏国家。此乃心腹大患，现在惩治还怕来不及，咋的还能缓行啊！官家如果留中不发，我明日再上第二呈！"司马光摇头摊开双手，表示无可如何："献可，君命不可抗啊！"

再次接到吕诲第二章，神宗仍然原章封还。吕诲复又递上。神宗怒："干臣不能侮辱，是非岂能颠倒？召两府六部大臣廷议，朕到要看看，朝廷是否还有公论！"

第十三章
上台就是罪

哪来十条罪

熙宁二年（1069年）六月某日，延和殿早朝文武百官按序站定，都显得异常严肃。神宗不无意气地说："御史中丞吕海上奏弹章，列举新任参知政事、翰林学士、侍读学士、制置三司条例司使副王安石十大罪状。朕数次留中不发，吕中丞执意提请朝议评说。今日由满朝文武一条条议定！"

孙思恭扫视朝堂，见吕海趾高气扬呈斗牛状，内心却不免紧张。再注目王安石，他却神情淡定，不以为意。他见弹章开首詈骂王安石"衣臣虏之衣，食犬彘之食，囚首垢面而谈史书，凡事不近人情，乃阴险狠贼之大奸慝，必为天下之患"，极觉不便诵读，而往下念所列的十大罪状："御史中丞吕海弹劾参知政事王安石十条罪状，一曰：托病坚辞，累召不起，慢上无礼，不修臣节。"

众官面面相觑，觉得太小儿科，不知怎么评论为好。首相曾公亮见状，自应第一个站出来不急不慢地说："王安石在江宁知府任上患有溲血之症，至今未能痊愈，并非托病。先帝英宗曾诏赴阙，王安石三次上辞赴阙状，圣上有批答在中书存档。"吕公弼："王安石有病在身，怎能叫慢上无礼？"侍御史刘琦："仁宗诏王安石进直集贤院掌管秘书图籍，同修起居注。他却拒不接旨，躲进茅房那污秽处，岂不是慢上无礼！"众笑。数人议论："什么年头的事？生拉硬拽翻老黄历！"韩维："王安石不是列班在朝嘛，屡召不起，何从说来!"

孙思恭:"各位大臣以为……"众人相互交换眼色,然后众口一词:"此条不成立!"

孙思恭:"二曰:见利忘义,好名欲进。"司马光立即接话:"据臣所知,王安石一向公而忘私,一身清廉,不图虚名,不谋权位。"曾公亮补充:"这便是欧阳永叔、富彦国、韩稚圭、我本人和陈旸叔等推荐他的主要理由。"参知政事赵抃:"前面说托病坚辞,这条又说好名欲进,逻辑混乱,自相矛盾。"

孙思恭:"这条……"众议斩钉截铁:"不成立!"

孙思恭停了停,回望神宗。神宗催促:"继续宣示。"孙思恭:"三曰:不识上下之仪,君臣之分,屈万乘之重,自以为帝师。"

众人无言,一齐目视神宗。有几个人说:"我们不知情。"曾巩:"诏命翰林学士兼侍读学士,怎么成了自为帝师?"张方平:"我朝帝师均由陛下自行延请。有谁说:'我要当皇帝的老师,就能上经筵吗?'"

众人哄笑。神宗也忍俊不禁:"王安石侍读,是朕数次诏命才从江宁府来朝的。他事君极为恭谨,讲读甚为精要,是朕的好师父。"孙思恭目视神宗,神宗示意继续。

孙思恭:"四曰:一介村夫,竟参大政。自居政府,异于同列,掠美于己,敛怨于君。"陈升之:"王安石入朝与我同领制置三司条例司,一直未进参知政事殿堂理事。"吴充:"连'村夫'这样侮辱人格的词也入奏章,与泼妇骂街何异!"章惇:"言官望风捕影,凭空构陷,侮辱人格,有失体统。"曾布:"这样弹劾副相,自己的人格恐怕连村夫、瘪三都不如!"

众议:"此条不值得朝议!"

孙思恭:"五曰:干预刑狱,偏袒许遵,妻子谋杀丈夫而减罪,挟情坏法;两制二府亦皆怕他。"吕公弼:"奉圣谕议论许遵奏谳,其议获圣上御批,怎么说是挟情坏法呢?"曾布:"阿云乃登州一民女,与官府、朝廷没有任何瓜葛,王参政与她家人无任何关联,怎能说得上'挟情'? 要说是情,参政挟的是'一民之生重天下',为天下百姓说情。"韩维:"说二府两制大臣都畏惧王安石,纯属无中生有,制造混乱!"侍御史里行钱颛:"我们言官在一起议论,就十分害怕他王安石。"曾公亮:"所畏何来! 两个月中,王安石勤于政事,谨小慎微,拒绝拜访,不赴邀请,闭门注书。泱泱朝堂,公等畏避他这个副相什么?"众议声音渐高:"此条非是!"

孙思恭:"六曰:在同僚中称其弟安国之才,背公私党,奔走门下,卖弄威福,无所不至。"吕公著:"王安国奉诏应试,是在王安石到京以前礼部就决定了的;试后按例除官,与兄弟之情毫无关系。"韩维:"王安石越次入对时,得知安国奉诏应试事,向圣上恳切推辞过。"司马光:"王安石从来独立不群,哪有什么私党? ——私党、党争这样的词,以后要谨慎使用。"章惇:"肆意捏造,应该问罪!"众议激愤:"这样攻击朝官,哪像谏言之臣所为!"言官刘琦、钱颢、刘挚、杨绘等与吕诲面面相觑,无地自容。

孙思恭:"七曰:逐近臣外补,擅耍威风,毒害政府。"刘挚:"王安石蔑称滕甫为'滕屠',郑獬为'郑沽'。滕甫、郑獬、钱公辅、王拱辰四位谏官被逐出京师,是王安石排除打击异己的明显证据。"曾公亮:"滕甫、郑獬、钱公辅、王拱辰等出知地方,均由吏部主办,中书议定,圣上御批,王安石一直未曾参与。"众议高声:"与王安石无关,此条非是。"

孙思恭:"八曰:王安石与唐介争议,唐介受其羞辱,气愤而死。"

众官面面相觑,不知所云。韩绛:"王安石二月参政,唐介四月病逝。太医早就诊断为肝脾之疾,痈疽之症,病入膏肓,与王安石扯得上什么干系?"杨绘:"老参政唐介临终时亲口向御史中丞吕诲嘱托,你驱逐奸邪王安石之日,乃我唐介瞑目之时!"文彦博:"唐介、吕诲二人一贯风闻言事,无中生有,却以骨鲠之臣自封,不可理喻。"吕惠卿激愤:"欲加之罪,何患无辞! 台谏胡编乱凑,甚至望风捕影,有损朝廷政体,应该问罪。"众议:"此条非是。"

此时,在朝堂上颇为尴尬的吕诲面前浮现出前辈言官唐介的影像——唐介上章弹劾参知政事文彦博。仁宗浏览奏章,弹章涉及张贵妃,便将奏本掷地。唐介拾起奏章当庭结结巴巴地诵读:"文彦博知知益州时,曾以灯灯笼锦献献张贵妃,宫掖助助他回朝执执政。"

当年,枢密院直学士、益州知州文彦博即将赴任前,进宫辞别仁宗,张贵妃闻讯出来声称:"文学士,我父曾是贵府门客,我应该叫您伯父。"文彦博:"娘娘在上,微臣不敢当,不敢当!"张贵妃:"伯父不用客气。您就要去成都就任。贱妃有点小事相求:明年上元节,想穿上成都灯笼锦晋见陛下。"文彦博受宠若惊:"这么点小事,微臣是办得到的。能为娘娘效犬马之劳,是微臣的福分。"张贵妃:"蜀锦天下闻名,尤以成都灯笼锦为最,此锦纹样以灯笼为主体,配饰流苏和蜜蜂,喻意'五谷丰登'。"文彦博简直五体投地:"预祝娘娘五谷丰登,六六大顺,七巧面君,八面威风,九九归一,十全十美。"张贵妃懂得投桃报李:"此事办成,伯父您很快就会回朝任职的。"

到了上元节那天,张贵妃特意穿着灯笼锦晋见仁宗。仁宗惊呼:"呀,这么漂亮的蜀锦,京师买到的?"张贵妃娇滴滴地回答:"这是我伯父、益州知州文彦博督责织成。他曾与我父亲有旧,特意织来献给陛下。"仁宗十分高兴,不久就将文彦博调回朝廷任枢密副使,升参知政事。随后,文彦博一再推荐张贵妃的伯父张尧佐;朝廷竟在一日之内,连除张尧佐四级。当即,内廷流传几句诗,"无人更进灯笼锦,红粉宫中忆佞臣"。

仁宗听到这诗,笑了,转身又发怒:"哪个混账东西写的打油诗,撒泼撒到朕身上来了!"言官唐介当圣面顶撞:"满朝文武乃乃至汴京市市民都在咏唱:无人更进进灯笼锦,红粉宫宫中忆佞佞臣。"仁宗呵斥唐介:"下殿!再读,贬谪边远不毛之地!"唐介:"臣虽鼎鼎锅不避,何惧远远放!"唐介从此获得"真御史"雅号。他曾向吕诲传授:"只要不屈不挠,不管在知知情者或不知情者眼眼里,在朝廷官场,我都是一条硬硬汉、干干臣!"

日前,重病在床气息奄奄的唐介,表扬并叮嘱吕诲:"献可老弟,你的奏奏章得以在朝朝堂上公公议,就是给了他王安石当头棒喝!老夫已六十八岁高龄,从政四十年,上下都知道我是个狂狂直的言言官。眼看他王安石一一介村夫,竟参大政,动动摇祖宗基业,我一直耿耿耿于怀!可叹天不假假我以年,痛疽暴发,肝脾剧痛,病病入膏肓。我就要死死了,却未能阻止他他王安石入入朝,又没能把把他拉下台。献可,献可,力力挽狂澜,吾之所托。你驱驱逐奸邪之日,乃我瞑瞑目之时!"

孙思恭:"九曰:危言惑圣,朋奸附下。"

孙思恭的声音把吕诲从梦幻之中唤醒,他听见陈升之质问:"谏官弹劾大臣则可,怎能攻讦君上?今上即位以来,励精图治,圣心在民,不治宫室,不事游幸,政治清明,朝野皆知。"此时的吕诲,好像被针刺,但并无畏惧之心。

蔡挺："颠倒是非,侮辱圣上,罪不可赦！还污蔑朝官结朋使奸,侮辱人格,抹黑朝廷,是可忍,孰不可忍？"章惇："前面,司马学士说过,'朋党'二字,千万免提。"欧阳修论道："'君子以同道为朋,小人以同利为朋。为君者当退小人之伪朋,用君子之真朋。'以伪朋污真朋者,应当严惩,严惩！"众官愤怒地喊道："罢免,罢免！"

富弼低头擦汗。吕诲没料到老相竟然气虚。

孙思恭："十曰：制置三司条例司兼领兵、财,名曰商榷财利,其实动摇天下,有害无利。"

神宗忍不住接话："条例司承谕令草拟条例,朕临时委托他们草拟整军戍边条令。如果十罪不赦,那罪全在朕躬！"众人见官家如此气愤,都不便说什么了。吕诲抬起衣袖擦额上汗珠,摇了摇身子,似乎汗湿衣背。老成持重的张方平打破沉默："言官谏言,职责所在,言者无罪,闻者足戒。如有不当之处,尽可责备。"神宗决心治罪："事关政体,不能开胡言乱语、癫狂罗织之先例。"富弼自知后果严重,不能不出面了,便装出公正之状,颤颤巍巍地说："吕诲狂直过当,有伤国体,应罢免御史中丞之职。"司马光承张方平之言,挺身保护吕诲："言官弹劾执政则罢官,恐怕会堵塞言路哇！"文彦博坐山观虎斗,希望事情闹得越大越好。只要政潮一起,变法也就变不下去了,于是文彦博高声说："欺罔君上,侮枉大臣,不可与谏言等同,应当严惩。"吕公弼、赵抃、陈升之皆认为适可而止,表示同意富相提议："罢黜吕诲御史中丞之职。"

神宗扫视全场,见吕诲垂头丧气又气急败坏地砸拳"哼哼",乃强忍心中怒火降旨："诏罢吕诲御史中丞。"

神宗示意散朝。孙思恭大声宣称："散朝！"富弼灰溜溜地被搀扶上车。他闭着双眼,示意车驾快快离开大内,好像永远不再回来似的。

神宗留曾相与吏部议诀,诏罢吕诲御史中丞,出知邓州；以权知开封府吕公著接替御史中丞职。

美恶由吾身

群臣纷纷离开延和殿时,神宗招呼王安石稍等。在议定罢擢诏后,他抚慰王安石："吕诲不明事理。朕追问其故，他又没得说。是非已明，卿勿在意。"王安石心中升起人生乐在心相知的快感，乃一字千钧地回答官家："臣不认可他的诬蔑，但遵从言官的权利。"神宗又说："吕诲责卿标新立异、对朕多发无顾忌言论，并以内批为质证，必是中书有人泄露。"王安石："内鬼常有，需要防范。圣上广用才德兼备之人，就不怕朝中魔影。"神宗深为感动，频频点头。王安石陛辞后缓步退朝。神宗目送他离去，感觉师臣的形象越来越尊严高大。

韩绛等于殿外等候王安石："介甫，真了不得呀！受常人所不能受之辱，忍常人所难忍之诬。我做不到，打心底里佩服你。"王安石显得轻松："子华呀，面对一个好直而不好为之人，犯不着那么上心。我如果生气，不就是拿别人的浑噩来惩罚自己嘛。我既以身许国，闻此足戒。"曾公亮："介甫的豁达境界，来自国富民强的高远志向，来自与世无争的豁达宽容，还来自善解圣意的睿智与真诚。"陈升之："圣上成竹在胸，驾驭得体，预料廷议会有这样的结果。"张方平："对比介甫的大度，更显出吕诲之流的贫乏与丑陋。"

王安石："公论自在朝堂。承受住不公平的折磨，心里就容易平衡。"小丑张寺突然蹿上来："王公即便有十张嘴，也抵不过胡说八道的一张嘴。打死那只咬人的疯狗也无益于伤口治疗。是也不是？"

章惇、吕惠卿、曾布、苏辙等群情激奋，拥到王安石身边，跟随他从大内走出。元绛："我朝言官，向来以谏诤为能事。现在，专以阻挠新政、诋毁三司为务，似乎找错了方向！"张方平："我朝台谏，巢风卖雨，架谎凿空，专靠随意攻击别人来升迁自己，这种恶习代代相因，怎么得了？"被王安石称"不可尘土杂"的"冰玉人"韩维："我常去谏院，看见台谏们茶壶一端说话无边；香烛一点专揭人短；整天不琢磨事只琢磨人。"

秉性温醇的吕公著："我以为，言官的基本条件，应该是敢于讲话，嫉恶如仇，更重要的是能从社稷、朝廷的整体利益着眼，尊重事实，讲求是非曲直，还要尊重人格。"沈括："还要讲天理良心，不能由着自己的性子，以私废公。"吕惠卿："在恶人眼里，凡人凡事都丑恶。这位御史中丞，识见不过凡人百姓，丝毫没有义理之公，而只有意气之私，好像他生来就是为了扬世之恶而隐人之善。"曾布："这种人是想用乖巧卑下的伎俩将新政窒息在摇篮里。"章惇："整了单枪匹马的,苦了当牛做马的,成就了指鹿为马的,高兴了溜须拍马的。"韩维："自己的行为最惹人耻笑的人,都是最先说别人坏话的人。做贼的相安无事,捉贼的却要含冤负屈。"

蔡挺："只有台谏的霸道,没有行事的公道。在他们看来,介甫上台就是罪,有原罪!"曾布："虚荣心与愚蠢程度相当。"曾孝宽："唐玄宗的宰相姚崇、宋璟立了这样的规矩:朝官言事,要有谏官、史官在场。我们朝官与谏官却随意议政,风闻言事,还可以暗讽天子,此风不可长。"薛向："此类御史着意抓别人的把柄,却又生怕自己的把柄被别人抓住,最终恰恰被别人抓住了,尽出洋相。"苏辙："介甫能容常人所难容之事,那才叫大度咧。"章惇："瞧安石那风度,才叫宰相肚里能撑船咧!"吕惠卿："上善若水嘛,低调是上善的一种,'水善利万物而不争'。"吕公著："低调还是一种修养,一种风度,把自己放在低处,恰恰是坚强通达的表现。"张载："天下平庸之人居多,贤达者少。偏偏那些平庸者才十分嫉妒比他们强势的人。"沈括："不要以为身在朝堂就是国家栋梁,只有王公这样的人才是。当然,在民间,毕昇、卫朴那样的人也是。"

薛向："'溪云初起日沉阁,山雨欲来风满楼。'新法才刚出台,朝中就有人闹到这步田地!这法还能变吗?真为王公的新法和未来担忧。"吕惠卿："今上锐意改革,王公舍身新法,不是一个什么人跳出来搅扰一阵,就能被他这样阻拦住的。"吕公著："即便身在言路,也不能轻易评判别人,更不能风闻言事;因为你没有亲历所发生的事件。而且,身在朝廷,只有心静才能听到事物的声音,心清才能看到事物的本相。"

张方平对吕公著说："扶正祛邪,抑恶扬善,树立台谏新风,就看晦叔你这新上任的御史中丞了。"王安石对吕公著说："晦叔,真正的光明,并不是永远没有黑暗,只是永远不会被黑暗所掩蔽罢了。"吕公著深情地点头："真正的英雄,决不会永远不遇到卑下的情操,只是永远不被卑下的情操所屈服罢了。"

王安石深情地认可。此时,他似乎听见内城上空有江鸥鸣叫,京师三河与邗沟中常见成群的江鸥觅食飞翔。他神韵激荡,迅即得一首五言诗,便悠闲地吟诵起来："江鸥好羽毛，玉雪无尘垢。灭没波浪间，生涯亦何有？雄雌屡惊矫，机戛常纷纠。顾我独无心，相随如得友。飘然纷华地，此物乖隔久。白发望东南，春江绿如酒。"

与此同时，言官们刘琦、钱颢、刘挚、杨绘等也自成一列，随司马光、吕海同出。司马光："献可委屈了。干言官这一行，遭责备谩骂，习以为常。"二目如鹰的吕海一时无言以对。司马光："不能无法无天又无良，官家神圣，是毁谤不得的。"吕海伸着拇指，令人难辨他是赞扬还是讽刺："天下君子，唯有你司马君实啰！"

杨绘强烈反感富弼："富老相公前几天还鼓动我们谏言，想不到今日竟见风使舵，逃之夭夭！"刘琦头摇得像拨浪鼓似的："此老恤己重于恤国，养身甚于养民。本来事由他起，到了关键时刻他却落荒而逃、溜之大吉。"钱颢："岂止转舵，简直是反戈！欧阳公、韩公、文公，他们断不会这等下作。"刘挚："他岳丈晏元献公在地下为他蒙羞！"

杨绘："以我看，王安石忍辱负重，不与吕中丞争一时之短长，是在专注于自己的新法。这种超乎寻常的坚韧，煞是可怕呀！"刘琦等："是呀，我们碰到一个难以撼动的对手了！"吕海理直气壮地声言："当你想拼命完成一件事的时候，你就不再是别人的对手。说得明确一些，别人就不再是你的对手。"司马光心甚忧虑地摇头："开罪言路，灾随身后！"

神宗对孙思恭："今日朝会，令朕十分闹心、担心。"孙思恭："王参政将成众矢之的。"神宗："他是替朕受过呐。"孙思恭："即使像王公这样最有能力、人格堪称完美之人，也需要安慰，更需要保护。"神宗："知微见著，应该。"孙思恭："明的不行，有人会背地使阴招。"

神宗："中书议事细节，吕海怎么知道？似有内鬼，应审慎以防。吩咐金台，从今以后，由他贴心跟随王安石。"孙思恭："陛下身边的武术师爷，离开不得。"神宗："朕堂堂天子，谁敢造次！身居宫内，有你们常随，不妨事的。"孙思恭："叫金台入侍，是两宫太后的意思，还得太皇太后、太后那边允准才是。"神宗："此事想到即办，马虎不得。两宫由朕禀报，你先吩咐金台。新政由朕拍板，主意全由王公厘定。"见官家如此依重王安石，孙思恭答应立即去办。

儿子不像我

王安石回到府上，他招呼来家中做客的王雱小舅子庞公子对弈："小庞，来，杀一盘。"愣头愣脑懵懵懂懂的庞公子哪里知道王伯伯刚经历朝会上的急风骤雨，心中五味翻腾："小侄正好等伯丈弈棋，今天可不客气。"王安石："棋盘好比战场，你死我活，当然要使出真本事啰。"庞公子执黑子，颇胜王一筹，常常弄得王安石有点狼狈。

王安石批颊欲悔棋。庞公子："伯丈，落子不反悔哟。"王安石在棋局上，从来不怕适性忘虑，也不怕苦思劳神，更不甘拜下风，此时收子认输，口里却说："这盘不算输赢。"庞公子："伯丈输棋不输嘴呀。"

王安石："再战一盘。你把高招亮出来，不知鹿死谁手咧！"庞公子："天机不可泄露，高招不可名言。伯丈累了，明日相陪。"王安石："不行，哪有赢了就跑路的！"庞公子："伯丈口里不认输，心里还是认了输的。"王安石："少啰嗦，布子嘛。"双方着子，你来我往，谁也不让谁。

厨房传出吴夫人的声音："开饭了！"餐厅饭桌上摆着：一人一小碟卤肉，一碟蔬菜，一碗甩鸡蛋汤，一碗大米饭，几个炊饼，另有一壶临川土烧酒。盼着山珍海味齐上桌的庞公子想不到，一人之下万人之上的朝廷参政饭食这么差，皱了皱眉，不情愿地坐下来陪伯丈。

吴夫人为庞公子斟上一杯临川土烧。庞公子闻了闻酒杯，心想："这算什么酒，还能喝？"他将酒杯向王安石身边推过去："请伯丈自己喝吧。"吴夫人："这酒是专用待客的，伯伯从来滴酒不沾。"庞公子不再客气，拿起筷子夹上卤肉就吃，然后伸手抓起烧饼咬了一口，又粗又硬，便吐掉了。只把烧饼糖芯子吃了，将外围一圈放回瓷盘。王安石边吃边想事，并不理会身边的客人，顺手抓起庞公子剩下的烧饼圈吃了。庞公子傻眼，直愣愣地不知如何是好。站在稍远处随时应侍的虤瑞新，见亲家公子那富不学奢而奢自至的模样，急得直晃头。

此时，王雱夫妇从外面应酬回来。未进大门，隔墙听到下人们议论庞公子吃烧饼一事。王雱气呼呼地对庞氏："看你们庞家人，就这么个德性！少家教!"庞氏气得入内,大声哭了起来。

　　吴夫人闻声赶来,问王雱怎么回事:"又气你娘子了?"王雱:"她那宝贝弟弟,那样陪爹吃烧饼,不是缺家教嘛!"吴夫人:"庞公子是庞公子,跟小娘子是两个人,怎能怪她呢?"王雱:"不怪她怪谁?难道怪我不成?"

　　吴夫人:"你爹谁也没怪。为尊者不骄,待愚者不矜。我儿媳是贤惠知礼的人,你不能这样不分青红皂白,好的孬的一锅煮。"王雱:"娘,我管老婆,您说我不分青红皂白。我说我那个儿子不像我,不是我的,是汪弄沟的野种,你们却骂我无事生非。我是你们的儿子!在家里,我到底有没有讲话的资格?"吴夫人:"看你扯到哪里去了!你已经把弄沟气出了家门。"王雱:"他走他的,与我有何相干!"吴夫人:"儿子,家中妹妹弟弟还小,你父全身心忙于国事;家事,娘心中全仗你呀!"

　　虢瑞新在室外直摇头,却不知能做点什么。

　　庞氏痛苦不堪。她万般无奈,翻出古诗,朗读《孔雀东南飞》:"……十七为君妇,心中常苦悲……女行无偏斜,何意致不厚?……奉事循公姥,进止敢自专?昼夜勤作息,伶俜萦苦辛。谓言无罪过,供养卒大恩……"庞氏:"我嫁入相门,竟然成了现代的兰芝。他生未卜此生休,少年夫妻不到头。我庞氏小女子就这样的命?"庞公子听知,知道自己闯了大祸,却并不十分在意:"那样的土烧,谁喝得下喉?烧饼硬得像石头,是他参政府独有吧。"

　　此时,恰值吕惠卿来王府看望,进门遇见王雱。吕惠卿蹑手蹑脚小声地问:"令尊现在做什么?晌午饭用得怎么样?休息了吧?"王雱:"中餐,吃了我那宝贝小舅子吃剩的烧饼,感到有些累,进书房小歇去了。"吕惠卿深沉地点头:"那就好。"

　　王雱:"吕叔叔,我爹怎么啦?"吕惠卿欲说还止:"今日朝堂公议吕献可攻击辅相所谓十大罪状,一个多时辰,把今上和朝官们都气炸啦!"王雱如雷轰顶:"啊,竟有这等事?!"吕惠卿低声细语介绍朝堂情景。王雱:"我虽也听到一些朝廷的事,想不到竟然如此无中生有,颠倒是非,血口喷人!"

　　吕惠卿蹑手蹑脚入书房。

　　王雱来厅堂找娘,暴跳如雷:"娘,您知道爹在朝廷受多大的气呀!吕海那厮竟敢当着朝廷百官万般羞辱翰林学士、参知政事!岂有此理!岂有此理!"吴夫人被儿子的突然行动惊呆,不知所云。王雱:"吕叔叔说,满朝官员听吕诲弹劾爹,骂街,爹只有听的份!你不知道爹会多难受!"

吴夫人:"长安居,大不易,所以你爹多年来不愿当朝官。"王雱:"吉甫说,吕诲那厮仗着他在先朝敢言的那点本钱,要学包拯,当包大人,名留清史!"吴夫人:"哦,他跟包大人是一起的?"王雱:"哪里呀,包拯也曾是谏官。"吴夫人:"包大人原来也是谏官,那你爹就甘愿挨骂啰。"

管家萧先生与虢瑞新隐隐约约听知,好像晴天霹雳,想不到一二人之下、万人之上的参政,处事还这么难!

王雱:"今上太仁慈,只罢了吕诲那厮御史中丞!这样刁钻古怪的无耻之徒,就得杀一儆百,看谁还敢兴风作浪,与新法无端作梗!"吴夫人:"朝廷有坏人,也有好人。吕吉甫全力侍候你爹,支持你爹,是个好人。你可要好好待他。"王雱:"吕吉甫这个人,对爹没得说。我看看爹去。"

王雱进书房,见吕惠卿在一旁侍候,爹奋笔直书:"众人纷纷何足竞,是非吾喜亦吾病。颂声交作莽岂贤?四国流言旦犹圣。唯圣人能轻重人,不能铢两为千钧。乃知轻重不在彼,要之美恶由吾身。"王雱读罢,回看壁上悬窗外挺立的泡桐,情不自禁地感慨:"爹犹如窗外的泡桐,'天质森森,孤高百寻'。顶天立地,骂不倒的。"

第十四章
淮盐可弛禁吗

这政还能参吗

熙宁二年(1069 年)秋,王安石累病了,告假在府第休息。曾巩、曾布兄弟来家看望。见王安石斜躺在故乡特有的竹榻上,面色憔悴而略显衰老,还露出几缕白发。老成持重的曾巩以兄长的关爱心情对王安石说:"介甫进京一年多,显得老了些。看来执政非易,变法更难呀。"

王安石也觉曾兄回故乡劳瘁过度,问了些曾家人事和朋友们的情形,然后转问:"子固兄回京后,一定听到不少关于熙宁新政的不同议论吧?"曾巩点头说:"人言合而听之则胜,亦不可不畏也。望善恤人言,不可执拗行事。"王安石:"子固指的'天变不足畏,人言不足恤,祖宗之法不足守'的所谓'三不足'吧?"

曾巩笑着点头:"朝廷上下,大都认为'三不足'之说失当。"王安石:"提起这个'三不足',还是向司马君实他们领教的咧。"曾巩:"不是您向官家提出来的?"王安石:"不敢掠人之美。司马君实们在策试进士试题中第一次提出那个'三不足'。"曾巩恍然大悟:"原来如此!我离京半年,变化真多呀。"

王安石:"人在朝廷民在野,应该是民言合而听之则胜。你在南丰家乡会听到不少对时政的言论,那些民言很难传到朝堂上来。"曾巩:"天高皇帝远,这倒也是。我们一代从江西来京,行走朝廷,学问文章,沧桑故人,衰俗高论,很是令人感慨。介甫吾弟才略超群,知难而进,壮怀激烈,独行其是,虽非秋风白发,确是个拼命三郎!"王安石:"不过,话又说回来,我倒是赞成'三不足'的内含,它应该成为朝廷官员和士子们的共识。当然这并非他们的初心。"曾布心直口快:"歪打正着嘛!有劳挖空心思糟践新法的吕献可、文宽夫、司马君实们。"

吴夫人插话:"今天当着老朋友的面,我妇人家也要插句话。我听不明白你们说的'三不足'还是'一过当'。我只记得,以前在江宁,咱们曾、王两家时常相聚,心心相印;如今同居京师,却似咫尺天涯,是不是介甫得罪兄长了?"曾布故意打趣:"侯门深似海,不说长兄,小弟我也惧怕登相府大门咧!"

吴夫人:"子宣老弟也学会贫嘴了。我们租住的京城百姓家院,哪里有什么侯门!崇政殿说书又新授司农寺,那才是门高府深咧。"曾布:"嫂子说对了。那司农寺、都水监,水里泡泥里滚的苦差使,是一般奔竞谋官之人最怕去的处所。官家、陈相、参政看得起我这苦力,曾子宣受宠若惊咧!"王安石:"子宣年轻有为,前途无限,要给他历练的机会。"

曾巩:"是呀,介甫当年鄞县牛刀小试,政绩凸现,朝臣名士争相夸赞推荐。我当时说:'介甫这人才,古今不常有。'连文宽夫那样自以为恬退到底的人,也忍不住夸赞你一番咧。这些年,介甫对政事的处理,简直炉火纯青了。"王安石:"老兄谬奖。老弟我大半生的一举一动,哪里逃得过您的监管。"

曾巩:"我们这些出身路州乡村的士人,容易推己及人。介甫在州县日久,哀民生之多艰,深恶豪强兼并之害。故一切施政之主旨,皆是抑兼并、利生民。惟其如此,你的新法一出,朝臣多会指责不便。就连推举你的欧、韩、富、文诸宰臣,也屡屡上疏反对,名曰为民请命,实则出于一己之私、一家之利。"曾布:"韩琦田产半相州。文、富二公,洛阳首富,次富是程颐、程颢之父程珦。"曾巩:"这些人都是独霸一方的豪强兼并之家,高高在上,无视民瘼。新法一出,百姓拍手称赞,富豪怎不嗷嗷叫嚣?"

王安石:"子固兄一针见血,一语中的。"曾布:"程颢告诉张载,新法推行后,他家田租收入减少了一半。父亲骂他在条例司做什么鬼事!还不远离王安石那伙吃里扒外的家伙。"王安石:"这就是了。黎民百姓能懂得的道理,朝廷官员却总是冥顽不化;并非识见不到,而是利害攸关哪。"曾布:"连司马君实亦在洛阳营田造宅,更不说他陕西老家的亲朋好友们强势霸占了。这才是他坚决与王公势难两立的最终缘由。"

王安石:"也有不一样的,韩子华雍丘大户,吕公弼、吕公著兄弟富冠淮南,却在全力支持条例司所制定的新法。他们牢记着'民为邦本''仁者爱人'的圣贤古训,而且学以致用。这才是真正的儒学圣贤。"曾巩:"吕公著、韩维、司马光与介甫你,当年特相友善,暇日多会于僧房,往往燕谈终日,他人罕得而遇,时称'嘉祐四友'。司马光除外,诸韩、诸吕,也许现在还看重你们的友情;余料他们不一定有介甫的定力,能有始有终奉陪到底。"

王安石同样疑惑而无言,良久乃问:"据说,官家问过子固兄:'王安石这个人怎么样?'"曾巩坦然:"我答道:'安石文学行义不减扬雄,以吝故不及。'官家说:'王安石视富贵如粪土,一点儿也不吝啬呀。'我说:'我所说的吝,是指安石勇于有为,吝于改过。'官家连连点头。也许,介甫觉得我在今上面前说了你的坏话。"王安石:"'吾少莫与合,爱我君为最。'子固兄是当今世界最了解介甫我性情的知己呐。知根知底,实话,不是坏话。"

曾巩:"今上坚定,介甫尽责,百姓称便,强臣阻梗,滑吏为奸。这便是新法施行的格局。只怕国家跳不出这个怪圈。"王安石:"为事由我,成事在天。吾以身许国,为大宋,为子民,尽责到底。成败得失,只能听天由命了!"曾巩:"来即是去,去即是来。介甫爱国爱民之心,天鉴神佑。我老了,心有余而无能为力。子宣呀,你要毫不动摇地追随介甫,为曾王两家世交,为老弟你自己,义无反顾,坚持到底呀!"曾布:"小弟谨记,尊兄放心。为公为私,我都是过河卒子,有进无退。"曾巩:"这就好。我们南丰曾氏不辱老祖宗曾夫子的血脉文章。"

王安石:"提到文章,世间议论也是无奇不有。我的看法是:'子固文章众无有,水之江汉星之斗。挟才乘气不媚柔,群儿谤伤均一口。吾语群儿勿谤伤,岂有曾子终皇皇。借令不幸贱且死,后日犹为班与扬。'"曾巩:"介甫过誉了。我不是互相吹捧,您的文章日后才会是班与扬呐。"曾布:"长兄虽然立朝无所阿附,有见嫉之积毁,无借誉之私援,但对政事人情并非冷淡,全然看得透彻。"曾巩:"也算旁观者清吧。"

吴夫人再次来到厅堂。曾布:"哈哈,我们只顾自己说话,忘了素雯回家来了。嫂子,要教她与素雯不能忘记伯伯、叔叔哇!"素雯、素雾姊妹闻讯出来,一一给曾氏兄弟致礼。曾布:"两个丫头片子,出落得更有神韵,素雯一定是在吴家过得十分惬意啰!"姐姐素雯含羞点头。

吴夫人请曾氏兄弟上席,首先为曾巩敬酒:"这是家备的临川土烧,为曾大哥回京干一杯!"曾巩:"介甫也来一杯嘛!李白斗酒诗百篇,哪有作文吟诗不喝酒的!"曾布:"是呀,王公太辛劳了,不妨喝几口解解乏。曹孟德有言,'何以解忧,唯有杜康'嘛!"王安石:"你们来了,我哪有什么忧哇?你们喝,家乡酒,乡情浓。"吴夫人:"我家土烧只待客,他自己滴酒不沾。"曾氏兄弟转请王家姐妹一起干杯。

吴夫人深情地说:"曾大哥,知道您回京要来家,日前重温了您早年的《读书》诗,我总是激动不已。席上叫小淘气吟咏一遍,如何?"曾巩:"我自己都忘得差不多了,请她帮我复习复习。"素雾:"曾伯伯,只怕小侄理解不及,请您老人家包涵。'荏苒岁云几,家事已独当。经营食众口,四方走遑遑。一身如飞云,遇风任飘扬。山川浩无涯,险怪靡不尝。落日号虎豹,吾未停车箱。波涛动蛟龙,吾方进舟航。所勤半天下,所济一毫芒。'"曾巩:"你们一家总在关心我的境遇哇。我们父母早逝,兄弟六人,九个妹妹,不得不由我这个老二打点。妹妹嫁妆何来,介甫一直为我操心咧。"吴夫人:"是的。介甫为您写的诗,我一直记着。素雯,该你了。"素雯:"曾伯伯,我爹为您写的诗:州穷吉士少,谁可婿诸妹?仍闻病连月,医药谁可赖?家贫奉养狭,谁与通货贝?"

曾巩:"介甫啊,我们异姓兄弟胜过亲兄弟呀!你不仅为我们祖父、父亲写了墓志铭,还不断接济我那些妹妹们呀!"王安石对曾巩曾布兄弟:"我一直把你们祖父当作我自己的祖父,他老人家对我很鼓励。若翁即吾翁,若妹即吾妹。子宣,你这位次兄实为长兄,太不容易了。"曾布:"长兄早逝,次兄如父。如果不是兄长尽心尽力,哪有我的今天!"素雯、素雾姊妹一齐转向曾巩:"曾伯伯真伟大。"曾巩:"你们兄妹知道为人父母不容易就行了。"

曾巩注意到王安石只顾低头吃身边那盘菜。吴夫人笑着小声说:"越次入对时,今上留他老人家御厨享御宴,传出翰林好吃獐子肉的笑话。"曾巩:"早年,仁宗在书房接见介甫时,他身边的金碟中盛的是鱼饵,他顺手抓起来就吃。太监们怀疑他有怪癖咧。"

吴夫人说："累死、饿死、被虱子咬死，还会被活活气死！翰林学士当成汗淋学士，如今又参什么政。出点汗、哪怕出身透汗犹可！亲家大哥您说，官场里暗箭四伏，朝廷上磨刀霍霍，这政还能参吗？"

曾巩："惭愧。我愚不可及，回答不了弟妹这个顶天问题，得由皇帝诏书回复。老朽故而请求外放，到州县做点力所能及的事。"

这边，长者曾巩声称得由天子回答难题，那边宋神宗却不知对范纯仁说什么为好。

范纯仁再次面诉神宗："几个月之中颁行了什么六路均输法、常平给敛法、农田水利法，弄得朝廷百官云里雾里。据说，还要出台什么青苗、募役、省兵置将、罢停辞赋取士，四处兴办学校……法，法，法，怪异之极！祖宗何以安？民人何以生？"

神宗忍气吞声地听取，试看他想把朝政引向何处。范纯仁陡然转题："还有，那位大名鼎鼎的当任宰相富弼，受三朝之恩，任天下之重，却借故颐养不上朝，只拿薪俸不理事，不制止莫名其妙的新法。大宋从来没有出过这样的宰相，颁行这么多无聊的新法。国体变异，国将不国。"神宗："富老相公也曾襄助过庆历新政，出使契丹折服辽朝，赢得我们二十年安稳。如今年事已高，不必苛求。"范纯仁："富彦国与先君同朝理政已成往事。见他现在的老朽态，我照样弹劾他。"

富弼见到范纯仁弹章，深深慨叹："纯仁虽出自名门，却无所忌惮，目中无人，孺子不可教也！"冯京："按理说，王安石应该是他爹的真正继承人。不知范尧夫是糊涂还是弱智，这位仁兄竟将王安石视为政敌，大水冲龙王庙了！"富弼："你竟怕王安石政敌多，我却是怕他政敌少哩！"

熙宁二年（1069 年）十月，罢富弼，以武宁军节度使同平章事判亳州。

新领条例司的韩绛听条例司诸人议论："看富彦国那庸庸碌碌而又腐朽不堪的样子，好像被虫蛀的大树，顷刻间就会倾倒。然而一旦有什么事威胁他的存亡，便会一蹴而就，显露出不可一世的本相。你若想让他做出什么像样的事项来，几乎等于缘木求鱼，与虎谋皮。若要对付内部一些看不顺眼的人来，他可就鹰视狼步，鬼斧神工，谈笑间使人灰飞烟灭。"

吕惠卿："这类人，自作自受，灰飞烟灭的当是他自己。"

县令像个地道的农夫

　　神宗主持朝议於潜县令郏亶《吴中水利奏疏》后，与王安石商量如何实施。王安石称："嘉祐二年（1057年），十九岁的郏亶进士及第。杭州知府沈立之熟知郏家数辈治水功德，便推荐其任於潜令。他治理农水成效卓著，很想推而广之，故有是疏。太子中允、检正中书刑房沈括，曾在谢景温属下修建成芜湖万顷圩，治理河道也成效卓著，是个对工程有兴趣并有所建树的人。请诏令沈括赴吴中察访，勘定措施。"神宗诏准。王安石嘱咐沈括，从更广更深角度考察农田水利更革。

　　沈括早知郏亶家族的治农传统，便决定先去於潜县。他带领童仆沈七水行至太湖，于湖州乘小河船辗转山区小县於潜。郏亶接到风尘仆仆的沈括，十分感动："钦差察访吴中水利，怎么绕到我这山沟沟里来了？"沈括见郏亶青衣布鞋斗篷，确实像传言中的农夫，觉得王参政用对了人："正夫，你的赤子之心感动天听啊！今上召二府三司和司农寺廷议你的奏疏，诏令你为司农寺丞提举吴中水利！朝命近日就会到达贵县。"郏亶闻言，初时惊愕莫名，继而泪花飞溅，以至手舞足蹈，大声高唱："今上圣明啊，圣明！我郏家三世施为，终成正果了！"沈括："我已知正夫乃祖是范文正公在昆山县设立的开江营工师，郏家祖辈在海江汇流处开浦修塘排涝，得田数顷，年收谷物数百千石，灾年捐粮米为乡亲们度荒。"郏亶："祖上所为后人沾光而已！如今微臣得熙宁朝恩典，受王相公栽培，来这里教民治田。经多年开拓，将苕溪水引灌农田，稻菽连年丰收，老百姓的日子过得有滋有味咧。"沈括："一路见百姓面有喜色，勤于耕作，乃知父母官之德政所及。"

　　沈括从郏亶口里得知天目山上一位禅师对水利极为用心，便决定上山请教。次日清晨，郏亶带来一个精壮大汉："猎人闻知钦差要访天目山顶草庵住持，自愿前来向导。"沈括："难得健汉相助。"沈括一行随郏亶和猎人先乘天目溪竹筏，后登陆骑行，昼行夜宿。郏亶健步如飞，不落后猎人一步。沈括气喘吁吁地在崇山峻岭中攀崖穿林，渡过神龙川，翻越龙王山，或闻野兽吼叫，或见瀑布飞腾，不断书画记录山川地形。他们在山下亭口村打尖，沈括对村中遍地晾晒着番薯面十分在意。村老介绍，此地番薯半年粮，祖祖辈辈把番薯面做得质地柔软而光滑，储存至春荒，油炸或汤煮，都是上好的主食。沈括称赞村民这种特色文化并希望传承下去。

他们终于登到东天目峰顶。郏亶指着崇山峻岭解说："天目山有东西二峰。我们现在东目，远处隐约可见那高峰便是西目。诗云：'天目山垂两乳长，龙飞凤舞到钱塘。'钦差大人看，二峰顶均有水潭清清，像不像天之二目？"阅读过无数奇山异水、对耕山治水有特殊经历和感情的沈括，纵目饱览天目景色，不觉心旷神怡，无比舒畅。

猎人引领一行来到丛林中的草庵白龙寺，沙弥领进侧室。身披陈旧袈裟的悟真禅师精神矍铄，在他洁净的茶室迎接钦差和父母官。沙弥已将天目湖白茶泡好递送各位，醉人的清香顿时弥漫整个茶室。悟真禅师端起茶杯："请各位施主尝尝我们自种的天目湖松岭头白茶，路府已将此物选为贡品。"沈括、郏亶深深地吸气品茶。郏亶毕恭毕敬地向禅师致谢。沈括注意到茶室大门上的对联："云湖润束白茶香；群山捧出松岭头。"悟真禅师称颂："使君善政，惠及草民，古寺香火鼎盛，菩萨保佑信众安康。阿弥陀佛！"

郏亶："万众齐享大宋天子福分。今有朝廷钦差沈大人受命经划吴中水利，欲引苕溪之水广治水田，特请大师一如既往鼎力相助。"沈括："名山含德政，奇峰育异人，请大师不吝赐教。"悟真："善哉，善哉！世人皆谋官爵、争名利，以水工田谷为鄙事。而使君独善水利，极堪敬佩。上善若水。二位朝廷命官不畏辛劳，翻山越岭，不谋一己之利而谋万民之生息繁衍，功德无量！"

郏亶："钦差肩负勘查大宋全国农田水利重任来到此地，大师能将勘查图形展示？"悟真禅师："水为百谷之王，善政必先谋水之利。苕溪源头水旺，引而灌溉，诚能安百十万黎庶。老衲当年多次实地踏勘，找出一条引水之捷径，绘有图形，倘能得使君参考，诚然有幸。"悟真禅师叫沙弥奉上详尽的山川形势图。沈括仔细观看图形，并与来路所见所记对照，认定引苕溪水源广开水田，有望改变当地百姓番薯半年粮的困境。盥洗以后，沈括与郏亶上殿敬献香火，念称："高山莽莽，苕溪绵长，广种福田，功德无量。"

沈括勘查吴中各处，包括征询知府沈立之设想后回到汴京，向神宗和王参政奏报。沈括毫不掩饰内心的兴奋："微臣奉诏喜入浙西，便遇擅长水利的父母官郏亶，一喜也；知府沈立之熟稔山海，勤政爱民，二喜也；苕溪源头，得遇高僧指点，三喜也。今上圣心感天动地，得天地人三和，吴中、两浙农田水利事定能办好。"代都水丞刘彝赞同："农田水利更革，从江淮路两浙路始，定会卓有成效。"

神宗先后注目陈升之、王安石、吕惠卿。吕惠卿显出胸有成竹，陈升之心随众议，王安石更加坚定实施农田水利法。神宗感动："自七月行六路均输法，九月立常平给敛法，至此十一月颁农田水利法，不到半年，连续颁行三法，朕的富国强兵愿望，改革更易办法，有诸卿这样体察民愿国情，有薛向那样身体力行，又有郏亶、沈立之那样尽职尽责，更有你们条例司的缜密策划，定是指日可待。"王安石鼓劲："所有伟大的举措，都是一个勇敢的开始。"

条例司诸员查访京师，但见米面盐茶矾酒各业财货充盈，市面繁荣，娱乐更欢，呈现欢乐景象。后宫有求必应，亦是喜气洋洋。神宗诏奖六路转运使薛向，擢权三司使。

神宗对王安石说："曾相屡次提议由卿任辅相，以为他分担劳苦。"王安石思索一会儿才回答："臣下以为，最好委任陈升之。"神宗不太明白王安石心思："朕自诏卿来京之日起，就打算适当时机任卿为相。爱卿为何总是推让？"王安石诚挚地说："臣非谦让，意在陛下选贤任能，高效运转朝廷。旸叔比臣年长十岁，资望高于臣，政务、边事、刑法精于臣。我在参政位上，已能便利施政了。"神宗沉默再三，然后不得其意地说："卿既如此，那就先上陈升之。诏陈升之以尚书右丞行礼部尚书、拜同平章事。"

此前，条例司运行一段时间，陈升之感到分了中书的权力，时遇阻滞；继而议行青苗钱和科举，朝野汹汹，艰险可预，便与王安石直言商榷："介甫，你我既同为执政，何必再兼任条例司、包揽三司事务？依我所见，条例司当归三司。"王安石认为不宜变更："此奉上谕，专为经划新法而设，三司职在理财，安能胜任？"陈升之坚持："我既入中书，曾相年事已高，不能不多为他代劳，无力再领条例司。我推荐王珪接任，介甫以为如何？"王安石揣摩出陈的心思："陈相既然决意不再兼任条例司事，那就请旨定夺吧。王珪嘛，翰林学士,于钱谷事欠通。"陈升之、王安石一起晋见神宗。神宗略加考虑说:"你们身边有一位现成的老同事呀!"陈升之:"陛下指的哪位?"王安石:"陛下是说韩绛韩子华吧。"神宗:"参政说对了,调枢密副使韩绛同制置三司条例司,可否?"陈升之、王安石拍手赞成。神宗开心地下诏。

待韩绛到职,神宗诏王安石、韩绛入对,询问新的法令何时出台。王安石答道:"时至十二月,青苗法稿可呈,其他如和戎、募役、市易、贡举,事关重大,宜上下一再通议,访察得失,推敲再三。臣受知于陛下,不能不慎之又慎。操切颁行,欲速则不达。"

神宗:"如今中书更替,司属得力,谤议为之收敛,均输、常平、农田水利诸法行之有效,正宜进取,卿便宜行之。"王安石:"臣以为,务必敦促朝廷官员懂得新法条目和主要内容,达到应知应会,也就是说,应该知道,知道得越多越好。如果我们事前有足够的策略和预见,有周密的部署,有完备的圣贤经典支撑,新法施行才会顺理成章,一帆风顺。"

王安石实在无法改变神宗的急切心情。神宗敦促王安石:"贤卿,你我君臣同代相遇,应是天造地设;相知如同一人,更是上天安排。机不可失,时不再来呀! 不合作完成熙宁新政,将无以见先帝,也就愧对天地子民。卿定要力促条例司一鼓作气,尽快制定和颁布更多排除弊端的新条例新办法。"王安石对神宗此番天作之合的认定,无比兴奋和感动,但又一时无语,只能回命:"臣遵圣命,尽力而为。"

折博务出手活全局

薛向来到扬州,眼见大运河船只来往如梭,也隐隐可见雪白的盐堆成座座山丘。江淮六路转运副使蒋子奇迎接薛向,来到正在筹组的扬州折博务(物资交易折价管理机构)。薛向询问蒋子奇:"颖叔,筹组扬州折博务还顺利吧? 设置方案完全符合王公新法理念,淮盐私营一招定能活动全盘。"蒋子奇:"放弃专营,打破祖祖辈辈传下来的老规矩,首先得一众人心志。"薛向:"早在鄞县,王公就提出放松盐禁。庆历年间上仁宗书更有具体措施。本使嘛,将继续全力整顿漕运,募客舟与商舟分运一应物资,切实保障京师供需。淮南东西路的均输、常平,尤其是淮盐私营,就拜托颖叔你了。"蒋子奇:"您要总揽全国各路转运,还要继续整顿漕运;客舟与商舟互相监督,积弊或许可去。淮盐经销的事,我会全力以赴,您放心好了。"

蒋子奇来到扬州府拜会知府,开门见山:"遵照朝廷颁行的均输、常平法规,王参政准许我们三司转运使在扬州设折博务,放开淮盐经销。"扬州府尹惊愕:"江淮之富,全赖米、盐、茶、丝四者,尤以淮盐专营为最,此乃地方和朝廷最大赋税来源。你们转运使放弃专营,允许私商销售,岂不折损朝廷命脉?"蒋子奇:"淮盐向来输往江、浙、荆、湖各路,因漕运纲吏坏法而滞销,每年积压千五百万石,无屋以储,露积苫覆,风吹雨淋,损失巨大呀!"府尹:"淮盐一石约售二千钱,一千五百担,每年少得赋税总计三千万呐!"

蒋子奇:"不开盐禁,朝廷赋税已不可保。允许私商贩卖,朝廷收入将比定额多得多。"府尹:"淮盐生产、储运、销售、积压、损耗,弄得我们州府焦头烂额。今上施行熙宁新政决心大,你们制置三司条例司一班年轻人思路宽,视野阔。既然是今上诏行介甫创立的新法,你们就大胆实施吧! 遇难事府、使一起议决,一起承担责任!"蒋子奇:"我代表薛运使谢府台老前辈支持。"

江淮六路转运使允许扬州淮盐私人经销的告示一出,折博务顿时客商云集。商人们见青衣小帽、须发斑白的转运副使蒋子奇活像地道的商贾,倍感亲切。商人们跟随他来到积盐如山的露天堆放场。蒋子奇问:"各位老板,这里堆着数万石优质淮盐,无屋宇储藏,本淮南东西路转运副使得朝廷授权,要把它们都卖出去,你们敢不敢要?"众商人惊愕一时。盐商甲:"我朝盐务历来由朝廷统制。你蒋颖叔,一个淮南东西路转运副使,竟敢开禁私商贩盐,朝廷不追究罪责?"蒋子奇:"你们或许还不知官家诏行均输法、常平法。这些新法由陈相、王参政领衔制定,江淮六路转运使薛相公准许本副使在扬州开设折博务,放开淮盐专营路子。"盐商乙:"既然如此,蒋公打算咋个卖法?"蒋子奇:"转运使准许各商家以米、茶、丝、帛等物计值兑盐,自行销售。"商人乙、丙:"当真?"蒋子奇:"转运使告示盖着朝廷大印岂是玩笑?"商人们欢呼雀跃:"太好了! 早就该这样!"

参知政事、制置三司条例司王安石视察扬州,薛向、蒋子奇、扬州府尹、江宁府尹孙思恭等陪同。王安石见到运河码头一派欣欣向荣景象,堆积如山的盐场更是繁忙。扬州府尹迎接:"参政,自行朝廷均输常平弛市易之禁,一盘棋活了。"孙思恭:"颖叔办折博务货通民便,财源生焉。民不加赋而财源增,何乐而不为?"王安石:"民之所望,便是朝廷施政所向。淮盐私售以美民食,纲运之弊根除以省冗费,淮南财生国用增,一招而活全局呐!"扬州府尹:"百姓得利,士人欢欣,衙门清净。由此三利,颖叔乃以能员见称,转运使政声甚好。"

王安石:"开放盐政,是我多年的夙愿。折博务是个标杆,利弊如何,我一直拿不准,所以来现场看看。你们身体力行,千方百计把事情办得这么好,我就放心了。"蒋子奇:"功在朝廷,若非颁行熙宁新政,就没有折博务;没有江淮贤俊之厚爱,江淮亦无今日之繁荣。"王安石:"弛盐禁的目的,一是将晒出来的盐尽快卖出去;二是让百姓吃到便宜的好盐。折博务如有弊端要着力弥补。你们呐,尽快将施行情况上奏朝廷。"薛向:"颖叔正在认真归纳。"

王安石:"彦先在江宁救灾、修水利,早已功劳卓著嘛。"孙思恭:"首先是参政您多年经营的江宁府,官吏素质高,民人拥戴朝廷新法。当然,非颖叔三十万贯之助,难得有今年丰岁。"王安石:"哈哈,你们还有这段姻缘。"孙思恭:"江宁救灾,修水利,引江水灌良田,一年而复苏,多因颖叔蒋公之助也。此次来扬州还贷致谢,欲邀颖叔去江宁执教咧。"王安石:"吴越江南,乃我大宋粮钱供应要地,京师百万人口所需,多由此处供给。你们几位劳苦功高,朝廷不会忘记你们。"

扬州府尹:"据说,王公要上平山堂?"王安石:"是的。那里的活字印刷是我朝一大历史性贡献,毕昇老前辈的功绩将永远被后人纪念。"王安石一行向保障湖(瘦西湖原名)进发,《二十四桥明月夜》的乐曲隐隐传来。王安石心中感慨:"人生只合扬州老。"此时传来童声歌唱:"苏文熟,吃羊肉;苏文生,吃菜羹。"王安石问道:"苏文,是指苏子瞻诗文?"扬州府尹:"是的。府学重辞章,私塾以教学苏轼诗文为时尚。"

王安石:"我朝诗继唐再盛,词乃独创。文人学士逞风雅,庙堂街市皆喜欢,到柳永、苏轼成小高峰。前朝以识白乐天诗为乐事,本朝则以能歌柳词、苏诗为尚。"王安石心旷神怡，说着说着，不禁和声哼咏。陪同人员兴高采烈。

神宗接到王韶设置渭城市易司奏章，秦凤路经略使李师中以为不可的奏章同时到达。神宗将二人奏疏发三司使薛向详定。薛向即刻回奏："臣久在陕西，略知沿边之民苦极，衣食杂用奇缺。市易古已有之。王韶之议是也。"王安石以自己边事生疏，十分谨慎地说："李师中恐秦州多事，沿边不宁，不可不虑。"

神宗再问薛向。薛向奏道："货畅其流，财源开矣！不仅沿边，臣以为天下均应开市易。臣与师中共事多年，深知其视羌人为敌、夏人如虎，彼进我让，彼索我与，兵不演，寨不固，唯恐多事！然数十年来，事何曾少过？李师中所虑非是。"王安石："有的士大夫最听不得'做生意'三个字。可是从有人类社会生活开始，就有贸易和商业，只看你承认不承认。春秋战国人'抱布贸丝'，难道李师中没有读过？"神宗降诏："置渭城市易司，命王韶领其事，进太子中允。"首相曾公亮立即表态："极是。"

薛向退出，神宗顾其背曰："我朝三司难做，历任三司皆能臣。然而，包拯放赈救灾，张方平置库守财，韩绛节省费用，惟有薛向能以财生财！昔日薛向漕运陕西，市盐于官，市马于边，陕西由贫瘠而转成富有，国用军需得其助不下百万。如今领均输事，京师食用无缺，天下称其能，再没有比他更合适的三司使了！"

朝报王韶置渭城市易务，惊得几位言官齐发异论。侍御史刘述煽动朝官："诏命王韶领渭城市易司，还进太子中允。小吏怎可当大政？我要弹劾兴利多事的王韶和薛向。"侍御史刘琦："大家联名奏本，力促官家罢黜王韶、薛向，下下人不能当大政！"侍御史钱顗："根子在王安石、吕惠卿，要劾奏他们。"

神宗翻阅奏章，仿佛听到言官齐声嗷嗷："小吏不可当大政！"神宗气愤地提起朱笔要批示，想了想又放下，侧身问王安石："下下人果无上上智乎？"王安石："下下人？谁是上上人？将相缙绅宜有种乎！养尊处优，高高在上惯了，习惯为豪强权势者发声。"神宗："决不允许攻讦那些为新政赴汤蹈火的干臣。"王安石："当朝大臣、言官不遵君命，固守旧章，扰乱视听，为历代所少见。"神宗:"卿言诚是。变法以来,每一举事,台谏便视为洪水猛兽。彼等居高位,不察社情民意,不知厚禄从何而来,却全力阻挠以理财为主旨的新法、攻讦力行新政诸人为能事。此风断不可长!"

王安石:"立法非难,难在统一大臣认知。这些人安享惯了,习惯重乐以治民,很难适应新法除旧布新。不如放他们去州县,在提举官的督促下带领百姓履行新政,或许能得教益。一旦有所转变,再收回朝廷。务请陛下明鉴。"神宗点头,诏:"出刘述职江州,刘琦监楚州盐务,钱顗监衢州盐税。"

第十五章
对决青苗法

百姓口碑最真切

神宗便服视察国库。挂转运使招牌的专业车队、驼队，汇集朝廷府库卸货、装货。神宗见原来空空如也的三十二座题字国库，库库物资充盈。陪侍太监："官家题写新库名，就能要什么有什么，真神奇！"押运官："还不是得益于熙宁新法均输、常平。"小太监："是不是叫王安石新法的那个法呀？我家乡人说，王公新法惠天下，黎民百姓得利好哩！"库管指示押车人："朝廷增修了新库，往那边送吧。"

神宗心情分外舒畅地离开国库，路过后宫库房分领处。太监、宫女们领取物品，要有尽有，喜气洋洋。年长宫女："难怪太皇太后娘娘夸奖，物价常平，公私两利。"丑宫女："这些日子，娘娘们要什么有什么，个个喜气洋洋咧。张寺哥哥常常逗得太皇太后、太后、皇后们屁颠屁颠咧。"年长宫女："丑八怪，当心撕烂你那臭嘴！"丑宫女赶紧捂住嘴："又错了？咱村里就这么说话嘛！"

神宗忍俊不禁。

又一日，神宗便服游大相国寺，特邀王安石便服陪侍。金台与银娃分别紧随官家与参政。大相国寺乃汴京最为繁华之地。寺庙在宣德门南、州桥北的御街北段，隔御街与开封府东西遥对；由顺天门大街与大相国寺街相连，形成东自新宋门至西城顺天门笔直的十里长廊，与大内宣德门外东从新曹门西至通津门的十里长街，合为京师唯二的两条东西陆路大通道。寺南有跨汴河的大相国寺桥联通保康门大街。京师命脉汴河从大相国寺前经过,更带来此处的兴旺发达。南北东西街道店铺林立,行当齐全,保康门瓦子、女道士观、四圣观、定力院更是游人市民的好去处,现在正可谓市人如织。

神宗一行在州桥下车,这是御街上一座奇异的大桥。桥下中部御路位置密排石柱,盖谓载万钧之躯的天子车驾安全通过。常在此流连的孟元老写道:"州桥之柱皆青石为之,石梁石笋楯栏。近桥两岸皆石壁,雕镌海马水兽飞云之状。桥下密排石柱,盖车驾御路也。州桥之北岸御路,东西两阙楼观对耸。桥之西有方浅舡二只,头置巨干铁枪数条。岸上有铁索三条,遇夜绞上水面,盖防遗失舟船矣。"

在佛印和尚的引领下,神宗一路观看佛寺街道的繁荣景象。临近相国寺,他停下欣赏太宗御书"大相国寺"匾额时,听市民七嘴八舌的议论。市民甲:"自行熙宁新政行均输法后,大相国寺忒繁荣。你看那物资丰富,百货齐全,想买什么都有,与年前要什么没什么,还贵得吓人,真可谓翻天覆地。"市民乙:"咱们汴京盐价恢复斤三十五钱。有一天刚过四十钱,都盐院立即批发库盐,盐价随即回到三十五钱以下。"市民丙:"官家励精图治,王安石新法立竿见影。君臣这样相知相济,是咱大宋百姓的福气。"市民丁:"老百姓哪里知道,朝野埋汰新法的官僚多得去了。学究司马光,贬斥到相州的老宰相韩琦,高龄回南方的欧阳修,还有回洛阳的元老富弼,许许多多的王侯将相,都是高高在上醉生梦死的'老油条',只顾维护豪强之家侵夺盘剥,才不管我们百姓缺盐少米咧!"

王安石听得心身愉悦,对神宗耳语:"新政利弊挂在市人嘴上了!"神宗心花怒放:"宫内朝臣赞新法,朕将信将疑;百姓口碑才最真切!"

他们进寺院,佛印恭请到禅房用茶。金台似乎发现有可疑者的影子时远时近,吩咐银娃倍加小心。神宗见佛印题壁诗饶有兴趣:"酒色财气四堵墙,人人都在里面藏。谁能跳出圈外头,不活百岁寿也长。"王安石:"大和尚以教义为诗,道出禅房内圣之法门。"

神宗再念后面苏轼的和诗:"饮酒不醉是英豪,恋色不迷最为高;不义之财不可取,有气不生自可消。"神宗:"苏学士发的牢骚,离不了文人气质。爱卿何不评议评议你这位文友。"

王安石未加思索,挥毫题壁:"无酒不成礼仪,无色路断人稀;无财民不奋发,无气国无生机。"神宗:"卿不沾酒、义退侍妾,与酒色绝缘。看不出卿在批评苏轼还是袒护。财气才是正道,关乎国家,足见卿的眼界格局。"王安石笑着点头:"臣下所作所为,哪能躲过陛下的慧眼。"

神宗:"朕也来凑个趣:酒助礼乐社稷康,色育生灵重纲常;财丰粮足家国盛,气凝太极定阴阳。不俗吧?"王安石:"陛下诗境优雅高远,无时无刻不忘新政民富国强,这才是高格局咧!"

住持说:"昨日,权开封府有个推官苏学士到此谈禅。"王安石:"哦,谈了些什么?讲来听听。"住持神采奕奕地讲述。

苏轼入堂问老衲:"大师主何宗?"住持答:"禅宗。"苏轼:"请问禅理。"住持口念:"真、妄、幻、实、诚。"苏轼笑道:"此吾宗也! 上求其真,下劈其妄,左依即幻,右依即实;守真实,去狂妄,诚在其中,自然入定,是这样的吗?"住持合掌道:"阿呀呀,学士如此谙熟我佛经典! 若肯留足,老衲当让此衣钵。"

王安石:"大师让衣钵,他如何应对?"住持:"我不接。"神宗笑道:"他哪里敢接,谅他也不敢接。"王安石哈哈大笑:"这个苏子瞻,不好好在开封府理事,却钻到这里来斗胜示强,越界了。"

住持讲完苏学士,将神宗一行领到一殿前,恰逢理学大师周敦颐在那设席讲学。神宗与王安石等隔窗而望,只见大师正襟危坐于虎皮椅上,数百学子静悄悄坐于大殿中。侧面一黑板上画着一个大大的太极图。邵雍白眉及寸,竹床打坐,有似神仙。周敦颐敞开葛衫,以斗笠作扇。程颐浓眉厚耳,葛衫芒鞋,活跳跳一个农家子,不时用教棍指点着黑板。由于行香信士不断补充,坐听席两旁、殿前廊台站立者越来越多。周敦颐似神似仙地布道:"总而言之,我的《太极图》,由无极而太极,太极动而生阳。动极而静,静而生阴。静极复动,一动一静,互为其根,分阴分阳,两仪立焉。"

王安石回忆起初见这位年长自己三岁的学术大师的情境:"臣在嘉祐三年(1058年)提点江东刑狱时,拜见过东归朝廷迁国子监的周先生,有幸听他讲解太极图,语连数日夜而不觉疲。茂叔看莲参经慕道,居月岩而悟阴阳。他的《太极图》融儒佛老之精华,精辟极了。"神宗同样:"朕在王府时,十分仰慕'出污泥而不染,濯清涟而不妖'的佳句。"王安石继续说:"退而精思他的阴阳、五行、动静、至诚、无欲、顺化等理学基本范畴，至忘寝食。原来世界万事都是这么动静变化着的。"神宗频频点头称是。

周敦颐在席上大声归纳："简言之，无极是宇宙的本源，人和万物都是由阴阳二气和金木水火土五行相互作用构成，五行统一于阴阳，阴阳统一于太极……"神宗："周先生说，圣人与天地合其德，日月合其明，四时合序，鬼神合其吉凶。故曰：'立天之道，曰阴曰阳。立地之道，曰柔曰刚。立人之道，曰仁曰义。'与熙宁新政理念全合。"王安石："陛下熙宁新政各法各条，都会明天理之本源，究万物之始终；其言约而道大，文质而义精，得孔孟之本源，融先王先圣之本质。"

王安石认得那位执弟子礼的程颐乃程颢之弟，十四五岁时，在南安师事周先生，后在郴州鱼峰山书堂讲学。神宗："熙宁元年（1068年），赵抃、吕公著荐周敦颐：'操行清修，才术通敏，凡所临位，广有治声。'朕故用为广东转运判官，提点刑狱。"王安石："据传，他在那里以洗冤泽物为己任，不惮劳苦，虽瘴疠险远，亦缓视徐按。他一贯廉于取名而锐于求志，薄于徼福而愿于治民。端砚产地士人请他题字端州七星岩上。"

神宗和王安石浮现出灿烂的笑容，都为本朝有这样的儒学宗师和干臣而自豪。王安石："茂叔因家于庐山莲花峰下，前有溪，合于湓江，乃以濂溪而命其家焉，人称濂溪先生。"神宗："但愿师臣的新学也能像濂学一样为学子们景仰，深入国人之心。"王安石点头："这是一定的。现时学界大致分北方朔学、西部洛学、关学、西南蜀学等儒学派别。我的新学，会吸收周茂叔、安乐先生等前辈大师学说的精华，即使它们或者格格不入地反对熙宁新政，也表明我们大宋文化、经济、商贸繁荣兴旺、繁花似锦。"神宗："师臣兼蓄并收的博大心怀，是熙宁新政之幸，是大宋百姓之福。"

在回大内的路上，王安石对神宗说："圣上拟将太学改造成国子监，应该启动了。"神宗："卿以为谁来主持为好？"王安石："吕吉甫是最佳人选。只是条例司离不开他；但凡建请章奏条例，都由他执笔。"神宗："吕惠卿荐说王公有个学生陆佃，比他更为合适。"王安石："哦，是有这么个人。这个陆佃，经义学问俱优，现为蔡州观察推官，由他主持太学改造，是合适人选。"神宗："立即诏他进京。"

民无财不奋发

　　熙宁二年（1069 年）八月某日，制置三司条例司热闹非常。同中书门下平章事、制置三司条例司陈升之开场白："今天，王参政和吕惠卿、曾布、张端、李常、苏辙、王子韶、程颢等，几乎是制置三司条例司全员，还有从外地赶来的王广廉、李参，聚集条例司详议青苗法稿本。希望大家认真思考，畅所欲言，坦诚补正。"参知政事同领制置三司条例司王安石："这个青苗法稿本由吕惠卿校理拟订，经张端、程颢仔细检详。良工不示人以朴。请到会各位认真讨论，包括陕西转运使李参，河北转运判官王广廉。"

　　吕惠卿："我一直想把王公早年在鄞县贷谷与民、立息以偿缘为新法，参照李参在庆历新政时推行的青苗钱，定法以行。"陈升之："这就是青苗法制定的来由。"王安石："八路察访使汇总各地情况时，今上肯定过此举。"吕惠卿："条文酝酿已久，多次小范围参详，难免仍有疏漏，请各位不吝指教。"

　　陕西转运使李参情绪很高："我先给各位朝官报告陕西情状。陕西各路戍兵以防西夏，粮储常年不足。转运使令民在青黄不接之时，仔细盘算自家麦粟能有多少盈余，先贷以钱，到谷子、麦子熟后，加息归还官府，故叫青苗钱。从庆历年间开始施行，几年间，自愿贷款的农户一年比一年多。民众奋发农事，连年丰收，民间有了余粮，官府仓廪也就一年比一年充实。"

　　听到活生生的现实情状，众人都很兴奋，会议气氛顿时活跃起来。河北转运判官王广廉按捺不住："河北秋播在即，火急火燎，我抢先汇报。眼下灾民普遍缺钱少粮，富商大户等兼并之家乘机放高利贷。本使呈请条例司留用本道钱帛五十万，借贷给贫苦百姓。冬夏两期，各二分利息，如能尽行贷出，每年可收二十万盈利。"王安石："京东水旱灾害连连，灾民无力耕耘。河北转运判官王广廉已呈请朝廷紧急救援。六路转运使薛师正已赶赴京东部署。"曾布："灾区富豪趁机放贷，年息高达七八分，灾民和贫苦百姓怎么做得起阳春（春耕）呐！"吕惠卿："我们从农村出来的人懂得土地是农夫的命根子。大灾之年，一定要设法帮助熟户保持自有田土，不为富商豪强、高利贷者兼并。"

　　李常："陈公、王公、吉甫，已将条例反复推敲，我说不出新意。"程颢笑笑：

"文本已反复推敲，怕是很难再找出漏洞来。"一直处在沉思中的苏辙预示一种担忧："以钱贷民，本意是为救百姓之急。就我经历而言，施行之时，官吏追求政绩，强行摊派给不需借贷的上户人家，从而中饱私囊，名利双收。再者，青苗钱到了老百姓手里，即使善良人户，也不免拿去胡花乱用。到了该缴纳官府时，即便富裕家庭，也不免超期。如此执政者则会强行执法，官府的麻烦就多了，与已经施行的新法不利因素搅在一起，会增加许多不安定因素。"

王安石："子由讲到官吏不法、百姓贷钱乱花，有一定道理。我从来强调，变法，还得变风俗，包括官风、民风，必须改变因循守旧、假公济私、中饱私囊、行贿贪污等不良风气。这些应在考订执行细则时勘详。至于青苗法条文有何缺陷或不妥之处，还请各位再仔细斟酌。"吕惠卿："我建议，在河北路先一步试行。"

王安石："记得子由在嘉祐年间的制科考试文中，就提议朝廷应该打击高利贷者，使富民之贷改为官贷，由政府向农夫提供贷款。子由是此法的先觉者咧。"苏辙几乎与张端同时表示："那就在京东、河北、淮南各路试行。各路提举官要特别管制强行抑配。"李常、王子韶等附和："青苗钱雪中送炭，灾荒中的农户耕种劲头一定大起来。"

曾布："报告一个好消息。日前，我与吕嘉问在京师街头寻访，但见京城供应日渐丰富，价格也回落到正常水准。今上题名的三十二座国库已经超储。可见均输、常平、农田水利诸法推行开了，效果明显。青苗法推行起来一定较为顺利。"吕惠卿："是个好兆头。六路转运使薛师正、转运副使蒋子奇应占首功。"王安石听了自然高兴："诸位如果没有别的意见，条例司修整成青苗法文，呈请御览、颁诏施行。"

接到青苗法文本，神宗高兴地召集两制两府大臣于崇政殿廷议。

司马光早有准备似的首先发言："富人出钱要利息，尚能蚕食下户，致使穷人饥寒流离。如果朝廷派遣提举官与州县官吏一起督责平民百姓借青苗钱，半年后归还本息，那不更加致人贫穷吗？"吕惠卿解释："青苗法规定，先按民户家产定等，三、四等户是贷青苗钱的主体，一、二等户不必借贷。总的是百姓自愿借贷，禁止官府抑配。"

翰林学士冯京描绘他家乡的情状："我在家乡看到，那些裙无头裤无裆的愚民见钱眼开,千方百计把钱弄到手,根本不会想以后怎么归还。再说,你们应该知道,以前,富人也没有强迫哪个去借呀,是穷棒子上门磕头作揖告贷的!"神宗切问:"冯卿家乡哪里?风俗如此轻浮。"冯京幽默地夸张:"下臣祖籍广西宜州乃名胜地。宜州民头戴平天冠(天门拜相山),脚踏万年河(龙江),左手攀龙角(龙角山),右手搬骆驼(骆驼山),前院九龙来戏水(九龙山),后院龙尾通天河(天河县即今罗城县),日间千人朝拜(到宜山庙上香),夜里万盏明灯(从破漏茅屋顶看见群星)。"神宗哈哈大笑:"冯卿见地不见人哪。宜山地灵人杰,民风民俗断不会如你说的那般愚昧草率。陕西自然条件远不如你们南方,推行青苗钱几年了,百姓愿借能还,习以为常。"

司马光任凭想象添油加醋:"臣乃陕西人,凭直觉,总感这青苗法弊病多多,看不到有什么好处。过去,朝廷并不允许富人买青苗,他们尚且能盘剥老百姓。现在朝廷颁行青苗法,豪强大户就更加肆无忌惮!"李参认真地反驳:"臣在陕西施行青苗钱多年,民人称便,竟然未被朝廷高官直觉到!臣以为,只要预先公布贷款办法,吏人到村民中详细讲解,防止奸吏从中渔利,制止豪强兴风作浪,青苗法百利而无一害。施行新政,需要身体力行,高高在上,凭借毫无根底的直觉会辜负百姓、贻误国家。"

神宗专对司马光:"卿一直主张礼治。先王之礼,提倡多余者要想到世界上遍地有不足者,自负者不能只为个人积聚财富。富豪以高利贷盘剥穷人,是行非礼。民间有谚语:一边捆着草,一边饿着牛。故在变法的同时必变风俗。以礼为标准改变官风民风,新法才会畅通无阻。"王安石点头赞赏官家以子之矛攻子之盾,平和地静听静观众官僚们的动向。

神宗决心如此之大,司马光转视文彦博求助。他只见文老闭目养神,而敢于向新法说不的言官们一个个被贬放外地,不由得激愤起来:"条例司昨日行均输,今日行青苗,明日又不知搞什么新名堂!二三少小轻进好事之徒,唯恐国家不乱吧。今天,公卿侍从都在这里,我向陛下问个究竟:'为什么要制置三司条例司?'三司使职在掌管大宋财政,不必要宰臣们再干预柴米油盐酱醋茶。宰相以先王之礼辅佐皇上,要用什么条例?硬要施行什么条、什么例,就堕落成一个下级官吏了。"

见这个帝师找不出青苗法本身有什么缺陷,却东扯葫芦西扯瓢,意气顶撞官家,有的官员心里气愤,却一时不知该说什么,怎么说。独有曾布叫号:"陛下召议青苗法,不去推详法制条例如何,却东扯葫芦西扯瓢,真不明白什么用意,是想堕落成下级吏人吧!"神宗严肃地说:"朝廷参详青苗法,不能这等说话! 司马师父呀,你好像还是那句话:'祖宗之法不可变也。'陕西李参在庆历年间已行,河北王广廉现在请行。州县官吏和民众纷纷拥护,行之必得其利。卿等应该变换思路,不能总是一味地对抗到底呀。"司马光噎得无言以对。

吕公著接话:"自古以来,有作为的君主,未有失人心能图治的,也没有能胁之以威、胜之以辩能得人心的。那些一直被认定的贤能之臣,现都认为青苗法不可行,而有人竟把这一切诋毁为流俗浮论,难道过去的贤能突然都不肖了吗?"赵抃:"是呀,未一朝廷百官意志而强行新法,欲速则不达。"听到两位年长老友的话,王安石并不意外——司马光曾赞扬吕公著:"每闻晦叔讲,便觉己语烦。"今天的晦叔确实简洁有力,与他自立的座右铭"不善加己,直为受之"八个字相照应。而喜怒不形于色的参政知事赵抃有向神宗密启上奏的特权,所以点到为止。

一直在第一线推行新法的薛向接话:"臣奉诏行均输法令以来,只见其利,不见其害。以近易远,以有替无,采购成本低了,货物品质高了,运输到京师的路程时间也短了。国库所储存的,京师所见到的,人人都说好。摆在各位大臣餐桌上的,既新鲜又便宜,可谓物美价廉。微臣真不知道为何有人总是横挑鼻子竖挑眼,置基本事实于不顾!"

神宗斩钉截铁地宣称:"各位大臣的意见都表达了。朕诏河北、京东、淮南三路施行青苗法,调集四十一名常平官分赴各路,督察州县施行,坚决禁止强行摊派。三司现有常平仓谷一千五百万石,原属各州提刑司,现由转运使协办,用于青苗借贷。"司马光寡不敌众,四顾无援,尴尬得直瞪眼,不由得犯起了结巴:"这,这,这……"

熙宁三年(1070年)正月,神宗诏诸路散青苗钱,禁抑配。

不当新法搅屎棍

陆佃应诏入京去吏部报到,接受补国子监直讲后,来到王安石府。陆佃:"前蔡州观察推官、今补国子监直讲陆佃字农师,前来看望恩师!"王安石拍拍清瘦骨感的陆佃肩膀:"农师身体结实多了! 当年在江宁课堂,生员们都叫你陆排骨哟!"陆佃轻松地眯眯笑:"元泽、深之等学兄见贫生我映月读书,常常咯吱我那肋排开心,恩师帮我讨公道,还拉我到您府上吃大户咧。"王安石:"你是最用功的学生,常常黏住我给你开小灶。"陆佃非常愉快地回忆:"当时与元泽、深之等常聚蒋山、秦淮,白下、长干,倒屣曳履,拍手议论,唱词吟诗,指点江山,好不痛快!"王安石欣赏得意门生依然天真烂漫,唤醒了他对学术的留恋,冲淡了官场中的雾霾。

陆佃十分得意:"那是我最长进的几年。"记得读到恩师的《淮南杂说》《洪范传》时,我兴奋得不得了,写信给我爹:'平时就师十年,不如跟从王师一日。'我爹回信:'人生难得真儒教,倍加珍惜好成才。'"王安石摇头:"真儒假儒还是腐儒,任学界评论! 如今北方朔学、西部洛学、关学、西南蜀学等各儒释道学者蜂起,呈现我们大宋学术的千姿百态。我记得你有这样的诗句:'北山楷木今成列,独傍师门想见丘。'想登堂入室见孔圣人,农师志向高远哪!"陆佃谦恭地自白:"门生哪有那种野心,诚心步恩师后尘而已。"

王安石:"我那时建议你们,摒弃百家诸子异谈和课试辞赋杂学,潜心研究天下国家之用。好吧,学问上的事,将在你筹办太学过程中有机会再讨论。自中进士授官这几年,一定长进不少吧?"陆佃:"遵从恩师教导,学生潜心体察民间疾苦,探讨学问如何用世济时。"

王安石转问:"农师从南方来,那里的新政实施得怎样?"陆佃想了想后才沉着应答:"熙宁新政颁行均输、农田、青苗等,法是好法,有望促进农业生产,改变国家积贫积弱现状。但我见到的州县推行不力,或许还有点骚扰百姓,尤其是日前颁行的青苗法。"王安石惊曰:"怎么会这样? 我与吕惠卿、曾布反复议定,又请了好多州县主官参详过,还分派四十一位提举监督各路、州、县施行。"陆佃字斟句酌:"恩师乐于听好话吧。自行新法以来,外间颇以为老师不愿听取不同见解。"

王安石笑得自然也很自信:"我咋会不懂兼听则明呢。事实是,京师以反对新法为时尚,异端邪说多多,谁支持新法谁就被视为异类。我不知该听谁的,更不用说那些刻意中伤与无端攻击了。"陆佃放松了些:"树大招风。

所以,社会上才流传那么些恩师拒谏的议论。学生当然懂得,恩师辅佐今上立法度、变风俗,没有坚强意志和所向披靡的魄力,是难以成功的。"王安石:"我极端困惑的是,变法是为了民富国强,让百姓过好日子;官员们和百姓却不理解,心不顺。怎么办? 农师你告诉我,能用什么办法一官员之志,与路、州、府、县民沟通呀!"

陆佃:"我是先生的弟子,学生谨遵恩师治学风范为人处世,对岁币外国、重乐以治民而导致国家积贫积弱感同身受。"王安石:"你学问扎实,出身农家,自然对当前的改易更革有深刻理解。有人告诉我,淮南有的地方,百姓向官府贷青苗钱,得送上礼物,比如一只鸡、半边猪腿,真这样吗?"陆佃点头:"确实如此。"

王安石:"朝廷派遣李承之到淮南查究,百姓否认有这等事。"陆佃坦陈自己的判断:"要么是提举官未能尽心去查,要么是查到了不敢从实报告。恩师强调禁抑配。那些贪官污吏声称奉旨贷青苗钱,强行向上户抑配,才捞得到油水呀!"王安石深感陆佃是个有主见、敢于一针见血的实在人,顿悟朝廷出良法善举,层层有对策坏法的现实,便说:"农师精研过均输、常平、青苗吗? 希望把所知的施行利弊随时告诉我。"陆佃腼腆地回答:"恩师知道学生只喜欢钻研学问,不精于理财。"

王安石:"今上励精图治,锐意改革,不断诏行新法,需要一大批诚实干员去施行。如此则必改太学体制、扩建太学规模,以图迅速培养出新政施行者,这就急需一批经学导师。朝廷任你为国子监直讲主持筹备,希望你为开辟新学多多出力。"陆佃:"谢朝廷抬举。学生担心,一个不精于理财的人,怕是教不出善于理财的学生。"王安石:"不妨。你的职责是组织导师们讲授新法立意、要点与实施办法,也就是如何将先圣经典运用于熙宁朝政;我会尽快将《三经新义》定稿交你们备讲。"

诏颁青苗法以后,制置三司条例司立即召集朝廷部分官员和抽调的四十一名提举大员汇集国子监,研讨新法施行。在开班仪式上,王安石主讲:"变法度,必先变风俗。变风俗,首要就是扭转官场散漫苟且、贪图享乐、不思变革的颓风。前几项新法施行得好的地方,首先是当地主官,详细耐心反复向百姓讲清法理和所达到的目标,禁止地方官员强制执行。对不思变革、不谙新法、不切实推行新法者，必须施以惩戒。还要选拔培养知法、护法、行法的有生力量，派到各地去主持或督促施行。"

吕惠卿讲述青苗法是现已施行的新法中最关乎农夫利益和农业收成的法规，应特别慎重着力细致推行。参照陕西提举官李参施行数年的经验，也听取了河北王广廉请求施行以救灾的愿景后制定的。应该适合各地实际情状，会较顺利执行。诏书特别提出禁止强行抑配，宜可慢些推行，也不能强推强贷。

曾布从检详文字角度，谈新法的严密体系和可行措施。三十岁出头的曾布和程颢虎虎有生气，热情答疑，服务周到。

提举官们精气神十足，议论纷纷。韩维明了神宗决心："今上励精图治，有志改变国家积贫积弱状况，不达目的是不会罢休的。"元绛佩服王安石的革新精神："王参政用心良苦，真心实意为富民强国设计新政。"陈绎对制置三司条例司感到满意："吕惠卿、曾布、苏辙、程颢等可谓尽职尽责。"邓绾机灵讨巧："关乎农民利益，涉及面广，说起来轻松，做起来不易，不会一帆风顺。"元绛明白："关键要同舟共济，众志成城。我有个故事，不知各位常平官信不信？"杨绘好奇："你讲来听听嘛！"

元绛显得诡秘："我曾经做了个梦，有位须发斑白的老人对我说，元绛，你们系兄弟将汇集学士院。我不解，父母生我独子一人，哪有什么系兄弟呀！想问究竟，蹴然不见老者身影。"邓绾立即点明："仙人讲的是现在咱们所在的学士院吧？"陈绎一语破题："可不是！你们看，元厚之名绛，韩持国名维、陈和叔名绎、邓文约名绾、杨元素名绘，五人名皆有'糸'，糸字五兄弟！"韩维借机发挥：'五个绞丝旁，'糸'字五兄弟，五名提举官，一定要紧密地系在王公新法上，千万不能成为熙宁新政的五根搅屎棍哟！一根也不行的！"四人哈哈大笑："绞丝旁，搅屎棍！亏你韩持国想得出来！"

邓绾："好！一根也不行！"陈绎手掌做甲鱼爬行状："谁成为搅屎棍，谁就是这样的！"元绛："王公变法上循天意，中通神圣，下利国民。神仙安排我们充任提举官，五兄弟注定同心同德！"五人肩并肩地交臂成连锁状。

王安石就便视察国子监。陆佃、黎宗孟、叶涛、曾肇、沈季良等教授跟随。王安石询问："今天集训提举官的效果，大家感到如何？"陆佃谨慎地回答:"从课堂纪律和参加者的情绪来看,还好。"曾布:"我询问了几位提举官,说是茅塞顿开,知道自己要去做什么。要是前几个新法也预先培训一批执行者,也许更加顺利。"

王安石语重心长地讲解:"圣人之术,在于修其身;治天下国家,在于安危治乱,不在章句名数。离章绝句,解名释数,自以为圣人之术就是这个样子,都是守经而不苟世之人。守经而不苟世,其于道也几,其去蹈利者则缅然矣。"吕惠卿补充:"语曰:修身、齐家,途之人皆可以为圣贤。"王安石满意地点头:"以后还要不断地请朝廷和各地官员来你们这里集中研讨,请亲历者讲授,深明积贫积弱之根源,寻求国富民强之途径。"吕惠卿:"选拔和培养新法推行者队伍,朝廷就寄望你们国子监了。你们责任重大呀。"

陆佃向条例司官员们郑重承诺并介绍太学规模:"熙宁新政所系,国子监会尽力而为。这是原来的集朝院,现在分设三舍,外舍生员满员七百人,内舍二百人,上舍一百人。朝廷年拨款二万五千缗,除生员正常开支外,还可用于房屋建设和设施添置,扩大太学规模。"王安石询问:"现有教授若干?"陆佃:"这里有您看到的黎宗孟、叶涛、曾肇、沈季良等。"王安石:"各路学府设置情况如何?"陆佃:"已置五路学府,我等兼职教授。"王安石:"确定选拔条件来吗?"陆佃:"重师儒之官,德学严选,不滥设。所教以经为主,人专一经。"

王安石:"此前制科的弊病是,但求章句记诵,教学内容空疏无用,不称养士之职,与朝廷和地方需求完全对不搭界。教育应教人认识改造世界,不能逆社会潮流甚至同流合污。所以,今上诏命立即罢停制举,整顿学校。你们国子监体制初就,教授遴选出部分,现要急于解决的是使用什么教材。"陆佃:"我们在认真研究。朝廷颁布以《三经新义》为纲,《礼》,以王公的《周官》解释为本,我们几个教授分别自编讲稿。至于《尚书》《毛诗》,吕吉甫、王元泽参详的稿本,还未定稿。"

王安石慎重吩咐:"吉甫,国子监陆教授等米下锅,得赶紧注释《诗》《书》《周礼》三经。农师,你与沈季长他们也要帮忙呐!"吕惠卿点头:"我们几个会焚膏继晷地拼命的!"王安石一再嘱咐:"当今新法急需人才的主要来源,是你们国子监的太学生。熙宁新政的得失成败,国子监举足轻重啊!"

第十六章
谁在搓弄我儿得罪天下人

铁龙爪、浚川耙是何物事

京畿陈州,汴河决口处,灾民们纷纷涌向乡镇。路边有插标卖子女者。人们寻找野菜充饥。牛瘦如柴,少见农夫拖犁于垄亩。

人们听见皇亲曹亿家丁路边拦人高叫:"国舅曹老太爷体恤百姓,降息发放钱粮啊! 去年利息八分,今年四分哪! 遭灾人家快来曹记玉楼春粜贷救命钱粮啊!"曹府大院门口家丁宣称:"县府常平仓多年陈粮已粜光,快到国舅府上来贷新粮啊! 曹府粮谷没霉变,未掺沙子,实惠多多呀!"乡镇场上,灾民围困常平仓,质问吏人为何停粜。吏人:"常平仓无现粮可粜。相公们都去县府筹粮去了。等几天再来吧。"

平民老者有气无力:"常平仓是太祖太宗沿袭隋唐旧制兴立的,你们把祖宗法制当儿戏呀! 该做阳春,没有几个人下地,饿死好多人咧!"平民甲:"官吏勾结富豪囤积居奇,有粮不粜,营私舞弊。"平民乙:"常平仓谷,被那些奸官污吏窃取放私债了。政事就坏在这帮大老鼠手里!"平民丙:"常平仓坏,富豪高息借粮,百姓活不下去了!"有先见之明的秀才即"活孔明"鹤立鸡群:"方今官家年轻有为,曾派司马光、张茂胜来决口视察,说是辅相王安石有新法救灾民于水火。"平民乙:"'活孔明',天高皇帝远呐! 官家、王安石焉能知道咱们百姓肚子咕咕叫,叫咕咕?""活孔明":"昨日,朝廷派提举官到县里,说是王相公施行青苗法!"平民丁:"王相公要农民卖青苗,那不要我们的命嘛!"老者:"哪有猫儿不喜腥,哪有富豪不盘剥的! 王安石为官府、豪强行政,还能为穷苦百姓着想?!""活孔明":"提举官员讲,青苗钱只要二分息咧;秋夏两次,合计四分,比对本的高利贷低得多。"

人们纷纷摇头,不信有此等好事。

王广廉与朝廷派来的常平提举官元绛一起,正在向县吏和保甲长宣示青苗法执行办法:"逐家逐户,按家产折钱,核定户等,计分五等;按户等借贷青苗钱,一等不过十五贯,二等十贯,三等五贯,四等一贯五,五等一贯。"元绛:"常平钱半年利息一律二分。凡百姓请求借贷,一律按等借给。州县官吏拒不借贷或扰乱执法者,本常平官将认真追究,按条例执法,绝不轻饶。"

保甲长们争相发问。保长甲:"家产包括哪些? 房屋、土地?"保长乙:"耕牛、犁耙算不算? 鸡鸭算不算?"保长丙:"伙房锅碗瓢盆算不算?"保长丁:"读书的书桶算不算?"众人哄笑。

官吏、保甲长、百姓纷纷来往于州县。应募之人,不召而之。请者不可遏,纳者不可却。人们或有拥到曹府要求退枭,恳求全部退回本息。曹府人问:"为何要退枭? 发横财呐?"退枭人答:"县府常平仓贷青苗钱二分息,国舅姥爷却要四分!"曹府人:"吐到地上的口水,你舔得回去吗? 贷出的钱不能退!"退枭人恳求:"国舅姥爷行行好吧,到期还不起呀;我们一家人死路一条呐!"家丁:"我们只管贷钱收息,群盲泥腿子死呀活的,与我何干!"

神宗诏:"置疏浚黄河司,都水丞程昉提举,虞部郎范子渊副之,李公义、黄怀信参与。"

疏浚黄河工地,自卫州至入海口,招收的灾民纷纷涌入、挑土修堤。李公义感叹:"朝廷发放青苗钱,种田的,驾船的,征调上河修堤,一叫就来,好不痛快!"黄怀信接话:"可不是,你小子发明这铁龙爪、浚川耙,作坊争着打造,不用限时,上千把提早送上了河堤。"范子渊陪同程昉在河堤上观看:只见长八尺的巨木之下,若干耙状齿桩足有二尺长,上压巨石,两旁系大绳,绳端钉于相距八十步的两艘工程船上。船向下游快驶,滑车绞动铁龙爪,将泛起的泥沙随流水下泄。李公义、黄怀信,指挥训练有素的船工熟练地操作。李公义:"你黄公公这么一改进,好用多了。"黄怀信:"工欲善其事,必先利其器嘛。不能总沿袭老祖宗那木犁铁耙老黄牛,就像王安石新法一样,得发明点新玩意儿啊。"船工："李公公,您老人家做的铁龙爪、浚川耙,确实能将沉积的泥沙下泄了。"舵工："李公公,您老人家的铁龙爪、浚川耙,简直与黄帝战车、鲁班斧锯、毕昇活字版等同。明年鲁班圣诞(夏历六月十三日),记得给鲁班先师敬香啊。"李公义："京师黄河河床已高出堤外地面数丈。不想点好主意,怕是有一天,黄河水盖到金銮殿的屋顶上咧!"黄怀信："掌嘴,有这么说话的吗?"李公义："你看我这乌鸦嘴!"黄怀信："再制造一批,年年清淤,河床有望降低。"

都水丞程昉、虞部郎范子渊亲自查验,认定浚川耙、铁龙爪效果不错,指示他们逐段下行。看到眼前这宏大的场面,程昉不禁回忆起神宗亲口尝淤泥以及朝廷争论不休的情状。

程昉向神宗递送一绢包："这是从黄河决口处取回的泥土,肥沃得很。"神宗打开泥包,看看,摸摸,用手指蘸了一些送到舌尖。程昉欲制止没有制止住。神宗咋咋尝尝,说道："这淤土极为润腻。大河源远流长,皆山川膏腴渗漉,灌溉沿河许许多多民田,滋养华夏民族千万年。熙宁一朝,一定要堵住决口,将大河治理好。"

程昉深知水有水性,河有河规。真宗朝著作郎李垂有《导河形胜书》,谓黄河水随时涨落,民以物候名水势:立春后为信水,二三月桃花水,春末菜花水,四月麦黄水,五月瓜蔓水,七月豆花水,八月荻苗水,九月登高水,十月复槽水,十一二月蹙凌水。水信有常,率以为准,非时暴涨,谓之客水。相对各时水灾,向来积累了不同治理方法。他现场慨叹："朝官高高在上,文人言词讨巧,远离实际,不知民瘼,认陋俗为至言,简直是以言语文字杀人呐!要不是圣意坚决、王公主宰,治河之举难行,更难以为功。"

薛向查访新设的酒肆饭馆、赌场妓馆。只见红灯高挂的妓院,一群妖艳的歌妓土得掉渣,在门前扭扭捏捏秀身材技艺,挑逗围观的年轻人。有贷了青苗钱被拉进妓院的乡下人,在酒馆猜拳行令,海吃豪喝。赌场小厮向领取青苗钱的人叫卖："耕田种庄稼,人变牛马,太辛苦哇!这里轻松赚钱,顷刻间,一贯变十贯、十贯变百贯啦!"

赌场里昏天暗地,群丑乱舞。妇女在门外寻找丈夫。有妇人与拒不离开的赌博丈夫厮打起来。众人看热闹,有的瞎起哄。薛向带领的吏人将他们拉开。妇人跪在薛向面前："死鬼刚借到官府的青苗钱,就拿钱来赌博,把钱输光了。我们家怎么做阳春呀? 我们娘娘崽崽都会饿死,请官人指一条活路吧!"薛向令吏人拉起妇人,教训那男人:"朝廷贷青苗钱,是帮你做阳春的,你怎么拿着钱赌博呢?"男人:"我刚借到青苗钱,才出门去买种子,就被几个人前推后搡到这儿。我捂着钱袋不赌,他们就拳打脚踢,逼我买码。开始时赢了些钱,我就继续赌,不一会儿,就把官府贷钱全部输光了。"薛向边听边摇头,吩咐吏人如此这般。吏人去了。

又有人向薛向控诉:"相公,我家不缺钱粮,甲长却责令我去借青苗钱。我不去,便有人送粮食到家,强行叫我出高息,说是白色陈米一石,明春缴纳一石八斗七升五合小麦。"薛向对吏人:"保甲行不法豪强之事,勾结不法官吏强行抑配,必须严厉惩办!"

沈括利用丁字尺测量汴河流域高差。程昉、范子渊自京城东水门下行,站在汴河堤上,俯瞰汴河堤下民居如在深谷。沈括:"直至雍丘、襄邑,河底皆高出堤外平均一丈二尺余。汴河从汴京上善门汇入泗州淮河口,用水平、望尺、干尺量之,得河长八百四十里又一百三十步,京师比泗州水平高差十九丈四尺八寸六分(约 63.3 米)。"人们惊奇:"司天监有鬼才、神人!"

铁龙爪、浚川耙疏浚黄河泥沙事传到京城。百姓甲:"铁龙爪、浚川耙是什么东西?"百姓乙:"它们抓起黄河里的泥沙,一甩,就甩到东海里去了。"文彦博总在怀疑别人:"你亲眼看到的? 形同儿戏! 又是沈括、范子渊那些好事者排练的! 吾辈羞而不为也。"冯京接腔:"有机械者必有机事,有机事者必有机心。机心存于胸中,道心不复存在。天下人都要谨防新法之徒兴术乱国!"

曾布:"唐朝采用了曲辕犁、水筒车等新式农具,成就了开元天宝盛世。没有祖师爷鲁班发明锯子斧子,怎能建造宫殿楼宇? 没有沈括的水平丁字尺,怎能知道河床高低河流短长? 没有铁龙爪、浚川耙,只能眼看着黄河河床年年增高。"范子渊:"浚河司将前三年比较用耙功利,共省诸埽物料计钱三十九万缗,减差夫六百六十九万工日。今上正命蒲宗孟等到汴河试耙咧!"吕惠卿:"什么机事呀机心的! 他们仇视新法,不惜将新工具妖魔化,那就不要乘舟车,住豪宅,穿官袍,戴冕旒,佩玉带,都茹毛饮血,穿树叶,啃草根去！叫他们背巨石上山巅砌长城去！"

只安石头不安人心

　　慈寿宫内，内侍太监兴高采烈："自朝廷行均输市易、改常平为青苗钱，各地货物源源输送京师，宫中要什么都领得到了！"太皇太后："京师财货不缺就好，王安石他们那些均输、青苗管用就行。"

　　内侍太监："京中豪商大店的生意可就清淡了。张公公去过曹记玉楼春，看见好多坊店老板向国舅老爷诉苦咧。"太皇太后随口问道："诉什么苦啊？"内侍太监："他们的生意都被转运使挤垮了。"太皇太后："怎么个挤垮？"内侍太监："转运使以朝廷之力垄断盐茶酒果，人家坊郭小本经营，怎么敌得过。"

　　张寺："平日京师盐价三十五钱一斤。有一天，盐商们说，盐货滞运，集体抬价，一时超过四十钱。都盐院得知，报告三司使。王参政立即吩咐都盐院放盐抑制市价，盐价立即回到三十五钱。"太皇太后："稳定盐价，民众得利呀！"内侍太监："朝廷、市民两头得利，坊郭则无利可图，不免怨声载道了。国舅老爷的生意也一落千丈咧。"太皇太后："事无巨细，官家、朝廷都要操心。看来，王安石行均输、改常平为青苗、颁农田水利，用心奋力，不容易呀。"

　　吕惠卿向王安石转达神宗口谕："官家请您看看这份条陈。"王安石接手展示："宁州通判邓绾，字文约，陈时政数十事。哦，是个关心治道的地方官嘛。条陈曰：'宋兴百年，习安玩治，当事更化。陛下得伊、吕之佐，作均输、常平、青苗等法，民莫不歌舞圣泽。以臣所在宁州观之，知一路皆然；以一路观之，知天下皆然。诚不世之良法，愿勿移于浮议而坚行之。'"

　　王安石转吕惠卿："吉甫，你看看，这条陈如何？"吕惠卿阅过："'习安玩治，当事更化''愿勿移于浮议而坚行之'。其人敢行新法，施政极为用心，思索见其事理，是个有思想有作为的人。"王安石："以一州概括一路，以一路概括天下，不妥。"吕惠卿："是的，东西南北千差万别，不能以偏概全。"

　　王安石："是个难得的人才，查查这个宁州通判邓绾的学问、为人与政绩。"吕惠卿："在下已经查过,邓绾,成都双流人,举进士,为礼部第一,稍迁职方员外郎,通判宁州,政绩颇佳。调为提举官,正在地方督察。您听说过'糸'字五兄弟吗,他便是其中之一。"王安石："哦,听子华提过,但未问都有谁。你看,能不能把此人调你们司农寺历练一番?"吕惠卿："当然,我们太需要这样的干员哪!"

王安石："一路、一州、一县,只要有这么个主官,如陈州张方平、钱塘沈立之、扬州蒋子奇、西边王韶,新法就会畅通无阻。"吕惠卿："那确实。"

带着邓绾条陈的喜悦,王安石回到住处,见一陌生的标致女子在室内操持。那女子："呀,相公回来了!"王安石疑虑："你是哪里来的女客?"那女子："干爹不认识我了! 我是嘉祐年间您送我回家的小女子彩萍呀!"王安石："哦,彩萍,十几年了!"

王安石回忆起当年打发彩萍的情景:嘉祐年间,仁宗诏他知制诰。一日回到住处,见一标致小女子在整理家务。他疑惑地问："你是什么人? 到我家干什么来了?"彩萍："小女子是夫人买来侍候相公起居的。"王安石："啊? 夫人远在江宁,没向我提及你呀!"彩萍："相公是朝廷命官,天下敬重,一个人居住,多有不便。小女子愿以微贱之躯为您执箕帚,铺枕席,万望相公不嫌弃。"王安石："你我都是人,我怎么会嫌弃你?"彩萍殷勤地侍候王安石更衣、泡茶、侍候洗漱。王安石："噢,听口音你是淮南人,家里还有什么人?"彩萍："爷爷、奶奶、父亲、母亲、弟弟、妹妹。"王安石："父亲种田还是经商?"彩萍："父亲是转运使漕船水手,家中勉强度日。"王安石："你为何要卖身?"彩萍痛苦地紧咬牙关,欲说不能。王安石："你父母为何将小小年纪的女儿卖身为奴? 要是我,下不得这样的狠心。"彩萍："不能怪他们。因在太湖遭遇沉船,要向官府赔偿运往京师的米粮。"王安石："哦,太湖沉船,损失米粮要水手赔偿! 赔偿多少?"彩萍："几个船工水手,总共要赔偿九十万钱。"王安石："这么多银钱,平民百姓倾家荡产也赔不起呀!"彩萍："爷爷、爹爹走投无路,只得将女儿我带到江宁府街头插标卖身。"王安石："卖了多少钱?"彩萍："恩夫人给我爹七十缗。"王安石："哦哦,你先忙吧,我想想再说。"

王安石与夫人书信商量。夫人闻说丈夫要退妾,责怪王安石邋里邋遢,还不准别人照护。王安石编了个故事唬弄："我曾梦见过玉帝。玉皇大帝对我说，一男配二女，会减阳寿。三百岁道人李士宁也说过同样的话，不能不当真。"吴夫人笑道："李道士天上地下的，他的话岂能当真！你从来不语怪力乱神，也说过天变不足畏，何时出来个玉帝！我不信你编的鬼话。"王安石严肃地回应："彩萍是良家少女，遭那不幸，家庭破碎。我身为朝官，无法解民于倒悬，起码要有同情心。我们就认她这个干女儿吧。"王安石退给彩萍家七十缗，还凑了些安家费，打发她回家了。

王安石："十多年了，干女儿你不来看我们。现在成家立业、为我们添了孙子孙女吧？一家人都好？日子过得怎么样？"彩萍："闻说熙宁皇帝诏相公当参政，您给百姓立了均输法、青苗法，我们村里人日子好过多了。爹娘欢天喜地，叫我带些土特产，来京看望恩人相公相婆咧。"王安石："你们家乡那里施行青苗钱了？"彩萍："我家贷了青苗钱，二分息。要是没有青苗钱，就买不起种子，做不了阳春。如今，我爹将地都种上了。他还说，保正讲了您的话：'地不容隙。'村里人要做到寸土不荒咧。"

王安石："好哇！你们村里有几家人贷了青苗钱？"彩萍屈指计算着："我们院落共十五家人，有十三家请了钱。"王安石："自愿贷钱？有没有保甲、官吏强行抑配的？"彩萍："都自愿的。那么好的事，傻子才不贷咧！"王安石："还有二家怎么未贷？是上等户吗？"彩萍："我四大爷家粮多钱多，往年还借钱给穷人咧。"王安石："今年还放贷了吗？"彩萍："官府青苗钱半年才二分息。四大爷贷钱年息六七分，当然贷不出去啰。"王安石："往年没有青苗钱，你家怎么做阳春？"彩萍："可难了。我爹向四大爷借钱粮，说是关照，收六分息。秋收时，地里的粮食多半给了四大爷，我们一家人过了年就得出外讨米要饭。"王安石："你们村还有一家未贷，你晓得为什么吗？"彩萍："那家人是做生意的，出外了，常年不在家。"王安石又问："买到的食盐里面还有没有沙子？"彩萍："今年的盐可干净咧，比往年便宜。"

王安石听得十分高兴，简直手舞足蹈。

彩萍发现雾哥哥的家庭生活很糟糕，悄悄询问干娘："雾哥哥与庞嫂子好像有点不那个……"吴夫人："你雾哥哥新除了朝廷的官，差事忙得很。他的毛病时好时坏。"王安石："你雾哥哥忙着注经咧。"彩萍："我回来侍候你们和雾哥哥吧。"吴夫人："好呀，巴不得哩，叫你夫君一起来嘛。"彩萍："我妹彩菊也想来京师咧!"吴夫人:"好嘛!"

　　曹亿进慈寿宫,向内侍太监塞银两。内侍太监虚意推辞:"国舅太爷,使不得。"太监引他进慈寿宫。曹亿:"侄儿向太皇太后请安。"太皇太后:"几个月不见你踪影,说明你小子活得潇洒。今天是不是又碰到什么难事,才想起姑奶奶啦?"曹亿连连叩头:"太皇太后娘娘、姑奶奶见笑,我那曹记玉楼春,被朝廷大员薛向、蒋子奇、王广渊之流弄得焦头烂额。江淮两浙两湖的老客户群,大都在扬州以茶换盐,贩卖到东南各路赚大钱。我京师门店生意清淡,冷清得鬼打死人呐。"

　　太皇太后:"你国舅老爷大棒子也不管用啦?"内侍太监抢着添油加醋:"转运使贩卖茶酒乃至水果之类,与民争利,实在不像话!"曹亿:"常平提举官还摊派我们老家子侄的商铺、作坊贷青苗钱咧!"太皇太后:"这个王安石,只安石头不安人心,搓弄我孩儿得罪天下人!"曹亿十分神秘地说:"据传,邵氏家人在天津桥下闻杜鹃,见有'江南人以文字乱天下'之谶言。"太皇太后:"什么江南人?什么文字?"曹亿:"江南人,就是太皇太后说的只安石头不安人心的那人;文字,就是他鼓捣的什么均输、常平、青苗法。"太皇太后心怀疑虑,有所警觉。

　　碰巧,神宗进后宫请安。太皇太后勃然变色,训斥侄儿:"你小子不知道后宫规矩,外家男子不得入谒。"神宗见机缓解:"太皇太后年事已高,族亲甚为惦念,入宫探亲,人之常情,不必拘礼。"他向两宫娘娘请安后就便退出,示意国舅爷暂留。太皇太后趁机高调训斥:"还不退出,此地非汝所能久留!"

　　神宗回到寝宫,宫女立即上来梳头。神宗赞叹:"你梳理发髻,手感极为舒适,真是一种享受。"梳头宫女故弄风情:"陛下舒服,乃奴才一生所愿。"神宗:"你这手艺从哪里学来?"梳头宫女:"是向娘娘手把手教的。娘娘教导我们,把官家侍候得通体舒服才是本事。"神宗:"让大宋所有子民都过得舒坦才是朕的追求。"梳头宫女借机发挥:"陛下,奴才家人过得不舒坦。"神宗:"怎么个不舒坦?"

　　梳头宫女:"有了青苗钱,我家爹爹不能像以前那样放贷收息了。奴才想捎句话,官家允许我家放贷钱粮。"神宗立即起身甩开宫女:"你是说要朕允许你家败坏青苗法,是吧?那你出宫说去!"梳头宫女被吓得瘫倒在地,好久才爬起来,到向后处啼哭。向后问究竟,宫女只哭不说话。

向后转问神宗："官家，梳头女技艺高强，怎么了？"神宗："你那宝贝儿劝朕坏新法！狐假虎威，不，蝼蚁假威，还了得！"向后："哦，原来如此！"向后对梳头宫女："吃饱了撑的！宫外再说，扒你的皮！"向后转对周围诸宫女："而今而后，你们各做好各的工，切勿胡言，更勿预外事！记住了吗？"众宫女战战兢兢齐声发誓："记住了！"

秀州军事判官李定应诏来到京师，立即到老朋友右正言李常家看望。李常知道是同事右正言孙觉极力推荐李定任谏官的。述旧以后，李常小声地问及："你说说，南方百姓乐意贷青苗钱吗？"李定不假思索地回答："老百姓好欢迎咧，不觉得有什么不好。"李常赶紧做捂嘴状，小声地嘱咐："老朋友，此话切勿对他人言；朝廷争议青苗法，针锋相对咧！"

李定对京师这种氛围感到惊讶，想不到恩师主持变法竟然极端孤立。他对在江宁受教于王安石那段经历记忆尤深，特别感激恩师为父亲写了墓志铭。从那时起，所有亲族都感到莫大荣幸，因为得到王安石赐墓志铭会流传千古。他径直去到王府，申述不准讲新法的好处甚感恐怖，而秀州贫苦百姓热切赞同新法举措。在舆论中被阻击得焦头烂额的王安石得知秀州新法顺利施行，顿觉心旷神怡。

次日，王安石收到同样是江宁弟子的郑侠《上王相公书》，大略云："学生每见朝廷举一令，新一事，未尝不与三代尧舜同其仁。凡法令之初下，士民稍有识者莫不欢欣鼓舞，以为真得利民之术，而太平可致也。随着新法不断颁布，学生却发现百姓与官吏大都叫苦不迭。执事官吏强行抑配，其心乃无廉耻，暴戾贪忍曾不若禽兽者。法意在济贫乏反而困之，抑兼并反而助之。深究其因，如青苗、均输，强而与之者常半。无知者便谓之不善，不知贪暴之吏坏之也。学生唯恐恩师不得而尽知详情，故原本上书以告。"王安石想：郑侠才是个门官，过田野而能得暴戾贪忍者强贷取息实情，敢于向我们讲实话，应予鼓励。

曾任过条例司检详文字、现监察御史里行程颢论奏京东转运使王广渊凌驾郡县，助吏人鞭笞百姓强行抑配青苗钱。河北都转运使刘庠拒绝发放青苗钱的事也传到京城。

吕惠卿："王公这些学生，对新法竟然南辕而北辙。李定、陆佃实事求

是,郑侠却以偏概全。强行抑配或许有之,因人而异,总不会是全部。"曾布:
"以偏概全,危言耸听,不值得鼓励,还应训斥。近日得知,提举官陈舜俞亲
自与临川县令万斯明做了一篇青蛙的好文章,把青苗法施行得风生水起,还
建议相公抽空去看看咧。"

　　王安石:"我多么想到各地巡视执行情况,而这只能拜托你们和各路提
举官了。家乡路途遥远,只能梦里回归;但愿那里施行顺利、百姓满意。"吕
惠卿觉得奇怪:"县太爷、青苗法与青蛙能搭上什么关系?"曾布:"吉甫听完
故事,就知道青苗法与青蛙关系微妙咧!"

第十七章
大家一起病吧

并非青蛙的罪过

临川县城大街小巷到处张贴着县府禁捕青蛙的告示：青蛙吃害虫，有益于稻作。县府禁止伤害青蛙，凡捕捉买卖青蛙者以违犯青苗法问罪。守城吏卒李典挨个查问进城买卖蔬菜瓜果山货的农夫："夹带青蛙没有？"一个农夫挑一担竹框，里面盛着长满白霜的四个大冬瓜。李典好奇，将冬瓜看了又看。挑瓜人有点紧张，眼神集中在瓜蒂上。李典对衙役耳语。衙役上前碰了碰瓜蒂，瓜蒂松动。他拉开瓜蒂，现出一个碗口大的洞，洞中蹦出一只只青蛙来，顷刻跳满一地。在场人都很惊异，围观。农夫支支吾吾说不明道不清，李典将他带到县衙，报告县令万斯明。

万斯明惊奇地说："你不是瓜王陈林吗？你种的西瓜皮薄籽少，香甜可口；冬瓜七八十斤一个，是本县夸奖过的'瓜王'，怎么违犯本县告示、朝廷法令，捕卖起青蛙来了？"陈林战战兢兢羞赧无语，头低得差点插到胯下。万斯明提起一串青蛙问李典："他是这样提着青蛙进城的？"李典："不是。他将青蛙藏在掏空的冬瓜里，狡猾得很咧！"衙役挑冬瓜进来，将一个瓜蒂拉开，碗口大的洞中跳出青蛙，顷刻蹦满一地。万斯明蹲下查看冬瓜芥蒂，严丝合缝，问道："今天进城卖冬瓜的多吗？"李典："不下一百担。"万斯明吩咐："再仔细查访。拘押陈林，奖励李典。"他附耳心腹衙役张仁、王平，告诉他们应如何去做。

　　三天后,张仁、王平回来禀报。万斯明立即发签:"捉拿陈林之妻徐凤仙和李三才的轿夫莫道云归案!"万斯明登堂审案:"你名叫徐凤仙?"徐凤仙:"民妇是徐凤仙。"万斯明:"你是'瓜王'陈林的婆娘吧?"徐凤仙娇气地答道:"老爷命名的'瓜王'陈林,是民妇夫君。"万斯明:"徐凤仙,你为何勾结莫道云陷害陈林? 从实招来!"徐凤仙高喊:"青天万老爷,民妇不知男人捉青蛙,小百姓冤枉呐!"

　　万斯明转审莫道云:"你叫莫道云?"莫道云:"小民是莫道云。"万斯明:"莫道云,本县告示禁止伤害青蛙,凡捕捉买卖青蛙者以违犯青苗法问罪。你为何诱使陈林捕卖青蛙?"莫道云:"陈林偷卖青蛙,违犯王法,应当判罪!与我一个轿夫何干?"万斯明招手,李典出庭。莫、徐二人顿时紧张起来。李典走到莫道云面前,伸手从左边衣兜掏出十两纹银:"这是陈林进城卖青蛙被抓的那天晚上,莫道云贿赂我的十两纹银。"李典又从右边衣兜掏出三十两纹银:"这是抓捕陈林第二天,莫道云贿赂我的三十两纹银。他还许诺,待陈林判罪后,再送我五十两。"

　　万斯明拍惊堂木:"莫道云从实招来!"莫道云不得不交代:"小的与徐凤仙相好多年。陈林虽然老实,但毕竟碍手碍脚。县里推行青苗法,禁止捕杀青蛙,我们想出这个办法,叫他犯法坐牢。"万斯明:"徐凤仙从实交代!"徐凤仙瑟瑟索索重复了莫道云的主意。万斯明:"你们为通奸而迫害陈林吗? 还有没有别的用意?"莫道云:"没,没有其他,只……只有这个。"万斯明:"无罪释放陈林,收监莫道云、徐凤仙!"

　　青蛙案告破后一日,提举官陈舜俞、助理张端着便服随万斯明视察乡村。时在中伏,蚕桑事繁,田野中农夫犁田,或人拉犁,或使牛耕。栽桑树的,种菜的,精耕细作。远处春禾满田,一片碧绿;田埂豆苗茵茵,一派欣欣向荣景象。张端:"京师官员总在喊民不聊生,真是瞪眼说瞎话!"张端走进田间,俯身询问老者:"老翁作田,为何有数个少年?"少年们同时会心地大笑。老者:"老汉是鳏夫,租不起牛,几家邻居工力相助。"一少年道:"公公年老,常常给我们好吃的,因此相互助耕,不违农时嘛!"张端问:"贷过青苗钱吗?"另一少年摇头:"什么叫青苗钱?"一少年抢答:"只有我家贷钱十千。他们家不缺钱粮,不晓得什么叫青苗钱。"张端问:"你家为何要贷青苗钱?"那少年答道:"去年薄田歉收,今年春蚕又不好,桑叶贵,蚕茧价格低,不借钱,冇衣穿,冇饭吃!"张端:"官利多少?"少年答道:"半年二分。"张端:"利息是不是高了?"少年抢答:"不高不高! 向富人借钱,年息七八分!"

老者:"我们乡里有个致仕老知府李相公,经常念叨他的口头禅:'经我之门死我户,看得破时忍不过。'他总是在青黄不接、天灾人祸之时,高利借出钱粮。一年还不清,次年又得借。几年过来,中产之家也扛不起。我家就这样破产了。"张端"哦"了一声。老者:"朝廷下达青苗法,他家兄弟李四宝包揽了青苗钱发放。仗着老兄势力一手托天,骑着马,带几个打手,来回在乡村中来回转悠。青苗钱贷给谁家,给多少,他说了算。一心学老知府的样,想把人家的田产归到他名下。"陈舜俞:"李四宝欺侮你家没有?"老者:"这事被乡民告到县里,万县长打了他四十大板,把借贷权还给了里正和保甲长,商量着定户等,几等贷多少,公布于众,大家觉得合情合理,才能贷到钱。"张端:"这才符合朝廷法规。"老者:"从我伲县进京为官的王相公深知家乡百姓疾苦,施行青苗钱,颁布均输法,解民于倒悬啦。这些少年家再也不会像我们老辈人那样遭殃受苦了。"陈舜俞:"老先生说得好! 你们是王公家乡人懂得熙宁新法深意,更得身体力行啊!"老者:"那是当然的。这些娃子不力行,我就用扁担扫他们。"青少年们直笑:"爷爷从来不打人的。"

张端恍然大悟:"王公抑兼并的深意在于利民生,今天我算懂了。"陈舜俞:"真不懂为啥,这么有利于民生的事,富相公、司马学士那批朝廷大员竟然不懂,一味地攻讦王公,诋毁条例司。"万斯明:"本县任期即到。看见临川生民经济这般模样,没有把王相家乡的事做差,微臣可以向朝廷和王相交差了。"陈舜俞:"万令行新法的力度和业绩,可与陈州张方平、王广廉,江宁孙思恭,扬州蒋子奇,陕西李参媲美。"万斯明:"提举官过誉。本县还有一件要案未结,请钦差当场监视。"

其时已近傍晚,小雨过后,一道彩虹出现。乡村炊烟袅袅,牛羊归途,鸡鸭回窝,农夫们背着犁耙牵牛回村,不时哼起了采茶调。陈舜俞:"临川真美,难怪地灵人杰! 王公三代八进士,历代英才辈出。"

回到县衙,万斯明发放请帖:"本令三年任满,即将赴阙述职,离任前设宴辞别乡绅父老。"闲居本乡的致仕知府李三才接到请帖时兴高采烈:"万斯明这厮总算要滚蛋了！因有王安石在朝撑腰，我虽千方百计，还是没能告倒这条走狗，为文枢密、冯御史出口气。我李氏家族的既得利益，大半被他们的鬼新法剥夺了。我定要去县里驱逐这个瘟神，为乡绅富豪出了被王安石之流打压盘剥的恶气！"

县衙客厅，清淡的宴席上，万斯明站起来说："有个案件，卑职只办了一半，临行前想把它了结，敬请诸位乡绅父老协助成全。"在座所有人都面面相觑，不知就要办什么案子。

万斯明喝令："带犯人莫道云！"众人惊异，李三才冷笑。万斯明拍惊堂木质问："莫道云，你一个李相公府上的轿夫，一个月脚钱几何？"莫道云怯生生地答道："纹银二两。"万斯明："才那么二两纹银。你贿赂守城吏人李典的银子，共计是十两，加三十两，再加五十两，总计九十两，到底是偷来的，还是抢劫来的？"莫道云听到"偷""抢"二字，心惊肉跳，不得不低声申辩："青天大老爷呀，人犯从未偷窃，亦未抢劫。"

众人听到席中有人咳嗽了一声，眼神搜索到李三才。万斯明也冷笑一声，掏出一封书信，上有朝廷批复："王子犯法与庶民同罪，何况一个告老闲居的前知府。"

万斯明喝道："将破坏新法的李三才收监治罪！"早已站在李三才身后的张仁、王平将李三才从席上拉下。万斯明："李三才，你还有什么可狡辩的？"李三才原以为青蛙案因收押莫道云而了结，心中有恃无恐。而今四顾县堂，大多怒目而视，曾经串联一气的乡绅富豪们，大都低头不语。他原以为青蛙案只是万斯明这芝麻官别出心裁的个案，无法把他一个曾经不可一世的府尹怎么的。李三才至此洋相百出，不得不交代："青蛙案的主意是我出的，贿赂银子也是我拿的。"

万斯明："食皇上俸禄者，临川头号财主，为何对朝廷新法出手如此下作？"李三才："我是前朝太守，为大宋鞠躬尽瘁，对熙宁新法身体力行，何谓下作？"万斯明："李相公还想抵赖？莫道云，你是想戴罪立功还是替别人坐牢？"莫道云："我是独子，家有年迈父母，还有老婆孩子，熙宁皇帝新法，叫全家活得很滋润。我一坐牢，他们就无法活了。"万斯明："别啰嗦，从实招来！"莫道云交代："李老相公多次对我倾诉：自熙宁皇帝颁诏新法，尤其是贷青苗钱,他家高利贷再也放不出去多少。万县令禁捕青蛙,他爱吃的美食也难得到了。他设计给万县令找点小小麻烦。他向下民保证:'如果你莫道云替我办成了事,就不用抬轿了;给我料理家事,月银增加到五两。'陈林冬瓜中藏青蛙,全是李老相公使的坏。"

万斯明:"莫道云,你确定是李三才主谋!"莫道云:"确认。李老相公还说,要是您万县令糊里糊涂判了陈林的罪,李三才就宣扬您迫害'瓜王',残害善良,搞臭您,上告朝廷,撵您滚蛋。如果不判,他就告您执行新法不力;变法大臣王安石的故乡不能容忍这等糟官,叫您立马滚蛋,还联名上告朝廷判王安石罪。"

万斯民:"李三才,莫道云揭发的确是实情?"李三才在众人面前无法抵赖,只得低头。万斯明:"李三才,你也曾食君禄主政一州,应该懂得忠君爱民、富民强国的道理,为何使出下作手段,残害善良,打击致富农人,祸乱临川?不仅如此,还那么仇视熙宁新法、诋毁王参政?仅仅因为熙宁新法妨碍你盘剥百姓,还是有更深层次仇恨?"李三才瘫倒桌下。万斯民喝令衙役将他架入监牢。

陈舜俞、曾布、张端等条例司官员们会心地大笑:"万县令画了一个圆满的句号,办得痛快!"笑声传出三司条例司,飞越宫墙,震荡在百万人的汴京上空,飞遍各路州的青山秀水,传到禾苗绿遍、百鸟争鸣的江南旷野。曾布:"我梦幻般的家乡应该这么美好。新法施行才一年多,州县气象万千,熙宁新政定会带来大宋民富国强。"

王安石听到万斯明的故事,赞赏道:"万县令依据当地情状,采取容易被百姓接受的办法,引导农夫利用青苗钱,并别出心裁地对付那些千方百计抵触新法者,实在高明,可为州县效法。"

朝廷脊梁骨缺钙

熙宁三年(1070年)春大朝会,龙座上的神宗兴致勃勃地请三司使报称理财状况。三司称:国库物资充盈,钱库银钱堆积,城市供给充足,百姓欢欣鼓舞。神宗见宰执大臣与众官兴高采烈,只有那些强烈反对新法者不动声色。神宗:"朕已诏令提高各级官员薪俸,在仁宗朝禄令的基础上大幅递增,同时设重法以绝贿赂。"

吕惠卿升奏:"仁宗朝宰相、枢密使一级朝官,月俸钱三百千(三百贯),春、冬服绫各二十匹,绢三十匹、绵百两,禄粟月一百石。地方州县官员俸禄,万户以上的大县县令每月二十千,小县县令每月十二千,禄粟月五至三石。除正俸外,还有茶、酒、厨料、薪、蒿、炭、盐等物及马料、随身差役的衣粮、伙食费等补贴。此外,还有'公用钱'(即招待费)、职田(按职级给诸路职官一定的田地,由佃户租种,职官收租)等名目不一的额外收入。此薪俸标准多年未变。"今上诏:"今年按比例增俸,即行发放到位。"臣僚们内心如山风海涛般震荡,只是有些人表面不露声色。由此民众中流传顺口溜:熙宁新政行,吏禄年年增。

正当神宗希冀朝廷官员感恩戴德、大行新政的时候,宰相富弼称疾求退。神宗将他引入便殿,入座说话。富弼倚老卖老、不动声色地对神宗称:"臣老眼昏花认不出文字,不懂新法文本,请陛下准辞相位并亳州知州。"神宗判定老相无视新政初见成效、绝不会与王安石同心共事,便问:"卿上章十数回称疾求退,朕未于置理。看来,朕留不住老相公了,不知谁可代卿?"富弼不假思索:"文彦博。"神宗默然良久,乃曰:"文老相公亦久病未朝,勉强不得。卿以为王安石可否?"

富弼亦默然,两眼灰灰没有任何光彩。神宗想:熙宁新政初见成效,国库充盈,市场繁荣,官员薪俸能按时足额发放,且可逐年递增。吃大宋俸禄的朝臣,就得为朝廷理事,为百姓谋福利。既然不愿为朕理事,就叫他们统统离开朝廷! 神宗:"朕准奏。老相公保重,妥为颐养天年。对朕有何教益,请随时进谏。"富弼:"老臣还是那句话:愿陛下谨遵太皇太后、太后懿旨,广开言路,二十年不言兵。"

富弼的话激发神宗重温太皇太后日前的叮嘱:"国有难事问三老。韩琦、富弼和欧阳修三朝老臣,忠心耿耿为国家。依王参政一群人行新政,也不失却支撑咱赵家天下的三梁柱。而今朝臣与地方老臣们见仁见智,议论各有不同,遇事往往针锋相对。既然议论多多,就让他们奏本吧。"神宗乃令曾公亮、陈升之告二制、三省、御史台、三司、三馆,青苗、农田水利、广议贡举、募役。二位首相删除诏书中"敢阻抑愿请者，按罚亦如之"一语（后被王安石发现，报告神宗，诏令收回，影响已难以消除），还特意诏升与王安石针锋相对的司马光为枢密副使。

诏书发出，司马光、台谏官等在朝中穿梭，利用各种关系，广言青苗法之害；责成各路、州县官员上书，抵制新法和提举官。特别向欧阳修传信："王安石变法，甚是吃了秤砣铁了心。"京师顿时异论蜂起，朝廷动荡，很快波及州县，奏疏、札子、表章、谏言，雪片似的飞进条例司、中书。

神宗翻出了宣徽南院使、兵部尚书、观文殿学士、知青州欧阳修第一、第二札子，大略曰："州县皆称青苗不便。一称青苗钱取利于民为非，取息二分，与富户取息三分，乃五十步笑百步也，不如不取息。二称夏料与秋料连续，则积欠转多，必难催索，即便州县鞭扑催驱也难免官钱失陷。三称诸路提举、管勾要求尽数散俵，州县官吏不得不催逼百姓。请拔除提举、管勾，州县能散多少算多少，不必户户尽请。"神宗倍觉苦涩：欧阳公说来说去，无非罢除青苗了事。

神宗又检阅到老相、河北安抚使韩琦奏章，突觉心神恍惚，只得叫张茂胜摘要念给他听。张茂胜翻了翻奏章，心里犯疑，乃曰："向后有话，陛下近日寝食不佳，请善自珍重龙体，韩稚圭这折子，不听也罢。"神宗甩手："念！"张茂胜清了清喉，定了定心神，一字一句地念道："青苗之害最少有十条：一、乡村上三等并坊郭有物业者，乃从来兼并之家也，今皆得借钱，每借一千令纳一千三百，与初诏抑兼并济贫乏之意绝相违背。二、保甲头领代赔申罪。三、官吏邀功升迁。四、愚民借易纳难。五、行刑督责，苛政风行。六、烦费虚扰，岂恤久远。七、遇灾，官本不续而失陷。八、陕西一地权宜可行，并非各路均可行。九、节约汰冗，国用自足。十、罢提举青苗，复常平旧制。"

神宗越听越惶恐，转问黄怀信："这么严重？真有那么严重吗？"黄怀信："陛下天赐聪明，自会判断是非曲直。"张茂胜："这二、三、四、五、七条，确够陛下烦心的。"神宗："遇上灾年，官本尽失？"张茂胜："官本尽失，国库又会空空如也。"神宗想起前几日母后龙颜大怒："官家推行青苗法，跟随王安石一条道跑到黑，不撞南墙不回头嘛！要是官本尽失，看你如何收场！"

禁卫、后宫，连日传京师流言蜚语，市面人心浮动。禁卫从大相国寺、金明池等处获得圣旨,诏立即停止青苗法;那里的人们喜读所谓的"圣旨"并心口相传,纷纷欢呼熙宁皇帝万岁万万岁。瓦子里出现司马光给王安石的书信,咒骂他是"村夫""乡愚""猪猡",比騾驴还拗。更有民间蜚语涉及今上,诅咒"天不佑陛下,将致皇子夭折"。那情势,好像天下或将大乱似的,禁军只得加强了警卫,后宫同样严禁闲杂人等出入。虽然已查出所谓的"圣旨"是假的,司马光本人也没有给王安石写过信,但神宗还是连日如坐针毡,心烦意乱,整夜恶梦不断,心神恍惚。据说,后宫娘娘们气得差点闭气。

神宗一时不知如何是好。次日,袖韩琦、欧阳修疏示王安石,并说:"老相韩琦、欧阳修乃忠臣也! 他们虽然放外,还是不忘朝廷。卿仔细斟酌。"王安石惊疑地注目神宗,见他目光呆滞,脸色苍白,心神不宁,乃关切地问道:"陛下龙体欠安?"神宗一改平日率真,不置可否。

王安石等人当然知道近日京师流言蜚语弥漫,市面人心浮动。某高档茶楼竟然传递出假圣旨,还批量印刷贩卖。他体感到神宗内心的重负,便轻言细语安慰:"陛下年富力强,精力充沛,但也不可过劳,多自珍重才好。"神宗实在憋不住了:"唉,朕始谓青苗法可利民,不意乃害民如此! 你们看,城市作坊不种田,哪里有什么青苗可卖? 官吏们却强迫作坊老板、店铺商家出青苗钱,难怪人家异口同声说,卿是兴利之臣……"

王安石未料神宗精神如此崩溃,但仍然耐心劝导:"陛下呀,作坊老板、店铺商家愿意用青苗钱周转生意,有什么不可呢? 古代如桑弘羊收笼天下货财,以奉皇帝私用,这才叫强取豪夺的兴利之臣。如今陛下用常平息钱治理河道,救助苦难民众。之所以要收利息,是为了能够年复一年继续下去;周公遗法要义就在这里。抑兼并,救贫弱,并不是为了陛下一人或赵氏王室一家花费,怎么能叫作强取豪夺呢? 陛下听到见到青苗法那么多好处,却为这点事就圣心不安,后面的诸多新政还怎么继续下去呢?"

神宗无可如何,总是在摇头慨叹:"韩琦、欧阳公辅佐朝廷数十年,赤胆忠心,不可等闲视之,不可等闲视之呀!"

吕惠卿悄悄对王安石说:"这个老韩,哪里是什么安抚使,简直是个乱弹头子! 欧阳公也老得糊涂了,只知废,不说立。"

王安石严肃地对神宗强调:"大富大贵之人总在叫喊钱财被别人刮走

了,而缺德的人却从来不说自己乏善缺德。"曾布补充:"正如王公所云:朝廷脊梁骨缺钙!"

王安石想用现实唤醒神宗:"同一青苗法,在亳州施行不了,因为富老相公指使丈人鞭笞执行者;在韩老相公的大名府也怨声载道。而在陈州张方平、王广廉、江宁孙思恭、宁州邓绾、抚州临川县万斯明那里,则成为利国利民之政;不仅合于人事,亦合乎天时地利。难以理解的是:肱骨老臣们都曾追随范文正公庆历更革,现在却悉力对抗熙宁新政!"

神宗视听模糊,眼前浮现的只有曾公亮、陈升之附和韩琦奏疏,更有司马光等人吼叫:"陛下铁了心要与王安石和那二三宵小共天下啰!这样胡搞下去,民众定会造反!"还有高太后诉说梦见契丹打到汴京的恐怖……神宗不由自主地说:"撤回青苗法吧。"

王安石气得直哆嗦:"既有今日,何必当初!"

不日得阁门使李评与开封府报:"追查到假圣旨之始作俑者乃故相沈伦之孙、沈贵妃之弟沈惟恭的门客孙棐所为。刑部报孙棐死刑,吏部报沈惟恭除名,放逐琼州。京师混乱,今上动摇,正由此等不法人士联袂所致。或许并非孤立现象,正在追查有无复杂背景。"

向后令太监告御厨,为官家准备夜宵羔羊羹,御厨立即宰羔羊十头。夜已三更,神宗还在祈祷自责。向后请神宗去喝羊羹,神宗:"朕不是早就立过规矩,一律不加夜宵。"向后轻言细语劝导:"仲箴,堂堂的大宋皇帝,日理万机,夜以继日,却总在节衣缩食,以致积劳成疾,两宫太后心极不安!"神宗和盘托出自己的顾虑:"姐姐或许不知道,朕一人吃夜宵,喝丁点儿羊羹,御厨会宰羊数十头。即使不吃夜宵,他们也得有备无患。一年三百六十五天,就得三四千头羊!多大的消耗哇,民脂民膏!何况太后戒以羔羊为膳。"

太监悄悄地告诉向后:"货源不缺。我朝以食羊肉为主,牛、猪次之。诸路科买上供羊,民间供备几倍。京师供御膳及祠祭羊只依旧别圈养栈外,还有专栈养羊三千头备非常支用。"向后继续耐心劝道:"有谁像官家这样算账的。有大臣天天喝鸭舌汤咧!多少只鸭子的舌头才能熬出一碗汤?他们府外鸭毛堆积成山!祖宗历来如此!就熙宁朝积贫积弱吃不起夜宵?"神宗无可如何,只得交出自己的心虑:"父债子还哪!祖宗安逸皇帝做过了,就得我与你来还这个孽债。"张寺打趣:"那就喝猪头猪肚汤呗！黄州地方猪肉贱如泥咧！"

神宗怒斥:"再出这样的混账主意,就打入大理寺！"张寺继续逗趣:"小丑得罪。外面都知道,陛下与皇后从未红过脸。今日因夜宵将贤后送大理寺,倒是有过先例的。"神宗的注意力被吸引过来:"何来先例?"张寺悠然自得:"小丑给陛下讲个故事。"神宗、向后注意倾听。张寺:"前朝有个皇帝,因为御厨没把馄饨煮熟,吃得肠胃不和,便将那厨子送交大理寺。有人询问另二位包饺子的御厨年庚,一人答出生于甲子,另一人答出生于丙子。那人就说:'饺子、饼子皆生,与馄饨不熟同罪,该进监牢。'"皇帝被逗笑了,立即吩咐把御厨从监牢里放出来。神宗、向后也都大笑。张寺目视向后,面对神宗:"陛下不送乌台了?"神宗笑着回答:"就算给你小丑一个面子吧。"

次日朝会,神宗不见王安石,问左右:"王执政呢?"黄怀信递上王安石的奏章:"请病假。"神宗翻看,竟是王安石请求罢免执政之职！他跌坐龙椅,顿时觉得龙庭动摇、天昏地暗。

文太尉倚老卖老

某日,银娃带领一位未曾见过的人进府,家臣俞舜告知吴夫人迎接。吴夫人十分诧异:"呀,陈先生,几年未见了,请,请！"陈景初依旧是那样随意:"闻说相公不顺,特到相府看望。"

吴夫人对着书房叫道:"相公,又一位老朋友来了！想不到的。"王安石抬头一看,十分惊讶:"呀,陈先生,别来无恙?"陈景初依然幽默:"介甫公安好！汴京道医上万,山人以为相公不记得我了。"王安石起身迎接:"就是失忆,也不会忘了神医。"陈景初抱拳致敬:"山人这厢有礼了！"王安石双手合握陈手:"礼岂为我辈设哉！"

王安石回想曾经的初见场景:陈景初在街市设摊为人诊脉,细细讲出病痛的来源和诊治过程;人吃下他自制的药丸,顷刻之间呕吐或排出肚内长长的虫子或异物;长一尺多的银针扎几处穴位,能令横着来的人立着离开……

陈景初显出知世故而不世故、处江湖而远江湖的气派:"相公应诏京师越次入对,而后辅佐熙宁新政,天下百姓广受恩惠。山人浪迹江湖,多所见闻,十分感动。我助相公一人体健,相公活人千千万。您累心两三年,咱大宋日新月异。不意近日京师谣言四起,人心浮动,声讨咒骂之声一浪比一浪高,咱再不来拜见相公就不够朋友了。"王安石对陈景初的不俗谈吐和高雅修养十分钦佩:"谢先生惦记,您看我这一堆不是好好的嘛。先生几时到京?"陈景初:"山人来京月余,见舟桥穿梭,驼队象象来来往往,市面繁荣,物资丰富,市民欢欣,一派繁华景象。"王安石:"汴京算是有了一些新气象。"

陈景初突然转题:"入京以来,曾被仙人曹国舅请去寻医问药。曹记玉楼春店前,一帮孩童齐唱《曹门高》:'曹门好,有好好;曹门高,有高高。'复原了当年慈圣受册封、宣仁入宫的风光,刻意不忘为姑侄俩太后唱赞歌啰。"王安石顺势点头:"太皇太后对今上关怀备至。"陈景初显得高深莫测:"入得厅堂,见有题诗:农桑不扰岁常登,边将无功吏不能;四十二年如梦过,春风吹泪洒昭陵。"王安石顺便跟随:"太皇太后当年宫中种稻养蚕,慈善节俭,还练出好一手飞白书法。"

陈景初话里藏话:"好一派富贵景象,曹国舅的生意兴隆啰。"王安石洞明了陈先生的内心:"先生看到的是外表,他们内心不知道怎么忌恨熙宁新政咧。"陈景初显得无奈:"也是的。咱摸不到赵家脉相,此来要给相公诊脉。"

王安石:"好的。"王安石伸开手臂,陈景初切脉,看舌苔,细细体会良久,坦诚地说:"相公虽是心火,却有病灶入体。"王安石:"请先生从实说来。"陈景初有意就病理戳破政权那层纸:"《黄帝内经》有言:怒伤肝、喜伤心、忧伤肺、思伤脾、恐伤肾。相公忧思过度,自然伤及肝脾。心由境生。新政成就,国富民强,民心所向,不是几个权臣非议与一些浑水摸鱼者就能颠倒黑白的。相公定要泰然处之,身体会随之康健。"王安石明了陈景初的来意,深情地点头。

陈景初故作神秘:"具体用药,我得请吴夫人。"陈景初离开书房,招呼家臣陪同,对吴夫人说:"相公本是装病,却也真有病。我开个处方,按方服用七天。其间,一定要劝相公多吃东西,静心休息,不要离床,莫发性子,莫听朝事,保持干净。"吴夫人以为是指个人卫生:"先生看到过的,他总是那么邋里邋遢,哪里能保持干净啰!"陈景初摇头:"我说的是情绪干净、心灵干净:不气、不惧、不贪。王公是真正的干净,看遍人间争斗,依旧心地善良;看透官场浑噩,依然追求清明。山人余生,也是想以贤相为榜样,做个干干净净的人。"吴夫人觉得莫测高深:"他哪里静坐得住,非卧即行;目不停转,视物如射;吃饭如战斗,三口两口即完。这些事呀,只能请俞先生你们用心了。"俞舜笑着点头:"当然。"

吴夫人送陈景初回到书房,见王安石正在写诗。他就便站在一旁观赏:

赠陈君景初

> 吾尝奇华佗,肠胃真割剖。神膏既傅之,顷刻活残朽。
> 昔闻今则信,绝伎世尝有。堂堂颍川士,察脉极渊薮。
> 珍九起病瘠,鲙虫随泄呕。挛足四五年,下针使之走。
> 一言傥不合,万金莫可诱。又复能赋诗,往往吹琼玖。
> 卷纸夸速成,语怪若神授。名声动京洛,踪迹晦莨莠。
> 相逢但长啸,遇饮辄掩口。独醒竟何如,无乃寡俗偶。
> 顾非避世翁,疑是壁中叟。安得斯人术,付之经国手。

王安石在笔走龙蛇时,脑海里不时涌现:陈景初赋诗、长啸、掩口、急于为贫者诊断免除药金而慢待富贵病者的画面。陈景初心境随诗飞动,眼中滚动泪花:"在相公如椽之笔下,山人自觉莫测高深了。相公过誉,山人不敢受。"

王安石袒露心境:"我要是有先生的智慧和手段,便会医得大宋积贫积弱痼疾,新政一定顺利得多。"陈景初:"相公知其不可为而为之,实在不容易。"

王安石指着墙上挂的《兼并》诗,陈景初从头至尾念到"俗吏不知方","俗儒不知变"句,完全脱去江湖外衣,由衷地喊出:"妙,妙!"

吴夫人无限感慨:"一个医侠,一个拗官,两个新法迷。"

神宗在寝宫御案不断翻看韩琦、欧阳修、司马光等老臣请罢青苗法的奏疏,王安石请罢参知政事和制置三司领条例司奏章。神宗:"针尖对麦芒,总是针锋相对! 不改,不行;改,更不行,教朕这个皇帝到底如何是好!"神宗急火攻心，食不甘味，寝不成眠，丰满的面庞显得有些瘦削，细眼增大，看来是急病了。

向后端着汤药进来，不免感叹："哎，仲箴，从颖王府到登基，我在你身边这些年，觉得你壮若力士神人。朱婕妤她们也总夸官家有使不完的劲。没见你休过假，没见你游幸作乐，身体棒得连喷嚏也没打过，更未见你吃过什么补药。"神宗听后，稍微放松了绷紧的脸，说道："你也学会唠叨了，把药碗递过来就是。"向后递过汤药，神宗一口喝完。

向后欣喜，顺便引日前背诵下来的范文正公《御街行》传情："纷纷坠叶飘香砌，夜寂静，寒声碎。真珠帘卷玉楼空，天淡银河垂地。年年今夜，月华如练，长是人千里。"神宗两眼放光，喜接下阕："愁肠已断无由醉，酒未到，先成泪。残灯明灭枕头欹，谙尽孤眠滋味。都来此事，眉间心上，无计相回避。"

向后言犹未已："这些天，你食不甘味、寝不成眠，人们说你得的'帝皇病'，我心里不知怎么难受，也不敢禀呈两宫太后。真不知如何是好！"提及两宫太后，神宗有点紧张："我的好皇后、好姐姐，你就别絮叨了。什么帝皇病！喝了药，睡一觉，我又成了颖府中那个仲箴，会有使不完的劲头。"向后觉得初见成效，丢了个媚眼："但愿陛下珍重万金之躯，以龙体康健为国之根本。"

张寺突然进来逗向后："帝后常伴青春之欢乐，万民祝福。不过样样求全，等于自己窒息。完善等于终结，终结等于死亡。"向后两眼直视，不知所云。神宗当然明白小丑的指向。

张寺出门，正遇枢密使文彦博拉着陈升之、韩绛一起进宫看望神宗。问候之余，文彦博不免又絮絮叨叨，极言青苗、均输、市易之害。陈、韩只得默默陪侍。神宗："朕前已遣二位宫廷太监，到各路察访民情。他们回来报称：'百姓得青苗钱救济度过了春荒，恢复了生产，到处一片忙碌景象，预定是个丰收年景。'"文彦博："韩琦、欧阳修、富弼，都是三朝宰相，他们的正本奏疏陛下不信，而相信几个道听途说的宦官，这能说是尊重贤臣、不折梁柱吧？"神宗不悦："朕要的是真实民情。韩、欧老相公所奏，毫不涉及农夫得青苗之助所带来的农事复兴，却只专注于缙绅士大夫利益受损。"

文彦博倚老卖老，虎视眈眈地责备神宗："士大夫利益？陛下依靠谁治天下？是百姓，还是士大夫呢？"神宗被噎得一时无语。文彦博咄咄逼人："当然是我们欧、韩、富、曾、文、司马、苏轼等朝中士大夫啰！"神宗见文老相公竟将陈升之、张方平、韩绛、王安石等排除在士大夫之外，顿时怒不可遏，拂袖而起，高声斥责："文彦博，卿以为朕不知道民惟邦本！百姓才是衣食父母！圣贤经典，汝不知矣？"

见到从来和颜悦色、未曾在大臣面前失态过的年轻皇帝，头一次直呼老臣之名而加训斥，内侍们吃惊不小，心里责骂文彦博倚老卖老，骄纵过甚，欺侮奋身朝政、锐意进取、才过弱冠的年轻君主。神宗强忍怒气，整了整袍服，收敛了怒容，温然而语："君为轻，民为重，社稷次之，这是古圣贤经典，也是诸位宰臣教朕的主旨。前朝贤相范文正公所说：'居庙堂之高则忧其民，处江湖之远则忧其君。'我们君臣，要先天下之忧而忧哇，士大夫没有黎民百姓供养是活不了的！"

老奸巨猾、内守功底极深的文彦博，把多年如鲠在喉之块垒向年轻皇帝发泄了出来，感到前所未有的舒畅惬意。他的目的在于激怒官家，只有这样才有可能伤及王安石新法。他装得若无其事的样子，又练起了闭目涵养的功夫，心里嘀咕："哼，圣贤经典讲的学而优则仕，不就是讲读书赶考就是为了当官做老爷嘛！只有王安石那些傻蛋当了老爷以后，还像猪猡一样去拱泥地！"神宗当然看得出老文内心的恐惧，他生怕被罢枢密使，离开比生命还重要的枢府，远离享受无限的京师，失去面君发泄的机会。

陈升之很尴尬，但无可如何。韩绛乘机对神宗耳语："恳留介甫。"

侏儒张寺突然出现："嘿嘿，听起来不顺耳，看起来不顺眼，做起来不顺手。力量在内耗中抵消，优势在分割中削弱，先进在封闭中退化。"

亲见文彦博对神宗的顶撞，陈升之回到府上，五心不定地来回踱步。夫人借机感叹："相公近日似乎公事不畅，眼看老太太又病重，全家人好不心焦。"陈升之坦言："朝中事你们不要过问。前时欧阳公、韩公求罢青苗法，王安石不肯，告病在家。官家左右为难，急火攻心，也病了。首相曾公亮五日一朝，枢密使文彦博索性撒野放羊，中书就我一人主事。千头万绪不说，凡事都针锋相对，叫你在行与不行、做或不做二选其一。你说我舒畅得了嘛！"

躺在棕榻上的老夫人心疼得很:"我儿为官四十年,升至宰辅,位极人臣,朝廷大政苟且不得。可是,毕竟年岁不饶人,得悠着点了。"夫人接腔:"是呀,他赵家的金銮殿,自有四梁八柱顶着。相公您本事再大,一个人也顶不起呀!"老夫人:"昨日司马光来家说,朝野乱哄哄,百姓不买账,官家不知如何是好。他料得均输、青苗、募役之法罢之不可,行之亦难,王安石骑虎难下咧!"夫人补充:"他还说了,天下皆知道王安石变法。功成,与你陈旸叔无关;功败,你旸叔则罪责难逃。如今,四相簪花都应验了莫不如趁势急流勇退。"陈升之反问:司马君实来过,确实这么说了?"老夫人和夫人都点头。

陈升之回忆起四相簪花的往事。宋代文人有赏花插花的雅兴。以资政殿学士知扬州的韩琦,邀请都在大理寺挂职的王珪、王安石、陈升之三属下到他的扬州官署后花园,观赏一株奇特芍药:花分四杈,每杈各开一朵;四花花瓣上下都是红色,中间却有一圈黄蕊,习称金缠腰,又叫金带围,很是稀罕。民间传说,如果出现这种花,扬州城里就会出宰相。"韩琦欣喜地把四朵金带围摘下,在各人帽冠上簪戴一朵。几十年后,民间的传说果然应验了,四个簪花人先后相继在朝为相,人们盛传金带围是宰相花。

陈升之沉默良久,对母亲和夫人说:"王安石生病,官家生病,明日我也生病,上上下下一起病吧!"与此同时,张寺在宫外嘟囔:"官家病了,王安石病了,陈相也病了,大宋百官一起病吧!但愿太皇太后、太后、皇后龙体康泰,万寿无疆!"

第十八章
朕为众论所惑

司马光并不厚道

熙宁三年(1070年)二月,黄怀信来到翰林院向司马光传达神宗旨意:"起草挽留参政王安石诏书。"司马光颇感为难。他的《资治通鉴》写作助手范祖禹、司马康齐声劝导:"此事非先生莫属。"司马光从二人转动的眼神中猛然醒悟,诡谲地应承:"唐人说过,夫登进以懋庸(褒美有功),黜退以惩过,二者迭用,理如循环。"

吕惠卿与曾布在王安石府中,研读韩琦请罢青苗法的奏疏。吕惠卿:"老韩此疏,从整体看,与当年吕诲奏章十条一样,东拼西凑,望风捕影,不值一驳。"王安石:"不然。吕的弹劾,今上一见便知其荒谬。而韩奏之中有一条足以动摇今上。"曾布:"奏疏二、三、四、五、七条,都有惑乱视听之功。"吕惠卿:"诚如参政所示,最能使官家困惑的当是第七条。"

王安石:"我思忖再三,只有第七条,官本不续而失陷。官家最担心的是失陷官本!"吕惠卿:"我懂了。公劳累过度,休息要紧。我们条例司仔细研究,提出对策报您。"王安石:"好的。研究透彻,洞明反对者的伎俩最要紧。几十年前在鄞县时,有一位渔翁告诉我,因触礁而倾覆的船只,比被飓风掀翻的船只要多。人生的许多关头,不在于抗风雨,而在于补漏洞。"吕惠卿深情地点头。曾布心领神会:"是呀,补好漏洞才万无一失。"

司马光来到监察院,将与范镇、王子韶等共同拟写挽留诏书文稿从袖中抽出说："我拟了个文稿，各位看看行不行：朕以卿才高古人，名重当世，召自岩穴，置诸庙朝，推心委诚，言听计用，人莫能间，众所共知。今士夫沸腾，黎民骚动，乃欲委远事任，退处便安。卿之私谋，固为无憾，朕所素望，将以委谁？只复官常，无用辞费！"范镇："好，前部捧得高，后部摔得重！"监察御史王子韶："乱说，都是为王安石好。"范祖禹："王安石刚愎自用，别人的话，包括他的至亲、老友曾巩规劝都听不进去。行文刺刺他，我以为正是时候。"司马光眼中闪出狡黠的光，好像水到渠成："去就以道，可谓君子矣！"

侍御史陈襄："'士夫沸腾，黎民骚动'，概括得太好了！妙，妙，妙！"知谏院李常："'卿之私谋，固为无憾'。有这八个字，他王安石再没脸面出来了。"监察御史张戬："君实常说：'口说不如身逢，耳闻不如目睹。'这样一激怒，王安石会断然辞职。高高高，君实的笔锋，实在是盖过王安石，当今第一，高！"

王雱、吕惠卿、曾布一同聚集茶室，陪同安石饮茶散心。汪弄沟熟练地冲泡上等雀舌，一一递送品味。曾布面对茶室四壁的书籍，感慨道："参政这几万册书，我能读一半就好了。"王安石："不必求多。我自诸子百家之书至于难经、素问、本草、诸小说，无所不读，农夫女工，无所不问。子宣你不同，经史子集，重在经史。"曾布机灵地转话："人们传言王公读书过目不忘。能让我们试试？"王安石来了兴致："那就试试吧。"曾布："架上书，能指认某句某事在某书某页某行，精准者饮茶；否则对方先饮。"王安石点头认可。

曾布抽出某书，翻至某页某行，请王安石确认什么内容。王安石声称某事。曾布点头："正是某事。"王安石先饮一盏。曾布再次抽出一本偏僻的杂书某页某行某事，王安石再次确认与书中内容完全相符。吕惠卿、曾布佩服得五体投地。王雱接话："爹的学问和记性没得说，儿子自小佩服。"

王安石："我要看看，这些年，雱儿的学问有多大长进。"他请曾布取来某书指定某句，王雱说出于某书某页某行某事，曾布点头确认。王安石笑道："也许是碰运气，子宣，你说是吧？"曾布摇头："元泽的学问货真价实。"

吴夫人此时进来搭话："相公的学问精研入微，咱们儿子这些年从不懈怠，学问同样货真价实。"王安石："你们都认可，元泽你就饮了这盏。"王雱笑着说："功夫也好，运气也好，儿子当仁不让了！"王雱举杯，双手颤抖，将茶水溅洒一些在衣服上。王安石哈哈大笑："我说你是碰运气吧！茶盏不认咧！"

太监送来官家诏书。王安石接诏,立即浏览一遍,自言自语:"这纸挽留诏的执笔人,是一心要激怒我辞职呐!"曾布:"据说是司马光执笔,范镇、张戬、陈襄等谏官参议。"王雱:"他们明摆着想用这通文字赶您下台,爹应抗章自辩!"吕惠卿:"定是官家未曾仔细批阅,还是先驳司马光为好。"王安石点头:"吉甫判断得对。我尊重司马君实的发言权,但不赞同他的论点论据。"

王安石叫王雱铺纸磨墨,构思给司马光的回信。吕惠卿、曾布一旁侍候。王安石接笔于铺好的纸上直书:"我们两个老朋友议事常常不合拍,是所操之术多异故也。君实所以见教的,以为侵官、生事、征利、拒谏,以致天下怨恨毁谤也。"

王雱:"将司马伯伯所列一大堆内容,归纳为四大要点八个字:侵官、生事、征利、拒谏。"吕惠卿:"直入主题,极为精辟。开篇好!"

王安石继续写道:"我以为,受命于皇帝,在朝廷广为讨论并制定法度,然后交有关部门执行,没有侵犯朝廷任何部门任何官员的权力。"曾布:"丝毫挨不上'侵官'二字,一句话就驳倒了。"

王安石:"用先王的教导去兴利除弊,不能说是生发是非。"王雱:"所谓'生事',无稽之谈。"王安石:"为天下理财,不能说是争利。"吕惠卿:"所拟新政各法,都从富国强兵出发。"王安石:"批驳邪说诐行,指责混淆是非的人,不是拒绝批评。"王雱:"一句话驳斥一条,简单明了,却又力重千钧,叫司马伯伯他们无论如何也搬不动、驳不倒!"王安石:"至于对新政多有怨恨毁谤者,我早就预料到了。"曾布:"这个司马学士,外托直言谏诤之名,内怀附下之实,所言尽害政之事,所与尽害政之人。"

王安石继续写道:"现在的人们,多年来习惯于苟且偷安,士大夫多半不尽心国家大政,把跟潮流、媚习俗作为最佳选择。"曾布:"我朝流弊如此顽固、保守势力如此顽强,可叹可悲!"王安石:"今上睿智英明,决心改变我们大宋这种疲弱涣散状态。我,作为朝廷一员,不考虑反对势力的强大无比,决意协助皇帝抗争,众人当然会群起而攻击我的。"王雱:"力胜万钧。爹把当初为何屡辞不就的道理公示出来了。"

王安石:"如果君实责备我在位近两年,未能协助君上大有作为,老百姓还未得到多大的实惠,则我王安石领罪。如果说今天应当一切都不作为,一仍旧章下去,我就不敢领教了。"吕惠卿:"王公的一切都是为了成就君上的奋发图强,使天下百姓得到实际利益。博大的胸怀,高远的志向,坚毅的意志,他司马光,包括欧公、韩公、富公、文公等老臣,都会望而生畏,自愧不如的。"

王安石:"我到没有如此奢望。"曾布:"您的《答司马谏议书》,驳得司马光体无完肤啰!"王雱:"这些老前辈,忘了儒学的根本,一点也不像唐朝诗圣老杜那样:'穷年忧黎元,叹息肠内热。'"吕惠卿:"根本的一点,是新法断了不少人的仕途和财路。士大夫空言误国,不知兵而好言兵事,不知政而好言国事,以为慷慨激昂就能救国救民,更以为说过就等于做过了。自己不挑担子,还好以大帽子去压那些实实在在干事的人。"

王安石:"吉甫说的中肯。司马君实不仅是他一个人,而是代表强大的既得利益者在说话;而这股势力令我们的一些同路人望而生畏、摇摆不定,乃至倒戈杀回马枪;同样地,这也考验熙宁新政的中坚。也就是说,新政施行起来会很艰难,也许难获全胜。"王雱:"爹可谓钻到他们的潜意识里去了。知其不能为而为之,这就是爹的拗劲:坚定,高远,所向披靡。"

王安石:"吉甫,子宣,元泽,今上带领我们励精图治,作为辅相,作为大宋子民,我们赶上这个时代,应该说是有幸,万幸呐。"吕惠卿:"这么大个议题,王公这么几百字就说得如此透彻,难怪学界、政界,盛称您是唐以来我朝文坛大家。"王安石:"不仅是朝政争论,而是关系到我大宋前途和命运的天大事情。强敌虎视眈眈,官家深度信任,我们有幸置身最高层,就要不忘初心,正道直行,变软肋为铠甲,披坚执锐,抗争到底!"吕惠卿:"子宣说朝廷的脊梁骨缺钙。王公全力在为大宋补钙。我们要把自己的骨骼补得像钢铁一般坚韧才是。"

王安石《答司马谏议书》迅速递到神宗御前。他接览时立感震撼,觉其文简练,其意恰切,如磐之石,无法撼动,不由得面浮愧色:"安石诚心,天鉴地知。安石执着,无坚不摧。咳,朕未能详察,乃酿成这重事故,惭愧,惭愧!仅仅年轻执着还不够啊!"

神宗重新阅读司马光的挽留诏,愤怒地称:"司马学士其实并不厚道!用意卑劣,弄巧反拙,可鄙,着实可鄙!"黄怀信鹦鹉学舌:"用意卑劣,弄巧反拙，着实可鄙!"张寺突然窜入，也鹦鹉学舌："'用意卑劣，弄巧反拙，着实可鄙!'卑鄙得让陛下清醒。"

神宗又翻出李定、陈襄、张戬、王子韶等人的奏章。对李常奏疏的"卿之私谋，固为无憾"那句话，顿觉如芒在背，自言自语："哎，王安石变法，哪点是为他个人利益？这些言官自称导朕持正! 简直一塌糊涂，尽说屁话! 黄公公，你说说，王安石变法，哪一件是为一己之私?"黄怀信："陛下，我就斗胆说一句，安石是以权谋事，他确实是一心要改变我朝积弱积贫状况，走富国强兵之路。"

神宗："司马光等舞文弄墨，诋毁激怒王安石，为了什么?"黄怀信回答："文人无行，历来如此，陛下不必深较。"神宗："正如孙叔敖所谓'国之有是，众之所恶也!'朕那几天心神有点彷徨，粗心大意了。请吕惠卿来!"神宗执朱笔书写口谕，待吕惠卿到交给他："吕卿亲交王参政，替朕善言抚慰。"

吕惠卿恭接手谕，神情凝重地来到王府。吕惠卿："官家特意诏属下到崇政殿，责令亲自将手谕送来相公府上，谆谆嘱咐请您释怀。"王安石摇头背手不接。吕惠卿转示王雱接旨，王雱开启念道："诏书有'卿之私谋，固为无憾'二语，乃朕失于详阅之过。今览之，甚愧。"

王安石惊异："新政伊始，朝中一批人精神为之崩溃，未曾想到精明力道的官家也如此精神恍惚。"吕惠卿："官家称，司马光在他的《资治通鉴·魏纪》中有句话：'没齿而无怨言，圣人以为难。'这个司马光，岂止是怨言？以我看，简直是个司马牛! 现在够他牛头马面的了。"王安石："冬虫不可语于夏。道不同，不相为谋。"

司马光那边接到王安石《答司马谏议书》，自然惊愕莫名，大放怨气："这个王安石，真是茅坑里的石头又硬又臭，执拗得无可救药! 给你个台阶就下嘛，人言可畏，京师人百万，吐口吐沫淹死你，何必执拗到身败名裂! 到那时，朋友们再也救不了你!"范祖禹、刘攽、刘恕、司马康等齐声附和："正如君实先生在《资治通鉴·陈纪》里写的：'得财失行，吾所不取'，王安石之谓也。"

马中赤兔，人中安石

太皇太后、太后在金明池踏青，坐在宝津楼的御座上，惦记起皇上两口子在宫内静思而未能同行，便传话打发张寺去逗帝后开心。

寒食假期，神宗静思，向后陪同。张寺奉两宫太后之命，故作乐呵地赶来神宗寝宫。忧郁而又紧张的向后见丑八怪来到，心情自然放松："就你小张子轻松，天大的事也是乐乐呵呵，喜笑颜开。"张寺笑盈盈地手舞足蹈："娘娘哭丧着脸也是一天，小丑我乐乐呵呵也是一天。大家都在过同一天，却不会有两个人同样地过这一天。哈哈哈！"向后发愣，神宗点头。

张寺直入主题："王安石是大宋一条硬汉。硬汉不是没有眼泪，我直觉他在含着眼泪奔跑。"神宗："王卿掉泪了？"张寺打趣："王相公才不掉眼泪咧。他为了给朝廷补钙，自己拼命增食钙质。"神宗笑问："告诉朕，王卿补些什么食品？"张寺："不是獐子肉，也不是羔羊羹，而是《三经新义》。"

熙宁三年（1070年）四月，崇政殿早朝。监察御史里行程颢、谏官张戬、右正言李常、御史王子韶，交言新法不便。监察御史里行程颢呈奏疏，大略曰："未闻辅弼大臣人各有心，睽戾不一，致国政异出，分名不正，中外人情交谓不可，而能有为者也。况于措置失宜，阻废公议，一二小臣实预大计，用贱凌贵，以邪妨正乎？"谏官张戬疏曰："王安石乱法，曾公亮、陈升之依违不能救正，韩绛左右徇从，李定以邪诌窃台谏，吕惠卿刻薄辩给，假经术以文奸言，岂宜劝讲君侧！"曾为三司条例司检详、后知谏院的李常疏称："均输、青苗等敛散取息，附会经义，人且大骇，何异王莽猥析《周官》片言，以流毒天下！"王子韶附和御史中丞吕公著等言新法不便。

神宗摇头："老生常谈，毫无新意，言辞讨巧，拾人牙慧。此等议论，误人更误国。治国先治吏，放他们到州县历练：'程颢为京西路提刑，张戬知公安县，王子韶知上元县，李常通判滑州。'"

范镇上前抗旨："言官尽其职责，不能罢黜！"神宗表现出年轻皇帝的盛气："法行必信。阻法枉国者，必须罢黜、外放！"范镇："大臣坑害老百姓，陛下拒绝谏言，臣请求退休！"神宗："免范镇翰林学士，准退。"

司马光愤怒："好胜人，耻闻过，骋辩给，眩聪明，厉威严，恣强愎，此六者，君上之弊也。君上要有听取朝臣不同政见的美德，拒绝谏言必然祸起萧墙。"神宗寸步不让："台谏进谗言，怎能不罢免！臣不把君命当回事，怎么反说是君上不听从！君不可抗，法不可侮，在朝为官，都要绝对服从君上！前已诏司马师傅为枢密副使，不要推辞了。"司马光："陛下所以用臣，盖察其狂直，庶有补于国家。若徒以禄位荣之，而不取其言，臣受之，乃是盗窃名器以私其身也。冰炭岂可同炉！朝廷一日不罢制置三司条例司，不罢青苗，不追还提举官，臣一日不为朝官！"神宗："那样的话，卿就一心一意撰写《资治通鉴》吧。"司马光："堂堂汉室，萧规曹随，兴旺至治。臣先见不如吕诲，公直不如范纯仁，敢言不如苏轼，勇决不如范镇。"

神宗："既要著书，关这些人甚事？牢骚至此，不以过乎！"司马光欲说还休。神宗转身不予理会。从此，司马光不再参与朝政。

得知神宗闭门思过，坚决斥退横蛮无理的台谏们，休息十天后，王安石上朝视事。神宗来到参相厅堂，心怀愧疚地对王安石说："王卿，罢青苗之诏，朕诚为众论所惑。寒食假中静思，此法一无所害，最多不过灾年失去一点本钱而已，何足惜哉！"王安石亲切地回话："只要陛下坚定不移，杜绝小人坏法，断无失去钱物之理。"

神宗吐露心迹："朕一直想不通，为何'国之有是，众之所恶'？实实在在的利国益民之事，竟那样令有些人不安？"王安石慨然应曰："包文肃公曾经说过，范希文的新政，堵塞了人家的官道财道，所以刚拉开帷幕就寿终正寝。我们派出的提举官们回报，韩公田产半相州，新法使他们家放贷减三分之一。据程颢透露，程珦家放贷利息亦减了小半。看来，触及利益比触及心灵更难受哇。"神宗："原来如此。当年庆历新政未成，范相失意，好多朝官欢天喜地。朕的熙宁新政，绝不允许重蹈覆辙，半途而废！"

王安石："韩公、欧阳公所言青苗不便，只夸大行使之难，对百姓所得实惠完全不顾。权臣利害所致，言官盲目跟风。朝廷风波，京师乱象源于此。官场如同戏场，一戏十人唱，十戏九不同。我深知他们为何千方百计魔障我，倒是觉得人言不足畏，唯祈圣上有定力。"神宗："自此以后，全凭参政施行，朕再不为那些流言乱语所惑。"

王安石："在应陛下诏越次入对时，我便确认自己一生重要的有三件事：用进取心创新事物，改变现状；用宽容心对待外界，适应环境；用感恩心致谢世界，死而后已！"

神宗深深佩服身边这位师臣的崇高境界："圆通致至而不显得圆通，伟岸致至而通身平易，真是马中赤兔，人中安石呀！"王安石："刑天舞干戚，猛志固常在。夸父能追日，愚公敢移山，吾辈岂不敢行新政？只要圣上坚定地引领朝廷步伐，我王安石定会紧紧跟随！"

　　神宗："司马学士既然坚辞枢密副使，不愿与卿同朝共事，朕便委他建史馆，带领一班人全力撰写《资治通鉴》。"王安石："君实著史，极为用心，改了又改，他的夫人都觉得他太用心，超力度。"神宗："怎么说？"王安石："嫂夫人张氏劝君实，你改了一遍又一遍，不厌其烦。又没有人看到你这么认真，何必呢！"君实回答："现在没有人看到，总会有人知晓，千秋万代一定会看到的！"张氏嫂夫人评论："顽固坚持，独一无二！"

　　神宗："好一个独一无二的学究！师臣功在当代，司马学士功在后世。"

第十九章
役人欢呼雀跃而去

痛心疾首，世道之不平

熙宁三年(1070年)十二月某日，王安石与韩绛正在朝中议事，突然接到上谕："王参政、韩枢密副使即刻赴右相曾公府第。"王安石与韩绛赶赴曾府，见院内停着双驾朱轮，知道官家在此，乃整了整衣冠，直入中堂。神宗常服，与曾公亮夫妇及儿子孝宽相对而坐，如同家人一般。

王安石、韩绛见礼。神宗命座，乃曰："多日未见右相，甚念，今日得暇，特来看望。"王安石："陈相回乡守母丧。臣卧病期间，明仲公劳累过度。"曾公亮："倒也不是。我已七十有二，近日手脚有点麻木，动转有些不便罢了。闲居在家，特别挂心王韶和戎之事，不知西夏动静如何，枢密可得密报？"

韩绛："枢密府刚收到王韶与唃厮啰之子董毡密约，西夏联络董毡一起攻我环庆府时，待我出兵对峙，他转而乘虚反戈攻占西夏。"王安石："王韶请筑渭、泾源二城屯兵，以利招抚洮河唃厮啰诸部。秦凤路经略使李师中阻挠，未得筑城。"神宗摇头叹息："朝廷内外诸事，但行一步，非阻即谏。一班高官厚禄者，饱食终日而无所用心，不是拒不执行，就是专以谏诤为忠直，此风如何得了！"

曾公亮正襟危坐，凄然地说："老臣已心有余而力不足，日夜忧虑者，是愿陛下早择直言实干之臣，理财、整兵、抚羌、平夏、驱逐契丹，复我燕云十六州，采此上策。整兵经武，严阵以待，是为中策。因循守旧，坐失良机，俟强虏兵临城下，割地纳银，以致覆亡，最为下策。愿陛下早定大计，臣死亦瞑目。”

曾公亮进言中，不时目视王安石。王安石直视曾公亮，目不转睛。神宗见此情此景，心领神会。神宗起身安慰曾公亮："卿相善自将息，勿以为忧；不必上朝，朕随时造府就教。朕得遇曾相和各位师臣，实在是熙宁朝之幸。"老态龙钟的曾公亮感动得跪地拜谒，王安石、韩绛左右跟随跪地。神宗恭敬地起身一一扶起。

曾夫人入堂恭请官家用膳。神宗携王安石、韩绛欣然入座。君臣家宴，吃喝随便，欢声笑语，如同家亲。王安石也不专吃身边菜了。

神宗回宫，即命翰林学士王珪起草诏书并出示手札："诏以王安石、韩绛并同中书门下平章事。曾公亮以守司空兼侍中、领河阳三城节度使、集禧观使，五日一奉朝请。翰林学士王珪参知政事。又诏以韩绛为陕西宣抚使。贬秦凤路经略使李师中知舒州。"

王安石见到神宗诏命称他："至学穷于圣人，贵名薄于天下。不以荣辱是非易其介，不以安危利害辞其难。……众誉所伤，曾靡损身之惮；孤忠自许，唯知报国之图。朕取其知道者深。……若作室，用汝为垣墉；若济川，用汝为舟楫。予有违而汝弼，汝有为而予从。"读到这些闳侈瑰丽词语，虽然知道出自翰林学士王珪之手，也觉是神宗心里话：崇敬、倚重和期待。王安石不觉热血沸腾，心满意足。

朝廷官员得知王安石与王珪、韩绛新的任命，惊呼同科三进士同参大政——仁宗庆历二年（1042年）杨寘榜进士，王珪第二，韩绛第三，王安石第四，一时传为佳话。

王安石回到府上稍事休息，便叫门人魏泰与他入西廊小阁泡茶下棋。落子之间，只听得门前车声隆隆，语声嗡嗡。虢瑞新前来报告："朝廷百官登门恭贺，队列几十丈长。"王安石素不喜这等事，乃请家人传话："安石未向今上谢恩，不便接见，请打马回府。"良久，他叫来笔墨纸砚，写下两句诗："霜筠雪竹钟山寺，投老归欤寄此生。"魏泰知道主家"虽置身朝廷，却心怀退隐之士"，便叫虢瑞新、汪弄沟贴到府门外。官员们哑摸滋味，灰溜溜地离去。王安石笑了笑，自己回书房读书去了。张寺闻说此事感慨："金水河边无佞宅，安有金铜诛佞臣。"

次日，王安石上朝，与王珪、韩绛同列，三人自然同样兴奋。下朝后，王安石意犹未已，在中书房壁上题诗："夜开金钥诏辞臣，对御抽毫草帝纶。须信朝家重儒术，一时同榜用三人。"要是在千年后的今天，王珪、韩绛、王安石三人一定会在诗壁下合影留念。

一直亲自监督东、西二府建造的户部侍郎张掞，报告八栋府苑落成，请神宗剪彩。神宗高兴地视察二府规模和设施后，诏命执政入住，东府居宰相、参政，西府居枢密使、副，自此免除宰臣转辗奔波延误之虞。东府第一栋一百五十六间由宰臣王安石居住，其余各一百五十三间，分由其他宰执大臣居住。众人谢表入居。神宗特宴大臣庆贺，张掞兴奋地以诗歌颂，王安石依韵而和："得贤方慕北山莱，赤白中天二府开。功谢萧规惭汉第，恩从隗始诧燕台。曾留上主经过迹，更费高人赋咏才。自古落成须善颂，扫除东阁望公来。"

时任枢密副使的吴充搬入西府时亦有诗赠户部侍郎，触发起王安石同年同届、儿女亲家、江边砍茅草、渠旁浇灌小头蒜、乡人叫野胡椒等往事，一一浮现眼前，写成和原韵诗："承华往岁幸踌躇，风月清谈接绪余。并辔趁朝今已老，连墙得屋喜如初。诛茅我梦江皋地，浇薤公思洛水渠。敛退故应容拙者，先营环堵祭牢蔬。"

被世人称"小圣人"的长子王雱早在京师，王安礼、王安国兄弟、妹婿朱明之等，均已回京任职。十一月十三日王安石五十一岁生辰，吴充全家过东府祝贺，新法参与者从出租屋聚集同贺。吴夫人向公众展示神宗御赐衣一对、锦彩一百匹、金花银器一百两，马二匹，镀金银鞍勒辔一副，感到无上荣光。最有趣的是一位叫巩申的官员敬送一笼鸟雀。王雱高兴地接手，巩申却打开笼门，鸟雀们曜曜地飞向天空，并在东府上空盘旋。王家人明白，这是表达新法给了众多被豪强兼并的黎民获得解脱的喜悦。王安石再也无法躲避车水马龙的贺寿官员，整个东府显得异常拥挤、热闹非凡。

熙宁三年（1070年）底，神宗驾御司农寺聆听募役法条文审定。宰相王安石、韩绛、参政王珪、判司农寺邓绾、同判司农寺曾布、权知开封府韩维等参加。神宗："有了前行数法施行之殷鉴，是该改役法、攻克'老大难'的时候了。"王安石："汲汲役法，在于减轻农人疾苦，抑制豪强兼并。春天即到，顺从农时为急；解放里正、衙前、散从官、手力等役人，是为了让他们赶紧回家耕田。州县官吏如果不加以虐待，服役之人本来还过得去。服役者自然都是有财产的纳税户，能够榨取些钱财。那些寡廉鲜耻的官吏，往往借口非法索要役人钱财。多少年来，役人都有岁时馈送官吏之费，习以成俗，恬不为怪。所以被派差役者，就像遭遇辽夏敌寇似的。百姓深受此害，盼望改此弊法。"

曾布："韩琦老相公在仁宗朝知并州时，也曾上过'州县生民之苦，无重于里正、衙前'这样的奏疏。这些人家千方百计寻求脱离沟壑苦海之法，至有将寡祖母改嫁、与母亲分居以求其为单丁的；或将自己的田土无偿给了别人，以免脱离上等户；还有父子二人被征为衙前，父亲上吊而死，以使儿子成为单丁户而免于衙前破产之苦。"

韩绛："司马光在英宗朝任谏官时也上疏说过：'设置乡户衙前以来，百姓日益困乏，甚至不敢追求富裕。因为现实情况是，富户反不如穷光蛋。你想多种一棵桑树，多买一头牛，储存两年口粮，十来匹绢帛吧，邻里就会把你当成富户，指认该服衙前之役。就这样，谁也不敢置田地、建房屋。自古以来，哪有朝廷法令迫使老百姓不敢为家境长久生计的！百姓盼望改弊法，除乡役之害。'"

神宗："差役为害百姓已久，早有定论。朕在颍邸时就想过，天下之民，所纳之税，至有十七八种之多，老百姓怎能泰然处之，而不怨恨朝廷呢？"王安石："陛下深知百姓税敛甚重，这是大宋子民的福气。臣在州县数十年，所见豪强兼并农户之虐无以复加，而国家税敛并不太重。"

神宗："朕记得《前汉纪》中所载荀悦之言：古代百姓缴税只占收入的十分之一，到汉朝低至百分之一。然而，豪强富人占田愈多，农民要用大半收入交租。官收百一之税，民收太半之赋。官家之惠优于三代，豪强之暴酷于亡秦。是上惠不通，威福分于豪强也。当今事实，有过之而无不及。"王珪："此论至今甚当。今立役条，最大的受惠者是村乡朴蠢不能自达之穷人，受到裁取者乃仕宦兼并大户和操控地方的豪强。"

神宗："当今州县的差役，确实是老百姓最为怨恨的事。熙宁新政如弈棋，下子先后尔；现在该下募役法这着棋了。既然如此，役法条文有对官户减半取钱者，却是为何？"王安石："是个策略问题。向官户、坊郭户取役钱诚然不多,是为了减少他们的议论和反抗。要是城镇等第户纠合众人击鼓截驾拦执政,便会影响大片百姓。陛下当然能熟计利害而深见其真伪,昭示好恶赏罚,使人懂得不能触犯刑律,不能制造奸言浮说,不敢施展阴谋诡计。如能这样,豪强恶霸、为富不仁者,就会像过街老鼠人人喊打。纵便多取于兼并豪强以接济贫弱,却又何妨!"邓绾:"推行有损强势阶层利益的新法,不能不特别慎重,务求完备,无懈可击。"王安石:"现在制定的募役法,务在除去大宋朝的'老大难',使民众乐于接受役钱。即便掌握执法权的衙司县吏,也无法投机取巧、藏奸耍滑。"

神宗:"应该思虑缜密,力求万无一失。"韩绛:"万无一失可能做不到,利多弊少是可能的。"王安石:"综合各位所言,都以为使民出钱雇役为便。应以条例司所拟条目,先从一二州试行。付所遣官分行天下,候其成功,即令各州军仿照实行。若其法得到当地百姓拥护,朝廷奖励所司官吏。"韩维:"臣请在开封府试行。"神宗郑重地点头:"可。"交两府大臣议定颁发。

熙宁三年(1070年)十二月,神宗诏行募役法。同时改诸路更成法,置将官,立保甲法。诏到各地,反对募役的声音纷纷传入朝廷。传速最快的竟是苏氏兄弟的奏疏。苏辙:"役人之不可不用乡户,犹如官吏之不可不用士人。"苏轼:"自古役人之必用乡户,犹如食物必用五谷,衣之必用丝麻,过河之必用舟楫,行驶之必用牛马。虽其间或有以他物替代,然终非天下所可常行。士大夫离开故乡而从官四方者,竭诚公务之余,亦欲享乐,此人之至情也。若厨传萧然,则似危邦之陋风,恐非太平之盛观。"

御史台、谏院更是纷纷扰扰炸了锅。李定:"差役法是太祖太宗时实行的成法,没有必要兴师动众,改成什么募役法。"监察御史罗神继:"乡民都出助役钱,国家发财了,分明是盘剥百姓。什么不加赋而国用足!"司马光在永兴军府第看到募役法条文,更是骂骂咧咧。

刚到永兴军公干的邓绾笑道:"司马相公不是早就极言差役之弊,首倡募役之说,呈请朝廷更革役法吗?"司马光装糊涂:"我什么时候奏过此事?"邓绾:"英宗治平年间,您上疏说,贫者不敢求富,富者反不如贫。富者怕服里正、衙前之役,谁也不敢置田地、建房屋。这种迫使百姓不敢为家境长久生计的弊法恶俗,您敦请朝廷赶紧去除。"司马光并不十分尴尬:"好像是有过。我记得韩琦在仁宗朝知并州时，早有同样的奏疏。"邓绾嘲讽："是的。那您岂不成了韩琦的跟屁虫了？"司马光："不要讲得那么难听嘛！那是两朝先帝时期。现在是熙宁朝，不一样嘛！"邓绾："是不一样。弊法日甚一日，百姓水火难熬，改革更易的呼声更高了。"司马光支支吾吾："那是就别的地方而言吧。我们永兴军这儿情况不一样，祖宗留下的差役法执行得很好，完全不必要改动。韩老相公也是这么上奏的吧。"

邓绾："你们通过气啰？"司马光："不用通气，政见一致，心领而神会。"邓绾："相公们是因为由王相王安石提出来的，所以行不通吧。"司马光："王安石入朝越次入对以来，宣扬他的'三不足'，这也要改，那也要变，尽坏祖宗良法，士绅百姓都反感。"邓绾："如果由司马学士您提出来，永兴军一定行得通。是不是？"司马光："大概会这样，但不能这么说。"邓绾："作为朝廷官员，非得事由己出，这不是出尔反尔、以私害公吗？"司马光："这叫因人而异，与人缘德望有关，哪能说是以私害公呢！"邓绾："无论怎么好的善法，只要是王安石提出的，司马相公总要横挑鼻子竖挑眼，鸡蛋里挑出骨头来的。"司马光："你总是说得那么难听。青苗法，我奏本了。陈述募役、保甲、更戍诸法之害，我当然还要向朝廷奏本。"邓绾等一行人哑然失笑，不知道再说什么好。

阻止募役法的谏言从各地汇集到朝廷。神宗翻阅奏章，对张茂胜说："你看，韩琦三十年前这样痛斥差役之害，如今按他的奏疏去害兴利，他却与文彦博等老臣，还有司马光那班小心眼，不顾是非曲直一律反对，出尔反尔，不知他们到底要做什么！"孙思恭评论："王公痛心疾首于世的不平之政，不惮得罪于巨室，而毅然强制那些富可敌国的豪强巨子辈出助役钱。公之此举，取尧舜三代以来之弊政而一扫之，实古今中外最显著之社会变革也！"神宗痛斥："还是那句话：国无公论。那些人饱食朝廷俸禄却无所事事，不思考新法的是非曲直，总是老一套，以谏诤为忠直。不能这么下去了，熙宁新政务必推行到底！"

此法会被后世膜拜

在腊月二十三小年前，太皇太后曹氏吩咐太监、宫女们把今年年节弄得热闹点。内都知石得一听得到此话，就屁颠屁颠地忙碌起来。此时，他正带领小黄门抬着宫花等喜庆物什进了慈寿宫，并渲染大内和内城正在盛装。

石得一向太皇太后禀报："官家擢拔王安石力行熙宁新政，赢得个天下丰稔，国库充盈。宣德门观礼台牌楼扎得比往年高大，御街彩灯镶嵌得如花似锦，开封府、相国寺里里外外花团锦簇，街道两旁摆满了各种花花草草。奴婢想，咱后宫也不能逊色，从小年到元宵，要弄得歌舞升平，烟花四起，给娘娘们增福添寿。"

太皇太后笑道："顼儿继位，熙宁元年，哀家本要大办喜庆，群臣却说要节什么用，苏轼那厮谏言不买花灯，搅了哀家的雅兴。"石得一："苏轼那厮是个文人，仗着他能写几句诗文，到处招摇惹事。如今外放，再也不用听他啰嗦了。"

太皇太后："如今官家政事熟谙，王安石辅佐得力，京师百业兴旺，百姓衣食充裕，朝廷仓廪丰盈。顼儿勤政数年，是该放松放松了。"石得一趋前双膝跪倒，郑重地奏道："官家于政事绷得太紧。奴婢刚才经过延和殿，闻知官家和王相正与权知开封府议事咧。"

太皇太后拍着怀里的小帝姬说："交年近岁，还议什么事！自从有了小帝姬，咱把官家忘得多了。"石得一："全年节序休假七十六天，元日、寒食、冬至大休七天。奴才记得仔细，官家却没有休闲几天。"太皇太后："内都知，去，传本后话，请君相一起来慈寿宫！"石得一一响而诡谲地答应："遵旨！要是他们不愿来嘛，奴婢连拖带拉背他们来叩见娘娘！"太皇太后笑道："连到东府，将王相吴氏夫人一并请来！"石得一与后宫都惊异于太皇太后的反常之举。

确实，此时，神宗与王安石正与权知开封府韩维、提点刑狱赵子几会商募役法执行情况。韩维："开封府奉旨畿县先行。十月，各县在城乡张榜公布新法条文一个月，众皆称便无异议，方予施行。"赵子几虽然首次面君，却忍不住将新法施行第一天的感人场面脱口而出："令行之日，开封府衙前八百三十人，畿县乡役数千欢呼雀跃而去！募役人等基本到位接茬。"韩维同时喜形于色，王安石兴奋地说："去旧更新不容易，尤其是役法，章程找对了便是窍门，找错了便是累赘。"

神宗也十分高兴,不由得拨弄了御案上的一堆奏章,细声问道:"出钱募役者,可有杀耕牛、伐桑枣、卖田产的?"韩维愕然而惶恐,转对赵子几问:"我没见过,也没听说过。赵提刑,你见过吗?"赵子几悚然冒汗,以为官家抓到了什么把柄,只是摇头,不由得将跪着的身子偏到韩维身后。

神宗拿起一件奏疏说道:"朕久闻劳役之害。全国普行均输、青苗之后,方在你们一府试行募役。永兴军司马光上疏,称役法比青苗更为扰民,服役者伐桑杀牛或贱卖粮谷田地缴钱,苦不堪言。"王安石:"司马君实远在陕西永兴军,怎知开封府募役者杀牛卖田细节?"韩维从容地回答:"为豪强富户说话、谤议新法的,我也听了不少。他们道听途说,望风捕影,穿凿捏造,不遗余力。"

赵子几这才放心大胆地补充:"朝廷大臣未出京师,怎知道开封府乡里情况,想当然啰。乡村以中等之家论,旧时劳役之费,每天支付一百钱,每年则要三十六贯。新法实行,每年只出三贯,十年加起来才三十贯,十成减去九成多,何害之有!开封县共计二万二千六百多户,每年输钱一万二千九百缗,上等户其费十减四五,中等户十减六七,下等户十减八九。下户得到的好处多多,怎么会因行募役法杀牛卖田呢?"

众人欣然。赵子几头摇得像拨浪鼓:"我天天在乡野转悠,从没有见过这等事。也许是人家杀猪宰羊办喜事吧!不过,也有专为行募役法而设宴庆贺的。"神宗笑着连连点头称赞。

韩维:"害怕而非难新法的,是一些不法官吏、富豪,不是黎民百姓。"王安石:"赵提刑言之凿凿,可信。害新法者,在官不在民。听说,你们开封府有县令挂冠而去,却是为何?"赵子几回答:"开封府所辖十六畿县,其中十四个县均输、青苗、免役等新法到户,执行不大好的只有两个。一个是陈留知县徐中行,只在县衙门前榜示三天,未公示到乡里,便上报'民不愿行'。臣等略加督责,他便发怨言,诉病朝廷,称病辞官,乃至挂印而去。"神宗说道:"这个陈留县令,朕想起来了。他是司马光今年初推荐的,说他夏不扇,冬不炉,夜不席,苦读经史,道学好得很。朕问其人以治道,你们猜他怎么回答?"

众人引颈聆听。

神宗摹仿那人摇头晃脑的神气:"这个徐中行摇头晃脑地回答了一句:

有尧舜二典在。朕认为他是个迂腐书呆子，司马光却说他高深莫测，行政如履平地。朕勉强授他知县，未曾想竟是这等夯货。"韩维接话："诚如陛下所言，新法成败，全在选官，得其人则为利，非其人则为害。"神宗："体大思精，道理显而易见。开封府试行期间，你们司农寺多派些人去乡野田舍，按黎民百姓的愿望实施，并把实际情况悉数禀告王相和司农寺。希望你们继续殚精竭虑，务必从百姓的利益着想，把役法实施细则琢磨得百姓称便才定案。变法诸事，悉数听王相筹划指挥。"王安石："已采取了上传下达诸多措施。"

神宗："有人对朕说，此等便民措施，一定会被后世子孙援引为佳法。你们将会被后世膜拜、传颂之永远哪。"王安石不能自持，说出少有的自信话："熙宁皇帝定为后世传颂膜拜。就我王安石个人而言，当世人或不知我，后世人定当谢我。"

石得一到来，传太皇太后口谕："太皇太后请陛下与王安相即赴慈寿宫。"神宗虽然不知有何机要，不得不搁下政事，马上整衣冠出发，邀请王相一路同行。王安石未曾进过后宫，有所迟疑。神宗车驾赶到慈寿宫，吩咐石公公叫人取黄金千两。

王安石纵观治平四年（1067 年）整修一新的慈寿宫，五楹大殿画栋飞檐，十分壮美。前殿迎门一架绢屏风，镶嵌四块四色山水纹大理石，十分稀罕。转过屏风，就是正殿慈寿堂，阶上摆放神宗亲制的那辆玉辇。王安石懂得外臣不进后宫，便在此止步，目送神宗直入东阁。不一会儿，宫人出来传王相入内。王安石高视阔步跟入，见三宫娘娘均在，立即行跪拜礼："臣王安石恭请太皇太后圣安，太后圣安，皇后圣安。"

高太后初见王安石，不由得大吃一惊。她意识中的王安石脸相，曾由宝贝儿子岐王赵颢的利嘴固化：黑脸白眼，广额浓眉，须发蓬乱爬满虱子，衣衫邋遢有如油布，体貌如街头叫花；白眼发直总盯一个地方，黑脸对谁谁觉恐怖。今日始见他通身气度，竟与勾栏台上的宰相诸葛亮相似，脸也不如虎头铡刀旁的包拯包公那么黑。礼毕，太皇太后吩咐："赐座。"王安石见神宗躬身站立于太皇太后一旁，也就站立不坐。太皇太后像司仪一样声称："吾君吾相辛苦了！就便入座。"

王安石知道太皇太后喜农桑耕稼，擅音乐绘画，善飞白，多才多艺，严谨有礼,听到如此亲切的招呼,自然放松了一些。神宗至此还是不大放松:"儿臣拙于政事,侍候太皇太后、太后不周。今备得黄金千两,供两宫娘娘节下零用。"太皇太后笑着说:"呵呵,财富建立起自信,刚不哭穷叫花,就装起富翁来了。哀家不缺钱。就是说,你们君相苦心施行新政,得来国泰民安,年头岁尾,也该与民同庆,放松放松。"太后接话:"太皇太后亲自教练宫女们排演歌舞,请你们君臣一起赏光咧!"神宗故作嘻笑:"祖母、母亲优容款待,孙儿何乐而不为!"

后宫言笑家常,王安石通体不舒,一直未敢抬头正视。神宗约王安石与刚到的吴氏夫人一同就座。歌舞开演。吴夫人见厅堂花枝招展,便觉手痒痒,动手插起花来。一会儿,几瓶高雅娇艳的插花亭亭玉立。吴夫人请宫女送到太皇太后、太后和皇后面前,博得三后一致夸奖。向皇后称赞:"传闻吴夫人是个活花瓶,今日得见,果然名不虚传。"

印象转好的高太后招呼王安石:"王相,这是你们家乡的南丰金橘,哀家很喜欢,你鉴定一下,地道不地道。"王安石含笑接了一枚亮光闪闪的金橘。太皇太后似乎感觉孙子下巴变尖,眉宇间隐藏着丝丝忧郁,便问起不加赋而国用足的奥秘。王安石接神宗目示,悠然答道:"一日无粮天下乱。京师每年需粮米六百万担以上,年前已经足额。天下财富岁入国库亿万钱。汇总明年各项开销,有望稍有盈余。"

太皇太后:"只要过得去,哀家就放心了。据传,富弼知亳州,县令凡行新法者杖五十,可有其事?"神宗:"各路州行政可分先后,富相自可便宜行事。"孙儿的仁厚打动了太皇太后,她冷峻而又庄严地说:"哀家知道那些元老重臣或许心气不服,会有不把你放在眼里,也会有不把你放心上的。为求国泰民安,朝廷要令行禁止,抗旨治罪,辞官照准,堂堂大宋,缺了谁,太阳照样东起西落!"神宗记起祖母曾经"不可疏远三朝老臣"的嘱咐,对比这"太阳照样东起西落"的话,对新政够支持的,心灯马上亮堂起来,便说:"多谢太皇太后圣心烛照,孙儿一往无前。"王安石听后,更是放下了悬着的心,即行叩谢曹后:"感激太皇太后天恩。"随即将手中的金橘送入嘴里。

高太后命宫人献茶,顺势勉慰王安石:"闻说相公代君受怨,多有烦扰。"王安石听到"代君受怨"一句,十分吃惊乃至诚惶诚恐:"臣得圣上知遇深恩,理应效犬马之劳，但知经划新政时有纰漏，难免有累圣明，此皆臣之过也。"高太后深感王安石学问渊博，久历朝政，老练深沉，性情刚正不阿，心中便有些不安起来，生怕她的年轻儿子受制："官家行熙宁新政，外人或有以先前的商鞅、晁错警示，不知相公有何见地？"王安石从容答道："时非秦朝、汉室，臣非商鞅、晁错。新政出自君上，万民受益，臣等智短力微，仅可推波助澜，岂敢冒领天功？"

太皇太后："官家年轻，对相公可为尊重？"神宗赶紧抢话："孙儿得遇王相，可谓天作之合，师臣相知无二，真乃朕之幸，大宋之幸。"王安石："臣得遇圣君，敢为圣朝肝脑涂地，不胜荣幸之至。"

两宫太后深问至此，神宗心里感到别扭，就势目视向后求救。一直紧张聆听着的向后，立即起身给祖母递茶，不无娇羞地向老佛爷恳求。太皇太后知其心意，立即转变话题，随口说出："听说王相夫人是个饱学女子，长于诗书，或疏于家务，难怪王相公的朝服有点敝旧。"吴夫人听得面赤心跳，羞得低头。高太后见机接话："唤石得一来，为本宫赐王相袍服一领，吴氏夫人宫花一对。"

此时，压轴戏《霓裳羽衣曲》接近尾声，宫人们已将赐物摆设停当。神宗的视线不时射向母后身边那珍珠满头白纷纷的老妃子，似乎被太皇太后察觉。

太皇太后："听说王相父子一直专注《三经新义》，哀家赏赐新刻《论语》一部。"高太后："半部论语治天下嘛，还是毕昇活字印刷的最新版本咧。"侏儒张寺打趣："托两宫太后的福，我们天朝有了毕昇的活字印刷，连庶民与我小丑一样，也买得起、读得到晏相、柳永、王相、苏轼的诗词文章了！"王安石双手捧住漂亮的新版《论语》："深谢两宫太后！毕老前辈确实推动了大宋的庶民文化。微臣父子还有吕惠卿，一定把《三经新义》注释好。"

张寺对王安石："不经历低谷之阵痛，何以体味巅峰之喜悦！王相立政造事，在于一统百官和士子之道德行为，是亦不是？"王安石含笑伸拇指赞许小丑的机灵。

轮到吴氏夫人选领宫花了。宫女头目盼咐："太后赏赐王相夫人宫花。"多嘴丑宫女将罩锦揭开，露出三对五彩斑斓、闪闪生辉的宫花。高太后狡黠地吩咐："由夫人自选一对。"吴夫人受宠若惊,心里却十分警觉,从左至右扫视宫花,又从右至左鉴定,确认三对宫花上中下品位,又回头望了王安石一眼。王安石鼓励她大胆选取。

吴氏神闲气定地撷取中间的一对。多嘴丑宫女偷偷小声指示:"左边,左边是上品!"高太后嗔怒:"看你那舌头就是多余。"多嘴宫女手捂嘴巴。吴夫人不为所动,转身跪谢高太后、太皇太后和向后。宫女们大都暗暗摇头,嘘声低叹吴氏不识货色。

高太后十分惊奇地目视吴夫人:"夫人走眼了,左边那副成色最佳,换取那一副吧!"众后和宫女们都鼓励吴氏换取那副最高档的。吴氏全然不顾,深情地回谢两宫太后和皇后:"深谢娘娘们赏赐,下人觉得这副最能体现太后深情和民女身份。"独有太皇太后曹氏惊异吴氏非同寻常的智慧和品性。

在回相府途中,王安石询问夫人为何不按太后的吩咐换取那副高档宫花。吴氏:"太后之所以叫我三取一,是在测试我的人品,看看配不配当宰相夫人咧。"王安石:"此话怎讲?"吴氏:"我若选取高档,会给宫中留下贪小利的印象。我若选取低档的,娘娘们都会认定我要么眼拙,要么虚伪。只有这中档,谁也无从挑剔。"王安石:"中庸之为人处事,正是太后们奖励《论语》之用心。领教了,宰相夫人!真所谓岁月从不败美人哪,活花瓶!"

吴夫人:"说起来,此事还是学咱家那小军师。每次买回好吃、好穿、好用之物,素雯都拣中等的。"王安石:"原来如此。我们家那个小精灵,情商高得很,总会让别人高兴。王氏家门代胜代,女子有德更有才。"吴夫人:"说什么女子无才便是德!可惜女子不能科考走仕途。"王安石:"女儿小小年纪便有无需提醒的自觉,形成根植内心的修养。是的,人生所拥有的一切都不过是体验,而占有不过一时,何必斤斤计较。"吴夫人小鸟依人地扑到王安石怀中:"你陪我一程,我伴你一生。"

慈寿宫那边也同时议论吴夫人。太皇太后:"你们以为吴氏眼拙不识货?"宫女、太监们大多点头。只有石得一摇头,高太后未吱声。多嘴宫女傻傻地加了一句:"那确实。"太皇太后:"错!她同她家相公一样,是个很有心计、会应对世上一切繁难事务的奇女子。"高太后似有所悟。

太皇太后接着指向高太后身边的妃子说:"她才不像你那满头白纷纷,

俗气。皇帝很反感。"高太后："国舅选送的广州番商西域珍珠,珍贵得很!"太皇太后："难怪京师珍珠价格疯涨。你们晓得楚王喜细腰,宫中多饿死的故事吧。你喜欢南丰金橘,引起市面价格飞涨。你同市易务给宰相家乡江西老表打了个大红包!"

　　春节过后的元旦有大朝会,也就是说,皇帝春节还要上班。神宗寅时起床,穿绛纱袍,戴通天冠,入大庆殿焚香祷告祭拜上天。御驾坐殿,有四名身材高大、身着介胄的武士立于殿角,谓之镇殿将军。半小时后,景阳钟齐鸣,宫门缓缓打开。听到召唤,宰相率领百官、各国贺岁使臣和藩族首领们迈步进宫,依次序站定。皇帝步出御屏,入座龙椅。殿庭列法驾仪仗,百官冠冕朝服,诸路举人解首,亦士服立班,服二梁冠、白袍青缘。领班大臣带领山呼万岁,朝拜祝贺新年。

　　诸州进奏吏各执方物入献。使者们呈献贡品,有南蛮五姓番,皆椎髻乌毡,并如僧人,礼拜入见,得赐汉装锦袄之类。诸国使人入贺,大辽大使顶金冠,后檐尖长,如大莲叶,服紫窄袍,金蹀躞;副使展裹金带,如汉服。大使拜则立左足,跪右足,以左手着右肩为一拜。副使拜如汉仪。夏国使副,皆金冠、短小制服、绯窄袍、金蹀躞、吊敦背,叉手展拜。高丽与南番交州使人,并如汉仪。回纥皆长髯高鼻,以匹帛缠头,散披其服,拜仪如夏国。

　　皇帝接受拜祝后,分别向使臣、首领回赠礼物。神宗即位以来,从未感到八荒争凑、四海咸通的天子威严,变法施政、万民受益的和谐与热烈。君臣边饮宴边观赏歌舞百戏。臣向君主请安,君与臣闲聊,不谈政事,这叫常(非正式)起居。儒臣们作诗献赋,热闹非常。此举演绎到社会便是团拜,自此流传到后世。

第二十章
人在灯火阑珊处

人约黄昏后

自宋太祖创立宋朝到神宗熙宁年间,中间经澶渊之盟后,大致无战事。承平日久,人物繁阜,垂髫之童,但习鼓舞,斑白之老,不识干戈,时节相次,各有观赏。真、仁、英几朝天子都重乐以治民,使整个国家陷入了一种享乐的氛围之中。朝廷官员和路州县政府,全年节序休假七十六天,其中元日、寒食、冬至各休七天。每逢佳节,一百多万人的汴京放关扑三日,何等悠闲自得。

现在是熙宁四年(1071年)正月初一日,京师文士们自早穿梭庆贺,市井儿遮路争献口号、新联,观者如堵。九处勾栏瓦肆一齐开放,疯玩得不可能更疯。文艺节目通宵不辍,适应多种人群口味。说唱艺术成熟,戏由音乐确立,节目内容多以杂扮丑化嘲笑乡下农夫为务,表明天子脚下人与拙朴的乡野草民格格不入。前文提及世代在京为官者视王安石为"村夫"就是。外国市人也来同乐,献演异国情调的歌舞杂要,或与歌伎狎琴瑟,把上台唱晏殊、张先、柳永、苏轼辈新词视为时髦。

常言道,欲得富,赶着行在卖酒醋。京师市面四百多类行市、万多家商户、数十万人从业的各类商铺崭新开市,数百家酒肆尤其是七十二家大酒肆、茶坊装饰一新。坊巷以食物、动使(日常使用的器具)、果实、柴炭之类,歌叫关扑。如马行、潘楼街、州东宋门外、州西梁门外踊路、州北封丘门外及州南一带，皆结彩棚，铺陈冠梳、珠翠、头面、衣着、花朵、领抹、鞋靴、玩好之类，间列舞场歌馆，车马交驰，行人塞道。

傍晚，宣德门广场上，竹木、彩帛搭成灯山，万灯齐亮如同白昼。二鼓时分，神宗驾临宣德门，乘轿出来观赏花灯。元旦联欢晚会正式开场。神宗登上宣德门城楼，皇族、百官随后，百姓在楼下露台下观看，君民同乐。平民有幸近距离一睹龙颜，称赞年轻皇帝英俊练达，争相庆幸。当然，也少不了因王安石新法而失却既得利益者的冷嘲热讽或咬牙切齿，甚至辱骂官家成了王安石的提线傀儡。

各色艺人表演节目难以尽数。唱赚（说唱）《升平乐》，说诨话（脱口秀）《齐谐》，左右军相扑，嚣三娘、黑四姐的女子相扑，说书《杨家将》，弄影戏《群仙会》，舞绾《寿星》，杂扮杂剧散段《四时欢》，筑球（蹴鞠）比赛，傀儡戏（悬丝、杖头、水、火药四种都有）《踢架儿》，杂技（顶撞踏索、踢弄、打硬）《永团圆》，魔术《寿果放生》（砍头、再接），弄虫蚁，沙画《月中仙》，武术表演，滑稽戏（相声）《吹牛》，各自擅场，敢夸只有第一，不能第二。众多节目让官民如醉如痴，忽而欢呼如雷，忽而泪飞如雨，不知今夕何夕。新政的暴风骤雨遮盖不住以乐治世的遗风，艰难曲折的新法确实给普通民众带来了可观的红利。

元宵是春节后第一个重要节日。正月是农历的元月，古人称夜为"宵"，所以把一年中第一个月圆之夜正月十五称为元宵、上元节，或元夕、灯节，或宋时的情侣节，亦是汉字文化圈地区和海外华人的传统节日之一。

宫内的灯节有些特殊，今年以歌唱词曲为主。各个词牌大致有固定的曲谱，包括古琴、琵琶、箜篌、胡琴、锣鼓等多种乐器伴奏。慈寿宫小丑宫女很活跃，首先朗诵《生查子·元夕》："去年元夜时，花市灯如昼。月上柳梢头，人约黄昏后。　今年元夜时，月与灯依旧。不见去年人，泪湿春衫袖。'过情侣节啰！"众人欢欣鼓舞。

太皇太后："丫头片子，什么情侣的！张寺，掌嘴！"张寺扬起手说："俺打侬那骚嘴！"丑宫女自己掌自己："免动漂亮哥贵爪子，你也够不着，我自己虐待这张天天贪馋美食的臭嘴！"太皇太后："这顽皮死丫头，勾起我儿时的回忆。"高太后、向后等恭敬地静听。太皇太后："那年仁宗登丹凤楼观士民乐饮,山东旱船往来于朱雀门、御花园之间。我祖曹大将军主持武场,诸王穿绿,诸将穿红,雕弓长箭射击苑内箭垛,走马穿杨,不时山呼海啸。那时,我们女孩儿乞巧登高,教池游苑,何等兴高采烈。举目则青楼画阁,绣户珠帘,雕车竞驻于天街,宝马争驰于御路,金翠耀目,罗绮飘香。新声巧笑于柳陌花衢,按管调弦于茶坊酒肆。"

高太后:"是呀,咱大宋八荒争凑,朝廷万国咸通。汴京集四海之珍奇,皆归市易,会寰区之异味,悉在庖厨。花光满路,不限元宵,箫鼓喧空,家家夜宴。伎巧则惊人耳目,侈奢则长人精神。"石得一见机,也文绉绉地半吊子四六凑趣:"我进宫当差之时,瞻天表则元夕教池,拜郊孟享。频观公主下降,皇子纳妃。修造则创建明堂,冶铸则立成鼎鼐。观妓籍则府曹衙罢,内省宴回;看变化则举子唱名,武人换绶。"

张寺:"两宫太后雅兴文采,石爷公工整对仗,撩拨得我丑八怪嘴痒痒的,也将'红杏尚书'的《玉楼春》唱来凑趣。"张寺话音刚落,乐师丝弦锣鼓声起。张寺以稍带沙音的动人歌喉唱道:"东城渐觉风光好,縠皱波纹迎客棹。绿杨烟外晓寒轻,红杏枝头春意闹。   浮生长恨欢娱少,肯爱千金轻一笑。为君持酒劝斜阳,且向花间留晚照。"歌声落地,简直令人嫉妒:上天咋舍得把一条金嗓子施舍这个人鬼难分的丑八怪!石得一打破沉默,伸大拇指赞扬:"好一个'红杏枝头春意闹',这位宋子京把今日的气氛说尽了!"

向后接腔:"晚辈也唱一阕让两宫老祖宗高兴高兴:'水调数声持酒听,午睡醒来愁未醒。送春春去几时回?临晚镜,伤流景,往事后期空记省。   沙上并禽池上暝,云破月来花弄影。重重帘幕密遮灯,风不定,人初静。明日落红应满径。'"曹太后频频点头赞赏:"张三影这句'云破月来花弄影'把我们常常见到的景象写活了。还有两句什么来着?"高太后回答:"'帘压卷花影'与'坠飞絮无影',确实没有'云破月'生动,哀家读一次就记住了。"

太皇太后曹氏:"你们竟然撩拨动了哀家,也唱一首柳三变的《蝶恋花》:'伫倚危楼风细细,望极春愁,黯黯生天际。草色烟光残照里,无言谁会凭阑意。   拟把疏狂图一醉,对酒当歌,强乐还无味。衣带渐宽终不悔,为伊消得人憔悴。'"人们见她一边唱一边强忍眼泪,便齐声帮唱,音乐也渐强。当唱到"为伊消得人憔悴",曹氏忍不住泪飞如雨。向后抽泣着上前给祖婆拭泪。高太后也转身揾泪不止。

高太后声音颤抖地感叹："自太祖太宗定鼎近百年岁，我们后人享尽了荣华富贵……"石得一亦感慨："尤其是咱汴京百姓，老人不识兵马干戈，少年只知歌舞升平，时时享福，处处得幸，哪晓得老祖宗们为他们抓肝挠肺，武士为他们执鞭随镫。"

自应诏越次入对以来，至年前拜相入住东府，王安石心身少有的放松和兴奋。在这元宵佳节，少不了随神宗与朝臣、外国使节同乐，不能与家人欢聚。面对灯火阑珊、人约黄昏的良辰美景，不免联想起年轻时随仁宗第一次登楼与万民同乐，至督促今上苦战熙宁新政从发轫至初胜的三年多，思绪万千，不由得吟诗抒发心迹："昭陵持橐从游人，更见熙宁第四春。宝构中开移玉座，华灯错出映朱尘。辇前时看新歌舞，仗外还如旧徼巡。投老逢时追往事，却含愁思度天津。"

人人称道是门生

神宗闻说王安石、吕升卿、王雱等夜以继日斟酌《诗义序》《书义序》《周礼义序》，便自行来到经义局，察看《三经新义》撰修进度。临近提举厅门口，见王安石正在聚精会神地批改文稿，便止住随行太监通报。书案上除通常的文房四宝和文稿外，又见一堆石莲。王安石在苦思冥想之中，时不时抓一枚石莲塞入口中，闭唇咬牙切齿以集其思，待到思维放松、吐出久含的石莲时，便有口血随石流出。神宗忍不住走近安抚，见他批阅的是吕升卿集改的《周礼》《诗义》。

经义局是日前诏命设置的，以撰修《周礼义》《尚书义》《诗义》等《三经新义》为要务，以便尽快颁行国子监和全国各路州县学府。王安石、吕惠卿同领，王雱修撰，总稿由王安石提举详定。在吕惠卿回乡守制期间，吕升卿代其兄参与其事。

王安石见神宗出现在自己身旁，连忙起身请上座，并说："正要报请陛下，《诗义》定稿，《诗序》用吕升卿所解，《诗义》依我的旧本颁行。"神宗深情地指着那堆石莲："未闻爱卿有含石著作的高招，卿也太笃定了。升卿所释

《诗序》也应由卿删定。"王安石："只怕时间来不及，臣已是夜以继日、殚精竭虑了。"

神宗笑着转移话题："石莲可以作证。国之大事由人兴废，不在于前后数日。有一事朕有异议，卿的《三经义序》以朕比文王。周公一世修德犹莫如文王，朕如何可比！恐为天下后世笑，请予删除。卿言当为特定人事所发，朕以为专事言解经义就可以了。"王安石仍然解释："因事宣著，人臣之职也。诚以言之不足为惧，不以近于谄媚为嫌，而上圣深存谦损，臣敢不奉承诏旨，庶以仰称尧、禹不争不伐之心。"神宗坚持既定的谦卑："卿侍读三年，朕深感卿德高量雅，而朕德行学问不足。《三经新义》颁行，国子监和全国学校有所遵循，士人自然化服。人心定于一，国家才能长治久安。"

不几天，国子监迎接诏书，展示《三经新义》样本，教授、学子们庆幸教学有了可遵循的规范。判国子监陆佃声称："王相全书词义温厚平和，今上谓德高量雅，实在难能可贵。熙宁熙宁，既熙且宁，圣贤当世，国家之幸！"国子监教学活动正式运转开来，王安石将练亨甫、李定、常秩调到国子监辅助陆佃。

翰林学士兼三司使曾布将一封密信交张琥，责问："据线人报告，国子监教授颜复巧用试题非毁时政，攻评新法。你作为国子监谏官，给我解释清楚，这是怎么回事？"张琥仔细阅读用明矾水写的密信，觉得事出非常，乃诚心检讨："下官失察。"曾布大怒："国子监，培训新政官员的重地，岂容学官与生徒蓄意非毁时政而不追究？"张琥："我立即回去禀报细查，再报详情。"曾布："请陆佃仔细查查这个颜复，背后是否有人指使。"

张琥回监询问苏嘉。苏嘉如实交代："颜复教授于国子监考堂策问：生员苏嘉回答，王莽欲篡汉帝位以恢复周朝，所以提出变法。你以为如何？"苏嘉皱眉，难以回答。颜复："这是必答题，如果做不出答案，你就得不了分，毕不了业。"苏嘉不得不大声回复："王莽是乱臣贼子，他的所谓新政违背民意。"颜复评卷，苏嘉得优等。苏嘉不知怎么处置为好。稍后，在生舍中，他调剂明矾液，用毛笔密写情状，请挚友练亨甫密送曾布："国子监颜复等几位教授，常聚唱和，扰乱正常教学秩序，非毁时政，诋毁熙宁新法……"

陆佃得知此情，想顺藤摸瓜，考实是否有人指使，碰巧逢见生员们聚集议论。生员甲："苏轼向官家上了《议学校贡举状》，非议我们国子监咧！"陆佃本能地想退走，但被路人堵回，不得不隐蔽。生员乙："苏轼状子说甚？"生员甲："苏轼说，'选举养才，何必由学！'据传，现今诸学官公然直取其门下生员，无复嫌疑。四方寒士未能习熟《周礼新义》，旧疏一律摈黜，自此士人不复安业，日以趋走权门、交结学官为事。更有甚者，人人称道是王安石门生。"生员丙："有这等事？我进国子监，是凭本事考选的，没走什么权门哪。"生员甲："你只是你。我们当学生的，咋会晓得别人奔走趋附内情！"生员乙："别打岔，苏轼下面还说甚？"生员甲继续大声念道："所谓教授，像那个陆佃，往往在前夜于王安石书斋接受口义，明旦来国子监牙牙学语，照本宣科，没有一句话是他自己的。"

陆佃毛发倒竖，浑身颤抖，想出来质问，但终究克制，转而并不由衷地一笑。生员甲："这个大名鼎鼎的苏学士，一向捕风捉影，狂放乱说，把别人看得一钱不值！陆农师教授可是个有真学问的厚道人。"生员丁："陆教授授课经年，常常当堂答问，引经据典，侃侃而谈，发精探微，没有饱学之功是做不到的。"生员戊："这个苏轼，王丞相主张什么，他就立马反对什么！尽是一些望风捕影的词儿。他到底要干什么？"生员丙："别打岔，念下去！"

生员甲："陆农师在江宁师从王府，曾以诗贺王氏父子：'润色圣猷双孔子，调燮元化两周公。'还有《依韵和李元中兼寄伯时二首》之二：'平生共学王丞相，更觉荀扬未尽醇。'受命国子监时有《海州谢上表》：'偶受知于神考，尝承学于真儒。'综观'双孔子''两周公''真儒'等语，简直吹得肉麻！难怪教坊杂戏艺人打趣曰：'学《诗》于陆农师，学《易》于龚深之。'"生员丙："讲的有根有据嘛，并非信口开河，足见苏轼率真之性未泯灭！"生员甲："想不到国子监如此恶浊！"生员戊："不然。陆农师师从王安石多年，佩服的是王氏父子的孔学、经学。苏学士望风捕影，无限拔高，至少是门户之见！"

生员甲："苏轼与王安石相互掐得厉害咧，人说他们两个都是拗相公。"生员丙："还有说，加上那位司马光司马牛的，号称熙宁朝三个拗相公咧！怎么掐的，说来听听。"生员甲："王安石喜欢钻牛角尖，他著有字书说文解字，说'波'是'水'之皮。苏轼嘲笑他，据你这么解字，那个'滑'乃'水'之骨啰！弄得王安石哭笑不得。"众人大笑："水之皮，水之骨。真逗！"生员乙："只怕到那时，人人悔道是门生咧！"

生员丁："还有呢？"生员甲："苏轼诗词状物抒情发自心意，确实写得好。他骄傲地嘲笑王安石的诗词。王公有句'吹落黄花满地金'。苏轼说菊花哪里会落花瓣，真是天大的笑话！"生员乙："是呀，菊花只蔫不落瓣。"生员甲："后来苏学士到某地，亲眼看到菊花不蔫却落瓣，才知王安石写的是实情。他只得当面向王公承认自己浅陋无知。"

生员丁："国子监办成现在的水平，不容易呀！国库每年拨付二万五千缗，招收生员数千，真是前所未有的规模！各位不要扩散那些上不得台面的流言蜚语。"生员戊："据说，今上还要创建武学，选文武官中知兵者为教授，教以诸家兵法，还要设置律学、医学。本朝神探宋慈很神妙，应该设科传授。医学分方脉科、针科、伤科，以翰林医官以下与上等学生及在外良医为之。国以学兴，真正为我大宋兴旺强盛着眼，为天下百姓的福祉着想，这才是熙宁朝的励精图治，宰执们宏伟大器！"

生员丁："无论今上办多少善事，王安石施行多好新政，司马光等老学究们都会反对，哪讲什么义理！"生员丙："事出非常必有妖。面对强敌辽、夏，放言二十年不言兵，反对武学，难道不是别有用心！"生员乙："他还说，现在的国家学校贡举，由一家私学垄断，尽斥诸家之言。士子自一语上，非新义不得用。管理办法烦苛愈于治狱，条目多于防盗，上下疑贰，以求苟免。指的就是我们国子监，说我们被盗贼一样防范，像进了乌台一样受罪。照他这么说，我们国子监生员，都是拘在乌台的囚犯啰！"

陆佃露出赞赏的眼神而突然现身："本教授听了各位议论，真不理解司马君实、苏子瞻他们，为何对王丞相一举一措，无论大小，不分青红皂白，一概不遗余力地攻击，也不理解元老重臣和朝廷官员，对王丞相一举一措、无论大小，异口同声诋毁，赤裸裸地袒护豪强兼并。他们同在朝廷，相处咫尺，而思隔天涯，怎么不能协商一致、同心同德辅佐今上呢？"

生员戊："在一个喧嚣浮躁的时代，大人们迷失在名利之中，朝廷成了交恶的场所，很简单，这是制度的缺陷。苟且偷安，无所作为；干事的遭诋毁，不干事的上青云。好些磨牙吮血的御史，他们本来安于享乐，不知民间疾苦，却拒识新法，习惯风闻言事，听风就是雨，无中生有。即便是搅扰得鸡飞狗跳墙,他们却不负任何责任。"生员甲:"正如文豪曾巩曾经描绘的享乐时代:'吾君优游而无为于上,吾民给足而无憾于下,天下之学者皆为才且良,夷狄鸟兽草木之生皆得其宜。'百年承平,习于苟且,养尊处优,无所事事惯了,谁想改变现状,哪怕只挪动一下桌椅板凳,也会遭灭顶之灾。"

生员们似乎告诉陆佃,颜复的根子在上头。陆佃对生员们说:"愿国子监生员们有根植于内心的修养,无需提醒的自觉,以约束为前提的自由,为他人着想的善良,用功钻研学问,深明圣贤之道,告别享乐时代,成为熙宁新政的骨干力量。本教授虽不能至,心向往之。"

颜复事查实后,曾布、陆佃决定以警告处分,以观后效。

分手见人品

王雱在府中又闹腾起来:"你这小杂种,看到你我就心火腾烧!"他不断虐待儿子,甚至往地上摔。小儿子厉声呼喊妈妈。庞氏将儿子搂在怀里,痛心哭泣。

王安梅安慰庞氏:"你们结婚时,公公给你们写了一对双喜字。这是他始创的新字。有人赞诗:'巧对联成红双喜,天媒地证结丝罗;金榜题名洞房夜,小登科遇大登科。'如今,红双喜已风行大宋。也就是说,大宋朝王公贵族和六千多万黎明百姓都为你们祝福呐!"庞氏心里也曾有一种崇高的幸福感:"我此生有幸,遇见这么好的公公。那对红双喜字,我一直收藏在箱底。"王安梅:"是呀,你有幸嫁入王家,将被子子孙孙仿效咧。"

王雱骂道:"姑姑狗咬耗子多管闲事! 小杂种哪儿像我,分明是姓汪的种。"他不断喊叫,无端侮辱妻子,这也不是,那也不是。银娃力劝雱哥哥夫妻和好:"雱哥,庞嫂子贤慧善良,温婉和顺。我来贵府几年,亲见嫂子不是那种人。"王雱:"那贱妇把我的脸都丢尽了! 你们难道都拿我的痛处寻开心不成!"

王雱、庞氏两口子见面就吵,弄得全家不安,四邻闹心。某日,王雱的儿子莫名其妙地死去,全家痛心,庞氏更痛不欲生。王安梅整天整夜陪伴着侄媳。

吴夫人向王安石倾诉："相公管得了偌大个宋朝,难道理不清家事?"王安石:"我想好了,只看你能否认同。"吴夫人:"别卖关子,有妙招拿出来嘛。"王安石:"依我看,孙子的死,给元泽与庞氏结成死疙瘩。他们此生缘分已尽,不能再让他俩都陷在无边无际的痛苦中。"吴夫人:"你说怎么办?"王安石一字一顿,痛苦地把主意说出来:"把庞氏嫁出去。"吴夫人:"嫁出去? 宰相儿子在世,就出嫁儿媳妇,真新鲜! 妇人我见识短,不知古往今来有过先例没有? 夫妻之法你也要变?"王安石:"王府就开它个先例嘛!"吴夫人:"常言道,宁拆十座庙,不拆一桩婚呀。熙宁新政你开了先例,又要开个宰相嫁儿媳的先例,不知你脸往哪儿搁?"王安石:"不要扯到变法上去,也与脸面无关。"吴夫人:"怎不相干?"

王安石:"我们王家不写休书,寻访个庞氏看得上、愿意娶她的青年,王府为他们正经八百地举行婚礼。"吴夫人:"世上有你这么嫁儿媳的吗?"王安石:"史上有没有,我不知道,但大宋朝的宰相王安石却做了这件事。"

万般无奈的吴夫人难色未从脸上消失,通身是无助的失望:"相公给儿子起名雱。你说,《诗经》原意,霏盖言散,雱盖言聚。现在不聚却散! 心想播下龙种,却连跳蚤也没有收获。佛菩萨,是我前世作了什么孽吗? 是我该死,未能教养好儿子!"王安石:"如今,雨雪之散也可以为雱,雨雪之集也可以为霏了。"吴夫人:"相公又讲您的《字说》了。"

道人李士宁安慰吴夫人:"狂躁症状,古来不治。雱,聚也好,散也好,乃疾病与性情所致,前世注定,与家教和品性无关。"

说话之时,彩萍一家和妹妹彩菊来到王府。彩萍问吴夫人:"夫人,咋不见弄沟哇?"吴夫人难以启齿:"他有事外出……"王旁告诉彩萍姐姐:"汪大哥被我哥气走了。"

彩萍:"啊? 怎么回事?"王旁:"我讲不清楚。"彩萍问虢瑞新:"虢伯伯,汪大哥对待恩人怎么如此薄情呐?"虢瑞新无可如何,不知道说什么好。彩萍:"我把彩菊妹妹带来了。老相公早说要配汪弄沟的。"虢瑞新:"是那样。"

王安石一手把长媳庞氏嫁了出去。庞氏万般无奈,写下"它生未休此生休,恩爱夫妻不到头"留于王府。"王太祝生前嫁妇"被汴京士人广泛传为美谈或笑柄。经义局士人甲:"足见王相的温情、宽容和气度。"经义局士人乙:

"人生苦短哪！狂躁之疾，致使命中注定的美好无缘走到最后。"士人丙："也许王公子智商高，只顾自己随性；情商低，才让别人不高兴。只有智商高情商也高者自己高兴，还让别人也高兴。"士人丁："知人不评人，知理别争论。"

士人戊："分手见人品，不因对错而分手，不因前情往事而追责。"士人丁："随性和缺乏教养是两回事。"士人乙："口无遮拦和坦率也不是一码事。"士人甲："各家都有一本难念的经，欢笑的人未必关起门来也快乐。"张寺："把不幸的一对，分组成两个快乐的家庭。分散一对，和合四人，这是宰相睿智呐！"

自嫁出庞氏，王雱时常自个儿在小楼里触景生情，终于吟咏出《眼儿媚》："杨柳丝丝弄轻柔，烟缕织成愁。海棠未雨，梨花先雪，一半春休。而今往事难重省，归梦绕秦楼。相思只在，丁香枝上，豆蔻梢头。"

在汴京街市某处洞房里，彩菊劝说丈夫汪弄沟，一起回王府照顾病中的雱相公。汪弄沟："被大公子那般羞辱，我还有什么脸再回王府？"彩菊："你汪弄沟是什么人，我们姐妹清楚得很。你在老相公身边那么多年，他老人家将你认作家人。大家也晓得你淳朴厚道，清清白白，脸面大大的！心中无鬼一身正。"汪弄沟："那五百岁道人说，王公子那种病，常把刻薄当性情，下人侍候不好、对付不了的。"彩菊："虢伯伯常说，能在王府侍候社稷之臣、国家栋梁，是我们三生有幸。再则，雱公子与庞氏分手后的性情好多了，有他自己的词作证。京师流传'分手见人品'的诗唱他咧！"

汪弄沟回忆：光屁股见到巡查海边煮盐的父母官；父母官叫自己到学校与小相公一起读书，因长相与王雱近似，被学友戏称二相公；在转运使官船上见到翰林学士父子的热切情景；随宰相公夜游京城往事；进入相府的忙碌和愉快；宰相公吩咐彩萍姐姐，叫她父母将彩菊许配自己的事；宰相公吩咐虢伯伯为弄沟租房、办理他与彩菊的婚事；宰相公亲自参加婚礼的盛情……

父母责备弄沟，催他回相府，伴随虢瑞新侍候老相公。虢瑞新再次动员："小兄弟，侬忍着点吧，扶一把国家栋梁是我们下人一生和全家的福报。"

向皇后邀请吴夫人进宫参加帝姬生日宴。向后："宰相诗中有'常愿天子圣，大臣各伊周'句。君臣相知如此，古来少有，本宫常以此为幸。"吴夫人："皇后谬奖，安石自觉惭愧。"向后："宰相殚心竭虑辅佐今上行新政，以致常常累倒。夫人尽心照料起居,辛苦了!"吴夫人:"今上年富力强,奋力富国强兵,为古今少有的圣君。蒙今上厚爱,安石乐在与君知,以身许国,不遗余力。相公曾引寒山诗自谓:'秤砣落东海,到底始知休。'"向后:"闻夫人学问诗文均上乘,且妇德高尚,光明磊落,还精插花艺道,真乃女中豪杰。后宫诸人十分仰慕,本宫深受启迪,想学习花艺咧。"

　　向后:"闻说王学士小恙,现今可好?"吴夫人:"犬子性情不好,易怒犯横,是我教子无方。"向后:"疾病与教养无关。本宫收藏一个调理秘方,不妨给公子试试。"吴夫人:"深谢圣母挂记,犬子将更加倾心为朝廷尽忠。"向后:"服用效验如何,叫银娃转告本宫。"吴夫人:"臣民只当别论,但愿王族贵体康泰,两宫太后与官家、娘娘万寿无疆!"向后:"夫人,您堪称本宫长辈。说句体己话,本宫惭愧呀!朱婕妤所生帝姬如今已四岁,遗憾的是未见王子降临。"吴夫人:"万能的观音菩萨保佑,至诚至圣的皇后娘娘一定会早诞龙种。"

　　神宗得知妹妹长公主病了,立即带御医赶到王驸马府。神宗进府,见丫鬟们慌慌张张,或有侍候王诜穿衣,或招呼小妾躲避。躺在床上的妹妹涕泪双流,双手捂脸躲避哥哥的眼神。

　　神宗早有耳闻,王诜自恃诗画才华,与苏轼等文人多有往来,生活放纵,养妾多人。从丫鬟口中得知王诜当着公主的面,畜生似的与小妾行苟且之事,神宗怒从心中起。

　　御医劝阻神宗先诊公主的病。神宗强忍怒火,亲自为妹妹诊脉,然后端粥喂她。公主看在皇兄的份上,强自吃下几口。长公主强自忍气诉说:"皇兄,小妹的最大不幸是生于帝王家。"神宗:"阿妹不可胡思乱想,为兄留你六千金帛备用,还有什么要办的吗?"

　　温柔、善良而孝顺的公主,看了看墙上挂着王诜自画的《渔村小雪图》《烟江叠嶂图》,看看疼爱自己的婆母,又看了看自惭形秽的王诜,回答道:"小妹说不定一病不起。驸马爷是王府顶梁柱,祈求陛下恢复王诜原有官职。"神宗回想起去年,王诜因与刘航、刘安世父子等救助朋友而泄露朝廷秘密被削去一切官爵。为宽慰妹妹善自养病,神宗当即吩咐:"恢复王诜左卫将军原职,赐改长公主为寿康公主。"

临别时,神宗摸着妹妹漂亮而消瘦的脸蛋,谆谆叮咛:"你是我最在意的好妹子,一定要既康且寿,与兄共享熙宁新政成果。"长公主强笑点头:"一定,一定。盼望变法顺利,大宋国富民强,皇兄名列英明帝主。"

过了几天,得报女儿病危,高太后心急如焚赶到驸马府。只见女儿已不省人事,高后大恸。王诜母谢太后,诉说今上已来看过,恢复了驸马爷原有官职;还诉说公主孝顺温柔,时常奉送美食、侍候汤药,毫无金枝玉叶的娇气。高太后悲痛地喃喃自语:"女儿呀,公主呀,你怎么如此薄命,连皇兄的钟爱也享受不起!"

次日御餐时,神宗得报公主病逝,当即放下碗筷奔往驸马府,一路失声痛哭:"小妹为何违背为兄既康且寿意愿,走得这么急!"他向妹妹遗体告别后,追封她为越国长公主,谥号贤惠,并宣布辍朝五日。五日后再诏:贬王诜为均州司马,将他纳的八个小妾一一杖责,充配边远兵卒。

第二十一章
都是役法惹的祸

食犬者,法先王也

熙宁四年(1071年)春,富弼的梨花深院,一夜春风,万树花开。富府人等赏花,贪婪地呼吸着梨花香氛。

过早发福的枢密副使冯京,五短身材,面皮白白胖胖,八字胡修得一分不长,一分不短。他刚得知了一点后宫秘闻,便向参知政事王珪打了个招呼,迅即回到岳父的梨花深院。而每日打坐、练气、会客、受礼的富弼,正在书房与吕海密谈。冯京进入厅堂,见案上堆放一束束笋干等物品和一只精装紫团参,知有贵客来访。他进入书房,先拜见岳翁富弼,然后招呼吕海。

冯京:"哦,吕公来了。献可公忠体国,冒死直谏,闻名天下!闻贵体欠安,事冗未暇探望,见谅。"吕海还礼:"近日得到恩准,辞邓州,回西京养老,特来给富公上寿。"冯京:"公在天命之年,春秋鼎盛,何可称老!"吕海:"老非老也,不屑与村夫一干宵小同流合污啰!"富弼听到"村夫"这当时最刻薄的詈人字眼,很是痛快:"君子小人不两立嘛,好样的!"

冯京闻言,正好添油加醋,将两宫太后的话悄悄告知:"太皇太后对今上和那个拗相公说:那些元老重臣,不会把你们放在眼里的。只要国泰民安,你们尽管做去。抗旨者治罪,辞官者照准。大宋百年基业,岂无人乎?"

富弼像被拍的气球一样从紫檀躺椅上弹起,联想当年助真宗行庆历新政、扶仁宗、英宗继登龙廷之功,不免雷霆大作:"忠奸不辨,邪正不分,善而不能用,恶而不能罢,还想治我的罪,岂敢！她个老妇人忘记了我等怎么扶他们当皇帝、称娘娘的！"

吕海习惯性地左顾右盼一番才悄悄地说:"后宫俩孀妇,前殿一少年,竟敢撼动祖宗基业,谈何容易！皇室、后族、王公亲贵、诸路州府,皆被新法之害,谁肯真心实行？官家倚重司马,司马求去;欲用纯仁,纯仁不听;二苏、二程、二张,众多后起之秀,审时度势,皆与新法格格不入。那个拗相公,孤立无援,只得求助于宦官、小吏、草泽之人,焉能成事！"

富弼见这个屡挫屡败之人还如此轻薄,觉得自己有对后宫和官家有失尊重,不得不收敛情绪劝说几句:"王安石非等闲之辈,献可不能掉以轻心！他笼络吕惠卿、曾布、章惇、邓绾等,曾公亮、陈升之与诸韩、诸吕为虎作伥,太皇太后、官家言听计从,以君命行天下。你我都是食君禄者,谁敢不遵！大势如此,恐难挽回了！"

吕海见三朝老相、心中的标杆如此悲观,自己又栽了两个大筋斗,不免气馁:"这,这,如何是好！"冯京显得高深莫测:"大势固然可虑,并非不能补救。"富弼、吕海同时反问:"怎么讲？"冯京:"两宫太后不是要'国泰民安'嘛,我就来她个民未安,国不泰！"

富弼、吕海对他的下文很感兴趣,冯京故意不语。富弼急了:"卖什么关子,说来听听嘛!"冯京换了口气:"老泰山记得贾蕃吗？"吕海急着接话:"贾蕃,就是老相公您从汝州带来,安置在东明县的那个县令？"富弼问:"贾蕃那厮来过？"冯京:"来过,送来几条特别豢养的肥犬。"吕海知道富弼一家人忒爱吃狗肉。不知是他本人生年属狗,还是别的什么原因,吕海打心里厌恶富府这嗜好。

富弼:"这小子未忘老夫的口福,他可曾讲些什么？"冯京:"他说,朝廷诏开封府畿县试行募役法,并派提刑赵子几督察东明县。这个赵提刑,严厉责备朝廷命官,说他贾蕃奉职不力,限期开除阻挠新法的官吏人役,全力催缴募役钱、助役钱。如再延误,以阻挠新法问罪。"富弼:"一个小小提刑,也去督责朝廷命官,狐假虎威！"

冯京故作神秘地说:"我对贾蕃讲,总是正面冲突不行嘛,要换位思考,乘势而为。他先是不明白,后来到底开窍了。"富弼:"开窍就好。"

冯京转向吕诲："老中丞,范纯仁等一个个能言善辩之人退出谏院,只怕是台谏乏力,言路跟不上。"富弼也一同转向吕诲。

冯京："我给言官们讲了个故事。河南共城(辉县)大学者邵雍对来访的官员学生说:'你们因为对新法不满,打算辞职不干? 太傻了! 以为师看来,当今正是你们大显身手的时候。王安石再聪明,他鼓捣的新法再严密,也不会没有一丝缝隙,总有空子可钻的。要是大家不干了,那些靠吃改革饭扬名的不轨之徒,不就更加畅通无阻了嘛!'"吕诲:"台谏屡屡受挫,锋芒确实大减,却也并非无人。监察御史刘挚、御史中丞杨绘,皆儒学正宗,均可共事。"

吕诲隐隐约约听到狗的惨叫声,有点反胃。富弼向内吩咐:"那就好! 留献可尝尝东明县的特色地羊肉,叫你也晓得那味美不可言咧。"吕诲对于富弼这个嗜好,心里一直反感,便唐突地说:"晚辈从来是不吃狗肉的。犬比君子,食之不祥。"

富弼边讲边流涎:"献可这就不通了。食犬者,用王安石他们的口头语,法先王也。《礼记》载:'孟秋之月,天子食麻与犬。'狗肉为六畜之上品,最宜养生,食之能轻身、补肾、壮阳、暖腰、补血气、实下焦,补五劳七伤。诸多功益,言之不尽哪!"

从唐开展到今的蹴鞠,已成为宋朝居民的普通体育活动。京师内外有许多蹴鞠场,当然,大明殿外蹴鞠场是最精致的一个。它的木质球门高丈余,首刻金龙,下施彩绘石莲花座。今天是神宗与岐王颢蹴鞠赛,左右分棚由承旨二人守门,卫士二人持小红旗唱筹,御龙官锦绣衣持哥舒棒周卫全场。殿阶下东西建日月旗,教坊鼓乐队分立两廊。

蹴鞠赛开始,几股牛皮缝合而成橄榄似的鞠,在神宗背与幞头间周旋,未见着地。岐王冲上来抢球,神宗出其不意,一脚蹴球入门。鼓乐齐鸣,万岁呐喊声震天。轮到岐王开球,他当然不会示弱。只见鞠在腰间回旋,不让对手粘鞠,转几圈后一闪身一脚入门。场下呐喊和着鼓乐声有如雷鸣。

神宗说:"王弟的球技很有长进哪! 今天咱哥俩比试,如果你赢了,我就送你身上这条玉带。"岐王傲慢地回复:"我会赢,但不要玉带。"神宗:"要什么,说出来,为兄一定办到。"岐王狡黠地称:"皇兄金口玉言,不得反悔。"神宗坦诚地确认:"当然! 定不反悔。"

岐王:"只求皇兄罢黜市易、青苗、募役那些什么新法。"神宗直眼瞪着顽弟,许久才反问:"如果将熙宁新法统统罢黜,岐王还想罢除什么呢?"岐王:"将王安石、吕惠卿、曾布、薛向、吕嘉问关进乌台!"神宗战栗,将球一脚踢飞:"放肆!"

比赛继续。神宗不顾一切抢球,连进二球。岐王虽然年轻两岁,却因狃玩体亏,气喘吁吁,蔫得坐地。临场观战的王族百官连呼万岁,神宗躬身挥手致意。

东明百姓围相府

熙宁四年(1071年)五月十三日近午,汴京内城,骤然出现一群农民装束的人,浩浩荡荡涌向开封府,黑压压一片跪在衙前广场号啕大哭。为首者大声喊叫:"东明县民为诉募役法超升等第,强迫出助役钱事,控告当朝宰相王安石威逼今上,蒙蔽朝廷,鱼肉百姓,以致我们破产败家,流离失所……"

情报汇集到知府韩维那里:东明县民从京师东、南水陆各门进京,汇集到开封府请愿,总数一千多,惊动汴京城。韩维急命提刑赵子几、判官告院权开封府推官苏轼等出衙抚慰百姓。在激愤的人群中,有个年轻人挤上前给苏轼递上状子:"朝廷募役法逼死我东明县良民杨大郎,府县不为伸冤,请求开封府为民请命,追讨肇事首领、当朝宰相王安石抵命!"

韩维展视状子,乃东明县六百村一干百姓为被收助役钱逼死的杨逢春之子杨大郎命案讨公道,不禁倒吸了一口凉气:"杨逢春家财只有三十贯,依法应定四等户免出助役钱,却提等计入三等户被迫出钱,以致逼死他儿子,事发后县府不作为。"苏轼皱着眉头接话:"还不止此咧!百姓口口声声要变法头子王安石偿命!"

韩维怒不可遏地拍案吼道:"立即传东明县令贾蕃!苏推官,赵提刑,你们与府中官吏,设法稳住或劝退百姓,调动仪仗预作戒备。我入朝奏知,请求诏命。"

那递状年轻人群又呜呜地喊叫:"开封府不为百姓做主,大家去内城东府王宅控诉,向变法头子王安石索命呐!快呀,汴京城里有獾子,抓獾狼去！"

此时，韩维从便门上马，疾往宣德门。他回头遥望，但见东明百姓涌向御街，向宣德门奔跑，便命从人返回，指挥仪仗阻拦人流。

韩维直奔相府禀告。王安石吩咐："我去奏报官家。持国，你与参知政事王珪、枢密副使吴充、侍御史谢景温等赶去安抚百姓。"

韩维会同王珪、吴充、谢景温等快马赶赴御街，与赵子几、苏轼等会合。赵子几报告："御街已由仪仗堵塞，过不去，百姓直奔内城根，折向东府宰相府邸。"

韩维心急如焚，抱拳向吴充等道："事出京畿，责无旁贷。我和子几、子瞻赶赴相府。"韩维等人急急去了。王、吴、谢等也匆匆赶往……

与此同时，富弼府中，冯京手舞足蹈，热谈东明百姓进京围攻开封府事。富弼兴高采烈："刘挚、杨绘该出手了！"冯京做出扳倒手势："这次，一定要扳倒那位拗相公！"富弼怒目射火："定要那年轻人下罪己诏！"

躺在文府藤床上的文彦博形如枯木，由小妾捶腿揉背。突然见儿子从外面赶回并附耳报告："贾蕃立大功了！"他顿时激动起来："鼓动百姓进京就是功臣！吩咐贾蕃老老实实待在进奏院，不得离开半步。"

东明县令贾蕃此时确实在进奏院狡獪地奸笑。贴身衙役提醒："群盲千人，定有泼皮地赖混淆其中，要是毁坏公物，闹出人命，就不好收场了。"贾蕃颐指气使："我贾某人乃先朝名相范文正公的女婿，故相贾公堂侄，为今相富公、枢密使文公办差，怕个鸟！"

东京街谈巷议蜂起。市民甲："东明县百姓进京状告开封府，说是官吏强行逼迫出助役钱，掠夺民财，逼出人命了！"市民乙："他们涌向宰相府，向始作俑者王安石索命咧！"市民丙："东明县令强迫穷人升等出助役钱，事出有因，怕是专与新政唱对台戏的元老们指使的。"市民丁："东明县令贾蕃是富彦国从青州带来的。"市民戊："据说是文宽夫强行安置的。"市民乙："这样的话乱说不得呀！"市民戊："乱说？京师百姓谁人不知，哪个不晓，富韩文吕那帮老臣，总以为朝廷大官只能由他们这些人做，看不起年轻官家重用南方人王安石，骂人家是山野村夫，刻意作对！"市民甲："还是那些该死的青苗、募役法，强迫百姓出钱逼出人命。"

六月朝阳似火，东府王安石府第周边，尽是横躺竖卧的东明上访人等。杨逢春与一些老人，气喘吁吁地聚拢在大槐树底下。相府管家萧先生、家人虢瑞新、汪弄沟、彩萍彩菊姐妹等，都忙着给百姓端茶送水。那个递状青年接水咕咕地喝了够，纠集几个泼皮起力叫喊："变法头子顶罪！王安石出来偿命！"

四相公王安国、大公子王雱也在客客气气打点，他们见韩维等众大臣赶来，恭礼相迎。韩维双手抱拳对王安国腼然歉意："平甫老弟，愚兄不才，治事无方，致使相府不安，无地自容呐！"被吓破胆的王安国觉得当不起权知开封知府检讨，拉着王雱要跪谢。

王珪上前阻拦王安国、王雱叔侄："有话来日再叙。当此之时，平息事态要紧。"众官员进府计议。

只听得青年混混们又大声喊叫："当官的是缩头乌龟，官官相护，大家往宰相府里冲啊！捉獾狼啊！"众人多不动弹，只有几个年轻人虚张声势："往府里冲啊！"

相府警卫、仪仗兵丁拦住他们。韩维等出来，与年轻人们不期而遇。赵子几出列说话："各位父老乡亲听真切，权知开封府韩大人在此，有何关切，尽可直言不讳！"

青年混混大声喊道："我们替生员杨逢春喊冤，要宰相王安石顶罪偿命呐！"躺在大槐树下的杨逢春，由两位少年搀扶，颤颤巍巍，背靠树干，有气无力地说道："冤枉呐，冤枉呐！王相公应给吾儿偿命啊！"

韩维穿过横躺竖卧的人们，移近杨逢春，躬身问道："老丈的儿子死于何处？"杨逢春："东明县衙。"韩维："东明县拘捕百姓致死，连开封府都不知晓，更不关朝廷宰相啊！"那青年混混叫道："募役法有罪！募役法是王安石鼓捣出来的，要他赔罪偿命！"杨逢春被混混们怂恿，不得不嘶哑号叫："我儿大郎死得冤枉呐，冤枉呐……"韩维慰勉："老丈儿子如属冤死，本府定会审清问明，还你家一个清白。冤有头，债有主。你老人家是个生员，应当明白事体。"杨逢春有点畏怯，哆哆嗦嗦地说道："不瞒大人，小可不知王相公是什么官。县衙言称是王相公催钱甚急，致使吾儿鞭下毙命。"

韩维接过汪弄沟递过的茶水转给老生员，一字一句地大声讲道："这就不对了。王相公是当朝宰相,天天在官家身边勤于王事,怎能知道东明县民谁家缴没缴募役钱这种事情?况且,朝廷立法,四、五等户不出役钱。你老人家产业不足三十贯,应是四等,是不必出役钱的。衙役为何催逼于你?"杨逢春一声长嚎,跪倒在韩维面前:"老朽无知,受人蛊惑。我儿死得冤枉,求韩大人做主!"

韩维搀扶起杨逢春,环顾四周,高声说道:"按朝廷法令,开封府明令:东明县所有平摊之役钱,悉数罢去,退回原主。全县重新计算产业、划分等第,务必家至户到,公平如一。侵法扰民,逼死人命案,本府从速审理,追究罪责。"赵子几乘机将募役法宗旨、条款、实施方法,简要讲述……百姓心平口服,风浪平息,人们面面相觑。

韩维:"天热气躁,大家辛苦了,本府给各位准备了馒头、炊饼充饥,请垫巴垫巴回家吧!本府一定会给父老乡亲一个负责任的答复。"赵子几、苏轼等带领吏卒分发食品,劝解县民离开。日落时节,县民纷纷散去,边走边议论:"朝廷法规详尽嘛,到我们东明县怎么就走样了?杨逢春属四等,咋强令人家出助役钱,还抓人!"

身上横挎包袱的道医陈景初来到人群中:"王相公法是好法,切实为百姓着想,可是一到下面就走样变味。"挤入东明百姓中看热闹的汴京市民纷纷接话:"是呀,去年施行均输法,我们京师顿时要什么有什么,成色好,价格又便宜,却还是有人骂王安石,说他盘剥商户,与民争利,讲得一无是处。""端着碗吃肉,放下筷子骂娘。朝廷大臣、京师富豪极力抵制熙宁新政,上行下效,州府县里,沆瀣一气,鱼肉百姓。"陈景初:"那日贾县令讲募役法,本道正好在场,见他那阴阳怪气,让人感到他心存不轨……"

不知道是什么感应,进奏院偏室里的贾蕃,此时心惊肉跳,坐立不安,仿佛大祸就要临头。

恰在人们散去时节,一位身着乌纱、紫袍外裳,脚踏白粗麻布裤的官员步履稳健地从州桥上面走来,在落日余晖中,他的剪影显得高大清晰。金台、银娃两个精壮青年紧跟,侍从牵白马随后。

赵子几喊道:"王相公到!"百姓不约而同地纷纷回头,或近观或远望。一些人看清王安石那铜打铁铸的身影和目光炯炯的坚定面相,便纷纷下跪。

王安石见状,也慌忙跪倒,膝行而前,抓住前面几个人的手,沉重地说道:"安石奉职无状,父老乡亲们吃苦了!"众百姓七嘴八舌:"贤相啊,小民无知呀!""宰相肚里能撑船,你老人家不要见怪啰!""相公为民操劳,多福多寿啊!"

人群中传出嘤嘤哭泣声。王安石注目搜索,见是一白发老人,便问道:"父老何事伤心?"白发老人:"愧对相公,追悔莫及。我儿死得冤枉呐!"

王安石继续问明,韩维、王珪、吴充等一干大臣赶到,扶起王安石,劝起众百姓。金台和银娃扶王安石登上街边一块上马石。

王安石大声宣称:"朝廷立法,旨在便民。法有未便者,从便行之。本相在朝中为民理事,担心的是不能了解天下百姓身边发生的事情。父老乡亲们若能三五结伴,不时来舍下赐教,安石就能避免许多过失,国家也就平安稳定富强了。"

开封府衙吏回报韩维:"东明县令贾蕃不知去向。县衙交代,确系贾蕃主使杖毙杨逢春之子杨大郎。"背着药袋的陈景初:"山人可以证明,确实是东明县令捣鬼!"

上访中一人出面作证:"是有人吩咐我们唆使百姓分路进京的……"那些青年混混等闻声抱头鼠窜,很快消失在人群中。上访人等自言自语:"我们上当了,当了狗官豪强的搅屎棍!王相公为百姓改常平、立青苗、设市易、改役法、立保甲,想出这么多便民好办法,好官呐,名相呐,圣人呐!"

同判司农寺卿曾布与开封府提刑赵子几,向神宗进奏东明县民进京围闹相府事,王安石、韩维、邓绾等随听。曾、赵确认:"东明县令贾蕃以'超升户等'手段阻挠募役法实施,强令一千户四等以下户升为三等户纳募役钱,有意激发民变。东明县距京城九十里,数日才得往返,竟能有成千县民会同上访。他们从京师东、南水陆各门进城,齐聚开封府前喧哗,进而像城防有司一样熟悉路线直奔东府王相府邸,跨越皇城核心重地,沿途拦马挡轿,肆意妄为,还到御史台呼吁言官进奏,其诉状与御史中丞杨绘、监察御史里行刘挚奏章条款呼应。整个队伍聚散有序,未有打砸抢行为,可见策划、组织、指挥严密。县民搅闹京师当日,贾蕃其人竟匿藏进奏院悠哉游哉,岂非咄咄怪事?"

神宗听罢,很是感慨:"新政以来闻所未闻!一定要严治贾蕃不法之罪,力戒群体事件再发,尤其是袭扰朝廷重臣!"

王安石:"判司农寺邓绾与同判司农寺卿曾布曾留下圣旨'民之不愿出钱者仍旧供役'暂未发出,并将司农寺与开封府会同调查的东明县民事件详细公布,还逐条批驳杨绘、刘挚奏章,阐发募役法主旨,平息这场惊动朝野乃至中外的风波,募役法可得而行。"

神宗:"卿等处置得当,司农寺办事得力。"

王安石:"臣多次进对陛下,天下事如弈棋,以下子先后为胜负。理财以农事为急,农事则以去民疾苦、抑制兼并为急。此臣之所以汲汲于募役也。古人治国,以五年七年便可大成。而今熙宁新法已行三年。每颁新法,不是令行禁止,而心怀鬼胎之朝中权臣倡和非议以致阻坏,煽动京师,蛊惑天下,甚至如东明群氓气势汹汹,直逼陛下和当局。"

神宗:"朕常处于水深火热之中,寝食难安。"王安石:"敬请陛下明察秋毫。过纵小人,则小人无所忌惮。是兼听欺罔之词才能辨别事理,还是兼听忠信之词才能明察秋毫?"神宗:"当然是兼听忠信之词。"王安石:"恕臣言,陛下刚健有所不足,好恶不够明析。臣以为,只有奖励如韩维、曾布等功臣,罢黜如杨绘、刘挚、贾蕃之毁谤操纵者,追究幕后势力,才能一道德而变风俗,熙宁新政才能畅通无阻。"

神宗:"朕定按师臣策划施行,一道德而变风俗。"王安石:"并非为臣过于焦虑,而是欲成熙宁新政,务必基能承础、梁能承栋,方可成就殿堂。若以粪壤为基,烂石为础,朽木为梁柱,则不待建成,殿堂就倒塌了。"

未去朝天子,先来谒相公

宜秋门苏轼府中,爱妻王闰之遭遇困惑,探问苏轼:"这些天,乐天派总是闷闷不乐,何事搅动相公心绪?"苏轼直言回复:"有人竟将我与东明百姓进京请罢役法一事关联,岂有此理!"王闰之:"谁吃淡饭管咸(闲)事!"苏轼直言心中窝火事:"东明县令贾蕃那厮得知我曾上奏《上皇帝言事书》,呈说新法多有不便,他便在被朝廷追究之时,检举我这判官告院权开封府推官也支持他阻行募役,把这当作立功赎罪之举。"王闰之:"既是奏折,公开的秘密,检举何来!"

苏轼:"王介甫倒是为我解了围。他说:'苏轼素以文章扬名。"言事书"以文章为快事,从书中求道理而已,与他贾蕃刻意抵制破坏役法有何干系,乱弹琴!'"王闰之:"这才是,听说王相其人,常常为别人主持公道。"

苏轼:"后台硬得像铁杆的贾蕃被谪居监顺安军酒税。谏言募役法不便的御史中丞杨绘、监察御史里行刘挚都被贬斥外放。连老相公富彦国、枢密使文宽夫都被今上警戒。想起来就毛骨悚然。"王闰之听得心惊肉跳:"相公也曾在那笼子里?"苏轼:"我已奏请朝廷外放州县。"

王闰之:"以贱妾看,相公离开京师这个是非之地,像子由老弟那样,当是最佳选择,免得我们娘娘崽崽提心吊胆,一日三惊。"苏轼以拳捶案长嚎连声:"居长安,大不易。走,走,越远越好! 在朝廷,做人难,做事难,知道守正更难!"王闰之:"我准备好了酒菜,尽情畅饮吧!"苏轼:"好!"

与此同时,神宗询问王安石:"苏轼可外放乎? 他们父子兄弟曾是先祖为朝廷遴选的栋梁啊!"王安石直言相答:"君子爱人以德,小人爱人以姑息。这便是陛下与富相、文枢密、司马学士的不同之处。"神宗:"叫他做什么呢? 做个地方的太守怎么样?"王安石:"让栋梁有所历练,以副职比如通判这类职务为好。"神宗:"通判杭州吧,风景优美,朕等着读他的诗词佳句。"王安石:"这样既是陛下的美好愿景,也是对苏子瞻的最大爱护。"

熙宁四年(1071 年)五月,时年三十六岁的苏轼,被贬通判杭州。

神宗委托王安石与苏轼谈话。苏轼见到王安石的第一句话是:"未去朝天子,先来谒相公。"王安石知道苏轼牢骚特盛,未接他的话:"我读杜甫诗'文章憎命达,魑魅喜人过'句,颇有同感。大宋高官多,好诗却难得,但愿子瞻将居我朝诗圣之位。"苏轼:"虚名误人呐!"王安石:"还是借你苏学士的话说,'凡学之难者难于无私,无私之难者难于通万物之理。故不能通乎万物之理,虽欲无私,不可得也?'"苏轼:"官家这是要我躬行去啰!"

参知政事王珪特意置酒送苏轼。苏轼被灌得醉醺醺,迷迷糊糊听王珪说:"读子瞻洋洋九千言《上皇帝言事书》,直觉老弟才华横溢,确系先帝为后世储备的相材。但也有人说你少年高第,以文章为快意事,从书中求道理;还说你书生见浅,文人无行,狂士而已。"苏轼酒醉心里明:"准是执拗之人与吕惠卿对本人的评价吧。"王珪笑而不答,接着说:"也许下峡水惹了祸。同朝为官,竟至水火不容,硬是要把你与东明百姓闹事关联,赶你出京,太委屈你老弟了。"苏轼的舌头有点发直:"又是那个执拗之人?"

王珪:"天下谁人不知苏氏兄弟饱学多才,文采盖世!官家要你任钱塘知府,有人却只给你一个通判。"苏轼醉意甚浓,不吐不快:"是他宣扬那离经叛道的'三不足',唆使今上行新政,以致官家神魂颠倒,求治太急,听言太广,进人太锐。王参政,您说是不是?"王珪:"老弟牢骚过甚,有伤身体呀。"

苏轼越说越嘴越不把门,并伴随手势:"以我之见,应如韩稚圭、司马君实所奏,官家应近君子,远小人,才能结人心,厚风俗,存纪纲。"王珪一笑。苏轼醉得东摇西晃:"眼前浮现人们传言的三旨相公形象:上殿进呈,云'得圣旨';上可否讫,云'领圣旨';退谕禀事者,云'已得圣旨'。我要奉劝一句,相公乃老资格参政,应有所作为,不该一味让那扶摇直上者为所欲为。不然,世人会嘲笑前辈您不过'三旨相公'咧。"王珪被噎得简直气懵,不得不自我安慰:"权当童言无忌吧。"

苏轼迅即卖掉房产,租用客船在汴河里悠悠慢行,以饱览沿途景色。十二岁的长子苏迈甚是无聊,总撩一岁的弟弟哭闹,不免惹娘生气。妻子王闰之多是闷闷不乐,不时发点牢骚:"逆风船比牛还慢,徒使格老子孩儿们受罪。"

苏轼敷衍:"慢则慢,总算逃出是非之地了嘛。正是农忙时节,慢慢观赏两岸美景民情,我又有写诗填词的心情了。"王闰之:"相公饶了我们娘娘崽崽吧,从今以后不要再放那臭得人发癫的狗屁了。"苏轼答非所问:"过几天就到陈州地面。看来,我这一生将转如飞蓬啰。"苏迈:"父亲大人是说,我们能见到子由叔叔了?"苏轼:"是呀,你们叔在那当教授,还能见到我们苏家大恩人张爷爷咧!"苏迈:"张爷爷是谁?有您这么长的胡须吗?"他老婆常常骂他吗?"不意儿子这么一句,王闰之扬巴掌要拍他屁股;苏轼也很诧异,乃避匿王闰之回答:"张爷爷曾是我们老家成都的长官,与你祖父交好,把我和你叔叔当成自家人推荐给当朝宰相欧阳修公。我们一家有今天,首先要感激他老人家呀。"

苏轼一家来到陈州,州守张方平择一落魄秀才的农舍宴请苏轼,特叫陈州府学教授苏辙陪同。心直口快的苏轼张口就问："张公三朝老臣,朝政人事无所不知,为何躲到陈州一隅之地享清福来了?"张方平捋须说："子瞻有所不知。"苏轼："愿闻其详。"

张方平："老夫敢向你们兄弟夸口:英庙与今上继统大事,时有不测之忧,欧公、韩公与余斗胆力促。那时司马光官卑位轻沾不着边,而任翰林侍读学士后,却张口闭口骂我势利小人,好像有不共戴天之仇似的。他却对今上三日一疏,五日一言,才是个极力竞进者,却又久久未入中书,便横蹦乱踢起来。先与王介甫闹,后又把矛头指向我,好像我这个参知政事捣了他什么鬼似的,公然骂我奸邪!"苏轼："不会吧。也许误传,也许是有人肆意挑拨。"

张方平："我张方平为官四十余年,即便寸功未建,愧对天下黎庶,但绝非奸邪!而他司马君实不顾民瘼,食古不化,坚持处死民女,怂恿吕诲拼凑王安石十罪,见新法就反,官家不得不叫他靠边。子由在条例司,应是知道内情的。"木讷的苏辙点头。

苏轼劝道:"君实与介甫原是比邻而居的莫逆之交,后来以政见不同而势不两立,各执一端,或理在方寸而求之域表,或义在咫尺而思隔山河,以致政潮汹汹,忽起忽落,士大夫多被卷入,商讨决定国事的朝廷,反而成了交恶之地。公离朝在郡远离纷争,乐得保全清名,何必烦恼!"

张方平应声慨叹:"我与欧公、韩公急流勇退正是为此。子由吃哑巴亏就因动作慢了点。子瞻注意到没有?司马君实现将与朋友的政见之争夸大为忠奸之别啊。"苏轼:"怎么说?"张方平越说越激动:"司马光出知永兴军后,上书今上:王安石专逞其狂愚,使天下生民被荼害之苦,宗庙社稷有累卵之危;荧惑陛下,以佞为忠,以忠为佞,以是为非,以非为是;援引亲党,盘踞要津,摒排异己,占固权宠,常自以己意阴赞陛下内出手诏,以决外廷之事,使天下之威福在己,而谤议悉归于陛下。"苏辙:"君实重历史,崇礼治。王介甫一心要为国理财,与今上富国强兵志向心心相印,不能说成奸臣。"

张方平意犹未已:"司马光还在《上神宗论王安石》中说:臣与安石南北异向,取舍异道,臣接安石素疏,安石待臣素薄。徒以屡常同僚之故,私心眷眷,不忍轻绝而预言之,因循以至今日,是臣不负安石,而负陛下甚多。子瞻,子由,你们看,司马光竟然全盘否定原与王安石的兄弟友谊和频繁交往,简直是一条变色龙，意在洗清自己。大臣两峰对峙，朝廷被撕裂，一代人才惨被贻误！"

　　苏轼："我们兄弟就在其中。子由在条例司检详文字，与王介甫等人总是磕磕碰碰，自然待不下去。"苏辙平静地说："我在条例司检详文字，介甫甚是看重。只与吕吉甫、曾子宣磨合不够而有所不协，乃求外放。"

　　苏轼："曾子宣倒是个机灵能干者，书法也很帅气。"苏辙："恰好王公有意兴学复古，改革科举，增加国子监太学生员额，选择新法提举官，还在京东、京西等五路置学官。恩公在此，我便请求来陈州学府当这个教授。"

　　张方平："呵呵，能与闻名天下的苏氏兄弟同事，老夫也跟着沾光呐。"苏轼憨笑："看到子由那个蹩足学府，我可未看到什么光，故而《戏子由》：'宛丘先生长如丘，宛丘学舍小如舟。常时低头诵经史，忽然欠身屋打头。斜风吹帷雨注面，先生不愧旁人羞……'"

　　张方平："子瞻戏子由，你羞我不羞。请赐墨宝，送今日做东的老秀才悬于厅堂。"农舍主人迅即将纸墨笔砚铺就，苏轼提笔直书《戏子由》。老秀才喜不自禁地接过苏轼墨宝，乃至手舞足蹈："有幸款待天下无人不知的苏氏兄弟与张使君，又得苏体墨宝，落魄人寒舍蓬荜生辉也！"

　　酒足饭饱以后，老秀才敬送张使君与苏氏兄弟出门。子瞻放眼一望，见农夫们奔忙于田畴，一派春耕兴旺气象，十分沉醉。老秀才赞道："今年朝廷散放青苗钱，耕夫才不违农时。青苗半年利息二分，往年贷私钱息五六分还打不住咧。"苏轼急问："你们村里人都贷了青苗钱？"老秀才："等第户都贷了。老朽想，如果王公还能改劳役之法，为下户解除衙前、里正之苦，就更好了。"张方平："你看，子瞻说均输、常平、青苗新法多而频，而老丈还盼更多些快些咧！"

　　苏辙向其兄感叹："兼并之家，每趁青黄不接，天灾人祸，盘剥村民，致其破产。有了青苗钱，差可免祸。事在人为，法行在人。陈州如此景象，使君功不可没。"老秀才："有张使君在，天下大难，陈州无忧；天下大旱，此地有收。"

　　张方平："众眼是镜，众心是秤。是非曲直，或许一时一地一事不足为凭。介甫新政，即使民人得利而赞赏无限，也将会长久受人非议责难。"苏辙："理无恒，随时变异，乃常道也！同一青苗、募役法，在亳州则不行，在大名则怨声载道,在京畿还发生了东明百姓围攻相府群体事件,在陈州则成利人之政。非法不便,在其人所为也!"

苏轼:"是呀,今上不识王介甫其人,司马君实撕破脸皮,熙宁朝政确实堪忧!"苏辙赶紧捂住老兄的嘴:"兄长钳口,便是全家之福。"苏轼自叹:"咳,今后只有练气默坐的份了。子由,只怕你老兄本性难移呀!"张方平:"子瞻抱童性之真,神与物游,登山则情满于山,观海则意溢于海,思虑奇妙,一吐为快。朝臣忌讽谏,百姓要好诗。我也同介甫一样,希望你成为本朝诗圣呐!"

苏轼一家从汴京到杭州,沿途停驻,竟然走了半年之久。到杭州后,接到表弟文与可专程送来一札子,打开一看只有两句话:"北客若来休问事,西湖虽好莫吟诗。"苏轼哭笑不得,询问同堂的沈括:"文表弟奔波数百里,就为送这么两句话!"沈括点头:"至爱之言!本人爱求事理之究竟,以为南唐后主不写《虞美人》'问君能有几多愁,恰似一江春水向东流'佳句,就不会被毒死。"

苏轼:"可也是。都像存中一样寡言少语就好了。"沈括:"智者不言,言者不智,却也不尽然。"苏轼:"吾平生最快意事就是畅所欲言!非不知言多必失,生性就不甘当哑巴。遇事不言,周身奇痒,真所谓忍痛易、忍痒难耳!"沈括笑道:"子瞻天性真纯,何必刻意去忍那难忍之痒,不动手挠挠呢。"

苏轼:"知我者,存中也!存中秀外慧中,多才艺,穷物理,实在难得。结交最晚情独厚,论心无数今有几?"沈括结论:"子瞻之才非官才,谐趣话痨,精粹诗癫。人间有好诗,乃大宋亿民之幸也。"

在场人都拍手称是。

第二十二章
将软肋变成铠甲

褒贬过头就失真

神宗打开一封远来的奏章，落款邵州武冈知县郭祥正。大略曰："熙宁新政给边远州县带来新气象，民顺而国强。而今而后，陛下听从宰相王安石谋划就行。其他不同于王相的议论，应不听，且追究。朝廷中抵牾王相者，当罢官的罢官，当退职的就退居故里，当治罪的治罪……"神宗思忖：郭祥正远在荆南边陲，认真施行了熙宁新政，赞扬王相也恳切，是个好县令。不知他跟王相有没有什么关联，是否另有所图？不妨问问王安石本人，看他如何说。

神宗传召王安石，指着奏章问："卿知郭祥正其人吗？看样子是个人才哩。卿怎么看？"王安石寻思半晌才摇头："郭祥正一时想不起。"过目不忘的人记不清，神宗不由得"哦"了一声。王安石骤然记起："哦，臣在江东时，与其人有过点头之交。此人健谈，古今上下，天地阴阳，语不惊人不住嘴。"

神宗交底："他是荆湖南路邵州武冈县令。"王安石好奇："一个边陲县令，有显赫的政绩引起陛下关注？还是有人推荐？"神宗："卿看奏章。"王安石浏览奏章，心气平和，只感觉其人言过其实，未觉出溜须拍马之嫌："天下大事在于顺应时势，怎能只听我一个人的？智者千虑终有一失。我一个人擅权弄国，那不就成了奸佞。"神宗说："这个郭祥正推行新法得力，应该说是个干臣；如果意在巴结，动机就不纯了。"王安石："着吏部考察，论德量才使用吧。"

　　此时,王安石想起两浙淮东制置发运副使卢秉来访事。卢秉问:"不知王公还记得卢秉否?"王安石:"两浙淮东发运副使这么重要的官职,我怎能不记得?"卢秉:"我说的是,相公曾以我一首诗而荐官。"王安石想了想:"记得的,'青衫白发病参军,旋粜黄粱置酒樽。但得有钱留客醉,也胜骑马傍人门'。诗有风骨,人有骨气,不攀附,不自弃,我乃向朝廷举荐你。官家见爱,选你为侍从。"卢秉深深施礼:"王公过目不忘!卢秉此生感谢相公栽培,子孙后代没齿不忘。"王安石:"这话就说错了。我在辅相位上,量才为用,何谢之有!"卢秉:"相公荐人不图报,下官却不能不感恩!"王安石:"你卢秉在职务上尽责,为改变大宋积贫积弱多做事情,就是感恩戴德。"

　　神宗此时也联想起另一个人:"李师中原与卿政见并不合。待卿为相,他却在安置地舒州张罗为卿建德政亭。卿得知此事,断然制止了他。"王安石点头:"有这么回事。李师中经略西北边事有所建树,只因年深日久便墨守成规了。被贬以后,见王韶治边事成,他深有感触,赞赏陛下西边举措,不像司马君实他们一味唱对台戏。"

　　神宗深沉地回顾:"吕诲、司马光编造罪行攻讦,卿不屑置辩,或三言两语回复就罢了。褒奖或者贬斥卿的言行,卿都不以为然,不为所动。这是常人难以做到的。"王安石坦然自明:"陛下提到此事,我在《答司马谏议书》中申明过:当今之争,只在于'名''实'二字而已。名实不副,便属谬论。褒、贬过头就失真。我王安石,既不是恨我骂我者所描绘的那种妖魔鬼怪,也不是赞成我者所谓的神仙、救世主。王安石,字介甫,今年五十岁,不过是大宋朝数千万臣民中的一分子而已。"

　　神宗听得两眼直亮,内心万分庆幸:"朕,熙宁天子,此生此世,天作之合,遇见一个难得的圣人!"

　　曾布来相府问病,见王安石在书房欣赏书法作品《楞严经偈碑》。曾布:"这么大的字!大字不好写,须得功夫深。谁的?"王安石:"蔡元度的。子宣,你书法很有功力,在行,评论评论。"曾布仔细观看:"王公的这位爱婿,在江阴县主簿任上,勤于学问,精于书法。我读过他的《孝女曹娥碑》,神气充腴,风度典雅,有晋人之潇洒,唐人之法度,又有我宋人之灵展。蔡襄与蔡京、蔡卞俩兄弟,均工书。以我看,元度学其兄蔡京,却又胜于襄、京。"王安石:"子宣过奖。元度初为颜行,笔势飘逸,自成一家。善大字,厚重结密,如其为人。他写的《精义堂记》,被官家看见,要去了。我朝书法极盛,黄庭坚、苏轼、米芾等名家荟萃,元度还得勤学苦练才是。"

此时,曾布从袋中取出紫团山一盒,悄悄放在茶几上。王安石见状,问他什么物事。曾布答曰:"闻说壶口产紫团参能配药医治相公溲血病,不妨试试。"王安石见紫团山参,知道它是党参中佼佼者,便说:"你这个子宣,终日起草法令,查阅资料,埋头读书,不离京师一步,哪来这珍贵物件?"曾布不敢隐瞒:"是薛师正托人买到的。"王安石脸色转阴,目不停转直射曾布,眼看就要发作。曾布抢前说道:"日前相公病倒,今上十分不安。师正闻讯,便以市场价格买来。如若坏了您的规矩,要责罚就责罚我吧。"

王安石沉吟片刻:"你这个子宣呀,均输、青苗、募役,是我们制定的首批新法。你说是举手之劳,价格公道。我说是假公济私,强买强卖。但凡是我们禁止的事情,自己就得洁身自好,秋毫无犯。差之毫厘失之千里,千里之堤溃于蝼蚁,你不会不懂。吕诲弹劾、东明百姓进京、司马君实书信、韩公欧公奏章,往事历历。我们最高层稍不检点,下属就可能离题万里,法令就此崩溃。我们呕心沥血拟定施行的新政,你总不愿功亏一篑吧!"

曾布:"购买一支紫团参对症下药,有您讲的那么严重吗?"王安石:"子宣呀,你一生都要记住:任何礼物都有目的。你我是豁出功名利禄乃至上下几代的身家性命,来辅佐今上施行熙宁新政的。我们两家世代相交,你还吃不透我王介甫的心思吗?不忘初心,正道直行,才能将软肋变成铠甲!"

曾布自惭境界低,无言以对。王安石唤吴夫人取出十两银子,交付曾布:"两袖清风,一尘不染,是我王安石终生的座右铭。我自律严格,子宣、师正等,你们一定要十二分成全才是。"曾布迟疑不接,悄悄对夫人说:"嫂夫人,紫团参是党参的一种,比高丽参便宜得多,何用这么多银子?"王安石自言自语:"尔俸尔禄,民脂民膏,下民易虐,上天难欺。"吴夫人急了:"表老弟,你要我们大家都狗血淋头吗?"

知世故而不世故、处江湖而远江湖的虢瑞新示意曾布赶紧收下:"王相的自律注入血脉。曾相公,十两银子买个终生不忘吧。"

曾布在百毒不侵的高人面前突然发现自己的贫乏与丑陋,羞赧地将银子装入袋内:"虢伯,王公苦行僧般的自律极可敬,太可怕!"

愣了一刻,曾布取出两件书札,走近王安石身边禀道:"王公,秦凤路王韶有信报,荆湖南路章惇亦有书札,还推荐南川知县张商英备选。"

王安石叫曾布先叙章惇书大略:荆湖南路溪峒诸蛮,向来据地自诩。北江彭氏有地二十州。南江舒氏、田氏、向氏,各有地四五州。梅山苏氏最狂妄,涂炭蛮民,骚扰四邻。章惇奉旨经略蛮民事务,听湖南转运副使范子奇、蔡煜主张,用沩山密印禅师为向导,行怀柔安抚之策,以蛮制蛮。彭、舒、田、向四氏,纳土请降,愿服王化。章惇以礼待之,劝其建制筑城,一如内地。继而统帅蛮众,以攻梅山峒,平定苏氏,降其民一万四千八百余户,籍其田二十六万四百余亩,均定赋税,每岁一输。

王安石极为兴奋地站起来称赞:"章子厚不辱君命,不辱使命啊!荆湖南北路诸蛮,旧不与中国通,毗邻之地,官治不下县,县下靠民治。他率部三年制蛮,收服五溪蛮,招抚梅山蛮,击平江南蛮,尊靖州飞山蛮款首,筑三城,置五砦,设新化、安化、善化、怀化数县,提议功臣毛渐等为第一批县令,促他们因俗立教,建寺院;驰禁释罪,赐田贷牛,教之耕犁;施舍衣食,扶贫济困;立学校,招师儒,设藏书阁;造桥修路,廊桥设市。自此荆湖南路千年蛮峒始归王化。并遣别将熊本招降四川诸蛮。拓地四十余州。干臣哪,干臣,太棒了!"

曾布同样欣喜若狂,不禁手舞足蹈:"熙宁新政之奇功啊奇功!"

——此功至伟!自此以后,湖北、湖南西部各少数民族归顺中央政府,其体制一直延续到现代。

王安石:"章使君推荐张县令,定是抚蛮有功之人。"

曾布讲述张商英随章惇说降蛮酋事迹:"他撞入蛮酋住处,先是倾酒狂饮,与蛮同乐;继而夸奖蛮酋孝亲敬老,亲民如子,同时指斥他对大宋不忠不顺,不仁不义。蛮酋低头认罪,诚心归顺大宋皇帝。"王安石:"这个张商英,有胆有识嘛!"

曾布眉飞色舞地说起来:"这位贤兄豪爽过人,草书诗词,龙飞凤舞,狂草完毕,乃至自己也不认识。有一次,兄长唐英的儿子立于一旁观看,问道:

'叔叔写的是什么字？'他停笔回看，半天无话。侄子催问：'叔叔，您告诉侄儿啊！'张商英磨磨唧唧地答曰：'你怎么不早点问？现在，我自己都忘记写的是什么字了。'"在场人哈哈大笑。王安石："鬼画符，算不了书家。"

曾布夸张："张商英，字天觉，蜀州新津人。从小锐气倜傥，日诵万言。治平二年（1065 年）进士。长身伟然，姿采如琼玉，豪视一世。"王安石吩咐："哦，将章使君推荐书转审官院候选，不要说我已知。你去吧。"

水里泡泥里滚的程公公

神宗向侍读大臣们赞赏唐太宗能受人犯颜谏诤。王安石说："陛下亦能受人臣犯颜谏诤，所以我敢讲真话，敢与陛下争论。其实，唐太宗也有不如陛下处。他行义却不甚修身，陛下则修身严厉与尧舜无异。即便如此，并非所有朝官都能对陛下忠直敢言。看来，分清曲直，判明功罪，陛下还有不如唐太宗之处。"

神宗并无赧颜："卿继续讲下去。"王安石继续说："比如同管勾外都水监丞程昉，陛下前年分遣同治理河北水利，给他三十万贯修桥。他一个铜钱掰成几个铜板花，不仅修好了桥，又用余款造了公廨、营房，还购买木桩用于开掘或闭塞河道，得良田四万余顷。"神宗点头："是这样。"曾布补充："臣查了史书，自秦朝以来，没有比这更大的水利工程。我朝有开田千顷转一官的成例。照此，程公公可以转四十余官哪！"韩绛回顾："当时已为程昉转得一官。只因奉旨察访的谏官盛陶弹奏不已，便将程昉放罪了。"

曾布询问："弹奏程公公什么罪？"韩绛记得："诸如使用浚川耙、铁龙爪如同儿戏；对受灾百姓安置不力，有流离失所者；措置乖方，致使某段堤岸垮塌而复修什么的。"王安石辩护："那么宏大而复杂的工程，出些纰漏在所难免。"判司农寺转御史中丞邓绾证实："中书令本官甄别，程昉执行朝命很是尽职尽责。他采用黄怀信、李公义等设计制造的浚川耙、铁龙爪疏浚河道，功效提高了许多，切实减少了河床黄泥沉积。"

王安石笑道："要是使用新工具便是儿戏，那么，轩辕黄帝制造车辆、鲁班大师发明斧锯，都是儿戏啰。"曾布气愤："站着说话不腰疼。在京城当官，有几个愿意去水里泡泥里滚的!"邓绾恳切地指明:"程昉、吴安持等辛辛苦苦整一年,制服了水患,开辟了那么多良田,功劳显赫。朝廷仅提升程昉一级,后来却又贬了数级。吴安持呢,因为是王相的女婿,王相不许升他的官。对那些大刀阔斧施行新法者,群邪往往群起而攻之,因为他们在职行政就是对群邪权力和财富的威胁。结果,有功者未得奖赏反而受到责难甚至惩罚。"

神宗倾耳静听,示意继续讲下去。

王安石:"这是一方面。另一方面,那些因违抗圣命、欺骗朝廷才罢官、外放之人,并不痛改前非,恪尽职守,维护朝廷和陛下。而朝廷派去考察他们的人回朝,却常常称赞并推荐他们。这些察访使臣或许无意与朝廷作对,只是害怕那些不忠君爱国、不坚持职守者制造舆论混淆是非。故而迎合群邪,只讲他们如何如何好,掩盖他们如何如何坏;得到的回报是,群邪赞扬奉使者如何如何称职,以致陛下无法从奉使者口中得到真实情况。察访使臣若正言谠论,群邪就会群起而攻之,陛下自然会对奉使者起疑心,甚至追究。"

在座大臣多数点头认同。邓绾证实:"据臣核查,程昉就是因为全心全意泡在水利工程中,不去打点或不屑奉承察访使和谏官,所以遭诬蔑。"韩绛:"盛陶所奏,确是一些鸡毛蒜皮,言不及义。"

王安石:"尽管遭到诬蔑被降级外放,程昉还是恳切要求中书不必为他深辩。他说:'即便我程昉获罪,降一二级,甚至被停废,劾奏我的谏官自然息怒。相反,如果谏官们不停歇,官家、你们二府、三省、六部都不得安宁。程昉能为朝廷做点事,百姓能得实惠,我就心满意足了。即便停废,我也活得下去,家人不会饥寒交迫;您王相和朝廷不必过于为我的生计担忧。'"神宗:"程昉在朕身边多年,朕未知他竟然如此坦然,实在难能可贵。当时对程昉的处置确实错了。忠邪颠倒,功罪不明,有违熙宁朝的施政风范。"

王安石:"程昉的态度令我感动。我如若想尸禄保位,现在什么也不说不做,应该还会混得下去。若要履行陛下委任我的职责,行义以达其道,则必须为新法施行着想,为程昉主持正义。以臣所见,朝廷贬抑程昉,偏离了熙宁善政。臣恐不但今日天下非之,写到史书中,恐怕后世也会非议陛下圣德的。"

韩绛与诸大臣频频点头。神宗听到此处,心知王安石是要借程昉展开奖罚分明的话题,便一直正襟危坐,洗耳恭听。王安石:"我今天提及程昉,所要表明的是我朝吏治的缺失:是非不分,赏罚不明,无功受禄,有功不赏,老实人吃亏又受气,平庸者、投机者、别有用心者却未能受到处罚,有的反得表彰和升迁。"邓绾补充:"为政之要,用人之道,必须保护老实人,奖励有功者。"

神宗似有所动:"施行熙宁新政,一定要奖罚分明,升格起用程昉,责备盛陶。"韩绛:"遵命。今上英明,还要好人好官一起扶持。"王安石继续阐发:"以本相之见,我们熙宁朝二府、三省、六部,要尽力做到不让程昉这样的老实人受屈,还要允许他们试错,像治河那样宏大而复杂的工程,难免出错。只有这样,才能让他们尽多发挥才能,为新政多出力,为陛下多建功,为百姓多谋福利,包括像陈襄、郏亶那样有志治理水利者、吕嘉问那样苦心经营市易者。"

神宗扩展了思路:"朕想起知太常礼院张载的横渠四句:'为天地立心、为生民立命、为往圣继绝学、为万世开太平',与王相变法理念和为政之道不谋而合、异曲同工,大臣们不妨谨记。"

王安石:"回头再讲陛下效法唐太宗。太宗当时如果能够认定大臣隐瞒真相、欺骗朝廷,损害国家利益,他会严惩不贷。如果是有意欺骗,他更不容忍。"神宗:"朕欲效法,而熙宁朝还难做到。"

王安石:"天讨有罪,天叙有德。大臣如果犯的是小过小失,或许可以原谅;如果是有意欺罔陛下与朝廷,便无可容之理。陛下没有私心,奉天而为,何难之有?而且,陛下委任他的官阶高,待遇丰厚,处罚他,同样应该加重。"邓绾:"有功者奖,有罪者罚,朝廷赏罚分明,熙宁新政会更有生气,好官才会争相施行新法。"

神宗无言,扫视在座各大臣。

王安石:"谏官盛陶前后欺罔并非一次,迹状分明。陛下常常以为欺罔事难得分明。既然已经分明,还是升了他的官,圣心以为允当吗?"神宗笑曰:"台谏之官有他们的难处。百日无纠弹乃为渎职,三谏不从则去。事难尽善,做必有疏。台官常常以言受罚,又没有什么奖赏,而今没有几人愿意当谏官了。"邓绾:"主持正义怕猜疑诬陷,主张邪说又怕朝廷否决,陛下亦未必听从。这就是谏官难当的真谛。不知唐太宗时，士人朝官是否也怕当言事官呢？"

王安石："百谪难知亦我忧。熙宁新政以来，罢免了不少御史、谏官，也提拔了一些御史新人。比如在座的司农寺卿转御史中丞邓绾，他在言官任上不仅实事求是，还为朝廷认真甄别了一些外放的言事官。经过历练以后，那些人回朝履职得更好了嘛。"韩绛："正如你的诗句：'平治险秽非无德，润泽焦枯是有才。'那确实。"王安石："我已拟定了教之、养之、取之、任之（包括官员选录、考核、使用、提拔、奖惩）等官员管理一系列办法，请吏部斟酌，御史台审议，报请陛下圣裁。"

少年善创造性思维

王安石案上摆着布衣魏继宗上书，大略云："京师百货所居，市无常价，贵贱相倾，乃何以为天下。今富人大姓，乘民之亟，牟利数倍，财既偏集，国用亦屈。请假榷货务钱，置常平市易司，择通财之官任其责，求良贾为之转易。使审知市物从之贵贱定价，贱者增值市之，令不至伤商；贵则损价鬻之，令不至害民；因收余息，以给公上。"

布衣之士的设想与王韶设市易司不谋而合，王安石觉得十分有趣，自己通判舒州时便有过类似想法，随即召代司农寺卿曾布询问。曾布饶有兴致地谈起随魏继宗走访京师市场情形以及魏设想形成过程——

"一日，我漫步汴京街头，有人自我介绍名魏继宗，愿陪同朝官勘查京师商户。我们去到拥挤不堪、装卸繁忙的州桥货运码头，车水马龙，尤为抢眼的是西亚飞毯在空中飞翔，骆驼队象队载满货物西行。街上坊廓争相叫卖：'多年不见的珍品到货啦，商家快来批发嘞！'市民喜气洋洋，争相购买，有人指使猴儿买西瓜。继而见一家盐铺挂牌价三十五钱一斤。魏继宗询问伙计：'昨天四十钱，今天为何三十五钱了？'伙计：'客官不知道，扬州折博务开放盐禁，商贩淮盐大量涌入京师，老板降价去库存啰。'

"魏继宗说：'米、面、盐、茶、矾、碱，乃万民生活必需，京师向来市无常价，有盐价一天涨近二成的。十几户大商铺垄断京师茶市，压茶农货价收购,然后高价分发给坊廓小户。'又见一处货栈堆积大批毛毯等冬季用品,百物堂牙人正与西番客商傲慢地压价。因为价低亏本,客商求加一点。百物堂牙人毫不理会。一些围观看热闹的商人有意起哄:'卖了吧!不卖百物堂,谁也不敢要你的货!'外商指着门口挂的'公平交易童叟无欺'牌子,十分生气又无可奈何地说:'你们这么压价,令我血本无归,再也不来贵国做生意了!'魏继宗感慨:'差不离各行各业均如此。'

"我们信步来到一家成衣铺,见伙计们叫卖三腿裤。魏继宗好奇,前去看究竟。伙计招摇:'客官要买三腿裤?要哪条?买几条?'魏继宗:'我只有两条腿,怎么穿?谁有三条腿?'伙计:'如今熙宁新政颁行天下,朝廷仓库装不下,不是新建许多库嘛!官家分库,我们老板也分裤啰!'魏继宗大笑:'原来如此。有人买吗?'伙计:'买不买不重要,挣客流招揽生意呗!这不是把客官你们招来了嘛!'原来伙计是挖空心思做广告。

"我想:古人有言,'富能夺,贫能与,乃可以为天下'。魏继宗说:'近年榷货务钱货多有余积,典领官员不以变易平均为事。我想建议条例司利用所积之物,设置一个常平市易司,选拔懂商业运作之人领其事,聘请正道而懂市场的商铺老板辅助,货贱则少增价买入,以不致伤商;贵则低于市价卖出,使市民感觉到市易务的好处,市易司所得利润可补国用!'我鼓励他尽快把这些想法上书三司。"

王安石得知其详,乃请曾布约魏继宗详议,并指派官员进一步调查市场动态,听取各行业建议,反复论证,拟出市易法条款,奏报神宗定夺。

熙宁五年(1072年)三月,神宗得奏,与中书商定,诏设京师市易务以行市易法,选官筹备,拟条款报三司详定以闻;备内藏库钱一百万缗为市易本钱,其余合用交钞及折博务,令三司应副。王安石当即责令有司立即选派监官两名,提举官一名,勾当公事官一名。有人推荐吕嘉问,他系前宰相吕夷简曾孙,吕公著、吕公弼从孙,因荫入官,任职条例司时升户部判官,掌管诸司库务;组织酒坊行连灶法,每年省薪钱十六万缗,升赞善大夫。王安石提议由吕嘉问提举在京市易务,神宗诏准。

提举官吕嘉问到职后,聘任魏继宗为勾当公事官,并拟定市易务规则十三条上报。神宗御批去掉头一条"兼并之家较固取利,有害新法,令市易觉察,申三司以法",其余皆可施行。有人敏感地赞扬今上"宽仁爱民之心"。而王安石则认为,上天赋予陛下九州四海,就是要陛下一如既往地抑制豪强,扶助贫弱,使贫者均受其利,不应有所畏惧而不敢。删除此条,会让"兼并之家得以窥见陛下不敢限制豪强"的心理底线,反对者将会有恃无恐。这样行事,简直是纸铺孙家所为,犹如市井小民!神宗不为所动。王安石再次认定,今上施行熙宁新政,并不想坚决制止豪强兼并。难怪,人们认为朝廷的脊梁骨缺钙。

因涉东明县民闹京师事被罢御史中丞而知颖州的吕公著,恰在此时过京城而造访东府。王安石泡雀芽茶款待这位当年与自己同为"嘉祐四友"的老朋友。

吕公著外放这几年,经历均输、青苗、免役、农田水利诸法推行过程。从莫逆之交热心推荐老友入朝、鼓励他辅助今上改变国家积贫积弱状态,一路同行几年,其间虽然接受过他前知颖州的欧阳修"君子之朋,当为国谋,助安石成不世之功"的劝解,二人还是渐行渐远,以至加入反对熙宁新政队伍,与王安石生分了。没有客气话,他便直接笑问:"知道介甫近日推行市易法,还叫咱家嘉问参与其事。自古商业、借贷非王政而乃隶人之事、百业之末,三代耻之。朝廷怎能设署置官,染指市场交易这等鄙事?"

王安石心知老友来意,指着茶杯笑着回答:"无商贾,安能有此饮?晦叔久在淮北,可知蚕农之苦乎?蚕农出粟买桑叶,朝夕操劳,侍蚕至三眠,户户灯烛守在箔旁,直至结茧成丝,却被豪商贱买去,蚕农反而缺衣少食。果有其事乎?"吕公著点头:"有。"

王安石想起老相韩琦对吕公著的评价"才偏规模小",又知道这位朋友夏不扇、冬不炉,思维缜密,语言简洁,便朗朗笑道:"这就得了。古时抱布贸丝,日中而市,吾朝为何不能做呢?开市易,可解蚕农之忧矣!然其利国利民,远不止此一端。所谓官不言商,那是士大夫清高之举,不知食禄之易、治事之难。晦叔兄,在我心里,您是最合适我现今位置的人,深知散易聚难。开门七件事,哪一件离得了商,哪一事离得了银钱?所以说,治国理政,第一件事是理财。"吕公著笑问:"老朋友,既然如此重要,为何不让你儿子王雱去做?"

王安石：“国之要务，非能臣不可为。雱儿懦弱书生，安胜其任？晦叔不要小看望之，他是你们吕家后起之秀，很有头脑的机灵人。他比我们看得清楚，想得高远。咱们大宋，商业繁荣远胜于任何前代，重农轻商、市坊隔离的桎梏，已被数十万汴京商民冲破了。”

向来思维缜密的吕公著尴尬而无言。王安石：“用茶用茶。一杯清茶储存着偌大能量，可为我们所处亘古未有的熙宁新政添活力壮行色。”

吕公著辞别王府，路遇曾布，斥责曾布为何推荐吕嘉问提举市易务。曾布没好气地回复：“朝廷用人，与您这位知州何干？”吕公著怒曰：“他是我的侄孙，与你们这些兴利之人同流合污，将来因新法乱国而灭九族，老夫当在其内，怎能无关！”

曾布未曾想到这位王相的莫逆之交，竟把熙宁新政想象得那么邪乎悲惨，不由得直骂：“老古董！你们吕氏家人将来会膜拜新法，感恩望之咧！”

京师市易务的经营开展得很出色。牙人、行人预支官钱，以平价买入货物。市易务根据牙人所抵押的财产多少，将收购的货物分等拨给各商铺，按时价出售；约定半年或一年内，将货款缴还市易务；原价之外，半年内加缴百分之十、一年内百分之二十利息，逾期每月加缴百分之二的滞纳金。外来商户无法脱手的货物，允许卖给市易务，由行人、牙人、客商共同议定价格，根据行人店铺需要的数量，由市易务支钱收买。如果客商愿意，也可折抵官府现有货物，以物易物。对于行人不需要的商品如果可以变卖，也由市易务收购，按时价出售，不许谋求高利。吕嘉问亲自牵头、监督、约束，业务开展顺利，受市场欢迎。

不几月，反对声浪泛滥，有说市易务把油价弄贵了。王安石闻声，立即询问吕嘉问，并调集京师各油铺账簿阅视，次日即回禀神宗：“油未曾增价。”不几天，神宗闻说市易务卖冰，致使卖雪者销量大降。王安石答道：“臣知道卖冰者乃玉津园、瑞圣苑、宜春苑、琼林苑四大御花园，并非市易务。”神宗又说，据宫女们反映，市易务入市以来，梳子贵了，芝麻也贵了。王安石回话：“由于西京、南京等处水灾，芝麻不熟，自然价高了。从外地来京师卖梳朴的商家被垄断市场的豪商压价，不肯卖出，长期滞留汴京；无奈之下，他们涌向待漏院请求朝廷帮助。臣谕令市易务出钱收购，豪商集团听说，求市易务准予他们包销。吕嘉问未许，与卖梳朴者商定价格，全部分给中小商户。此事完全符合创设市易务本意，不知什么人竟然闹到陛下那里。"

神宗："据闻，吕嘉问少年不谙世事，所用皆奸猾之人。"王安石坚决维护吕嘉问："望之现在比陛下即位时年纪还大，年少有朝气正是他的长处。他谨守职事，通达商务，朝廷官员如果都像他，新法定会畅通无阻。所聘牙人行人沈可道、孙用勤等乃商道中顽主，令其到市易务供职，是利用以前的兼并之首来推行抑兼并之法，使其在众目睽睽之下得警戒之效，不再行兼并之私。臣以为这正是望之的创造性思维。抹黑市易务，诬陷吕嘉问，就像王韶、程昉等人被诋毁诬陷一样。"

第二十三章
禁卫藏蹊跷

谁念玉关人老

　　熙宁五年(1072年)五月,已经儿女周全的吴家媳妇而今并辔连墙的素雯,将熬好的紫团参汤捧送老爹喝。王安石喝完,感觉精神了许多。素雯说:"老爹,近时,京师街头传唱时兴曲《喜迁莺·霜天秋晓》,我学会了,唱给您听,好不好?"王安石开心地点头,吴夫人与银娃击掌附和。

　　素雯清唱:"霜天秋晓,正紫塞故垒,黄云衰草。汉马嘶风,边鸿叫月,陇上铁衣寒早。剑歌骑曲悲壮,尽道君恩须报。塞垣乐,尽橐鞬锦领,山西年少。　　谈笑。刁斗静,烽火一把,时送平安耗。圣主忧边,威怀遐远,骄虏尚宽天讨。岁华向晚愁思,谁念玉关人老? 太平也,且欢娱,莫惜金樽频倒。"

　　王安石高兴地称:"这不是蔡子政的《喜迁莺·霜天秋晓》嘛!'岁华向晚愁思,谁念玉关人老!'受命守边,驱马疆场,慷慨悲壮,赋为词曲,情真意切,武人佳作呀! 你们知道这位老将军吗? 了不起! 当年,子政追随范文正公守西边,建功立业。今上即位,以天章阁待制知渭州时,建勤武堂,五日以训之,编伍钲鼓之法甚备。甲兵整习,时时准备敌寇来袭,西夏和羌人才不敢进犯。他又为十分困难的边民贷官钱,岁息什一,后遂推为蕃汉青苗、助役法,方便了守军和边民,减轻了朝廷军事支出。今上听到这词曲,甚为'谁念玉关人老'感动,乃曰:'朕时时惦念守边官兵',乃调他回朝任枢密副使。"

正在此时,中书送来边报和王韶书札。王安石立即展阅,越看越兴奋:"好消息到了,好消息到了!"他闭目沉思片刻,忽而振奋地说道:"我得给蔡子政写个札子。"

王安石立即命笔,一边书写,一边联想枢密院现状,只靠吴充去文府听枢密使吩咐运转,蔡子政全无作为,一定要搅动这湾死水。

曾孝宽将王安石札子呈递蔡挺:"老将军,王相喜讯!"蔡挺惊喜地展示王相亲笔札子,双手震颤,捧读再三,胡须飘动,大呼:"有希望也! 有希望也! 孝宽,你陪我立即拜访王相府!"

蔡挺在相府前下马。王安石立即抱病出迎,虢瑞新和银娃搀扶。只见长自己七岁的蔡挺须飘胸前,雄姿英发,熊行虎步,与枢密使文彦博完全两种模样。王安石接他入厅堂,蔡挺见王安石精神尚可,未顾问病,开门见山述说来意:"王韶善兵,置熙河路之议,极为得当,敬请王相请旨由王韶经略。"王安石点头:"老将军此论正合吾意。"

蔡挺既得今上知遇,又获宰相支持,觉知音难觅,尽将心中块垒尽倾诉出来:"余戍边多年,整军经武方案思之甚密,仰望枢府如同天庭。知枢密院事以后,见文公状态,十分气馁。今得王相书简,如沐春风,故将整兵置将方案斗胆呈上。"说着,他从袋中取出一札子,双手奉呈王安石。王安石立即展读,边读边夸奖:"耳边总萦绕着'二十年不言兵'之类的清谈,有了老将军这个详尽方略,兵制改革便有依循了。"

王安石与蔡挺共同回顾省兵、置将、保甲、义勇等有关军事改革的历程,一次又一次激烈争论和艰难实施。

熙宁元年(1068年),诏省兵,令各路监察将所辖军队情况报告朝廷,将不能信任禁军者转任厢军,不能任厢军者复员为民。改旧兵制六十一岁退伍为四十五岁以下能操练兵甲者可升为大分,五十岁以下愿为民者听便。

熙宁二年(1069年),诏废诸军营,以减少军队员额:陕西马步军三百二十七营合并为二百七十营,马军额以三百人、步军四百人为一营,诸军总共由五百四十五营合并为三百五十五营。

枢密副使蔡挺提议的将法是:京畿之兵设定凡三十七将,西北边防置四十二将,东南十三将,总天下九十二将。尚有马军十三指挥,宫中十指挥(各五百人)，土军二指挥，共五十二指挥，与将并行。将官有训练之实，将与士兵相识。将官不得私有其兵。天子自为大元帅统领诸军。这才会使禁、厢、乡、藩各军种兵无常帅，帅无常师，便于守内虚外，强干弱枝，再不会出现叛将强臣割据那类事。

熙宁三年(1070年)冬，朝议保甲法，王安石与蔡挺都对那场激烈的争论记忆尤深。

蔡挺讲解他的方案："开封府界民人以十户为一保，五保为一大保，十大保为一都保。每保选举保长一人，每大保置大保长一人，每都保置都保长正、副各一人，以能服众者充之。每户两丁以上选一丁为保丁，习武，以王中正、狄咨兼提举府界集训大保长。府界二十二县设教场十一所，任大保长总计二千八百二十五人。立团教法，训练大保长，大保长再教保长、保丁。京畿府界法成，推之周边三路。"

参知政事张方平补充："保甲是乡兵，以丁联兵，与募兵相参。主要采取上番、教阅二措施。上番，朝夕供送，教阅于场。义勇、保甲，使守城、慊役、辎重、馈运等辅助差役。禁军将部、将、队三级，厢、军、营、都四级。"

枢密使文彦博激烈反对："省兵、置将、保甲、保马诸法，骚扰民户，会激起民变，后患无穷。二十年不言兵，兵制改革均应缓行。"

蔡挺激昂陈词："缓而图之！缓至何年？自范文正公至今已三十年了，还没缓够吗？总唠叨'二十年不言兵'，人家契丹、西夏会再给大宋二十年吗？即便时日可待，就是再缓它一百年，仍然有人会说急促了的！"王安石："只怕人家萧氏、元昊等不及，断不会再给大宋二十年、一百年！"

蔡挺严词驳斥："我们枢府，再不能养尊处优，闭目塞听，全然不见天下形势。介甫公，介甫公！目今西夏内乱，辽国内部腐败，正是我大宋强固边疆之时也！一旦这些强邻振兴，狄马南来，再不是岁币所能笼络得住的。到那时，宗庙将难保，子孙将沦为人家的牛马！"

王安石坚定地支持蔡、张方案。神宗深知"狄马南来"是现实威胁，诏行兵改，并行五路保甲、训练义勇。熙宁三年(1070年)冬，登记壮丁六十九万一千九百四十五人。

王安石对老将军以改革兵制，战辽、夏为己任，深以为慰，留他午膳，以便与他详议后续施行方略。王安石："当年欧阳公讲过强兵防辽、夏;四年前,曾相也这样谆谆嘱咐过。如今,官家有诏,下文就全看子政您了。"蔡挺:"有孝宽协助,我们一老一少,雷厉风行,定能把枢府的事撑起来;即便文枢密奉印求去。"

便餐以后,王安石接到朝报,谓开封府滑州村民抵制冬训,群起暴动。王安石至今牢记东明百姓闹京师的教训,决定亲去滑州现场安抚。神宗执意一同去现场,并诏枢密院与中书协同处置。

韩维亲往滑州施行保甲法,县令通知保丁带弓箭汇聚滑州某地训练。有保丁在村中散布:"秦凤路王韶征伐西北蛮,太尉要征召我们县义勇上西北前线打仗呐!"传言一出,不少村民提心吊胆,不赴训练。或说:"本朝承平百年,打什么仗嘛! 好铁不打钉,好男不当兵,我家男丁要种大田,不去训练营,也不去打仗。"或者说:"我们滑州人,素来都不以武事晋显绅,只以文学博富贵,还靠生意发大财。"或说:"是呀,谁稀罕军士一年才得那三五十贯俸禄呐。"有的父子相拥而泣:"西北边地艰苦得很,一去无回。"有个秀才文绉绉地称:"胡天八月即飞雪,古来征战几人还!"

衙役挨村挨户催促时,更见许多奇闻怪事。有应征户人抱着断了的手指:"官人,你看我还能去打仗吗?"衙役解释:"这是按朝廷保甲法冬训,哪里打什么仗嘛!"衙役找到第二家,老妇跪求:"官爷,我家没有壮丁,饶了我们吧!"老妇将衙役引到床前,见保丁手臂断了,脸色苍白,痛苦不堪。更有甚者,挑动村民到县府抗议保甲征集壮丁上前线。

王安石与蔡挺随同神宗检阅京畿大保长武艺训练现场,不得不离开安乐窝的枢密使文彦博跟随。训练气势令人鼓舞,一女教练在高台示范,众义勇整齐相随,犹如山呼海啸,惊天动地。

神宗叹曰:"见此场面,确知团教法颁行之必要! 力量蕴藏于黎民中啊!"

金台见女教练十分惊异,请求王安石:"王公,那位教练是我的熟人,允许我近前看看。"王安石允准。金台交代银娃紧贴神宗与王相,急不可待地奔向高台。

神宗与王安石、文彦博、张方平、蔡挺、曾孝宽等继续观看着、议论着。

王安石:"承平百年,难见杨业、佘太君一门英雄了!"曾孝宽:"百戏台上也不大搬演杨家将百岁挂帅了。"王安石:"自澶渊之盟后,河北旧为武人割据,内抗朝廷,外敌四邻。我曾作为伴辽使亲眼目睹。不减去这种兵丁员额,不仅抵抗不住北敌,还费财困国无已时。"

蔡挺:"省兵置将后,保甲义勇是未来的希望。"神宗:"军无饷,兵不往;军无财,兵不来。保甲义勇所需粮草应早准备。"张方平:"对比募兵养兵,每年节省朝廷支出缗钱一百六十六万一千四百八十三缗,岁增国库收入三十一万三千一百六十六缗。"

王安石:"钱已不是问题。以减去的募兵之费供保甲之用,才只养兵之费十分之一二。今年铸造铜钱五百万贯,比盛唐开元、天宝时年铸三十二万贯多出十五六倍。国库年收入是盛唐三倍。"蔡挺:"愚臣以为,王公识见之远,忧国之诚,任事之勇,诚旷古而无其匹矣!自王相主政以来,惟其保甲法所倾注之心力尤多,而其受谤怨也最重。皆因纪纲荡然,上下习于偷惰,并致成性。"曾孝宽:"改革积弊,施行新法,很多人必然会感到若有所失,甚至痛苦至极。"

王安石:"自古做事,未有不以势率众而能令上下如一者。如果止欲任民情所愿而已,则何必立君、置官!国利民福,并非以整治为事。官府的主要职责在于反复劝谕民众,并采取多种途径诱导奖劝,使保甲之民渐渐觉悟,实现地方自治,使民以自谋。"

熙宁五年(1072年)八月,诏命改诸路更戍法,置将官,训练保甲义勇;置熙河路,命王韶为经略使。

金台喜出望外,那女教练竟是失联数年的虎女陈霞。操练完毕,陈霞向金台诉说失联以后的经历。金台告诉陈霞,陈霞的妈妈就是当今宰相王安石的堂妹王安梅。王安石也喜出望外,不经意间寻找到经历苦难的外甥女。

王安梅与失散多年的爱女陈霞相见的激动场面,令相府所有人感动不已。陈霞讲叙随师父、师兄练功情形和失散以后的传奇经历。吴夫人建议为金台与陈霞妥办婚礼。

金台、陈霞婚礼隆重,神宗、王安石到场祝贺,诸将同贺。场面热烈隆重,本书不再详述。

首相进宫马被挝

　　熙宁六年(1073年)春正,王安石病愈,相府喜气洋洋。江阴主簿蔡卞任满,携素雯回京候命。吴安持监修二股河工程竣工回父亲的西府,自然与素雯和儿子吴侔过东府来。从小年起,偌大的相府,亲情洋溢,喜气盈盈。

　　吴安持兴致勃勃地讲起程昉以身作则,使用浚川耙、铁龙爪效率高,减轻黄河淤积。王安石:"大宋最大水患在黄河、汴河。程昉之后,安持你有幸主持浚黄工程,而且四十五天就完工,获田若干顷,增粮数十万石,沿河百姓受益匪浅。这功绩将会记入史册,辛苦啰!"吴安持:"能按您的'治国者必先治水'的理念,为国家减少灾患,为百姓谋点福利,沿河百姓长治久安,就不算白辛苦。"王安石听得十分高兴:"黄帝战车、鲁班刀锯,以至本朝毕昇活字版、沈括丁字尺、李公义铁龙爪、黄怀信浚川耙,这许许多多机巧,都是炎黄子孙的聪明才智和卓越贡献。"

　　素雯小心插话:"爹,妹夫当那个江阴主簿多年了,至今还是个八品,外人抱不平咧!"王安石:"就你多嘴! 八品怎么了! 八品官吴安持,不是把浚黄工程重任完成得很出色嘛!"素雯:"您那是又叫马儿跑,又叫马儿不吃草。"王安石:"谁叫他是王安石的女婿,吃点亏有何委屈! 能吃亏才是熙宁朝的忠良能臣。高官厚禄者不尽心王事,我还看不起咧!"

　　素雯心里有气,因小儿子吴侔要糖炒栗子,她敲了他栗磕。王安梅:"难得的全家大团圆,你爹特别高兴,你却把孩子整哭了,像话嘛!"素雯立即捂住孩子口哄他。王安梅示意吴安持,吴安持赶紧安慰素雯:"父亲的为人你能不知道。变法宰相很难很难,难得你我无法想象。我从当王府女婿开始,就打算好了,多做事,能吃亏,哪怕牺牲自己,也要尽全力支持他老人家变法。"王雱:"是的,爹的民富国强目标,要靠千千万万人从各个侧面共同努力。"

　　王安石起身抱外孙,哄他,给他剥栗子。王安石对素雯说:"姑姑可以做证,你幼时同样贪食,我和你妈敲过你栗磕吗? 不像话。"素雯上前打趣:"姐姐的嘴可以拴一头牛了。"素雯不让:"就你小诸葛讨巧。"吴夫人对素雯:"多久没一起掐了，今天机会满满，看你俩谁胜过谁。等着吧，看你爹怎么收拾你们！"王旁对二姐做出刮鼻子手势。王安石即时吟诗《赠外孙》："南山新长凤凰雏，眉目分明画不如。年小从他爱梨栗，长成须读五车书。"

蔡卞书写对联，王旁和汪弄沟等称赞蔡姑爷的字真帅气。王安石低声吟诵："爆竹声中一岁除，春风送暖入屠苏。千门万户曈曈日，总把新桃换旧符。"蔡卞听到岳父吟咏，立即书写诗文，众人张挂中堂。王雱："人家称，姐夫的字与书法大家苏轼、黄庭坚、米芾齐名咧。"王雱也手书对联，王旁递给虢伯伯，虢伯伯叫人贴到大门口。

除夕之夜，吴夫人指挥着忙碌着，彩萍、彩菊在厅堂摆出屠苏酒和汴京百姓喜爱的美食。儿孙们欢聚，猜谜吟诗，博戏守岁。听到禁中千人埋祟傩仪出动，炮竹如雷，古乐喧天，排山倒海。四爷安国拉了安持和雱儿、旁儿去逛御街。女儿们也停止了嬉笑，遥听迎春箫鼓。

汪弄沟、彩菊忙完回到自己家，与家人们过年守岁。他吩咐弟妹们："守冬爷长命，守岁娘长命。"大人睡去了，小孩打闹守岁。汪弄沟准备红包，告诉彩菊，给亲戚、邻居家孩子发随年钱是按岁数定数的。

卫朴家人初一开门粘贴蔡卞写的春联："中夕祭余分馎饦（猫耳朵），黎明人起换钟馗。"不意青面獠牙的恶鬼突然堵在门口，尖叫着向家人猛扑。家人不知怎么回事。卫朴叫家人撒出一把铜钱，这些乞丐搬演的恶鬼扑地抢过铜钱，走向另一家。

向晚，贵家妇女纵赏关赌，入场观看，入市店饮宴，惯习成风，不相笑讶。小民虽贫者，亦新洁衣服，把酒相酬言欢。善于享乐的百多万汴梁人处于欢乐的海洋中……

好动的吴安持带领素雯和孩子们游瓦子、观社火，汪弄沟与采菊等跟着看热闹。汪弄沟："姑爷，什么是社火？我还真没看过。"吴安持："社火，就是杂技专业班或行会，现有黄如意、范老儿的蹴鞠打球社，射水弩社，武艺精熟者集中的川弩射弓社，神鬼社，三百多人的福建鲍老社、川鲍老社、马社、台阁社、女童清音社、苏家巷傀儡社等，不一而足。"汪弄沟："那么多班社艺人，一定不少精彩节目啰。"吴安持："是的。诸色艺人班社，有大名鼎鼎特立观察使御前应制姜梅山，有越童郑日新的棋待诏，还有长啸和尚的说诨经……

总之,音乐、舞蹈、百戏、滑稽、木偶等,都结成专业门类。"王旁:"我成书呆子了,京师这么多热闹处,没去过几处咧。"吴安持:"咱们汴京百万人,安逸度日百把年了,玩的吃的住的行的花样多多,要有尽有,今天我们看到的,不过九牛一毛。"

官员、士人、居民在高高兴兴享受了春节的欢乐,市人赚得个盆满钵满,转眼又临近元宵节。

神宗招呼太监张茂胜:"张公公,如今府库充盈,国泰民安,今年的元宵节要比往年办热闹些。传旨宰相王公进宫,陪朕一同观灯。"张茂胜领旨而去。

元宵前一夜,兴庆坊一所深宅大院内,一张梨木方桌上摆满丰盛的酒菜。一个横眉竖目的凶恶汉子,在一声不响狼吞虎咽地噬啃着鸡腿、羊腿、猪蹄膀。一宫廷高官模样的人从昏暗的帷幕中出来,满满地斟了一杯酒双手递与那汉子:"壮士肝胆照人,真乃千古义士。明晚宫门之行,事关重大,请饮此杯,预祝成功。"官人背后一位老气横秋的声音:"把那千人怨、万人嫌、一人重的家伙做掉,事成有重赏,把你所有商铺免行钱夺回来。"恶汉接话:"大人放心,您就等着好消息吧!"恶汉走出府门,回望门楼,只见宅牌名称被一块黑布遮盖,看不到字。大概一阵风吹,右边头露出一个"吕"字。不经意间,恶汉似乎感觉一蓝衣人闪过。

东京城内,元宵夜傍晚,灯火通明,百万人众沸腾。青年男女把它视为情人节。月上柳梢头,人影双双对对。

王安石换了朝服,骑一匹雪白的骏马向宣德门而去。银娃等紧紧跟随。突然,一蓝衣人递给银娃一纸条。银娃展示:"宣德门内小心。"银娃望见宣德门前灯火通明,并无异样。他随王相马进入右掖门,突然一队宫廷卫士拦住去路。卫士长喝道:"何方神圣,宣德门前不下马!"银娃厉声:"宰相面圣,不得阻拦,让开!"

正在争执中,宫墙下闪出一黑影,窜到马前,举刀向王安石砍去。银娃眼明手快,将那黑影挡了个趔趄。同时喊道:"玉兔,腾空!"卫士长重重地搋马屁股,意在使王安石坠马而亡。白龙马前腿跃起,后腿劲蹬,咆哮着腾空跃起。蓝衣人随马腾空,将从马背上摔下的王安石抱住,一起平稳落地。此时的白马在数丈远处站立并继续咆哮。说时迟那时快,卫士长手起刀落,将那举刀黑影裁成两截。蓝衣人与银娃会合,将王安石送向丹凤楼。

宣德门外,成千上万市民观灯。人们欢跃,等待官家下楼与民同乐。

丹凤楼里,太监对神宗耳语。神宗怒不可遏:"事出反常必有妖!"金台紧贴神宗身后。神宗将王安石招呼到自己身旁,王安石神色自若地坐定。太监张茂胜将宣德门下卫士长带入。

神宗:"宰相奉旨进宫观灯,你们为何拦截挝马?"卫士长:"内廷早有规矩,只有皇上、两宫车驾随意出入,王公大臣都应门外下马。奴才不知宰相奉旨进宫。"神宗喝道:"胡说,朕即位之前,位在宰相之下,从未下马进出。宰相位在太子之上,哪有下马的道理? 你们什么时候兴起这个规矩?"卫士长:"那得问内廷总管张公公。"

神宗:"张公公,你说怎么回事?"张茂胜神态自若,支吾无言。

神宗:"乱弹琴! 要不是银娃那身本事,伤了朕的师臣,你们如何交代,担待得起吗? 此事节后再究。你们当场砍死行凶者,怎么解释?"卫士长:"奴才一时焦急失手,死罪。"

神宗忍无可忍地喝道:"重责五十棍,送刑部定罪;追查黑衣人,一定要尽快查个水落石出! 每日上报进程。"

神宗转而安抚王安石:"今晚之事,责在内廷,宫禁松弛,律令不严,朕当严加整饬。爱卿受此虚惊,朕心不安,望卿切切不以为意。"王安石:"臣愧受天恩,难以图报。若败坏了陛下上元观灯兴致,实在担待不起。"

神宗吩咐:"金台倍加小心,知会京城巡检司严密防务。宰相外出,银娃一步不离。"金台:"以侍臣所见,败坏新政者,明的,暗的,文的,武的,老的,少的,个人的,集群的,都会用上。"王安石:"臣既以身许陛下,早把生死置之度外,何惧之有!"

观灯后,神宗示意陪送王相回府。他步出丹凤楼,亲自拍拍白龙马,牵着它请王相上马。王安石一再礼让才肯上马。神宗始终面带愧意目送王安石,直至他出宣德门。

金台陪同王安石出宫。他嘀咕:"幸运的是,有一位蓝衣人总在危机之前发暗号,供信息。"王安石:"啊,查访到那位高人义士了?"金台摇头。王安石:"问问虢伯伯,他常在宫市或集市接到一些神秘的暗示。"金台:"哦,好的。"

兴庆坊那所标有吕字的深宅大院内，几个黑影在晃动。一长者怒斥："酒囊饭袋，什么事也办不成！"一黑影："大人息怒，我们还有下一着棋。"另一黑影："宫城防卫森严，外地机会多多，那老不死不是总喜欢到民间察访作秀嘛！"长者："那就再给你们一次机会。"

在中书省厅，王珪神秘兮兮地对王安石耳语："我们中书驱使官温齐古提供，元宵节傍晚，有人曾听到宣德门侍卫议论，一人说：'打伤宰相随从、马匹，其罪岂小！'另一人答道：'我怎能不知，只是上面逼得紧，没办法啊！'"王安石找到温齐古询问，温齐古却吞吞吐吐："我是听别人说的。我记性不好，记不清是谁讲的那情况。"王安石请他仔细想想，温齐古一直未能回话。王安石自知宣德门内挝马，确实有人主使，但国论所属，怨恶所归，不便向神宗提供温齐古这条线索。静待神宗追究结果吧。

高太后得知王安石马被拦挝后，无端地训斥神宗："什么修心三要领：仁、明、武；什么治国三要领：任人、信赏、必罚。现在罚到官家那宝贝宰相身上了！天怒人怨，等着吧，不知哪天对你下手咧！"神宗不急不慌地说："报告太后，王相毫发无损。"高太后："不听老人言，吃亏在眼前。我可不能眼睁睁看着我的皇儿替他变法受苦受难。"神宗："不是儿替王相受苦，而是王相代朕受过！"

王安石闻说神宗因为练功时伤风，还受太后责备，病了，便带着《上五事书》去看望。倚榻的神宗起身迎接，王安石行礼，将神宗请回卧榻，然后说："因宣德门事，令陛下忧心，臣十分不安。"神宗："师臣为国事劳瘁，还代朕受过，实在于心不忍哪！"他们闲话了几句，王安石便将《上五事书》递给神宗："臣昨夜睡不着，思忖元宵事，回顾主政五年来所作所为，写了这份《上五事书》，敬请御览。"神宗接过，打开奏折，翻了翻："朕眼有些灰蒙，卿念吧。"王安石清了清嗓，念道："陛下即位五年，更张改造者数千百事，而为书具、为法立，为利者何其多也。就其多而求其法最大、其效最晚、其议论最多者，五事也：'一曰和戎，二曰青苗，三曰免役，四曰保甲，五曰市易。'"

神宗听着听着直起身来。王安石继续念道："今青唐、洮、河等州，幅员三千余里，举戎羌之众二十万献其地以为熟户，则和戎之策已效矣。"神宗接话：“王韶奋力，诸将同心协力，才有此效。”

王安石：“昔之贫者，举息于豪民，今之贫者，举息于官，官薄其息，而民救其乏，则青苗之令已行矣。”神宗：“民安其业，效果显著。”

王安石：“惟免役也，保甲也，市易也，此三者大有利害焉。得其人而行之则为大利，非其人而行之则为大害；缓而行之则为大利，急而行之则为大害。”神宗深情地点头。

王安石：“盖免役之法，出于周官。九州之民，贫富不均，风俗不齐，版籍之高下不足据。今一旦变之，则使之家至户到，均平如一，举天下之役人人用募，释天下之农归于垄亩。苟不得其人而行，则五等必不平，而募役则不均矣。”神宗：“上下认识不一，为政者良莠不齐，更有故意阻拦破坏者，故而怨恨者众。”

王安石：“保甲之法，起于三代，秦汉继用，而非今日之立异也。然而天下之人兔居雁聚，散而之四方而无禁也者，数千百年矣。今一旦变之，使行什伍相维，邻里相属，察奸而显诸仁，宿兵而藏诸用，苟不得其人而行之，则搔之以追呼，吓之以调发，而民心摇矣。”神宗点头，离榻踱步：“办法好，行之难，谋其久远吧。”

王安石：“市易之法起于周之司市、汉之平准。今以百万缗之钱，权物价之轻重，以通商而贳之，令民以岁入数万缗息。然甚知天下之货贿未甚行，窃恐希功幸赏之人，速求其成效于年岁之间，则吾法隳矣！”神宗越听越来神。

王安石：“臣故曰，三法者，得其人缓而谋之则为大利，非其人急而成之则为大害。故免役之法成，则农时不夺，而民力均矣。保甲之法成，则寇乱息，而威势强矣。市易之法成，则货赂通流，而国用饶矣。”神宗听到这里，自觉眼聪目明，心潮澎湃，出了一身透汗，眼前条理清晰，一遍光明，获得了无穷的动力，师臣王安石的形象在眼前越来越高大。

第二十四章
吾家灭门矣

生事不好，怕事也不必

吕惠卿守制回朝，首先来到相府拜望王安石。王安石："吉甫回朝来了。家事都打点好了？"吕惠卿点头："谢王公惦记，家里一切都好。"王安石："吉甫哇，你不在，我如缺胳膊少腿，司农寺曾布哪里忙得过来？"吕惠卿："丁忧期满，我从老家福建昼夜兼程，希望早一刻回到您身边咧！"王安石："今上前已诏命你知制诰，判国子监，提举经义局。你晓得了吧？"吕惠卿点头："朝事请王相吩咐。"

王安石："新法那些事，由代司农寺曾子宣张罗。陆佃他们将国子监筹建到相当规模，力量还相当薄弱。你尽力把国子监的事办好，为新政培养更多得力人才。国子监教材还未完整统一，你尽快把《三经新义》注释印刷出来。我的《周官新义》二十二卷快杀青了，王雱的《尚书新义》也快完成。你在福建未间断《毛诗》注释，快完卷了吧？"吕惠卿："是的。过几天，我将誊写好的《毛诗新义》呈请您审核。国子监，我会全力以赴，请放心。"王安石："那就好，我们分头忙吧。"

吕惠卿并未马上离开，特意询问："京师风传首相马进宣德门时被拦，我担心恩公人身安全。"王安石："我这不是好好的嘛。不要担心，集中心思做你的事。你同样要注意左右前后。"

吕惠卿告别相府，刚出门，遇见秘阁校理王安国。王安国愤怒地质问吕惠卿:"你们知道宣德门挝马吗？你这邀功好事之徒回朝,不要再怂恿我三哥干蠢事了!"吕惠卿:"平甫如此看待令兄？介甫公雄才大略与生俱来,变法图强由鄞县始。今上决意改变积弱积贫,诏命令兄主持熙宁新政。诏命赫赫,用得着别人怂恿？大宋巨擘,岂是我等凡夫俗子怂恿得了的!"

王安国:"你以偶然自喜而为之,顾其事业岂止如是耶?"吕惠卿:"为政,先放郑声。"王安国:"放郑声,不若远佞人!"吕惠卿摇头,知道无法与其人沟通,便匆匆离去。

富弼由爱婿冯京陪同,寻访洛阳处士邵雍,好不容易进到邵雍打坐的处所。在昏暗的室内,但见处士白眉及寸,竹床打坐,仿佛半仙之体。富弼只觉茅屋闷热,蚊蝇紧跟,不免挠首捂鼻,细声对冯京说:"非成仙得道之人,这环境,哪里活得下来。"冯京:"处士夏不扇,冬不炉,夜不席,修炼得好性情。"

富弼瞳孔收缩,慢慢看清墙挂三尺素绢画,类似八卦图像,标出"皇帝王伯道德功力"什么的。冯京:"此乃邵处士所创之'天演图'。西京盛传,凭借周易之理,推演阴阳,预知世道兴衰。"

邵雍这才答话:"富老相公来山人处,请坐。"冯京扶老泰山勉强坐在八仙桌的条凳上。邵雍:"老相公历经真、仁、英和今上四朝,德高望重,载誉海内,不知对山人有何见教?"

富弼养尊处优惯了,忍受不了眼前的污秽,就不落俗套,径直问道:"王安石迷惑官家,强行新法数年,以致国乱民怨。请问仙人熙宁新政前景如何?"邵雍慢吞吞地回话:"国家大事,博大精深,无涯无际,山人详细推演视图,也许能揭开老相公心底之迷惑。"邵雍伸开双臂,摇动法身,绕八卦图推演。富弼莫测高深,屏息静气,闷声不语。良久,再也忍不住催问。

邵雍乃神秘莫测地答曰:"物之理,天之性,惟圣人能知之。"富弼捧邵雍:"处士就是圣人再世。"邵雍:"阴阳交,生天之四象;刚柔交,生地之四象,于是八卦成矣。"富弼:"我晓得处士的八卦图依易象而生。"邵雍:"八卦图言,有命之人,继世而兴。"富弼懵懂,跟着叩念"有命之人",随后问道:"处士是说,王安石有命,还是我富彦国有命?"邵雍:"无命之人,祸患无穷……"富弼心想:什么高人,说了等于没说。他转而又问:"据说处士在洛阳桥下,听到了什么？南方人作乱?"邵雍默然不答,良久才自言自语:"南人北人,都是大宋子民。"富弼再也忍受不了污秽气息,示意冯京快快扶他退出。冯京不知所以然,只得听命老泰山。富弼边退边嘟囔:"什么儒学宗师!徒具虚名,更是马屁精!"

这天,洛阳耆英会轮到富弼主会。他邀请另十二位耆老到号称天下第一园的牡丹园赏花。这个耆英会乃仿白居易"香山九老会",由居住洛阳的七十九岁退休宰相富弼与在此任留守官的七十七岁文彦博发起,共邀十三位老臣组成,并强拉并不老的西京留司御史台司马光撰写《洛阳耆英会序》和《会约》八条。这些志趣相投的老人有个共同的特点,就是以诋毁王安石变法、非议熙宁新政为乐事。

寻常巷陌陈罗绮,独此楼台奏管弦。富家歌舞班名满西京,尽展当代高官家风,诸如晏殊、张三影、柳三变词曲、霓裳羽衣曲、天魔舞、观音舞、西域舞等,无不擅长。大概稍嫌腻味,还请来创立当朝诸宫调的艺人孔三传表演一段唐朝白行简的《李娃传》。在座的欣赏者、同歌者,有摇头儿、咂嘴儿、动脚划圈儿的酸不可奈者,应有尽有。

冯京调侃:"北京大名府闹盗贼,南京应天府做道场,东京开封府观花灯,都不如我西京洛阳赏牡丹,何况官家派来特使恭贺。"曾布起坐致敬。冯京:"请朝廷特使司农寺卿曾公子宣与耆英会诸公同乐。"在场人等不冷不热,虽然说神宗派他来祝贺耆英会、慰问各位前辈,但总以为他是来监督这些抵制新法者活动的,并不欢迎这位贵客。

邵雍赞富府牡丹,吟诗:"头上花枝照酒卮,酒卮中有好花枝。身经两世太平日,眼见四朝全盛时。"富弼气势汹汹:"什么四朝全盛时?新法不断,更改无常,农怒于垄亩,商叹于道路,长吏皆不安其职,何盛之有!"众人跟随富弼,争相大骂"执政误国",甚至捶胸顿足,呼天抢地。

冯京见耆英们如此失态,实在有伤大雅,更怕朝廷使者回朝奏本,急得大汗淋漓,乃曰:"名花既赏,诸公为何不赋诗?曾特使善诗词,还写得一手漂亮的字呀!"曾布:"我想起一首赏花诗写在这里,正要献诸公领教。"曾布展开字幅。众人议论。冯京高声赞誉:"子宣书体例似王,笔法似颜,风格似欧。"曾布朗诵:"方才听诸公议论,不由得想起唐人这首诗来:'绿原青垄渐成尘,汲井开园日日新。四月带花移芍药,不知忧国是何人。'——我朝忧国之人多有,最甚者当属富郑公以及洛阳耆英会诸公了!当年,富公舌战辽朝,争得了我大宋二十年休养生息,富国强兵,才有今日的耆英会的大好风光啊!"

富弼听得这番奚落,心悸气短,怒火中烧,心里骂道:"黄口小儿,在我元老宰相府竟敢信口雌黄,配得做朝廷特使嘛!"文彦博怒目等待曾布如何应对。冯京迅即示意司马光,切不可败了大家的兴致,招呼大家喝酒去。作为众老钟爱的秘书长,司马光应声领衔,步出厅堂赴餐厅。

王安国气冲冲地进入三哥书房,恰见王安石拿起案上示平甫弟诗朗诵:"父兄为学众人知,小弟文章亦自奇。家势到今宜有后……"王安国未能听完,急切地发泄:"我不听你那些浮词絮语!"王安石也没好气,直视四弟:"我也不听你那些浮浪浅薄话。"

王安国气呼呼地退出书房,差点碰翻嫂夫人的插花瓶,歇斯底里地对着影堂大哭:"吾家灭门矣!吾家灭门矣!"吴夫人闻声出来,见四弟不雅状,不得不上前劝说:"四叔,你哥为官几十年,为相也两三年了,他想的做的都是为国为民。行政的虽是宰相,点头的却是皇帝。虽然不能跟儿子的娘谈新政,却有孙子的奶奶在那里兜底啰。以为嫂之妇人浅见,生事不好,怕事也不必。"王安国听不进去,大声疾呼:"等到灭九族那天,再怕就晚了!"家臣俞舜、管家萧先生、门人魏泰等先后赶来,力劝王安国,拥他进后堂。

王安石依然在中书房吟他的《商鞅》诗:"自古驱民在信诚,一言为重百金轻。今人未可非商鞅,商鞅能令政必行。"

曾布从西京回来。韩维拉住曾布:"子宣,听说你当众羞辱富郑公,不该呀!"曾布待要回话,韩维争先问话:"尊兄子固近况如何?可有新作?"曾布:"我老兄有新作咧!我前时见到令兄子华,他可是形容憔悴茶饭不思呀。"韩维急问情由。曾布叹气卖关子:"不说也罢。"

韩维急得口吃:"你快快说呀,我老老兄怎怎么了?"曾布:"你老兄整天着魔似的,口里不断叨念:'持国,持国,存心害我……'"韩维:"我害老老兄?害他什什么来着?"曾布板起面孔:"当初,你力荐介甫公时,说什么来着?如今分道扬镳又为什么?害得子华兄无颜见介甫。"

韩维给曾布一拳:"你这刻薄鬼,我何曾分道扬镳?你们这些人,全不顾天下情势,一味地变法,变法!弄得我们韩家田地租金大减,元老引退,朝堂一空,士大夫多不相助,奈何!我正焦急咧!"曾布:"十室忠信,不患无人。"

韩维冷笑:"当然,当然,如吕嘉问之流,皆忠信之士也。"曾布:"望之怎么啦?"韩维:"他伯祖父吕公弼亲口说的:'望之乃吕氏家贼!'吕氏兄弟与介甫素厚。如今反目,也因为这个吕嘉问。吕嘉问偷叔祖吕公弼奏稿密送介甫。"曾布鄙夷说:"无稽之谈!介甫何人,要吕家奏稿做什么?如属非议新法,奏疏到了今上那里,马上就会转到王相手中。谎话编得太小儿科,屁臭熏天!"韩维突然惊醒,自言自语:"是呀,介甫要奏稿干什么?我怎么相信这鬼话了!"韩维顾全自己的面子,寻找出一句不痛不痒的话搪塞:"子宣老弟,众怒难犯,要慎之又慎呀!"

提线傀儡闹朝堂

王安石正在都堂主持审议司农寺提出的方田均税法。候任御史唐坰请求拜访。因他由御史中丞邓绾推荐,王安石想了解此人德能,便准允他登堂旁听。

代司农寺卿曾布讲解法令大略:"方田的要旨,以东西南北各千步,当四十一顷六十六亩一百六十步为一方。以地色参定肥瘠,而分五等以定税则。方田之角立土为埄,或植所宜之木以封表之。官给契,县置簿。拟奏请诏以济州巨野尉王曼为指教官,先自京师东路行之,然后请诏诸路次第仿行。"

王安石:"你们把细微处都想到了,好,好。这位新任御史唐坰从江南来,接地气,我请他来参谋参谋。"王安石将方田均税法稿本递给唐坰:"这是方田均税法稿本,尚在拟议中。唐御史久在江淮,对农事改革有何高见?"唐坰大大咧咧地接过宰相递来的文稿,翻过几页,便笑着说:"千步为方,一方计田四十一顷六十六亩一百六十步。江淮田圩,少有这么大大方方的?怎么方田均税?"他说完抬头直视王相,自认得意,不住地颈项转圈儿、咂嘴儿、脚丫子画圈儿。

王安石见这个三十七岁的人竟然如此酸不可耐,以为是初入京师,畏怯朝堂而故意装点,便缓缓地询问:"扬州籍田多少,实有若干田亩?"唐坰随口答道："九十万顷。"王安石忍不住笑道："九十六万八千六百八十四顷，此淮南一路之田也。扬州治下三县，主客百姓才五万余户，哪有那么多田呐？"唐坰一听宰相对一州一县的情况了如指掌，不免汗流浃背，头脑一片空白。

王安石以为此人原是扬州折博务蒋子奇手下干办，不谙农事，乃转问市易："或言均输、市易侵夺商贾之利，唐御史应该熟知江淮一带实际情况吧？"唐坰又是脱口而出，言语颠倒："天下三分月，二分在扬州。官办民买，有权有势，商贾哪敢争利呢？"王安石想不到如此让人啼笑皆非的癫憨之徒，怎么被推荐到朝廷做御史了。

王安石示意他退出，唐坰却突然声称："小人尚有机密相告。"众人见他突然精神抖擞，口齿也清楚了："苏轼被贬外任途中，一路写歪诗诋毁新法：什么'青苗免役两伤农……''根到九泉无曲处，世间唯有蛰龙知'。"王安石惊问："苏子瞻的诗？你从哪里得来？"唐坰："宰相不知，苏轼从京师到钱塘，玩耍挑逗，竟然胡咧半年，一路走一路写歪诗骂朝廷，骂官家，骂你王丞相！我是在来京的路上搜集到的，千真万确！"

他将诗集呈递王安石。王安石瞄了一眼，不过《桧》《牡丹诗》《致刘恕》之类。其中《王复秀才所居双桧二首》之一："凛然相对敢相欺，直干凌空未要奇。根到九泉无曲处，世间唯有蛰龙知。"备注直指"蛰龙"是讽喻今上。王安石认定唐某人将这类咏物诗挖空心思曲解，与吕诲、司马光等人攻击新法如出一辙，不觉厌恶之极，拂袖而起，将诗稿掷于地上。

王安石对曾布耳语："莫名其妙！邓绾怎么推荐这么个呀呀呜！"元绛："此料做糖不甜，做醋不酸，文约着实看走眼了。"曾布笑道："此人刚进来时，猛地一看不怎么样，仔细审示还不如猛地一看。"

元绛送唐坰出门："试问唐相公与苏轼有甚仇恨，是要灭掉苏氏家族吗？"唐坰否定："我不认识苏轼，是御史舒亶叫我这么做的。"元绛："他人唾痰于地，你也照舔不误？"唐坰无言以对，心想：我想帮你王安石驱除异己，你却毫不领情，反当驴肝肺，岂有此理！

唐坰离开内廷，按约赶到院街东鸡儿巷。花灯初上，红烛高照。他摇摇晃晃在街上横行，想到今晚那么些高官衙内被他请来，乖乖隆地咚，不觉豪气干云，把远离朝堂后的凄然丢到爪哇国去了，口里念叨："岳父大人，小婿进京以来,已结识当朝宰相文、富、韩、曾、吕公之子与国师司马光大人的弟子,挤身士大夫之林矣! 连安上门镇守使郑侠都巴结小婿,与我结拜为兄弟咧!"

唐坰走进一家门前彩楼极为显眼的风流院,不可一世地将一袋缗钱砸在柜台上。几个上等粉头闻声立即围了上来,粉头甲:"官人来享受啦!"唐坰:"本官今日要请当朝宰相文、富、韩、曾、吕公等大臣……"粉头甲:"啊?宰相、大臣?! 妈妈,你老人家快来接宰相、大臣哪!"粉头乙:"无厘头! 熙宁皇帝用王安石当政,好几年了,哪个宰相、大臣敢来我们这种地方!"老鸨急急前来躬身哈腰:"哪位是宰相大人? 哪位是朝廷大臣?"粉头丙:"有岐王爷吗? 他好好玩的。"

唐坰既窘迫而又刁蛮:"本相公今日请的是宰执大臣他们的衙内,不行吗? 唉? 唉?"粉头们立即像泄了气的皮球。鸨儿却不冷不热:"衙内,衙内!本院蓬荜生辉,蓬荜生辉!"

郑侠陪同吕由庚、刘安世横晃着进来。唐坰点头哈腰巴结:"你们不是说,有位王爷要来吗?"郑侠对唐坰耳语:"岐王进宫有事,来不了。"文及甫、郑侠、吕由庚、刘安世、唐坰各抱一粉头,各自进入房间。唐坰骤然记起曾以妻子供某官僚饮白玉莲花酒,立觉如芒刺背。

郑侠魂销尽兴出来,示意安世、由庚转入正题。刘安世做摩拳擦掌状,愤愤地说:"是拗相公把你从都堂撵出来的吧? 我为唐御史抱不平!"吕由庚睥睨唐坰,见其无动静,便大声鼓动:"大丈夫顶天立地,岂能受胯下之辱!"

唐坰内心对王安石恨是真的,怕也是真的,此时慨叹:"弟何尝甘愿忍气吞声,难在拗相公一人之下、万人之上,奈何不得呀!"郑侠狠按打气筒:"唐御使曾因上言'新法能强国得'今上青睐,也曾上言乞斩韩琦数名抵制新法者,得王安石称赞。如今高就言官之职,成了天子耳目,还怕谁呀?"文及甫:"我朝向来允许御史风闻弹人,将相大臣不称职,上下官员不理事,都应该检举揭发。王安石,一介村夫,吃渔饵长大,算什么东西!"

唐坰依然胆怯:"王安石,不是你们说的那样。远看他像个教书先生,近身他面前,那正气才气十分逼人。我们家乡那些泥腿子大都迎合他的新法。"郑侠拍案而起:"我们是朝廷命官,不种田,不服劳役,什么青苗、募役,关我们屁事！我们要做的是官,得的朝廷俸禄,享受京师繁华。"刘安世忍俊不住,接过话题:"拗相公竟敢污蔑朝廷御史癫憨颠顸。我想问王安石,疯癫、颠顸,是病还是罪?"

唐坰被激愤起来:"病也罢,罪也罢,大不了不当这个御史。御史算什么肥缺,既无权,更没有什么油水外快,还不如我家老泰山在县里当推官,九品青衣一领,月领七千俸禄,还有肥肥的油水外快咧。"郑侠继续紧按气筒:"我说唐御史,做官最忌脸嫩。汴京一班大佬,以为朝官只由他们做,或其子弟门生。御史邓绾不是发过箴言妙语嘛,'笑骂从汝,好官须我为之'。现在轮到我们了!"

吕由庚一直观察唐坰,看出他鼠目寸光,骨头稀软,却有那点名利心思,便打定主意逼他就范:"拗相公挟天子以令诸侯,老兄是从骨子里害怕他吧?"唐坰点头,但受不得吕由庚逼视,马上又摇头儿、咂嘴儿、脚丫子画圈儿,从牙缝里挤出:"我堂堂钦命御史,见官高一品,怕他什么!"

文及甫轻言细语地劝导:"那村夫并不可怕。第一,他从州县来,没有后台;而今虽然官压元老群僚,却没有几个服气的。第二,他手下那几个哼哈干将,或从理念出发,或以仕进为目标,或是弄权逐利,没有几个真正同气相求者。"至此,唐坰鼻尖耸动,略微摇头又点头。吕由庚接着说:"当然啰,宰相身边哪能没几条哈巴狗? 我是说愿意出死力的没有几个。吕惠卿,一介书生,工于心计,能力平平。吴充,忠厚长者。王珪明哲保身。只有一个章惇,狡悍多智,已被发往荆湖。死党曾布,少年气盛孤掌难鸣。御史邓绾只求富贵,左右逢源。其他如王韶、薛向、吕嘉问、王广廉等皆庸碌之辈,只求功业,不尚权谋。这么一副底牌,老兄你看,拗相公是不是手下无人?"涉及他的恩人邓绾,唐坰心里咯噔了一下,认为:你吕老弟一扫帚扫倒一大片,嘴也太损了。

文及甫肆无忌惮地海聊:"变法,朝廷社稷大事。'谨守成法'四个大字挂在崇政殿大堂,岂可变得? 如果要变,也得由我辈来变嘛。我爹告诫官家:'陛下靠谁治天下? 靠黎民百姓,还是靠士大夫? 当然是靠士大夫啰。'王安石变法,各位都知道,样样法规都拿高官豪富士大夫开刀。我爹与富弼、韩琦、欧阳修、曾公亮,五位元老宰相,德高望重,门生子弟遍天下。当今之日,只有我爹在朝,韩琦在野,富、欧、曾辞职退休。司马君实托名修撰《资治通鉴》,其实都是韬晦之计。张方平、范景仁、范纯仁、赵抃等,皆朝廷重臣。二苏、二张、二程,皆当世才俊,都不为王安石所用。一旦朝中有变,他们就会纷纷发难,群起而攻之。如果现在,你唐坰依附拗相公,充当他的御史言官,到那个时候,嘿嘿,丢官自不必说,身家性命,也就此玩完。”

唐坰一下子六神无主,抱住吕由庚臂膀:“贤弟救我,贤弟救我!”吕由庚:“这就不要客气了。你我兄弟一场,我吕由庚当然与你患难相扶嘛。救你不难,难的是你下不下得了决心。如果愿意,你就听门官老郑、你的结拜兄弟指划。”

吕由庚转向郑侠,唐坰目光紧随。郑侠拍着唐坰的肩膀:“我给你老弟讲个时兴笑话:农妇饲养了一头猪,它总打栏外跑寻野食,把人家的庄稼糟蹋得不像样。农妇也就以此为便,因为一天只喂它一次就够了。每当农妇看见受害家持棍棒驱赶猪猡时,她便高叫:‘猡猡猡,王安石,你祸害众乡邻,他们会打死你,快回来,快回来!’这猪听见主人叫得急,便乖乖地跑回来了。”吕由庚:“农妇家的‘王安石’,比京城的王安石乖多了。”众人捧腹大笑,有的笑出了眼泪。

刘安世:“这段子是你门官编出来的吧?”郑侠:“这年月,被王安石搅得天昏地暗,只能编编笑话开开心啰!谁的段子精彩谁有本事!不过笑归笑。话说回来,唐哥你听真切了,拗相公倒台是早晚的事,早推早得利。你在朝堂掀翻王安石这猪猡,立个首功,光宗耀祖,名垂青史,也不辜负你那九品推官、俸禄七千的老泰山热切期望啊!”

刘安世:“我与由庚帮你老兄拟一份《上熙宁皇帝书》,内容是建言时政。此书递上去,今上即使不给你比御史更大的官,起码也知道你是个才华横溢、见识卓绝的达人。然后,我们再给你仔细琢磨一个弹章,你在朝廷大堂上面折王安石,数他几条、十几条罪状,你便得到比吕海还响亮的美名咧!”文及甫:“你总听说过吧,赵抃曾经面折王安石,即便结结巴巴,至今传为美谈。吕海被罢黜御史中丞,国人夸他为‘铜头御史’。铜头御史载入史册,你知道有多光彩吗!”郑侠简直想把打气筒按爆:“也许,大宋朝的参政、宰相有你的份咧!”

唐坰觉得还是没有底气："真能这样吗?"郑侠："当然能够,完全能够!本朝法律,言官无罪。拗相公以歪法乱天下,罪不容诛,即使太皇太后也奈何你不得。"唐坰昏昏然,仿佛真正得了"铜头御史"美名,当了参政、宰相似的,在老岳父面前扬眉吐气,不再受薄俸七千的九品推官奚落了。

熙宁五年(1072 年)八月某日,百官上朝。唐坰突然出班,跪伏于神宗御座前,请求奏白："臣所言,皆大臣不法,请对陛下一一陈之。"神宗见状,恐怕别有缘故："卿等今日辛苦了,改日上殿独对吧。"唐坰膝行至龙座前,神情坚决,未得允许,直向王安石吼道："王安石近御座听札子!"

群臣惊讶,或交头接耳,细声问"是个什么人"。一些人露出看热闹的架势,一些人为宰相担心。王安石见狂悖者无端搅闹朝堂,也想看看他出什么洋相,便起身缓步向前。神宗见王安石前行,又见唐坰搢笏展疏,不便制止。唐坰翻脸如翻书："朝堂上的宰相竟敢如此傲慢,在廷外不知猖狂到何等地步!"

唐坰展疏高唱,摇头晃脑,声震庭宇："王安石专权威福,曾布等表里擅权,天下但知畏惧王安石,不知有陛下。文彦博、冯京知而不敢言,王珪曲事安石,无异厮仆。元绛、薛向、陈绎,无异家奴。张琥、李定为爪牙,台官张商英乃安石鹰犬。逆意者虽贤为不肖,附己者虽不肖为贤……请贬斥王安石以谢天下!"

神宗屡屡制止。唐坰置若罔闻。侍臣卫士相顾失色,愤慨得欲捅死这个青面獠牙、满嘴喷粪的畜生。合门吏纠其渎乱朝廷。朝臣怒不可遏,有怒斥"紊乱朝纲"者,有斥"奸邪唆使"者,请神宗"下狱严惩"。王安石请他们静听,直想看清操纵这提线傀儡的是些什么魑魅魍魉。

唐坰读完,目不旁顾,转身背手,趾高气扬,对龙座上的神宗："不听臣言,难于久居此座!"然后大摇大摆,拜谢下殿。在渐行渐远大内途中,他不只有极度宣泄时的痛快,似乎也感觉背后有股凉风透骨,一种喜极而悲的无地自容。

王安石原想从狂徒的任性中听出些许或可借鉴的因子,但除了泼妇似的诅咒与谩骂还是谩骂与诅咒。虽然王安石一直强自镇定,最后还是被气得脸青："我想为人雪中送炭,你却要将我剥皮抽筋。"吴充："洋洋六十条,能让人分辨的，唯有专权一语。"蔡挺："小人诬陷忠良，必须陷以专权，因为专权才是上之所恶。"

神宗气忍无可忍，当堂宣诏："贬唐坰御史职，发送广州守军资库房。"王安石声音颤抖地启奏："一狂妄之徒，不足以受朝廷责备。"曾布："他背后提线的是郑侠、刘安世、吕由庚那帮人，还有那位风流王爷，说不定还有牢牢的后台。便宜了这狂徒。"元绛："对这种油腻之人，王相太仁慈了。"邓绾："我弱智，确实看走了眼。"

吴充："安石低调，是一种常人难得的修养，一种高尚而深邃的境界。"蔡挺："安石的信条是：这个世界，除了你自己，还有别人，大家都有生存的权利。"曾布："王相内心安详，从不荒凉。他曾写过《车螯》诗，以车螯讽喻这些人，奉劝他们'无为久自苦，含匿不暴陈'，善自从龌龊的硬壳里出来，洗一洗身上的泥沙，晒一晒发昏的头脑，以便有所作为。"元绛："哈哈，它今日确实出壳晒太阳啦！只怕未必就此清醒。"众人哈哈大笑，笑声震动宫宇。

张寺："自古真情留不住，惟有套路乱人心。"

与此同时，文及甫、吕由庚、刘安世在门官郑侠处幸灾乐祸。郑侠："唐坰现在恐怕已经在搅闹朝堂了吧？"刘安世："唐坰这呀呀呜，够他王安石喝一壶的。"文及甫："只怕官家不让他搅闹到底。"吕由庚："要那父子不得好下场。"刘安世："由庚，你又在诅咒王雱了？这可是他爹的事，与儿子不相干哪。"吕由庚："我爹被王安石气死，不共载天，诅咒尿血的爹与疯儿子一起下地狱！"刘安世："这是富老相公的主意？"吕由庚："讨嫌，你这家伙嘴太损！"

刘安世心想：我得赶紧把这事告知司马翰林。文及甫也在想：对呀，我得尽快告诉我爹。吕由庚也在想：更得赶紧告诉富老相公，叫大家放松放松。

眼尖的门官郑侠发现，术士李士宁飘然而过桑家瓦子："安世、由庚，你们看，那不是常常出入相府的道士李士宁吗？"吕由庚："门官眼真尖。这家伙号称三百岁，通天眼，世事都在他视线内。糟糕，他发现我们了。"刘安世："这老道来无影去无踪，比官家专为王安石设置的、专事察访毁谤新法时政的京城逻卒还厉害，信他瞎掰的人多咧！"

第二十五章
天意未必司阴晴

古来少有的从政机会

　　神宗身处后宫书房，心神不定地胡乱翻阅，翻到《资治通鉴》书稿中的唐朝故事。他请向后朗读，倚于榻上静听。向后念道："唐太宗问许敬宗：满朝文武百官，我认为你是最贤能的一个，但还是有人不断地在我面前谈论你的过失。这是为什么？"许敬宗答道："春雨贵如油，农夫因为它滋润了庄稼而喜爱它；路上行人却因为道路泥泞难行而嫌恶它。秋天的月亮像一轮明镜辉映四方，才子佳人欣喜地对月欣赏，吟诗作赋；盗贼却讨厌它，怕照出他的丑恶行径。"神宗感悟："原来如此。王安石就是朕的春雨、朗月。念下去！"

　　向后继续念道："许敬宗曰，无所不能的上天，尚且不能让每个人满意，何况我一个普通人呢？我没有肥羊美酒去调和众口是非。况且，是非之言本不可听信；听到之后，也不应该传播。君王盲目地听臣子的，可能要遭受杀戮；父亲盲目听儿子的，可能要遭受诛杀；夫妻听到谗言，可能会离弃；朋友听到谗言，可能会断交；亲人听到谗言，可能会疏远；乡邻听信谗言，可能会生分。人的一生要谨慎地对待听到的传言。舌头上有龙泉剑，杀人不见血。哪个人在人前没有说过别人？哪个人背后不被别人评论？"神宗："许敬宗说得太对了，朕眼前的事如出一辙。"

　　向后："还念下去吗？"神宗："念！"向后念道："唐太宗说，你讲得很好，我会记住的。的确，一个人若想取悦于每个人是不可能的。凡事都依正道而行，无愧于心，别人说长道短无须理会。人若悟到这一点，自然就省却了许多烦恼。"神宗："唐太宗善于在书中看到别人的一生，领悟成自己的信念，也善于把身边宰臣的长处吸收为自己统领国家的本领。王相教朕效法唐太宗，现在我算明白了。"向后："取长补短，应该如此。"

神宗："新法施行伊始，王相完全做到了不去理会韩琦、文彦博、吕诲、司马光那些哓哓者。他好像一个羸弱的孩子，被人欺侮了并不还手，强忍泪水继续前行。他又像穿越丛林荆棘的拓荒者，被扎得遍体鳞伤、疼痛难忍，但还在负重前行。修炼到这种气定神闲程度者，世上能有几人哪！"向后："仲箴，有王相辅助，你能像唐太宗，成为大有作为的君主。"

神宗："朕从王相身上悟出，人的优雅气度不是装扮出来的，那是阅尽人生后的坦然，是饱受沧桑后的睿智，是无数沉浮后的淡泊，不炫耀，不张扬，不空洞，不浮躁，内心博学，灵魂丰盈。朕也要修炼，努力再努力！"向后极用心思，不能不提及两宫太后佐政的现实："我也感到，一见王相，仿佛闻到他身上放散着紫檀般的暗香，觉得他是个无比纯净高尚的忠臣。但愿太皇太后、太后能同王相一起，保护陛下大有作为。"

当晚，王安石回到家里，突然呕血。吴氏惊慌："要是陈景初在这里就好了。"王安石吩咐不要惊动别人。虢瑞新、汪弄沟等整夜守候。次日早起，王安石觉得清爽，照常到都堂视事。

王安石接到朝报：观文殿大学士、太子少师欧阳修病逝。他如雷轰顶，良久无语。仰视墙上挂的蔡襄书写欧阳修的题诗，乃喃喃默念："翰林风月三千首，吏部文章二百年。老去自怜心尚在，后来谁与子争先。"联想起十年前见到欧阳修的情形，不觉天昏地暗，不省人事。

参知政事王珪赶到，直叫王相，却唤不醒。众人轻轻地将他扶上卧榻，枢密副使冯京派人报告神宗。神宗立即吩咐太医往诊。蔡挺、吴充从枢密院赶来，骂道："皆因唐坰那狂徒！"司农寺卿曾布急急入堂接话："郑侠、刘安世、吕由庚和他们后台那帮狗杂种，都猪狗不如！"

太医摸不到脉息，两府大臣慌作一团。神宗带翰林学士钱仲阳匆匆赶到。钱仲阳诊视一番，不言，动手把王安石翻转仰卧，抬起颈项，扶起面颊，使之张口畅通呼吸。然后双手按压其胸部，动作轻捷，准确有序。在反复按压中,王安石鼻翼翕动,脉息起来,脸色由苍白渐转微红,苏醒过来。神宗始终站立一旁凝神静待,不时举手为钱仲阳擦汗。

王安石微睁双目,见神宗,急忙欠身欲起:"惊动圣驾,臣之罪也。"神宗连忙按抚王安石,轻言细语:"卿身安好,大宋之福!"王安石向钱仲阳致谢:"多谢老先生。"钱仲阳俯身低声说道:"相公之疾,在于心血亏损,劳累过度!我给相公配些药物,请照方服用,只是千万千万要节劳。"

神宗双手握住王安石,相视良久,千言万语,尽在不言中。王安石怆然泪下。面对君臣亲如家人,众人无不动情。曾布道出了大家的心思:"身处熙宁圣朝,君臣相知如一人,朝廷有幸。我们遇到古往今来少有的从政机会和谋事环境。"

神宗命钱仲阳随同王珪、吴充,备车送宰相回府调养。回到家里,王安石稍微清醒,便吩咐夫人从书箧中找出欧阳修的信札。吴夫人边说边抹泪:"六十六岁还没满,谁能料到,恩公就去了呢!"王安石逐一检阅欧阳修在嘉祐元年(1056 年)的赠答诗,直至熙宁四年(1071 年)的贺拜相启。墨迹犹新,文笔如其人,字里行间,透露出爱怜和肝胆相照。他奖掖后进,唯恐不及,梅尧臣、曾巩、三苏、王安石自己,有宋一代人崛起,都有他的引荐培植。王安石反复吟咏自己当年《奉酬永叔见赠》:"欲传道义心犹在,强学文章力已穷。他日若能窥孟子,终身何敢望韩公。抠衣最出诸生后,倒屣尝倾广座中。只恐虚名因此得,嘉篇为贶岂宜蒙。"王安石感慨:"文章泰斗,其积于中者,浩如江河之停蓄;其发于外者,烂如日星之光辉;其清音幽韵,凄如飘风急雨之骤至;其雄词闳辩,快如轻车骏马之奔驰……"

王安石深知,欧公对新法,尽言而无所隐。欧公虽多次奏疏非议,但亦有当年培植后进似的拳拳之心。他曾劝导吕公弼、吕公著兄弟:"君子之朋,当同心共济,非为私交,而为国谋,当初你我皆力荐介甫者也。今既受官家信任而当大政,当助其成不世之功可也。介甫秉政胆略才具,多高于前贤而无可非议。所行新法,亦非范公庆历可比。新法虽有未便者,应较之利害,别其优劣,加以弃取,方可尽善。他身在中流,有进无退,多助则成,寡助则败。你们名门望族影响大,又是旧时好友,焉能袖手乃至相悖!"

想到此处,王安石不能自抑,涕泪泉涌。想起进京后未能再见恩师,而欧公寄诗"豪横当年气吐虹，萧条晚节鬓如蓬"，是想见一面哪。从京师去汝阴，张帆即至，我尽忙些什么呀！安石追悔莫及。遇见良师益友欧公，此生有幸。欧公器质深厚，智识高远，豪雄俊伟，怪巧瑰琦，无与伦比。王安石想望欧公英魄灵气，不禁文思泉涌，立即拿起笔来，把对欧公要说的话浓缩在一篇《祭欧阳文忠公文》中。

天变不足畏

熙宁六年(1073年)四月，文彦博垂钓家园柿树下，侍妾海棠陪同，送点心，起钓竿，始终未见鱼儿咬钩。海棠娇滴滴地问："今天的鱼儿，都被相公吓跑了！"文彦博："就是你唧唧喳喳，你走开，它们就咬钩了。"海棠："好的，我回去整理书房，等相公送鱼上火锅咧。"海棠气冲冲地回屋去了。

文彦博那边垂钓，心中却另有琢磨："王安石这家伙，怎么就整不倒他。"突然听到背后响起："太尉好心情！直钩是钓不出王安石的。"文彦博熟悉冯京的声音，头也不抬地问："冯参政要转达富公金点子？"冯京点头："正是。岳翁再三致意潞公，仁庙旧臣惟潞公在朝了，愿居中流而砥柱之。"文彦博像往常在朝一样谨守三不秘诀"不多言，不多事，不多思"，现在有气无力地答话："老夫老矣，衰矣，连自家鱼儿也嫌弃了！"冯京高声："华山崩，声如雷，天坼地绝，生民涂炭。"文彦博："天柱折，自有高个子王安石顶着，忧它做什么？"冯京："天地示警，是老天爷请潞公拨乱反正啊！自均输、青苗、募役、市易、学校、将兵、保马等新法连连颁行，国无宁日。设置什么疏浚黄河司、京师市易务等，信用宦官黄怀信弄什么铁龙爪、浚川耙，小人吕嘉问、草泽魏继宗据街摆摊卖果实，花花哨哨，乌烟瘴气，百官不知所以！"

文彦博："古稀老翁，离天远挨地近，这些事体与枢密使何干？"冯京蓄意挑唆而老文不为所动，只得转变话题："章子厚抚蛮凯旋，不知与枢密院是否有关？"触及核心利益，文彦博果然被激发："章惇还朝了？"冯京得意："抚蛮奇功，功劳竟与太尉无关。"文彦博被噎，一时不知说什么好，点头复又摇头。冯京扩展话题："章子厚平蛮，以恩信招抚北江，以武力制服南江，臣服四十余州，诏设永顺、怀化、新化、安化、善化多个县治，功劳大得很，论功行赏嘛，他至少要入二府。枢密院整军置将，裁汰冗员，变更兵制，宰相意欲章惇总领。"文彦博："本太尉不知不允的诸多军事大政，却在一一施行，还要我这个枢密使牌位做什么？岂有此理，亘古未有！我要面圣！"看到岳丈教导的激将目的达到，冯京偷偷地乐。

文彦博回府进书房，见爱妾海棠正在发呆，便喊醒她来清瓮，找出蔡挺所呈《整军置将方略》等利害文件。自王安石变法以来，文太尉倚老卖老不上朝，将所有朝报、边情、建请条陈等一应公文投于瓮内，积尘未动。海棠虽然手脚轻快，却不知哪些算得上利害文字，惊慌失措中香汗淋漓。文彦博见状，递过一块手帕给她擦汗，自己找了起来，但也未找着。海棠猛然想起："会不会是六公子拿去做人情了？"文彦博说："他只要文同、苏轼、米芾那些人的字画古董，不会偷奏疏书信的。"海棠好容易翻出《整军置将方略》，文彦博赞道："还是你机灵。蔡挺这方略本来可行，被我压了下来。"海棠乖巧："如果按这方案整军奏效，首功是枢密使老爷您的；如果失败，让他枢密副使蔡某挨板子吧。"文彦博抱住海棠说："你真是我肚子里的混事虫！本太尉就这样奏请了。"

次日，枢密使潞国公文彦博乘担子上朝。朝臣们见这位曾以立朝端重、顾盼有威、公忠亮直、临事果断的三朝元老，在告病日久后突然压班，都感愕然："又一个日头从西边出来了！"

神宗与文彦博目视招呼，并为之设座，乃曰："有杭州於潜县令郏亶，陈述'治田利害大概'七条，建言治理吴中水利。今日与二府三司同议。"

司农寺卿邓绾宣读郏亶奏疏："天下之利莫大于水田，水田之美莫过于苏州。臣请以二十万夫，水治高田，旱治下泽。一应耗费，民间筹集十分之四，官助十分之六。以三年为期，苏州之田必治……"

邓绾还未读完，文彦博就不耐烦起来："水利水利，何利之有！"文彦博仰头扫视，果然语惊四座，金殿肃然。他再整整袍带，端正而坐，拉开架势，接着演说："治国之道在于安百姓，安百姓在于敦行立教。如今舍本求末，天下争言水利，京畿沟渠、东南圩堰大兴劳务，河北开二股河断北流，浚漳清汴，劳民伤财。奸吏乘机骚扰百姓，妨害农务。宦官程昉、黄怀信，选人李公义一干人，贪图恩赏，别出心裁，制造什么铁龙爪、浚川耙。千百年来淤积的黄河，凭什么爪啊耙啊就可以疏得通！简直形同儿戏。还有司天监沈括，用两根木片钉个什么丁字尺，测什么地高河长，更如同黄口小儿过家家。古人有言，有机械者必有机事，有机事者必有机心。朝廷要谨防小人投机邀功。臣以为，水土之事，民自为之。庙堂之上，应议论军国大计。"

神宗平静地应答："圣贤有言，善治国者必先治水；一部治黄史，就是历朝历代的治国史。建言工程浩大，费时数年，朕将诏检正中书刑房公事沈括为察访使视察江南水利，商定施行细则。司农寺卿邓绾领旨，仔细斟酌郏亶所奏，待钦察回朝后诏命施行。"邓绾："按旨行事。"

神宗转向文彦博："朕愿闻太尉军国良策。"文彦博本想当朝批驳蔡挺的《整军置将方略》，他知道会被神宗压后另议，不得已转题到另一奏疏："臣亲见市易务在相国寺街热闹处，置叉子数十间贩卖果实，由官员监卖。店铺诉说免行钱事，即便背水、理发、挑粥、卖烧饼、提茶壶者，都得纳钱才准许做生意。如此贪婪钱财，所得并不多，徒伤大国之体，惹小民怨恨罢了。堂堂帝都这么做，各地依葫芦画瓢，天下扰扰，国无宁日！以此所谓富国强兵，犹恶醉而强酒也。圣人耻言商。孟圣人耻之，我文彦博也视为卑劣可鄙！请朝廷立即撤销市易务，废除市易法。"

欲求太尉军国良策，文彦博却揪住市易之弊不放，神宗有点始料未及。他高坐龙椅，浏览各大臣反应，却见王安石面无表情，王珪微闭眼睛，冯京仰头细听，蔡挺眉毛胡子都在抖动，陈升之置若罔闻，吴充眉头紧蹙，吕惠卿、邓绾、曾布等一干少壮很不耐烦。

文彦博刚刚讲完，曾布立即驳斥："市易法本意在于均天下之利，抑兼并之家，不给豪商富贾盘剥挑箩卖担人之机。比如京畿茶行，素来被十来家豪商垄断。茶客到京，先得送礼或宴请，求他们批发价格低一点，才稍微有利可图。施行市易法后，批发一个价，这十余家豪商与小民细户买卖利益等同，千百家欢乐而只有几家愁。"

吕惠卿："王相说过，有钱人总在喊别人弄走了他的钱，缺德人却从不说自己缺德。豪商们利益受损，到处造谣生事，不把新法掀翻弄倒决不死心。如果照文公说的，罢除市易法，这些豪商重新垄断茶行、盐行、药行，重行恃强凌弱，贱买贵卖，盘剥中小商户和百万市民，怕正是孟夫子当然包括文公所不齿的了。"

神宗担心官员们再争辩而伤了文彦博,乃温言软语对文彦博说:"朝廷设市易司,本为平准以便民,使货物流通而国用富足。诚然,再好的法令行使起来也有不足之处,也可能被贪官污吏豪强利用和破坏,这正是熙宁以来的大患。太尉的指责,请司农寺忖度弥补。命三司使曾布与权知开封府孙永,认真追究市易法执行中的违法行为。凡利用官府名义收息干赏行兼并者,一律问罪。"

曾布、孙永同时回答:"遵诏!"吕嘉问神色有点紧张。

文彦博并不到此收场,一改平素浑然平易之态,慷慨陈词:"新法连连,致使去冬少华山前阜头谷山岭崩摧,埋居民六社数百户;今春星辰失度,天狗吞月,国民惶恐。《易》云:'观乎天文,以察时变。'《洪范》载,虎相食,其岁将大饥。鸡鸣夜半,主兵革。发雷之地当饥馑。我皇皇大宋,国法与民争利,而天意不示警乎?"

曾布虽小声然脱口而出:"天变不足畏!"王珪拉了拉他,他便移身王珪后。殿堂肃静,文彦博怡然自得。

王安石起身反驳:"华山突崩,不知道表示出何种天意?文枢密认为是警告市易务平抑物价、收免行钱。回头看,今上即位以来,行熙宁新政数年,诏命多项新法,一直天地安泰,风调雨顺,算不算天意?我倒是觉得天意不可知,朝廷修人事而已。《九井》诗曰:'地形偶尔藏险怪,天意未必司阴晴。山川在理有崩竭,丘壑自古相虚盈。谁能保此千世后,天柱不折泉常倾!'"

神宗接话:"是呀,道州周敦颐先生的儒学就是这么说的。无极、太极、阴阳、五行、动静、主静、至诚、无欲、顺化等,论证天体在独立运行,世界万物都有自己的运行规律。"

王安石:"市易之法,与周朝有司市、汉朝有平准同。朝廷以百万缗之钱去平抑物价,比如盐价稳定在三十五钱一斤。京师街头巷尾无不称赞市易务,为百万市民提供了物美价廉的物品,也为丝绸之路各外商提供了充足的货源。唯所忧虑者,是那些希望立功得赏的人,急于求成,反利为害。陛下降旨视察各法执行情况,择其善者而从之,其不善者而改之,不说万无一失,也能把弊害缩减到最低限度。"

神宗点头称许，转对文彦博说："天从民意，太尉不必担忧。"

文彦博见神宗与王安石一个腔调，不禁羞怒交加。西边事王韶独断；蔡子正从西边回到枢府，竭力推行他的整兵置将方略；章惇出兵荆南，数十州归附中央；保甲法已在京东施行，难以逆转。深感这些年吴充来回穿梭于文府与枢府之间，不过是朝廷安抚他的表面文章；而枢密府却一直按王安石的意志照常运转。他不无悲催地叫道："臣在枢府九年，鞠躬尽瘁以致老迈糊涂，请辞！"说完拂袖而去。

神宗并没有被元老旧臣决绝吓倒，笑命吴充："送文太尉回府。"

次日，神宗手诏文彦博如延和殿，商讨整兵置将诸事。神宗温语软言安慰再三，文彦博毫不领情，断然请罢枢密使。神宗决断，诏曰："罢文彦博枢密使，拜司空、河东节度使判河阳，徙大名府。"

第二十六章
略无谋术行诡计

飞来峰下遇追杀

鉴于未见欧阳文忠公最后一面的遗憾,神宗特许王安石视察江南,去他想去的地方、会见想见的人。王安石首选金台与陈霞武功发源地义乌东干山。神宗对宣德门挝马记忆犹新,命金台、陈霞随行,叮嘱金台与银娃,做到万无一失。

王安石一行水陆兼顾,迤逦来到江南东路义乌县,便衣而宿驿站。这一天暗访民宅,听客栈说书人讲古。那说书人用当地口音活灵活现地讲述,激起王安石如梦似的故乡情怀:

我们义乌地区洋滩市东边,有座高山叫东干山,又名山王殿山,坐东朝西,西面山脚下有麦磨山、天井山、灯头山三个馒头似的山岭。紧靠三山坡的西面,是洋滩市所辖的金庄。员外庄主金沛然老年得子,有人说是菩萨送来的,取名金台,宠得宝贝似的。金家与法惠禅院仅一溪之隔。小金台最喜欢去禅院玩耍,人谓与佛有缘。寺内有个矮子和尚武功了得,行动如飞;腾挪折挫,像蛋蛋一样滚动,人称蛋子僧。这僧人十分喜欢逗小金台玩,并经常教他一些武术基本功。不幸得很,在一场疫病中,金家夫妇双双去世,蛋子僧便把孤苦无依的小金台接到禅院习武。

恰在这一年,在义乌为官的陈团与妻子王安梅生得一女名叫陈霞,爱如珠玉,捧在手中怕摔碎,含在口中怕化水。次年清明时节,夫妇俩带小宝贝一起上东干山游春。山里百花盛开，众禽争鸣，一家人愉快无比。乳娘见小陈霞喜欢映山红，便随她进入花丛深处摘取。走着摘着，摘着走着，摘摘走走，离陈团夫妇越来越远。就在刹那间，树丛中突然闯出一只斑斓白虎。被惊吓的乳娘绊倒树桩下，小陈霞摔倒在老虎面前，那虎叼起小陈霞转头消失于丛林中。陈团夫妇惊呼山响，叫天天不应，叫地地不灵，她娘安梅昏厥。直到陈县令任满离开义乌，也没能找回宝贝女儿。

常在深山出入的蛋子僧与飞鸟为朋，与兽群为友。有一天，他竟然在深山茅草丛虎窝中看见一个直立行走的小野人，母虎竟然毫无敌意地允许僧人把小人带走！这个喝虎奶、吃生肉野果长大的七岁蛮女虎虎有生气，被留在僧院调教，并与金台一起练功。不几年，他们便练得一身极绝功夫，如鹤飞舞，如猿奔腾，无人可近。蛋子僧带领二人云游天下，切磋武功，来到河北霸州，又得田七授二人推掌功，吹壁风胡同教他们十八般武艺。

转眼到了前朝治平年间，宰相澹台伟对金台武功十分好奇，特意指令他与前来汴京的西夏武士黑风僧打擂台。金台不意猛拳打死自称天下无敌的攻擂者，被众人拥戴为天下拳王，弄得澹台太师骑虎难下。英宗皇帝对金台疼爱有加，诏令为禁军教头，见官大一品。不久，金台、陈霞的恩师蛋子僧圆寂。义乌人便在山王殿山尖整修了庙宇殿堂，还建了七岁妹庙。

时间来到熙宁天子朝，官家收纳拳王为贴身卫士，还时常诏令金台跟随变法宰相王安石私访民间。如今我们义乌厚享熙宁新政恩赐，山村百业兴旺，黎民安居乐业，寺庙香火鼎盛，说不定哪天拳王回到他的发迹地，在座客官或有遇见天下拳王的好运气咧！

至此，听客们交头接耳，欢欣鼓舞，都巴望好运见真佛。

金台没想到家乡人们对他一往情深，不禁兴奋至极。银娃、汪弄沟听得津津有味，对金台与陈霞的身世和传奇经历赞叹不已。

银娃："金哥，人鬼使然非人能，你得的是天命！"金台："我命由我不由天。"王安石："非常时代必有非常之人。"他们五人便服步行拜访山大王殿和七岁妹庙。

次日，金台、陈霞等四青年簇拥仍着便服的王相走到洋滩市南街尽头，路过金台石桥，在桥南金台串心凉亭小歇。人们传说，因金台受封逢官高一级的东京皇城殿上御教师,凡来洋滩市或路过洋滩码头的文官到此须下轿,武官必下马。王安石见春暖花开,万紫千红,百姓勤奋农耕,庄稼长势喜人,感到少有的轻松和愉快。

他们来到规模宏大的御封宝林禅院,便见门楼金碧辉煌,中挂英宗御赐"宝林禅寺"匾额。大雄宝殿前庭僧人来往,信徒盈门,香火蒸腾。金台这才说,他把先帝所赏的十万两御银,全部捐给了这个宝林禅寺和法惠禅院,包括这里一千二百多间僧舍——在此之前,谁也不知道金台的下落。面对禅院和长老,金台无限伤情,怀念师父救命培育之恩和法术传承。面对师兄弟们,他又感到无比亲切自豪。

禅院住持欢迎王相和施主来到,特地叫僧人们表演了一套拳脚武功。那气势,比嵩山少林寺武僧不差,被人誉为南少林。禅寺住持遵蛋子僧遗愿,将傅大士画像赠予王安石,感谢他推行新法,使义乌百姓衣食无忧并富裕起来,佛寺香火一年比一年兴盛。

王安石仔细观赏画像并吟诗:"山蔽吴天密,江蟠楚地深。浮云堆白玉,落日泻黄金。渺渺随行旅,纷纷换岁阴。强将诗咏物,收拾济时心。"住持求得施主此诗墨宝以光禅院。

王安石对住持和刚赶到的保长说:"礼失问于途。我在你们这里找到了久失之礼,感谢你们。"

金台、陈霞与汪弄沟寻访到山王殿尖下的七岁妹庙,它建在当年母虎喂养陈霞的地方。金台与陈霞烧香捐功德钱,了却王安梅与亡夫心愿。

几天后的杭州灵隐寺,白云蓝天晴空万里。一个年纪五十多岁的老儒生,骑一头健驴,从杭州城内往灵隐寺进发,贴身跟随青年庄客四人。匆匆而来的英俊后生撞惊了毛驴,老儒摔下地。庄客等急忙扶住儒生,怒目那后生。那后生跃近老儒身边拍打他身上尘土,连声道歉。老儒请那后生一路同行。

后生说:"小的冲撞了您,是因为比您老人家走得快,相信吗?"儒生与庄客们相视一笑。一庄客:"不妨一试。"老儒骑上健驴,加了一鞭,健驴如飞。庄客手拿烟斗,悠悠然与驴并行,另二人随后。不知从何而来,一蓝衣人紧随庄客们。那后生着力施展轻功,竟然无法超越驴步。

他们到达灵隐寺对面的飞来峰，穿行于石洞之间。后生问："先生贵姓大名？"老儒："老夫姓石，学馆师爷。"后生再次施礼："原来是孔圣人门徒，石先生，晚生有礼！"老儒向后生解说飞来峰典故和碑刻："此山峰从万里之外飞来，东方日升之时，可以听见海外鸡鸣。"后生似懂非懂，似信非信。

儒生指着古塔说："宝刹建于唐代。"后生观瞻之时，忽听见石先生在峰顶吟道："飞来峰上千寻塔，闻说鸡鸣见日升。不畏浮云遮望眼，只缘身在最高层。"后生似懂非懂，大声叫好："石师爷诗做得好，但不合逻辑。今日晴空万里，哪里有什么浮云？"一庄客："此处没有浮云，大宋到处都是。"后生："那倒是，京师常常弥漫黑云，刮起黑风。"

正在此时，峰下大道传来铿铿铿的锣声和清道呵斥声："丞相老大人进香，闲杂人等速速回避！"那后生刷的跃向路旁一棵大树瞭望，见到一队人马来到山脚。说时迟那时快，只见他跳下树，往山下冲去。一庄客惊愕地叫道："哥们，你要干什么？"后生在飞行中大声回答："报仇雪恨！"

老儒等人在塔顶观看究竟，只见一顶八抬大轿在前呼后拥中迤逦而来。那后生从天而降，护卫人员惊慌失措。那后生飞刀横削，护卫的头啊、刀啊，跌落一地。轿夫们哭爹喊娘抱头鼠窜。那后生虎跃至轿前，左手掀开轿帘，右手宝刀直刺入轿内，大叫："唐参政，吕中丞，侠客今日为你们报仇血恨了！"

顷刻间，那后生发现竟是一顶空轿，却见保镖们从四周紧围过来。后生施展出龙形刀法。保镖们虽成包围之势，但无法靠近。从后面紧跟上来同样一乘轿子。轿主人见刀客行刺，吓得魂不附体，急对近侍发出叫声："银柱，不好！"紧贴后轿的金柱："有人行刺老丞相，袁飞还不出手！"那后生听见银柱、袁飞名字，不禁吃惊。身在塔顶的庄客金台听见叫师弟银柱的名字，也一惊。后生惊问拔地而起者："你是江东神掌袁飞，轿内不是奸相王安石？"

庄客金台这才明白，那后生竟是汴京权势集团畜养的刺客。袁飞跃至后生面前，喝道："大胆狂徒，竟敢在光天化日之下行刺前朝国丈相爷，怕是活得不耐烦了！金柱，你护老相公前往灵隐寺方丈禅房，我去擒拿刺客！"袁飞与后生二人飞刀来回，激战几十回合不分胜负。

庄客对老儒感叹："那家伙原是来暗算相公您的！真是冤家路窄,却遇上了我的恩人澹台老相公！金柱、银柱是我师弟。"

袁飞掌心射出红光,掌风逼得那后生呼吸不顺,心跳加速,脚步踉跄。庄客看到,袁飞将那后生一脚踢翻,殷红如血的手掌向那后生抓去。后生迅即躲闪开去,飞向山林。只见蓝衣人也追向山林,不见踪影。

银娃:"金教头,这蓝衣人是怎么回事？王相有事,他总会突然现身。"金台摇头:"神仙护卫善良,善良却捆住了我们的想象。"银娃:"宣德门暗算相公未成,竟然如影随形,追到外地来了,实在可恶！"便衣王安石笑吟:"浅薄至极！"银娃:"官场残酷,阴谋卑下！"金台:"贪人廉,淫人洁,佞人直,变色龙狠且毒！唯有智慧武功能保圣哲。"

民知所由,事半功倍

王安石路遇户部右曹兼领金、仓二部的苏辙。苏辙兴致勃勃地汇报中书交办的广州番商案件。

苏辙反复检阅广州市舶司楼踌奏状,番商强烈求见户部主管。苏辙接待。面色黧黑,深目高鼻,有络腮胡须的年轻人向苏辙双手合十,彬彬有礼,显示出都市化市民的潇洒灵动气息。苏辙示意他坐下说话。

苏辙问:"你是什么人？"来访人礼貌地答道:"我是广州市舶司属下番商会长辛押陁罗养子辛押曼陀。"苏辙:"向本官诉说何事？"辛押曼陀:"广州市舶司楼踌要没收本人养父在广州的财产。"苏辙:"根据什么？"辛押曼陀:"称我不是财产的合法继承人。"苏辙:"何以证明你的身份？"辛押曼陀递交养父给自己的信件,信中抬头称"亲爱的儿子"。苏辙:"你养父现在何处？"辛押曼陀:"去年回国后被残暴的国王杀害了。"苏辙:"令尊何以成了贵国钦犯？"辛押曼陀:"我父一直照章纳税,却有仇人诬告我们家瞒税欺国。国王下令处死我父,抄没我家全部财产。"

苏辙:"原来如此。你们违背我大宋朝廷法律没有？"辛押曼陀:"我父到大宋广州经商多年。他为人善良,诚信经营,被拥戴为广州番长,竭全力为番商服务,番商拥护我父。"苏辙:"你们经销什么货物？"辛押曼陀:"将阿拉伯毛毯、象牙、药材、珠宝、檀香等香料、染料苏勃泥青运来大宋,再从大宋采购佛山、景德镇、长沙铜官陶瓷,吴粤丝绸等特色物品,钢铁铜铅等金属,循海路销售到沿岸国家,生意好做得很。"苏辙:"辛押曼陀先生,你讲的都是实话?"辛押曼陀:"句句属实,本人用人格和财产担保。"苏辙:"好的,你在笔录上签字画押。"

苏辙请来广州市舶司楼踌。楼踌:"拜见右曹。"苏辙:"广州的外商经营情况如何?"楼踌:"回右曹。广州处珠江口,一江来水,八方出海,从隋唐起就番商云集。大宋开国以后,舶交海中,不知其数,蛮声喧野史,海邑润朝台。熙宁新政以来,更加繁荣发达。"

苏辙:"传说未有广州,先有光孝。此话怎讲?"楼踌:"汉魏时,有海外高僧来埠传教建寺。唐仪凤元年(676年),六祖惠能在此受戒,开创禅宗南派,最早修建的当属光孝寺。"苏辙:"那就是说,隋唐以前就有番商前来广州埠头经商啰。"楼踌:"隋文帝下旨在广州建南海神庙,奉祝融为南海神,俗称波罗庙。传说由波罗国(婆罗门)朝贡使者出资所建,他还将带来的两颗菠萝蜜种在庙内,现在庙区遍布菠萝蜜树。还有一尊番鬼望波罗神像,曾被敕封为助利侯达奚司空,面色黑,深目高鼻,有络腮胡须,身着我朝官服幞头,举手于额前做遥望状。番商进出广州都会祭拜它。"

苏辙:"舟行万里如过席,好一个繁的广州港。还有一位被本朝封为顺应侯巡海蒲提点使,是阿拉伯蒲姓番商。"楼踌:"广州通夷海道,最先开辟东线,从广州出发,西向经过环王国(占城,越南中部)、门毒(越南归仁)、罗越国(马来半岛南端)、佛逝国(印尼苏门答腊东南部)、狮子国(斯里兰卡)、天竺(印度南部),最终到达巴士拉(波斯湾港口),全程大约三个月,番商称为海上丝绸之路。"苏辙:"据说,因为福建造船技术高妙,我们大宋的商船,从西线回来,只要五十多天。"

楼踌:"本朝施行新政,越来越多的各国商人云集广州。见到城门口两旁木质二层楼的廊道堆满各种瓷器,店铺前大牌写着各类瓷器名,他们眉飞色舞。寓居广州的阿拉伯、波斯以及沿线国家番商总计数万人,以蒲姓为多。"苏辙:"朝廷准许广州、泉州、明州、杭州市舶司长官委任番商店长,以强化对外商的联系和管理。泉州番长即为蒲姓。"楼踌:"自朝命下官为广州市舶司长官起,就在数百家番商中选拔番长,并报朝廷授予相应官衔。我在每年十月备办筵席,宴请番坊店主,以示朝廷关怀,共商经营事务。他们自称所过国家流行苦感文化,而西方提倡罪感文化,只有我大宋盛行的乐感文化最让人惬意。"苏辙:"他们传来的苦感、罪感文化,哪里敌得过我们的乐感文化啰。大宋都市的自由空气、思想文化世俗化,洋溢着个人尊严,他们一定会很羡慕的。"楼踌:"我国丰富的商品、轻便的交子,市民的自由和尊严,令他们如入仙境,流连忘返。辛押陁罗就曾留下这样的诗句:'山河奄有中华地,日月重开大宋天。'"

苏辙:"番商辛押陁罗财产是怎么回事?"楼踌:"广州洋商番长辛押陁罗回国探家,被所在国国王处死,巨额家产被没收。存留于广州的部分财产,他们国家并未追究。因为没有合法继承人,广州官府欲以没收。其养子辛押曼陀不服,上诉到朝廷。"苏辙:"本曹已询问辛押曼陀,仔细斟酌他的诉状和你们的申述,户部认定,既然确认番商财产系合法经营所得,其养子辛押曼陀身份确实,应视他为合法继承人,不能没收其父遗留在广州番店的财产。"楼踌:"下官服从户部审结。番商发财我发展。如果番商出走,许多市民就会丢了生计。"

苏辙:"我宋朝泱泱大国,重农亦重商,强本亦强末,天下收入总值占世界百分之六十。通商国家五十多个,六大市舶司财税收入每年达六十三万贯,比汴京一年商税五十五万贯还多。朝廷国库岁入,工商业方面已占十分之七。所以,对诚实的番商定要以诚相待,地方千万不能乱来。要是看不见丝绸之路送来的珍宝行货,后宫不高兴,官家会追究。"楼踌:"我们广州市舶司,一直努力为番商的合法经营提供方便。但凡侵犯番商利益,盗窃损毁番商财物者,我们会申奏朝廷,要求责令地方当局限期破案,否则问罪罢官。"

苏辙:"大国要有这样的气度。据说,外商带来乳香后,广州便逐渐形成熏香风气。有的富人家还以豢养'瓷人'(黑人)炫富。你养了吗?"楼踌:"习惯熏香,未养瓷人,因为我老婆怕'黑鬼'。"

王安石听到女人怕黑鬼的话,不禁笑了笑。他深知海上丝绸之路对国家的意义:"广州市舶司楼踌管理有方,应得朝廷嘉奖。子由,刚才说,那些番商十分欣喜使用我朝交子。你知道交子是什么时候出现和使用的吗?"苏辙："我不详知，要问交子务。"王安石："我仔细考查了，它是仁宗天圣二年（1024 年）初上市的。"苏辙："哦，长知识了，还是王公仔细。"王安石："你们户部要采取切实措施，与交子务扩大交子在大宋全域使用，支持番商把交子带回他国。"苏辙："一定照办。"

王安石："由户部通告泉州、明州、杭州、秀州、密州等口岸市舶司参照。我们国家大，江南、东南沿海活跃发达了，自然会影响和带动北方和西部。"苏辙同样庆幸开放海埠的壮举。

王安石重回鄞县，明州太守、鄞县县令陪同。他看见海塘整修得如同长城，不胜感慨："昔日处处坏堤防，白浪大于马，浸淫湖田，如今绿波满平湖，桑叶声习习，稻浪尽翻滚。"由提举官而县令的慈溪人舒亶诠释："青苗钱利民耕种，募役法留住了青壮年劳力，冬闲时整修海塘堤坝，保甲长带领百姓忒有劲头。"明州太守："明州各县都记住侬'吴越四贤'当年留下的政绩，阿拉守成而已。"

王安石："福建泉州太守蔡襄在万安渡为百姓修了洛阳长桥，还上贡小龙团茶，为一方百姓竭力寻求生财之路，你们晓得吗？"明州太守："苏黄米蔡，举国公认的大宋书法家，谁不佩服！蔡君谟的魄力，阿拉两浙路传诵一时，奉为楷模。"

王安石点头："耳听为虚，眼见为实，阿拉要亲自检验一下熙宁新法效果和侬政绩，也检验提举官所奏的真实程度。学校办得如何？"舒亶："县学扩大了许多。杜醇先生已老去，讲解《三经新义》的先生很努力，年年都有好几个学生在明州府试中上榜。"王安石听得高兴，深感鄞县百姓坚持他当年推行的一整套制度，成为熙宁新政的典范。他默默念叨："坚持数年，大宋有望众化大成。"

王安石看见为自己建的生祠，笑着摇头责备钱公辅多事。他路过王公塘、安石渠、介甫路等处，寻访到鄞女坟，见到人们为她立的石碑，久久不忍离去。

王安石来到四明山区，交代金台、银娃等不要紧跟，注意各个路口，独自骑驴入田野耕作之家。金台："王相薄暮乘驴行荒村，我们在附近警戒就是。"

　　王安石信步进入一家,见有老夫妇俩,老妪扪虱坐,老丈不理会有人进来,仍然闷头看书。老妪见相公进屋,以为是上山采药人,便自言病痛求药。王安石取所带成药贻之。老妪十分高兴,寻找物品回馈。什么合适物品也没有找到,乃以一缕麻线相谢。老妪:"此乃阿拉自家苎麻紧搓而成,结实得很,相公可将与侬相婆纳鞋底之用耶。"王安石不便推辞,笑着接受了。老妪询问:"相公为何骑驴不坐轿?阿拉这里的衙门吏人都是坐轿进山咧!"王安石大笑,说道:"古代王公圣贤讲求仁政,不能把人当牛马。以人代畜有罪过,后世会变成牛马去耕田拉车的。"老妪:"阿弥陀佛,明州地界竟有侬这样的慈善相公,可与朝廷王相相提并论了。"王安石:"侬咋知道朝廷有个王安石?"老妪:"王公早年当阿拉鄞县县令咧。从那以后,鄞县百姓过得顺心开心,搭帮王相辅佐熙宁皇帝,万事都为老百姓着想,给青苗钱哪,出助役钱,保甲防盗哇,好事多得很咧!百姓为王公建生祠,钱公辅先生画王公尊容立于祠;人们还为他的鄞女坟立了墓碑咧;几处塘坝、渠道都以安石、介甫为名啊。"

　　这家老丈这才放下书本接话:"可咒骂王公的人也不少。银钱没耳朵,没心肝。有人持枪行劫,有人握笔抢人。虎狗集于一身,对民如虎,对上摇尾;官阶越低,神气越足。其间的乡间能人,与其做傻瓜,不如做坏人。豪强兼并田地,富民有产无税,农民产去税存。"王安石:"朝廷颁布青苗法、募役法、市易法、保甲法以后,情况有无变化?"老丈:"阿拉鄞县有王公行政基础,现任县令舒亶,兢兢业业推行熙宁新政,百姓安居乐业,日不关门、夜不闭户咧!"

　　王安石:"老丈可知县学?"老丈:"知道,老夫还去听过提举官讲解王公《三经新义》咧。"王安石:"原来这样。老丈这里垦荒作田,修屋开园,山清水秀,比杜醇先生当年发达多了。"老丈:"相公熟悉杜先生?王公请他教县学,多年来,不少学子参加乡试、国试,成才为官。可惜杜先生已经过世。"王安石:"哦,杜先生英年早逝,可惜了。"

　　老丈:"老夫听说韩琦田产半相州,他们就是新法抑制的豪强。而文彦博只为士大夫治天下,把官场大门认作通往财富的大门。王安石则是改变大宋积贫积弱、为老百姓求生路的圣贤。而吕海、唐坰之流则是他们的应声虫，像一头头犟牛，牵着不行，骑着倒走。"王安石："要是官家能听到老丈高论，不知何等高兴咧！"老丈："官家和大臣们忙于朝廷斗法，哪有工夫听老百姓说话。路、州、县官府难得把阿拉的声音上传朝廷。也许官家和王相没想到老百姓是可以帮助他们一把咧。"王安石："怎么个帮助法？"老丈："王相当年在阿拉鄞县，就把施政的道理和办法宣示官吏和民众。大家懂得为何要那么做，所以雷厉风行，所向披靡。力量蕴藏于县民中嘛。现行熙宁新政，父母官舒亶与吏人向各阶层讲得清清楚楚。民知所由，知行统一，所以乐而为之，事半功倍。"王安石："民知所由，事半功倍。原来如此！"

　　老丈："老朽读经，不明圣人所说：'民可使由之，不可使知之。'也许，熙宁君臣也被此话误导，未在民知上下功夫。"王安石："老丈说得精辟：力量蕴藏于民众。'三人行，必有我师焉。'听侬一席话，胜读十年书。而今之时，士之在下者，浸渍成俗，苟以顺从为得；而上之人，亦往往憎人言，言有忤己者，辄怒而不听之。故下情不得言于上，而上不得闻其过，恣所欲为。此情此势，可谓自古至今朝政的悲哀。"老丈突然醒悟："哎呀，王相公侬回鄞县来了！"

第二十七章
最担忧的就是内讧

仆妾眼中无英雄

　　吕府内室沉静而外庭热闹。处于弥留状态的吕诲，突然声嘶力竭地叫喊："吾病由安石起！死，乃王安石气死的！"吕诲喊罢，霍然气绝。司马光赶至内室，只听见"气死"，便趴在床头大叫："献可兄，吾来迟矣！来迟矣！"他捶床大哭，要把一腔悲愤、满腹幽怨都要哭出来。吕由庚哭哭唧唧地对司马光申诉："先君本无疾病，五十八岁身亡，皆由奸臣所害呀。"他将父亲临终前给皇帝的弹诉状交司马光。司马光读后，正气凛然地慨叹："前年死了唐子方，今年又去吕献可。骨鲠直臣，一个个被气死去。王安石啊王介甫，你这一人之下、万人之上的宰相，罪不容诛哇！"

　　吕由庚从枕头下翻出一信札，其文曰："臣本无宿疾，偶遇医者用术乖方，妄投汤剂，率情任意差之指下，祸延四肢，浸成风痹。非祇惮风痹之苦，又将虞心腹之变。虽一身之微，故不足抚恤，而九族之托，良以为忧……"司马光读信，立即惊惶地捂嘴。

　　司马光满腔激奋地回府，奋笔直书吕诲墓志铭。吕由庚接到司马先血写的文字，感动不已，恭请工颜体的友人刘航丹书、镌刻。刘航心里在骂："司马光啊司马牛，你要把你司马氏、他吕氏、我刘氏三家置于万劫不复之绝境啊！"刘航之子刘安世初生牛犊赞叹道："此铭可谓千古绝唱！骨鲠直臣身后，竟然无人敢刻他的墓志铭。果然如此，王安石真乃万人唾骂的权奸也！"

刘航夫人出堂仗义执言："以妇人之见，吾儿尽可为之！如有好事之徒问罪，为娘我替你们父子乌台侍候！"刘航退了一步："妇人晓得什么！你小子硬要刻，绝对不能署名！"吕由庚赞叹："好一位奇葩娘子！家严英灵保佑刘氏子孙，所有直谏忠臣都会给你们点赞！"

知制诰、判国子监吕惠卿将一件纸质拓本展现在王安石眼前："我辗转得到这件吕诲墓志铭拓片，已在京师内外广泛流传，司马光撰，丹书镌刻的刘航、安世父子未署名。"

王安石饶有兴趣地仔细品味，又叫汪弄沟悬于壁上，与吕一起鉴赏说："吉甫，不少人称赞刘航父子的书法，说是颜鲁公再世，我看远远未得鲁公精神。颜体，外示凝重，内藏筋骨，风神超迈，很难学得到的。仔细品味这些文字，哪几个、哪几笔，更不说整体，得了颜真卿神韵？"吕惠卿："人们善称苏、黄、米、蔡为本朝四大书法家，名实相符。依我看，您那位乘龙快婿蔡卞也有乃兄的风骨，堪称大家，还有我们司农寺曾布的字也自成一体。"王安石露出少有的自负："那当然。"

吕惠卿："我知道，您为许多逝者写过墓志铭，既有王公贵族，也有平民百姓，是不是？"王安石："我尊崇那些名不见经传的平常人，因为平民与圣贤在世上具有同等作为，而历史的构建往往遗漏了无名之辈。"吕惠卿："我读过您的《胡君墓志铭》，志的是池州铜陵士人胡舜元之父。胡舜元说，他跋山浮江跟您来到海边鄞县，想请您为他几个月前去世的父亲写墓志铭，却因自己身份卑微而不敢开口。如果您能赐铭藏于墓冢，可显于今世而传于后代，世世代代都感到荣耀。公弟将此人心思转告您。您认为，舜元为善士，君子应成人之孝，乃写了一百六十字的墓志，铭曰：'寿七十一，不为不多。吾与之铭，千古不磨。'"

王安石点头："确有其事。为平民写此类文字，至今有近百件吧。"吕惠卿："京城逻卒有认识您的，因为您为他们家人写过诔铭。在您的观念中，王公贵族与平民百姓同等。"王安石："知我者，吉甫也！"吕惠卿："读过您的墓志铭的人，多有评论：无体不备，无美不搜，除韩昌黎外，唯您一人而已。"王安石："过誉，终身何敢望韩公。"

吕惠卿："文坛评论，您认为文章全在气盛，气盛全在段落清，每段分束之际,似断不断,似咽非咽,似吞非吞,似纤非纤,无限妙用。您觉得恰乎其分吧。"王安石边听边点头,自觉被人理解,内心激动:"谢谢学界朋友以及同僚们的理解和褒奖。"

王安石转对正在仔细审视吕海墓志铭的四弟安国:"西京教授,你看得这么认真,觉得其文其书如何?"王安国:"如何如何! 这种痛骂宰相你的文字镌刻,狗屁不值!"王安石不解:"你这个人,当了这些年的崇文殿校书、西京教授,还总是浅薄随性,不求甚解。"王安国听得糊涂:"宰相老人家解出什么高深用意来了? 我想就教。"王安石认真地点评:"自以为功夫了得,其实,传世名家,不是浮躁之人随便学得到的。"王安国:"想不到你老人家竟然津津乐道刘氏父子的书法、铭刻。"王安石:"再看,司马君实文章一贯失之空泛。此篇可谓有感而发,有如贾谊手笔,对比《过秦论》,你就体会到文情并茂。"王安国哭笑不得:"人家撰文骂你个狗血淋头,还刻字流传后世,你却有雅兴鉴赏:果然文情并茂! 只恐吾家被千人所指,万民痛恨,祸不远矣!"王安石愕然:"你说什么呀! 牛头不对马嘴。"

王安国怒气喷射而出:"我们全家人都为你这个汗淋学士、扶摇直上而参政而首相战战兢兢! 兄长冒天下之大不韪变什么法法法,只恐功未克成,杀身之祸已到家门!"

吕惠卿见他们兄弟互不相让,不便插嘴,只能袖手静观。

王安石见四弟竟然浅薄得混同流俗,不得不有意开导:"变法何患谤议? 上下交章找毛病,才有今日之成功。是非越辩越明啊,民富国强是明摆着的。"王安国抑制不住心中的愤懑而讪笑:"这是你那高高在上的宰相调调。你老弟平甫我在西京,常被辱骂之声包围,司马光之铭可谓集大成。尊敬至爱的三哥,王府的顶梁柱,众怒难犯哪! 司马光的笔,刘氏父子的刻刀,都是杀人的枪棒,老兄不能不警悟!"

王安石见弟弟满口世俗之见,乃信其弟流连声色:"熙宁新政乃圣上力主,绝非吾家私事。君臣相知自古少有。作为宰相,尽职尽责,全心全意,无愧于心。属官与吾争,卫士挝吾马,百姓犯吾宅,追杀至外地,吾果为权臣、大奸,彼等安敢如此! 是非功过,自有后人评论。"

王安国:"'天变不足畏,人言不足恤,祖宗之法不足守',离宗叛道,人家早就把你那臭名昭著的'三不足'钉在耻辱柱上了！"王安石："'三不足'是司马光等人编排和强加予我的。你在哪里见过我讲过、写过'三不足'？你是个有学问的人，诗也写得不错。今上赐你进士及第，擢崇文殿校书、西京教授；雱儿充当太子中允。大宋朝对我们一家，圣恩很重啊！你应懂得报恩之切，务求精于学问，砥砺操守，不可耽于声色。"

王安国听到老兄使用"声色"二字，知道是指他常受西京权贵们的邀请，参与家养班社的歌舞娱乐，心里对老兄的苦行僧性格更加反感："我劝你老人家不要一意孤行，你却反说我近于声色？我们大宋朝是个享受社会，娱乐以治民。谁像你个苦行僧、獐子肉！我倒要奉劝兄长近君子，远小人！"

王安石："你说的小人是谁？"王安国："人言吕惠卿、章惇、曾布、吕嘉问辈，狡诈阴险，攀附而进。"王安石："人言，人言，你就不能有自己的见解和主张！"王安石素知此弟性憨心狭，此等无聊之事不屑与闻。他摇了摇头，只管闭目养神了。

其时，同司农寺曾布来到相府找吕惠卿，王安国顿感紧张而尴尬。

吕惠卿义正辞严对王安国："这些年，你老兄和聚集在他身边的我们，挨骂习以为常。今天听你王教授骂，多少有一点新意。我吕吉甫却以为：顽劣心里藏龌龊，仆妾眼中无英雄。但是，那并非英雄不是英雄，而是因为仆妾只是仆妾！新法存漏洞，贤人有失误，圣人留弱点，伟人也偏颇。但是，圣贤终究是圣贤，伟人永远是伟人！"

王安石闭目附和："当然，为了摆脱某种错误，有可能陷入另一种错误。唐、虞、夏、商、周、秦、汉、晋、隋、唐朝所昭示于我们的，就是人类永远会有失误。个人会出错，群体也会出错；朝廷会出错，皇帝会出错，国家也会出错。难道大宋朝就不能试错？历史永远曲折，人类从不完美。但是，社会一定会前进，华夏文明会永远屹立于世界。"

王安国无名怒火无处发泄，转责表亲曾布："你，曾氏逆子，误惑至亲，猪狗不如！"曾布："平甫兄太高看小弟了。足下人之子弟，朝廷变法，用得着你说猪论狗嘛？最好闭了你那鸟嘴。"王安国愤怒地咆哮："丞相，吾兄也；丞相之父，吾父也！丞相由汝等之故，杀身灭门，戮及先人，发掘丘垄，咋不与我相干！"曾布针锋相对却轻轻松松："如果咆哮能解决问题，黔之驴，早就统治世界了!"王安国语塞。他虽不是驴,却也气得嗷嗷直叫,尥不出蹶子来。

战胜自己便是圣人

　　根据举报,神宗诏命曾布与黄怀信调查吕惠卿秀州置田事。神宗与王安石正听取二人的调查报告。

　　黄怀信:"据市易务魏继宗举报线索,我们找到吕惠卿在秀州的家人和华亭富户,证实惠卿兄弟强借秀州华亭员外朱华钱五百万,与知华亭县张若济串通强买大宗民田。"曾布:"吕惠卿之舅郑膺借势夺取民田。"黄怀信:"据天竺僧人告发,张若济还指使僧文达夺取僧舍田土……"

　　曾布:"朱华供述,吕惠卿在守丧期间,家人们劝告:吉甫,你冒天下之大不韪参与变法,鞍前马后侍候王丞相,天下汹汹然,我们为你担惊受怕,甚至寝食难安。如今大权在握,应该为自己和吕家人办点实事。常言道,铁打的衙门流水的官,只怕过了这个村就没了那个店。"黄怀信:"吕惠卿当即表示:'我何尝不懂发家致富、光宗耀祖,但要把握时机,你们静候机会吧。'他们终于等到了时机。"

　　神宗:"案情已大致清晰。吕惠卿如有失检点,请王相核实并提出处置意见。"

　　得知曾布、黄怀信回京,市易务勾当公事魏继宗特向吕惠卿提供:"外界有人向曾子宣密报,谣称吕相公私自置买大量田产。今上谕令他去秀州调查。王相担心曾老三少年气盛失之偏颇,呈请今上特委内侍黄公公一起前往秀州。目今他们回京,不知曾、王相跟您透风没有?"吕惠卿警惕这个商人:"曾子宣?没有。你是秀州人,消息灵通啰。"魏继宗:"他守口如瓶?此事与我无关,我担心的是参政您遭冷箭。"

　　王安石找吕惠卿恳谈。王安石:"向吉甫核实一件兼并民田案件。今上询问,吉甫有没有在秀州华亭县买田置业?"吕惠卿:"哪有这等事情!人们将三司和司农寺官员视为仇寇,处处放冷箭,定是有人设计陷害我。"王安石:"华亭知县张若济强买大宗民田,你知道吗?"吕惠卿:"华亭县买民田,与我有何干系!"王安石:"张若济买田款项是强借本县富民朱华的,你打过招呼没有?"吕惠卿:"没有。"王安石:"你舅舅郑膺也曾借势夺取民田。"吕惠卿:"我不知情。"王安石:"张若济还指使僧文达夺取天竺寺僧舍田土。"吕惠卿:"这个张若济兼并民田,还搞那些混账事,胆子真大。"王安石:"强行借钱、兼并民田、巧夺僧舍,既为法制所不容,更为新法所不许。吉甫,如果是家人所为,你当时就应该制止。如果已成事实,你要赶紧劝告家人、亲属退田还款。朝廷会调查处分华亭县令,但愿不牵涉到你。"吕惠卿:"谢王相提醒,我会严查家人亲属违法乱纪、扰乱新政的不法行为。"

王安石见吕惠卿紧张得有些冒汗,慢慢地劝道:"吉甫是从太子中允、崇政殿说书、集贤校理、判三司使、后判司农寺回乡守制的。你所在的三司、司农寺在新政中地位显赫,不要以为高居庙堂,就是国家栋梁。你和同仁们是不是有失检点、被虚名所误?"吕惠卿:"王相一腔正气、两袖清风,紫团参等许多事件令我们无比感动。在您身边这些年,我无时无刻不如临深渊、如履薄冰,总是兢兢业业做事,谨小慎微做人。"王安石:"是呀,我们权倾朝野,不仅朝廷众目睽睽,全国上下都眼睁睁地盯着我们几个人呐!你也曾警示过我:'圈内时时冷箭,圈外处处雷区。'在那些反对者眼里,人不为己,天诛地灭嘛。我和同仁们奋力新政,在他们眼里,仅为个人、为家庭谋取私利,用财富建立自信。"吕惠卿:"是呀,那些反对新法的人,以国家、百姓的名义攻讦我们牟取私利,却孜孜以求个人、家庭、小集团利益,无视大宋前途和命运。他们到处颠倒是非,混淆黑白,我真感到委屈和寒心。"

王安石:"委屈只是一种心情,而且仅仅是自己的心情;而寒心才是一种态度,一种聪敏的策略。犹如把自己圈成一个圆,不磨棱角,不失个性,只是为了滚过去,并在合适的时候弹开,恢复本来面目,继续施行熙宁新政。"吕惠卿:"尽管王公矢志不渝地带领我们施行新法,捍卫朝廷、民众利益,我们还是不断地被抹黑丑化,甚至被栽赃陷害。想起吕诲、唐坰那厮们在朝堂上对王公您的侮辱,我至今噩梦不断。"王安石:"是呀,你有十张嘴,也抵不过胡说八道的一张嘴。我们不如静听分晓。不遭人妒是庸才,受天磨才真铁汉。"

吕惠卿:"我查查看,到底是我家什么人违法乱纪,还是有人构陷,一定尽快向您回话。"王安石:"认真对待,有则改之,无则加勉。身正不怕影子斜。"吕惠卿："请公放心。您说过：'欺骗别人是狡诈，欺骗自己则是愚蠢。'"王安石："我自认是个理念型的人，理想主义者。你和子宣呢，应该属于才干型的能吏、干吏。我相信，吉甫分得清什么是愚蠢狡诈。"

王相警示以后，吕惠卿找到魏继宗："华亭县买田事，竟然是你告发的！真没有想到。"魏继宗突然跪地："制诰呀，对不起，是曾布诱使我攻讦您哪！"吕惠卿："哼，你到底是人是鬼？"

魏继宗风风火火找到曾布："吕参政对你去秀州查访，回来后不向他透露一点信息，很不以为然。"曾布："官家谕令本官与黄公公一同调查，我怎能向吕参政本人透露？"魏继宗："参政以为与你共事多年，日夜相处，忍辱负重，一心一意辅佐丞相，应该互相关照提携。"曾布甚感委屈："继宗，吉甫权重势大，精细过人，不时耍弄权术，你是知道的。隔墙有耳啊，我们不能不时时处处小心谨慎。"

曾布迁怒吕惠卿，乃向王安石揭发吕惠卿飞扬跋扈，好弄权术，目中无人。魏继宗又向王安石揭发："曾布往往越过王相您，直达官家言事。"

王安石回到府上，听游医陈景初提及汴京市民某些议论。市民甲："韩老三、曾老三、福建子，这些人把圣贤书读到狗肚子里去了。"市民乙："他们是王安石的左膀右臂，为新法立过汗马功劳。他们是仕进型的干才，成功了，满足了，骄傲了，自以为了不起，各人谋求自己的私利去了。"市民丙："弄权渎职，良法也会堕落为弊政。难怪人家说，有钱能使鬼推磨，有权能使人变鬼。"市民丁："权势在身，好人容易变坏，坏蛋变好可就难了。"市民甲："看来只有王安石本人理念坚强，身子硬朗。"王安石未能料到，大内机事竟能如风似的飞过宫墙，成为汴京市民的谈资。

次日入朝，王安石劝慰曾布："新法初行，骂声一片。独你曾子宣、吕吉甫二人始终如一，不改初衷，随我力行新法，终于在极端封闭和阻挠中冲开了缺口。老百姓获得实际利益，新政成为无法阻挡的潮流。豪强富户和昏庸短视的权贵，与某些贪官污吏，利用新法的不足与漏洞，混淆黑白、颠倒是非、坑害老百姓的时候，你们更应该同舟共济，以求全胜。而现在，新法正在更加着力推行之中，你们怎么反而相互猜忌呢？"曾布："被魏继宗那厮挑拨离间。"王安石："商人魏继宗会做买卖，市易务用他一技之长，但要时刻警惕他狡猾多变，出尔反尔，怎能被他挑拨离间而相互攻讦、徒伤大臣之体呢！"曾布："我知道错了。"王安石："我多次提醒过，你是谁也许并不重要，重要的是你和谁在一起。在我们的同僚和交往的朋友中，常常隐藏着阴险小人。"曾布："今后，我会时时提醒自己，近君子，远小人。对人对事，不讲感情讲原则，不听传说看事实。"

王安石："我们都喜欢看戏，明白同台唱戏要协力。新政更应如此。为政之人，能力比聪明更重要，意志比能力更要紧，还要有打不倒、气不坏、拆不散的合作精神。"曾布："我一定痛定思痛，与智者为伍，与善者同行，像屈子歌颂的橘树那样独立不迁。"王安石："看透才能成熟。人生的许多智慧，不在于观察，而在于分辨。就像艳丽的蘑菇往往有毒，苦涩的野菜常常败火。"曾布："判断和识别反复无常者，真不像在野草中分清毒蘑菇那样容易。"王安石："子宣你记住，人生无草稿，只能活一次；整个生命就是一次体验；不能忽视心灵的荒芜和自身生命的糟蹋。你出身诗礼之家，老兄子固先生文名天下。你自幼饱读诗书，文思敏捷，书法遒劲，历练了这么几年，应该深谙为官之道。你父亲、老兄时常告诫我：'人的虚荣同愚蠢程度相当。'人生并非一种享乐，而是一种沉重的劳作；章程找准了便是窍门，找错了便是累赘。今天把你们曾氏圣贤教我的人生箴言回赠你曾家小老弟。"曾布点头："王公教导，没齿不忘。"

吕惠卿痛心疾首地向王相回话："华亭县借款买田事，我已强令家人退还、摆平。"王安石："退还就好。等待今上诏谕吧。吉甫，今上励志富国强兵，刻意彻底改变积贫积弱颓势，希望我们全心全意辅佐。你确曾全力以赴。我心里感激你们，你和子宣、持国，还有薛向、章惇、沈括、程昉、郑寰、邓绾、孙思恭、蒋子奇一批干臣良吏，一心务实为民。"吕惠卿："陈襄等谏官多次指斥章惇、曾布与我吕吉甫阿附王相，朋党比周以弊君上。政敌们都知道我们是真心追随王公、尽忠圣上的。"王安石："对这些，官家心知肚明。但是，光是这样还不够。我们身在最高层，还要做到不徇私情，不图私利。说句笑话，抱鸡婆高兴早了踩烂蛋。我给自己立的规则是：'即使做不到高山仰止，也要不被后人唾骂。'"

吕惠卿："有个情况，户部判官、提举市易务吕嘉问，每事越过三司，直达君相,市易务总管魏继宗很不满意。"

王安石:"吉甫,我今天只说你。你来自偏远农家,与那些个高高在上的衙内纨绔不同,深知民生多艰。官家最看重你的就是这一点,你知道的,我们藐视王族的骄纵,自信平民的高贵。入朝以后,你我同研儒学,有所创新。跟从我研究经学的人很多,能运用先王之道治国理政的,至今,只有你成效显著。"

吕惠卿还是想把话题拉开:"我们之中,魏继宗唯利是图,吕嘉问压价、储货、逐利、收息、干赏,连吕氏家族也以他为耻。王公,我们三司条例司、司农寺、市易务,不惮骁勇之敌,唯惧愚昧之举。"

王安石:"你别打岔。今上深知民瘼,英明睿智,谁也蒙蔽不了,包括我们,还包括那许许多多见新法就天然地反对的人们。我们苦战六年,新法施行了若干部,但远非大功告成,后面的更革会越来越艰难。"

吕惠卿:"如果今上不容留,我请求外放去边远路州。"王安石:"我劝吉甫不要动这个念头。今上夸你是美才,善司农事,常起身听你献言。变法伊始,就诏命你为条例司检详文字、判司农寺。你知道,虽然司马光等奋力攻击你'谄媚阿谀',守制回朝后,今上诏你知制诰、判国子监,提举经义局。我年高多病,已感力不从心。华亭事件,不论今上如何处分,新法还会陆续出台。更多的更革,我寄希望于你们。希望你坚持初衷,正道直行。要知道,熙宁皇帝才是我们的阳光,离开这缕光,连影子也会离开我们。"吕惠卿:"我会谨遵圣命,正道直行,坚持初衷。"王安石:"天下之理固不可以一言尽。道有君子有小人,性有善有恶,德有吉有凶,命有逆有顺。先自治而后治人之谓大器。我们身在朝廷最高层,应视己为大器,绝不能小看了自己。"吕惠卿:"现在更真切了,国之大器,先自治而后治人。"王安石:"吉甫啊吉甫,尖三分,傻三分,留下四分待人评。熬出来,熬到头,才能尝到人生最深最浓的滋味。"

乃后,王安石将吕惠卿、曾布二人找到一起叙谈。

王安石:"吉甫、子宣与我共事多年,人们都将你们视为我的左膀右臂。应该懂得,别人尊重你,不是因为你有多么了不起,而是熙宁新政给了我们机会。君明臣直,上下同心,才能奋发有为。"吕惠卿与曾布频频点头称是。

王安石："现在是我们一生的高光时刻,但要把成就看淡些。看淡,不是不求进取,也不是无所作为,更不是没有新的追求,而是平和与宁静,坦然与安详,离尘嚣远一点,靠圣贤近一点。"吕惠卿："像您的《三经新义》那样,将儒家的出世与道家的无为结合起来。"王安石："还有佛道。我们注经,这个意思是好理解的。"曾布虽然不尽明白,但还是点头。

王安石："当然,我们在建立自我、追求无我的过程中,期望自己活出成功、丰盛、快乐和充满尊严的人生。同时,我们同样期待大宋朝政因为有你们而变得更美好,百姓因为你们而增加福祉。"吕惠卿："就像您对待一支紫团参那样,人心会得到净化,大宋会变得更美好。"曾布："跟随王公这些年,我深深理解您为朝廷和百姓谋事的境界和决心。用'高山仰止'四字来形容也不为过。"

王安石："还有谤与誉之分。毁谤与荣誉,非君子所恤也,适于义而已矣。不曰适于义,而唯谤之恤,所以薄世终无君子。"曾布："将谤誉置之度外,确实很不容易呀。"吕惠卿："患得患失是人之常情,身在朝廷这神圣而又混沌的地方更容易这样。"王安石："朝廷既是熔炼场,也是大染缸。既有叱咤风云、不可一世之时,也有背时倒灶、灰溜溜的那刻。无论何种情况,都要不亢不卑,洁身自好。一个人的涵养,不在心平气和时,而在心浮气躁时;一个人的理性,不在风平浪静时,而在众声喧哗时;一个人的慈悲,不在居高临下时,而在人微言轻时。"对于王安石的这些指教,吕惠卿、曾布听得仔细。

王安石："你们要认清,过去取仕制度培养了一大批精致的利己主义者,这与熙宁新政南辕北辙,背道而驰。"曾布："是呀,人们大都斤斤计较,总不忘为自己打算。"王安石："世事虽然残酷,但总会有路;看不到美好,是因为你没有始终坚持。打死那只咬你的疯狗对治愈你的伤口毫不相关。人生贵在行动。如有迟疑不决,不妨先迈出小小一步。"吕惠卿："积小步成大步,积小胜为大胜。"

王安石："小胜靠力,中胜靠智,大胜靠德,全胜靠道。此道,乃德、智、力之总和。"曾布："相公把周敦颐的濂学、张载的关学、二程的洛学,与您的新学融为一体,推向大宋学问的高峰。"吕惠卿："刘勰的《文心雕龙》中,有'生也有涯,无涯惟智。逐物实难,凭性良易'的话,我感慨良多。"王安石："吉甫、子宣,做官做人,懂得退让,方显大方;知道包容,方显大度。己之短,藏不了,越藏越短;己之长,不可扬,越扬越小。一风撼折千竿竹。"曾布听得如醉如痴,吕惠卿钦服着点头。

王安石:"人生最精彩的不是实现理想的瞬间,而是坚持梦想的过程。不必对自己的行动感到遗憾。若是美好,叫作精彩;若是糟糕,就叫经历吧。"曾布:"跟随王公这些年,风风雨雨,抑扬顿挫,经历所得,幸福无比,终生受用。"吕惠卿:"也很曲折。我自省常有当断不断,反至不当断处而忽断;当联处不联,不当联处反联者;缓急顿挫俱有,咸淡苦辣酸五味俱全。"

王安石:"这就是圣人之道。人生的许多成败,不在于环境的优劣,而在于你是否选准自己的位置,就像沙漠是仙人掌的乐园,大海是鱼龙的天堂一样。"吕惠卿:"有人讲过,战胜敌人的是英雄,战胜自己的是圣人。"王安石:"英雄胜敌,圣人无敌。"曾布迟疑:"圣人无敌?是了,圣人不畏惧任何反动势力。"王安石:"是呀,当你修炼到足以包容所有生活之不快,专注于自身的责任而不是利益时,你就站在了精神的最高处。谁的正能量大,谁成功的希望就越大,谁的福报就越多。"曾布:"我希望得到更多的历练。"吕惠卿:"我一定追随王公到底,至死不渝。"

王安石:"今天对二位说的,既是对你们的期望,更是对我自己的检讨与鞭策。总而言之,人生历练得越多越好,沉得住气,翻得了脸,弯得下腰,抬得起头。'蓬生麻中,不扶而直。'我多么想让一群心正、言正、思正、行正、气正的人主宰天下呀!我在越次入对时就对官家反复强调,我们大宋面临的危机,不仅仅是三冗(冗官、冗兵、冗费)问题,更严重的是苟且享乐的风气盛行,对富国强兵目标的漠视,以及缺乏信仰和追求,将圣贤之道视为摆设,这些才是最致命的病症。"

第二十八章
理解介甫的能有几人

我家钦差落拓到这地步

话说太子中允、检正中书刑房公事、集贤校理沈括，再次受命督察吴中农田水利法执行情况，与仆人沈七和吏人乘船，从大运河转入长江，过芜湖时登岸一览多年前主持修筑的万春圩，往事历历，十分感慨。他们弃船登岸以后，骑马翻山越岭，夜宿邮亭驿馆，风尘仆仆，来到淮南贵池县。渐近沈辽驻地，沈七下马打听路人："请问老丈，钱塘沈辽先生住在此地吧？"老翁闻声伸手指向前方："官人问的是那位达观随和、没有一丝儿官气的沈二先生吗？他就住在前面那座农舍。"沈七："多谢老丈。"老翁话犹未已："沈公曾任朝廷审官西院主事；有人排挤他，说他以卑职居要路，到处给他找茬儿。他怕由此给王相公王安石招来祸患，便急流勇退，告病出京，来到我们池州贵池县。他带领百姓行青苗法、修水利，年丰人寿，老百姓都尊称他沈相公、二先生咧。"沈七："多谢乡翁抬举。"

沈括数人牵马走近一座农舍。沈括："七叔，这应是我二哥的居住地了。"沈七看见一位似僧似道似农亦似儒的人，一眼认出他就是沈辽，便高叫："二先生，您看谁来啦？"沈辽一眼认出了沈括，见主仆三人像苦行僧，很是诧异："贤弟从京师来？是不是遭了劫难？"沈括和沈七都摇头。沈辽："老弟与这位官人到南边担负什么使命？"沈括："察访农田水利。"吏人点头致意。他们已步入厅堂。沈辽不无讥讽地说道："水利也要察访？山川湖泊，本来于人有利。所以为害者,是巧取豪夺者糟蹋的。"沈括点头认可。

沈辽请三人进入室内。王安石题词条幅"风流谢安石,潇洒陶渊明"映入沈括眼帘。沈括:"真像王公预示的,好个潇洒陶渊明啊!"沈辽:"惭愧。介甫勉励,为兄做不到。陶渊明不为五斗米折腰,我还得靠职田过日子咧。"沈括:"职田多少?"沈辽:"我告病未辞官,从七品,朝廷拨职田六顷。佃户贷青苗钱,收成颇好,交来租米百余石。月俸、人役费用、冬春衣仗,地方另有供给。"沈括点头:"奉行新政,地方有了底气,朝俸也能按时发放,每年还有所递增。"

次日清晨,沈括早起步入园中,见青菜碧绿,花枝招展。远近农舍,炊烟袅袅,晨雾蒸腾,有如仙境。只见沈辽席帽乱发,短衣芒鞋,已在园中劳作,真正的烟火神仙。沈括也操起锄头锄草。沈辽:"贤弟多年没做农事了,你那样除不了这草的。"沈辽俯身,左手扯起一蓬野草,右手理至根底,两手总握,用力一拔,带出一胎泥土。他说:"这种蔓草不连根拔出,很快会再长出来,而且诸根横向伸展,由一棵蔓成多株,就像世之小人盘根错节! 前人造'斩草除根'一词,哲理很深呐。"

日间,沈括伏案,搬出《大明历》,摊开圆周率计算图,校审楚州卫朴造的新历。心入算理,神游天外。沈辽记得卫朴曾经说过沈括:"自治平三年(1066 年)入昭文馆校书,三先生就如饥似渴精研祖冲之所著的《缀术》和作注的《九章算术》,崇拜五百年前的这位异人。他在职事之外,手不释卷,笔不停书,对天文、地理、方志、兵法、刑名、律历、医药、卜算、诗赋、小说、杂艺、匠作,无所不读,无所不记,已成论著数十种,收藏缜密,即使至亲好友,也是不让知晓的。沈括总是沉默寡言,有如龙潭清澈照人却深不见底。"沈辽不知弟弟的志向和作为,便问道:"唐宋以来尚文,诗词兴,本朝以诗赋文章取士。贤弟独不喜欢诗文,为什么呢? 难道早知王公会废贡举、兴学校、以经义取士?"沈括笑着敷衍:"弟愚钝,望文而生畏,哪能预知未来政事?"沈辽:"三弟在朝,还是那么不合群?"沈括点头又摇头。

此时,一个村姑托一盘凤眼玉兰飘然而至,亭亭玉立案前,案上叠着厚厚的处方验方。沈辽介绍:"邻居萧秀才的千金小玉,我的弟子,我为他们父女积聚民间药方验方咧。"沈括称奇。小玉脉脉含情向朝廷钦差致意,然后飘然而去厨下。沈辽继续说："我做池州监当官后,肝脾骤然不适。萧秀才父女携药而来,说家有祖传秘方能治愈肝脾之症。药石俱下,辅以气功,不几月果然好了。"沈括:"高明在草野。我请他们父女叙谈叙谈,可以吗?"沈辽:"郎中上山采药去了。"沈括:"古法采药,多在二、八月,现非二八,合时节吗?"沈辽:"萧秀才说,根叶花实入药,四季早晚不同,焉能拘限某一时月。"沈括连连称奇:"二哥一定要把积存的处方转告我。"沈辽慨然应允:"我知道你要做大事,当然支持。"

沈括对二哥说："这次我是受朝命察访两浙水利,不能久陪兄长。受杭州知府沈立之所著《河防通议》《名山水记》启发,我们明天就去找他请教,不知天气如何?"刚进屋的小玉在一旁答话:"今夜冇得乌云洞,明朝晒得背皮痛。天空明朗洁净,星辰眨着眼睛,四际至地皆无云气,一定是个大晴天。"沈括惊异:"吾兄卜居风水宝地,有民间高人相伴,神仙!"

天气晴朗,南风劲吹,沈括一行鞭马赶路。路过信州铅山时,他们望见奇异景观:人们漫山遍野架设炉灶,将争抢来的溪涧水烧熬成胆矾,再将胆矾烹之成铜。当地人称,州中有许多这样的矿场,最大规模的竟有上十万人! 沈括将此盛景记录下来,感叹:"朝廷每年铸造铜钱五百万贯上下,原来铜是这里煮出来的。"沈七感言:"存中逢事便记,今日又得一条。"沈括回道:"举手之劳,留后有用。"

数日以后,沈括主仆三人好不容易回到钱塘,来到凤凰山下朝天门里沈家。嫂夫人见他们形同乞丐,吃惊得很,以为遭了什么厄运。沈七解释说:"三先生一路平安。这才从天目山回来,爬山爬得有点劳累。"嫂夫人垂泪道:"世人都说当官好,哪晓得为官的苦楚。若不是郡守时时派人来打听,还不知叔叔早已南来了。"沈括夫人张氏亦在一旁拭泪。

沈括洗漱更衣罢,张氏埋怨道:"别人为官,不是乘马就是坐轿,衣锦还乡何等荣耀! 你这位钦差大人落拓到赤足芒鞋,哎,何苦来也!"沈括打趣道:"本有坐骑,因盘缠用尽,在金华把马卖了,这才没当叫花子咧!"夫人将换下的破衣烂衫卷起来,不无生气地说:"我早知道,不是公干你是不会记得还有我们老少在此,但有一贯铜钱你是不得归家的。"沈括想不到昔日总是发威的她也柔肠似水,便抱起五岁的儿子小清放在膝头,自言自语:"换我心，为你心，始知相忆深哪。"小儿牙牙学语："既然如此，何不带我们娘儿俩进京，娘时刻为您提心咧。"沈括抚摸着儿子惨淡地笑着欲言又止，内心潜台词："我习惯不了你娘那母老虎威风呐。"夫人道："人家苏子瞻到杭州，娇妻爱子，随身携带。你怎么就不能？"沈括心想，你知道人家王闰之如何对待苏轼嘛，嘴里却反着说："正恐我娇妻爱子受那颠沛呐，宁可孤身一人受罪。"夫人："仕途那么艰险，又何必忘身弃家，去当那个什么醪糟京官。贱荆再也不准官人离开杭州了！"沈括感知久别夫妻胜新婚，张氏才说出如此体己的话，默然良久，叹道："哎，出仕为官，就得以身许国嘛。国家国家，有国才有家呀！"张氏："相公是为国不要家！"

正当接朝廷以太子中允、集贤校理迁沈括太常丞、同修起居注诏命之日，沈府张灯结彩行家宴为朝廷钦差接风。次日杀猪宰羊，更请乡亲邻里宴聚，酬谢乡亲们的抬爱和关照。

席间，钱塘县令郏亶心事重重地告知沈括，知府沈立之调任徐州了，接任的是被外放的侍御史陈襄。沈括知道，这陈襄，字述古，进士及第后任浦城县主簿摄令事，以寺庙钟上涂墨辨盗贼，颇有名气，后在言官任期追随司马光、吕诲，极力反对王相新法而被外放到此。难怪郏亶担心人存政举，人去政息郏亶说："这陈大人与沈府君大不相同。到任以来，忙于宴客，不问政事，更不提水田治理。"沈括宽慰："农田水利法颁行天下，诸路、州、府一体遵行。因有子正你的奏疏，余杭水利曾经廷议，有君命诏告，不会因人事异动而变更，且已诏命子正以司农寺丞提举两浙水利，全权处置。"虽然如此，郏亶还是底气不足："能如此才好。"

这一日，新任钱塘知府陈襄邀沈括、苏轼、郏亶游西湖，特邀吴中二位八十五岁的皓首公子助兴：人称"张三影"的吴兴张先（字子野）、形如枯藤的镇江刁约（字景纯）。

苏轼笑呵呵地迎接沈括上船："存中入浙数月，今日方得一会，难得。"沈括："其实相会已久。弟一至淮南，无处不闻吟唱子瞻诗词。"苏轼："从汴京来杭州，见一路江湖清幽，天地开阔，流连近半年。虽然家人不让吟诗作赋，还是偷偷摸摸地写了不少且被传抄。但在泛舟太湖烟波以后，再看这个西湖，哎呀，简直只是个洗脚盆，充其量只算个水塘！"张先："子瞻这就不通了。

柳三变赞赏'有三秋桂子，十里荷花'。你苏府竟有十里大的脚盆！"刁约："欧阳文忠有'隐隐笙歌处处随''无风水面琉璃滑'意境。你那洗脚盆里有嘛！"苏轼："二位前辈莫怪，我正想把洗脚盆做得更加精致，既不愧对前贤，也想获后人赞赏。入杭以来，莫不听大家谈论农田水利。现在，存中钦差来督办此事，正是实现范文正公'无寸土不耕''用粪如用药'夙愿的好机会。"郑夐说："三位词翁玩笑了。水利者如人之血脉，疏通方可调和。浙西山地为上焦，金华腹地为中焦，钱塘五湖为下焦。上清下导，旱了可以灌溉，涝了可以泄洪，西湖之病自愈。"苏轼："正夫之言是也。目今西湖水浅，四周淤泥堰塞，正是中焦不畅，须药石俱下。"

　　陈襄不爱听："什么焦不焦！两浙二府十二州七十九县，余杭仅一角耳，焉能大举于一个比洗脚盆大那么点的池塘！"郑夐闻声紧张，偷看沈括。沈括起身向陈襄敬酒，丝竹再起，沈括徐徐说道："三国时，江涛为患，筑塘捍卫。土石一斛千钱之贵，故名之曰'钱塘'，用钱填出来的海塘嘛。唐时开三沙凿六井，引湖水足以民用。从白居易到吴越三代五帝七十二年，连连开拓，才成就东南形胜之地嘛。"郑夐接话："水为百谷之王。有收无收在于水，多收少收在于肥。范公当年治水方略是'除险加固，清淤除障，水毁修复，更新改造，挖潜配套，至今为各方遵循'。"沈括："是呀，如今这个样子，有愧于祖宗，也有碍于百姓，一定要通盘谋划，非治理好不可。"郑夐知遇前贤："范相还指导各级农官熟悉耕种技术，写《水车赋》，普及《禾谱》《农器谱》，读《农书》《蚕书》，教工匠打造犁、耙、耧、锄、镰，推广新出的踏犁，建造翻车、筒车，讲求'用粪如用药'。"

　　张、刁二皓，听到提及范文正公便有了兴趣，但未提《岳阳楼记》《渔家傲》之忧乐和塞外风光，也未赞誉"云破月来花弄影"，只谈什么水利农具，更有什么'用粪如用药'之鄙事，深觉有辱斯文，不禁闭目塞耳昏昏欲睡。苏轼却听得十分兴奋："存中之言有理，人一刻也离不开水。今以太湖为依托，苕溪为源头，蓄导两得其便，治湖造田再无水旱之忧。存中之议可取，可取！"

　　陈襄素来重视苏轼。两年前，谢景温追究苏轼回川治父丧途中贩运盐、苏木及瓷器之罪时，他时为侍御史，劝住了谢景温，免除苏轼一场祸患。如今共事杭州，苏轼十分恭敬，配合默契，故而事无大小，陈襄对苏轼言听计从。陈襄:"子瞻,前几年朝议疏浚二股河,你与文彦博、司马光他们说开河如放火,不开如失火;与其劳人,不如勿开。现在却要行王安石农田水利法,为何突然有此转变?"苏轼:"此一时彼一时也。太守在上,在下身为通判,不可同日而语矣!"

沈括顺水推舟:"近半年来,子瞻一路亲见民众疾苦,倾听黎庶呼声,所思所想所为,与在京纸上谈兵、隔靴抓痒大不一样啰。"陈襄也自然应变:"既然子瞻说可取就行嘛。存中与子瞻、正夫谋划停当,钦差你也好回朝复命呐。"听到陈襄此话,郏亶舒气直抒胸臆:"郏某不过是认识几个字的农夫,有幸与诸公同列,全是圣上恩典。微臣不求功名,但务实作,能以祖传农艺效力吴中,此生再无憾矣!"沈括:"正夫太谦虚,如今已是朝廷司农寺丞提举两浙农田水利。朝议你的《吴中水田奏疏》时,王相提请用青苗钱资助两浙水利。今上御令:'即便常平库全部用尽也在所不惜。'如今王相的农水法,与当年范文正公所为一脉相承,文公、富公也曾极力参与,陈守自会全力统筹的。"

陈襄早就认为郏亶其人身粗志卑,全无士大夫气派,出口治田闭口水利,什么劳什子施粪云云,全都搬上了招待钦差的宴席。此等斗筲之人,竟被王安石用为一县之宰,还提举司农寺丞,简直形同儿戏。碍于王安石亲信钦差沈括在,才不得不应酬一通。陈襄佯笑道:"有正夫提举水利,吴中农事,本府就不操心了。哈哈哈哈!"

奇异的艳遇

沈括从杭州乘船回京过徐州驿馆,遇恰新任徐州知州沈立之在驿馆迎接章惇。沈括与章惇不期而遇,乃问:"章将军,抚蛮英雄,立功表彰,绯袍玉带,乌纱簪花,何等英武,怎么到徐州来了?"章惇言不由衷地回复:"受命荆湖北路察访使,虽然未辱使命,已成过往,不必提及。"

沈括夸奖:"我记熟你那气势磅礴的《梅山歌》,堪步李太白《蜀道难》后尘:开梅山,开梅山,梅山万仞摩星躔。扪萝鸟道十步九曲折,时有僵木横崖巅。肩摩直下视南岳,回首蜀道犹平川。人家迤逦见板屋,火耕硗埆多畲田。穿堂之鼓堂壁悬，两头击鼓歌声传。长藤酌酒跪而饮，何物爽口盐为先。白巾裹髻衣错结，野花山果青垂肩。"沈立之接腔："我也记得《开梅山》后几句：'给牛贷种使开垦，植桑植稻输缗钱。人人欢呼愿归顺，裹头汉语淳风旋。'"沈括接唱："不持寸刃得千里，王道荡荡尧为天。"

章惇慨然补充："有武安军节度推官吴居厚、首任安化知县毛渐之功。他们因俗立教，讲道劝义；均赐田土，教之耕犁；造桥修路，立学校，招师儒；瑶俗为之一变，皇风大同。"

沈括兴致未尽："吴居厚诗曰，章公经制无遗策，笑谈生降十万人。"沈立之："还有《出梅山歌》咧。"沈括："扶老抱婴遮路衢，为谢开禁争欢呼。"沈立之："为国家求得一统，为子孙开创安宁，不世之功呀！"

章惇："这一切都是遵照王相划划的。他叮嘱我带僧道入荆湖，修庙设观，一庙胜过十万兵啊。存中博学善文而有心，对朝廷故实、耆旧出处常记载，将会写出许多轶事趣闻大作，让子孙见到我大宋不世之功业，或许包含章某抚蛮趣闻。沈公您说是不是？"

沈括："如有著述，当依将军伟业支柱。我想知道，这里无蛮可抚，你来徐州做甚？"沈立之："存中一路忙碌，连朝报也无空看吧。章将军是去湖州赴任的，本府今日为子厚洗尘。不意你旬日之间就从钱塘来到这里，而苏子瞻走这条路近乎半年咧。"沈括感叹："原来如此！子厚立不世之功而外放，是何缘故？"章惇不无情绪地回答："也许抵牾二十年不言兵的高论吧！"

沈立之有意缓解情绪："你们老友偶遇，我在这大运河边尽地主之谊，难得一起畅饮。今日不谈政事。"席间，章惇仍然不计仕途曲款，蛮事、京事、余杭事，无所不及，他只可惜，举酒欲饮无管弦，别时茫茫江浸月……"沈括并未理会，只顾说："我这次在钱塘，与苏轼盘桓多日。子厚与子瞻多年前同知陕西，据说故事多多，何不讲来佐酒！"

章惇慨然应允："苏子瞻曾任凤翔府节度判官，我为商州令。某日，我祖胸露腹躺在床上，刚好他从外面回来。我摸着肚子问他：'你这位判官，能判断这里面有什么东西吗？'子瞻竟然说：'都是谋反的家族内部事务。''谋反'二字出口，吓我一跳。"沈括："苏子瞻就这性情。不过，远近闻名的章大胆，还能被刚出道的判官吓到！不信。"章惇大笑不止。沈立之："讲点别的吧。"

章惇继续拉开话匣子:"我与子由同年,素知二苏饱学善辩。某年,我与子瞻一起担任考官,与主考刘原父同游南山诸寺。人们传说寺区有怪物害人,不敢住宿。我自信:章子厚出现,怪物便不敢来犯。仙游潭临万仞绝壁,下面只有一独木桥。我推善书法的子瞻过潭书壁,他不敢。我平步而过,用绳索挂树,用漆墨濡笔大书石壁'章惇、苏轼来游'。下来后,子瞻抚摸我的背说:'您一定能杀人。'我问:'何以见得?'子瞻说:'不惜性命的人,当然能杀人啊!'"沈括:"将军气度,生而有之。"沈立之:"是呀,无勇之人成不了将军,再讲一段佐酒。"

章惇:"有一次,我俩在山寺喝酒,有点醉了。恰在此时,有人亲见老虎往这边走来。我拽子瞻勒马同往观看。离老虎还有数十步,马惊不前四肢战栗。子瞻颤颤巍巍地说:'马都吓成这样子,快转身吧。'他立马转头去了。我独自鞭马接近老虎,取铜沙罗敲击石头。那虎直愣愣虎视我玩的不知何怪物,竟然受惊,转身逃跑了。我回身对子瞻说:'你这一辈子前途,一定不如我。'"沈括:"生成一半,学成一半,子厚有这镇虎之威,才立'笑谈生降十万人'之功啊!"沈立之笑道:"也许商州老虎忒胆小,要么便是只纸老虎。子瞻虽然聪明,竟未识别子厚纸虎逞威浪得虚名。"沈括:"哈哈,章将军创造出'猫前逞威'新成语。"席间众人无不佩服章惇的胆量。

章惇又说:"官家在陕西用兵失利,因为粮草运输未按时赶到,便下令处死一名漕官。第二天上朝,官家问:'昨天下令处死那个漕官,已经行刑了吗?'朝官回答说:'正待上奏。'官家问:'有什么疑问吗?'朝官说:'自艺祖以来,从未杀过文官,我们觉得陛下不该开戒。'官家沉默一会说:'刺配远恶军州受罪。'我斗胆对陛下坦陈:'与其这么做,不如杀了他。'官家问:'为何?'我说:'士可杀,不可辱。'官家脸色骤变,神色严厉地说:'一件让朕心情舒畅的事情都不能做吗?'我说:'这种心情舒畅,不做也好。'据说当时满朝文武为我捏一把汗。"沈括:"我当时手心直冒虚汗,觉得子厚胆子比命还大。"章惇:"非是'纸虎前逞威'了吧?"沈立之以掌遮嘴:"注意,这种玩笑是开不得的。"

沈立之叫的助兴歌女来到:"子厚将军不是说'举酒欲饮无管弦'嘛,现在补上。"章惇注目:一歌女款款进来,赤足,斗笠蓑衣一色青碧,编织得十分细密。她斜抱琵琶半遮面,初弹柳永《雨霖铃·寒蝉凄切》。她见章惇英气逼人,自知情调不合,乃自行改调,琵琶激扬顿挫,歌喉高亢清亮。章惇:"小妹这是唱的哪一曲?"倩娘从容答道:"当今宰相王公安石之《昭君怨》。"章惇惊奇:"小妹敢唱此诗,这可是被骂作'无君无父''坏天下人心术'的呀!"沈括道:"'人生失意无南北''人生乐在心相知',乃是王公发人深省的论见,渗透他一贯反流俗的精神,但唱无妨。"沈立之:"王相的诗眼,恐怕也像变法一样,成为千古争论的话题。"

倩娘将王昭君的清纯幽怨、王安石的超然远俗的心境唱得淋漓尽致,曲折回荡,余音缭绕,趣味无穷。章惇听着听着离座就近审视倩娘,只见她面颊红润细腻,眉眼脉脉含情,秀发乌亮柔润,周身无限妖娆,并非红裙舞女那般轻佻,也无翠袖歌姬恣意放荡。待此曲唱完,他拉倩娘坐于身边,问长问短。倩娘并不怯生,大方而凄切地答道:"奴家扬州李氏后裔,艺名倩娘,家遭蝗虫旱灾,兄弟在家种花,姐妹到大运河卖唱。"章惇甚为感慨:"真所谓'旧时王谢堂前燕,飞入寻常百姓家'啰。"他把玩倩娘的纤手,不觉一股热流冲击到心窝,乃轻声问道:"姑娘栖身何处?"倩娘:"馆旁客栈。"章惇:"小妹妹,你且回去,等我招呼。"

沈括见章惇神情,有意问道:"老弟有意?沈府君在此,做个媒是很方便的。"章惇打躬作揖:"此女非同寻常,一介武夫我一见钟情。存中兄有意玉成,便请沈府君一同帮忙。"沈立之:"包在我与存中身上,章将军准备好彩礼就是了。"他立即交代下属寻问倩娘,筹办喜事。

今非昨日之曾布

次日,一乘小轿,两行纱灯,吹吹打打,把李倩娘抬到驿馆。行过礼后,进入洞房。章惇急不可待地询问倩娘身世。倩娘坦然地应答:"奴家本性李,祖上乃江南皇族。我们三姐妹船娘、绣娘、茧娘,都是南唐后主李煜后人。"在章惇与二沈单独的酒席上,倩娘淡妆素束,俨然大家风范,站立一旁。

沈括眷眷于杭州话题,对沈立之说:"吴中留恋府君您,郏亶更是一往情深。途中听到苏子瞻赞你的诗:'而今父老千行泪,一似当时初去时。不用镌碑颂遗爱,丈夫清德畏人知。'"沈立之:"镌碑颂爱,恐怕是你存中臆造出来的,不敢当的!不过,苏子瞻其人,高致深情,豁达坦荡,这样的诗句是写得出来的。只是他独于新法格格不入,对介甫公成见甚深,实在难以解释,诚为天下一大憾事。"

章惇:"子瞻之成见,一言难尽,给他一个'拗'字最合适!"沈立之:"外界送介甫公一个'拗',骂他'拗相公'。子厚这里又出来一个'拗相公'。我朝性情执拗者是不是多了点?"沈括:"子厚评论苏轼一个'拗'字。我想起那个司马君实,也实在执拗得很。当初推荐王公的有他,后来却与王公格格不入,与新政不共戴天,官家怎么开导也无济于事。拗得名副其实。"沈立之:"呵呵,说句对介甫公不敬的话,我朝有三个拗相公鼎立啰!"沈括:"此话到此为止。"

章惇:"苏氏兄弟饱学善辩,但多源经典,以书为据,又颇自信。故曰:'自知难,知人难,被人知亦难。'天下都知道王安石变法,能理解介甫的却没有几人。"沈立之:"人们说苏轼文人无行,书生浅见,狂士而已,贬得太过了。"章惇:"子瞻未曾像介甫那样久经沧桑、知民生多艰,哪里深知领薪饷易,征赋税收难呐。"

沈立之:"子厚此次出守湖州,可是王相长策?"章惇哈哈大笑:"那关什么长策!诏命朝廷大臣官职,介甫多有不知咧,你相信吗?大概是由于'兵骄则逐帅,帅强则叛上'这句流行语作怪吧。"沈立之之忧虑油然而生:"谁怀疑你章子厚头上有反骨,笑话!"章惇头摇得像拨浪鼓:"唐坰、陈襄等御使在朝堂辱骂王安石招募鹰犬,结纳党羽。果然如此,他们还不去抱铜柱、进火瓮,还有口能骂吗?章某我南征三年,未及歇马,即去湖州,皆王珪、冯京等参府、枢府之流搞的鬼。他们把我划为介甫公的人。你们晓得嘛,苏子瞻亦遭这两人的挑拨,还蒙在鼓里,反而记恨介甫咧。"

沈立之拈须点头:"呵呵,原来如此!只求行新法,未顾及用人之德性,看来也是介甫公的缺失啰。熙宁以来,阻挠新法的渎职型、弄权型、贪腐型者多多,即使被识别而外放大臣四十多位,亦无济于事。或许朝堂清静了,而这些掌管了州郡实权的人,或阻挠甚至破坏,或阳奉阴违变本加厉,以致将善法搓弄成了苛法,大概也是今上与介甫公未曾料到的。"章惇:"官家如何想,我不知道。王相是心知肚明的。可是,总不能把那几位元老重臣请到乌台去啊! 当然也可以按太祖杯酒释兵权故事办理。今上如果将那些顽固派统统圈在京城各自府中养起来,未免不是万全之策。"沈立之:"这办法,只怕你威武的章将军想得出来。我们在州县的人,看得明明白白,像富弼那样的三朝元老掌管一州,哪个执行新法就拉来打板子。今上知道了也束手无策,只能睁一只眼闭一只眼。如今新法确实难以施行,实乃不力行少惩罚之过也。"沈括:"这好比煮粥,加一把米,烧一把柴,又加一勺水,何时能熟咯!"章惇:"那确实,有的人供起来是佛,玩起来是一摊稀泥。"

沈括:"还有吕惠卿与家人借钱强行收买华亭县民田亩事,已被王相查出。新法抑制豪强兼并民田,这个制法者自己却亲手违背。对比王相为一根紫团参赔十两纹银,真是天差地别。王相一心一意为国为民,而他的左膀右臂却得权就谋私利。"沈立之执杯顿足:"若是这样,新法真就命悬一线了! 吕惠卿、曾子宣这些人紧跟王相这些年,怎么不理解变法根蒂,还这样不识大体!"

沈括:"吕惠卿是欧阳文忠公推荐给王相的,王相与今上都认定他是遵经而致用的干才,尤其欣赏他对农村农夫有中肯的见解,也确实成了王相变法团队的中坚。现在也为被手中大权弄得昏昏然,走出了以权谋私的第一步,真不知道他能不能跟随王相到底呢。"

章惇接话:"各位知道,曾子宣与我同科及第,一殿为官,亦是密友。其兄曾巩与王相总角之交,其祖上又是王相的外家至亲。论公论私,皆应荣辱与共,不意反而成为新政的害群之马。我也曾几次苦言相劝却无济于事,以我当年的火爆脾气,真想痛快地揍他一顿。在荆湖路收蛮时,我有幸观看了蛮人们的茅古斯舞,那古朴而充满力量的舞姿深深触动了我,也使我的脾气有了转变。哎,人所处的位置变了,就不那么容易保持德性了。"沈立之随之长叹:"被权势宠坏的呐。熙宁初年(1068年),曾布由怀仁令腾空而起,进条例司,起草政令,创青苗、市易等法,章弹富弼。那个时候,锐不可当,很快判司农寺,权三司使。少年得志,乘时骤进,故有今日。也正在此时,众议纷纷,大多是说王安石不知人! '试玉要烧三日满,辨才须待七年期'嘛。"沈括:"王相心愿,当然想聚集一批志同道合的得力助手,包括创立国子监,开设专训班,像糸字五兄弟。然而,人才确实难得,志同道合、有始有终更不易呀!"

　　章惇意犹未已："曾布祖籍山东,迁徙江西南丰县,故人称其兄子固'曾南丰'。其祖为地方官,尚清廉,有操守。其父曾易占任信州玉山县令,颇有政绩,因得罪贪官而被削职,从此闲居乡里,蒙垢含冤十二年,家境清贫得很。兄曾巩、曾牟再次落第,曾布才十三岁,日间种田,夜读诗书,苦熬至嘉祐二年(1057年)欧阳修主考,曾氏三兄弟、二苏、我章某人等,同榜及第。曾布每对我说,先君遗命:'宁守清贫,不谋名利。'奈何一登高位,便忘初衷。"沈括说:"人难做、做人难、知人亦难,王相焉得不知。关键的是,今日之曾布亦非昨日之曾布也!吕惠卿亦是。"沈立之:"是呀,王相早就说过,变法成败在人,得其人而行之则为大利,非其人而行之则为大害。为政在人!然而受挫,恰恰就出在用人上。"

　　众人听得入耳,静候下文。然而沈括停住,只是饮酒。章惇性急,急不可待:"剖下去,再有一刀,就剖之膏肓了。奈何引而不发?"沈括:"弟知其病,不知其原,更不知其药,实非有意藏拙。今之君上,无声色犬马之好,以勤政利民为事。王公不私利禄,孜孜奉国。高山流水,君相如同一体,自古罕见,同心治天下,令出必行,赏罚必信,抗君阻法者必定罢官,即使像富弼、韩琦、文彦博等元老重臣,司马光、苏轼等学问才子,在所不惜。旰食宵衣六年,乃有今日之局面。而曾布反戈,中书内讧,新法阵营或不攻自破。"章惇:"可恨我那同科的虚荣心,与他的愚蠢程度相当,可悲!"

　　此时倩娘煮了酒来。沈括欠身道:"呀,我们这些酒囊饭袋只顾议论,冷落了娇贵新娘,不该不该!"沈括起身向倩娘敬酒。倩娘接杯一饮而尽,摸摸嘴角,嫣然笑道:"大人们谈朝政,贱妾只会说扬州柴米油盐。前时淮盐一斤铜钱二十五文,便宜时二十文,近涨到三十文。自行青苗钱、助役钱、免行钱什么的,胥吏、保正催逼不断,民户或叫苦,或像贱妾这逃匿。这官逼民怨,新法是也?旧法非也?妾,一介草民,请教诸公。"

　　众人惊闻倩娘之言,十分折服这前朝孑遗的识见与口才,即便没有柴家人的丹书铁券,李氏后裔长久无恙矣!章子厚身世圆满耶!沈立之:"人才,奇才,苏杭、秦淮、维扬到处有,而以'官逼民怨'四字道出当前乱局之原者,我只见这位倩娘。子厚啊子厚,你可得十二分珍惜!"

第二十九章
第一次感受天子之尊

王韶鼾声如雷

熙宁六年（1073 年）十月辛巳日清晨紫宸殿，黄金殿上现金舆，白玉阶前停宝辇。隐隐净鞭三下响，神宗天子登驾御。钟撞五下，六品以上参朝官，步至紫宸殿阶下排班，文东、武西，文臣以王安石为首，武将陈升之押班，再鸣鞭。中书侍郎给事中押表案置于百官之北。礼曹郎引王安石、陈升之出列南向而立，再取贺表授王安石、陈升之；二人面北置表于案，行大礼。王安石展表，陈升之诵曰："政由人举，道与世升。伏惟皇帝陛下，温恭而文，睿智以武。收复熙、河、洮、岷、叠、宕等州，幅员二千余里，斩获不顺番兵一万九千余首，招抚大小番族三十余万众。奋张天兵，开斥王土，旌旗所指，燕及氐羌；楼橹相望，诞弥河陇。用夏变夷，以今准古。臣等均被明恩，具膺荣禄。臣无任。"

拜表毕，宣诏："进熙河路经略安抚使王韶左谏议大夫、观文殿学士。诏赐平戎将士官爵各有差，赐熙、洮、岷、叠、宕等州官员各有差。诏赐河州首领瞎药姓包名约，命为内殿崇班；释木征之罪，命为荣州团练使，赐姓包名思忠。"包约、包思忠着官服，入至阶下谢恩。群臣山呼舞蹈。

在神宗、王安石眼前，依次展现王韶经略西边的英武画面——

熙宁二年（1069 年）十月某日，王韶率数骑奔入吐蕃境，直抵俞龙柯帐下，申明成败大义。王韶与俞龙柯交谈至深夜，索性留宿其帐中。俞龙柯率领十二万之众附宋。

王韶带领妙应大师，口念扎西德勒，双手合十，规劝结斡恰尔。结斡恰尔联系几个部众归宋。

王韶奏请筑渭州、泾州上下二城。秦凤路经略使李师中反对："大兴土木，恐吐蕃诸部生疑。"王安石支持王韶主张。神宗诏："罢李师中秦凤路经略使职，诏令王韶开筑渭城。"

王韶奏："请置市易司，获取商贾之利，以开垦良田，供给军粮。"王安石批示同意，请神宗诏："秦凤路经略使将益州交子务钱拨给王韶，王韶提举该路市易司。"李师中反对。经略司追查市易钱粮，发文追捕王韶所用之人，王韶本人也被传讯。王韶上奏，迄改三司查核。王安石请旨，神宗犯难。王安石申辩："考察王韶谋略策划之事，皆精密准确，从未失算。能在众人窥视倾轧之中建立事功，可谓气魄谋略之非常。"王安石书信支持王韶。最终，王韶被罚铜八斤。

诏：再贬李师中。王韶升任太子中允、密阁校理。筑渭城为通远军，任王韶知军事。

熙宁四年（1071年）八月，王韶得王安石指示信，详细阅读，兴奋异常。诏："置洮河安抚使，王韶为长官，经营河湟地区。"

熙宁五年（1072年）七月。神宗诏令："置熙河路，除王韶龙图阁直学士，为经略安抚使、知熙州；准筑武胜城。"王韶展示王安石指示信："朝廷起复陈升之任枢密使。方今熙河所急在修守备，严戒诸将勿轻举妄动。武人多欲以讨杀取功为事。自古以好坑杀人致叛。王师以仁义为本……厚以恩信抚属羌，察其材者收之为用，以使属羌为我所用……边事遥难度，公自为定计。"王韶频频点头："王公深谋远虑，既加征伐，又施仁义，谋属羌为我用。义胜而屈人之兵，合孙子兵法，妙策妙策！有王公指点，我们西征就会无往而不胜！"

王韶十分亢奋，命部属铺纸磨墨，直书七律："绿皮皴剥玉嶙峋，高节分明似古人。解与乾坤生气概，几因风雨长精神。装添景物年年换，摆捭穷愁日日新。惟有碧霄云里月，共君孤影最相亲。"部属："好诗！对仗工整，押'真'字韵。"王韶："这是我早年在庐山裕老庵求学时写的庵前老松树。你们看像不像王相精神？"部属："绝佳！是要寄给王相吧？"王韶："正是此意。马上寄发。"

王韶遵命率军进击河湟吐蕃部。吐蕃蒙罗角、抹耳水巴等部据险迎击宋军，但不出阵挑战。王韶指示诸将："贼各部不舍险来与我斗，是盼我军劳师退却。既已深入险地，应设法使险地为我所用。"王韶亲率宋军直驱抹邦山，居高临下，压敌军而阵。王韶对诸将士下死命令："坚决守住阵地，敢言退者一律斩首！"未几，吐蕃部兵向宋军阵地发起猛攻。宋军奋力抵抗，仍然稍有后退。王韶亲自挽弓披挂上阵，指挥帐下卫兵迎击敌军。吐蕃部兵大溃而逃。宋军追击，焚毁吐蕃部庐帐。宋军大捷，洮西地区为之震惊。

吐蕃瞎征部起兵来援蒙罗角、抹耳水巴部。王韶命别将大张旗鼓自竹牛岭进军。他自己则率军悄悄地越过武胜（临洮），与瞎征首领瞎药部遭遇。宋军勇猛冲击，大败瞎药。八月，王韶筑武胜城，建镇洮军。

薛向主三司助市易司，粮草源源不断运往西边。运送粮草的西北边民胸脯瘠瘦像芭蕉扇，但不舍得消耗军粮。沈括、李公义、黄怀信等指导军器监加紧制造火器；火器源源不断运送到西北边陲。此外，妇女群体采用新制纺棉机纺花，制作军衣。军士兴高采烈地着新棉装、皮革兵甲。

唃厮啰国第四代赞普瞎征集部攻城。宋军始用热兵器火箭、火炮、火药鞭箭、引火球、蒺藜火球、霹雳火球、毒药烟球等回击。双方激战，火光漫天，箭石如雨，杀声震天。军部侍者害怕瞎征攻入，双腿颤抖不已。中军进王韶帐内报告情况，只见王韶安然酣睡。他闭目令中军："我部前锋与敌军遭遇，不必紧张。"王韶说完，又鼾声如雷。宋军果然再次击败瞎征，收降其部两万余众。

京师朝廷群臣山呼舞蹈，庆祝王韶屡次击败吐蕃部。曾孝宽："王将军拓展土地一千二百余里，收降吐蕃部众三十余万口。"蔡挺："子醇自小就没了父亲，是个孤儿。他熟读兵法，熟知地形，通晓敌情，极有谋略。每次带兵作战，都事先召集将领，详拟作战计划后不再干预。将领们职责所在，大胆指挥，每次战斗都能取胜。"陈升之："王韶以书生知兵，诚为不世之才。而谋必胜，攻必克，宋世文臣筹边，功未有过焉者。"神宗诏："进王韶右正言、集贤殿修撰。"又诏："改镇洮军为熙州，将熙州、河州、洮州、岷州及通远军合成熙河路,治所设于熙州(甘肃临洮)。王韶以龙图阁待制知熙州,进熙河路经略安抚使。"

　　西羌欲入侵熙河路,派人打探王韶虚实。巡逻兵抓获探子,从衣缝中搜出一封信,上面记的全是熙河路的人马粮草数字。部下欲将探子肢解示众。王韶寻思,决定打他二十背杖,在他身上刺"番贼决讫放归"六个大字后放他回去。西羌兵马多,粮草充足,决心与大宋决一死战。当看到探子带回的书信,认定王韶已做好战备,搁置了入侵计划。

　　熙宁六年(1073年)三月,王韶展示王安石指示信。王韶按指示统兵进击河州,攻克坷诺木藏城,穿越露骨山。洮州境内地势崎岖,道路狭窄,马不能行。王韶下马步行,日进六七里。瞎征率部尾随宋军,被王韶设计击破。王韶率军连续攻占岷州、宕州,洮州、叠州(甘肃迭部)的吐蕃首领相继献城降宋。王韶在马上慷慨吟诵唐朝王昌龄的《从军行》:"大漠风尘日色昏,红旗半卷出辕门。前军夜战洮河北,已报生擒吐谷浑。"众军士随之合唱,声震大漠。

　　陈升之诵曰:"此次王韶出兵,连续行军五十四天,长途跋涉一千八百余里,尽据河、岷、宕、洮、叠五州之地,斩首数千级,缴获牛羊马匹以万计,招抚大小吐蕃族众三十余万帐,获地两千余里。"蔡挺:"王韶奇计、奇捷、奇赏,可谓'三奇安抚使'。"

　　神宗诏:"升熙河路经略安抚使、左谏议大夫、端明殿学士王韶加资政殿学士,升枢密副使,赐第崇仁坊。"群臣再次山呼舞蹈。

不敢独当非常之赐

　　宦者传谕:"礼部侍郎同中书门下平章事、监修国史王安石上殿。"王安石升阶跪拜。

　　神宗从二十岁登基到今二十七岁,第一次感受到大宋天子之尊,神采奕奕地向王安石宣谕:"王韶初开熙河,议者曾以开边衅罪之。力主王韶之策者,卿也。兴王者之师安边善后,五年遂告成功,皆卿指授方略。君臣一体,与国共荣。"神宗言毕,起身,解所佩之玉带,恭敬地赐予王安石:"洮河之举,大小并疑,惟卿启迪,迄有成功。朕以所佩玉带赐卿,以旌卿功。"群臣惊异。曾孝宽感叹:"王相当年对我爹谦称'武盲'咧。"有年长宫人悄悄说:"此带,乃当年西夏王李德明贡真宗皇帝宝物,名玉抱肚,宫廷重宝哇!"

王安石叩首伏地,诚惶诚恐地推辞:"陛下发现并提拔王韶于疏远之中,使其得展奇才,恢复熙河一方。臣与二三执政,奉旨承意而已;臣不敢独当非常之赐。"神宗恳切地说:"当王韶孤军深入之时,朝廷百官疑虑纷纷,声称有去无回,全军覆没! 还追究王韶市易钱粮之罪。当此之时,朕坐立不安,宵衣旰食,亦欲中止讨伐、严厉追究。独卿坚定不移,算定必胜;理清市易钱粮账目,差错甚微,警戒即可。非卿助朕,此功断然不成。"

王安石回忆:夜以继日,无数次趴在地图上以及沈括制作的沙盘上查勘、分析、思考方略,三次给王韶指示信:熙宁五年(1072 年)八月、十二月、熙宁六年(1073 年)二月……督促转运使赶送粮草、兵器、物资……将秦凤路经略司追究乞改为三司核查,处罚王韶铜八斤乃止。

神宗推心置腹,恳切赐予玉带:"把卿揉碎成为朕,算人间知己朕与卿。"乐在人生心相知,王安石热泪盈眶,不能不接受。群臣欢呼:"六十年积贫积弱,如今扬眉吐气!"蔡挺:"惟同心方可以同政。君臣相知相助如此,古来未见。"陈升之:"义兼师友,堪为后世君臣楷模。"王珪:"君臣同心,乃我大宋之幸。"糸字五兄弟之一的元绛激情赋诗:"何人更得通天带,谋合君心只晋公!"群臣应声而和:"何人更得通天带,谋合君心只晋公!"

礼成宴庆。二府三司六部大臣纷纷举杯祝贺熙宁天子。神宗神清气爽地对群臣说:"我朝太祖、太宗奋威天下。后来的澶渊议和,元昊寇边,虽有山河之险而不能固守,虽有甲兵之利而不能使用,依靠每年缴纳那么多的银绢,还称叔称侄,才得暂时安定。今熙河之捷,重振大宋国威,都是熙宁新政的成果呀! 众卿应该作诗唱和,记此盛事。"蔡挺应声主张:"平日难得诗酒高会,今日君上命题,诸公把心底的好诗佳句唱出来啰!"一时之间,群臣争奇斗艳,诗作繁花似锦,纷纷递到御案。

神宗喜见佳作警句而兴奋不已,顺手捡出王安石《次韵元厚之平戎庆捷》激情地朗诵:"朝廷今日四夷功,先以招怀后殄戎。胡地马牛归陇底,汉人烟火起湟中。投戈更讲诸儒艺,免胄争趋上将风。文武佐时惭吉甫,宣王征伐自肤公。"神宗品味:"'诸儒艺''上将风',妙哉!宰相,好诗!"神宗转对王珪说:"王参政,将王相诗和诸公佳作全数收集,刻印个集子嘛!""三旨相公"王珪应声请求:"领圣旨!请御笔题名。笔墨侍候!"神宗立即书写《庆收复熙河路诗词集》,群臣欢呼更起。

王安石深情地恭对神宗说:"陛下,伟大的背后并非都是苦难。"神宗应声而和:"苦难背后确实藏着伟大。"年轻气盛、历经多方挤压、辛酸折磨的神宗,再次感到熙宁新政初见成效,从而获得天子的无上尊严,心情从未有过的轻松愉快。

熙宁七年(1074年)春节。神宗留王韶一家在京过年。王韶的小儿子南陔,跟随大人们街头观灯,游玩时脱离大人视线。一伙歹人见机抱起南陔溜走,歹人高兴地交谈:"这是富家宝贝,一定会交换到一大笔钱财。"逃跑中的歹徒遭遇巡逻车。南陔见机大声呼喊:"救命!救命!"巡逻队武人迅速包围歹徒。歹人丢下南陔仓皇逃散。南陔得救,被王韶家人认领回去。

神宗得知此事,御赐南陔红包,说是给南陔压惊。王韶家人感激官家,庆幸南陔安全回归。事发于春节,从此小孩给长辈拜年得压岁钱习俗在民间流传开来。

内奸讨要海东青

河南府刘航家,刘安世缠着契丹女人:"干妈,给点米吧!"契丹女人:"你这么能花钱,干妈给不起呀!找你爹要去。"刘安世:"给几件海东青玉也行。"契丹女人:"岐王爷喜欢?"刘安世频频点头:"我们这里很多人追寻那宝物啊。"契丹女人很不情愿地找出一块刻有海东青的玉石:"就只这一件,再也没有了。"刘航对契丹女人说:"这浪荡哥儿又要去孝敬岐王,以后不必理他。"契丹女人:"经不起你这宝贝儿子死缠硬泡哟!"

一位乔装汉人的神秘客人,鬼鬼祟祟潜入刘府。刘安世不客气地问:"你是谁?随便钻进我刘府!"来人见这小子头巾像擦脚布,形象猥琐,言语粗鄙,便用并不流利的汉语轻佻地回复:"连舅舅都不认识了,安世少爷!"刘安世转向内室喊道:"爹,北国的舅舅来了!"

刘航从内室慌慌张张出来,注目来人片刻,惊讶地叫道:"宗道！何时来京？咋没早给个信！"薛宗道鬼祟地扫视周围,似乎寻找什么:"我妹不在家？"契丹女人闻讯出来,并不感到惊奇:"薛大哥来了！"薛宗道将一包物品悄悄递给契丹女人。契丹女人悄悄进入内室,将包裹藏了起来。刘航故作镇静,语义双关地问道:"使君现在是什么官职？是出使我大宋吗？"薛宗道:"依旧是刑部侍郎,奉国主之命来天朝贺冬,已拜会枢密院陈、蔡二大臣,参谒了冬至大朝会,抽空看望老朋友和老妹。"

刘航记起六年前奉旨去夏国首都兴庆府,恭贺七岁的夏主李秉常即位仪式,因而结识辽国使臣薛宗道的往事。刘航:"六年了,夏主应该十三岁了。"薛宗道:"夏主少年英俊,学文习武,定会建不世之功。"刘航:"道宗皇帝可好？"薛宗道:"吾皇派我出使南朝,是要你们尽快以长城为界,划定你我两国边界。"刘航:"边界？"

刘安世:"人家夏国皇帝才十三岁,我二十七了还在候选,真不公平！就是王安石那国子监《三经新义》捣的鬼！"刘航:"北朝使君在,竟如此无礼！看你志大才疏的浑球样！"刘安世:"我们一科三百九十七名进士,还赶不上王韶一介武夫？皆因王安石新法搜刮百姓,富了朝廷,官家尚武,枢密府天天高喊'征西,征西'。兵者,凶器也,岂是好玩的？"刘航连忙阻止:"外客面前,岂得信口开河！"刘安世翻眼顿足,口沫横飞:"谁信口开河了？整军置将,为着甚来？保马、保甲诸新法不断,又为甚来着？西京盛传蔡枢密方略:'先平定西夏,然后征伐契丹。'"

薛宗道大惊失色,凑近刘航耳边细声追问:"刘卿,贵公子所说,与你的情报恰恰相反哪？"刘航欲止不能,暗自叫苦:"使君不要误会。我朝到处告灾,民不聊生;朝官对新法争执不已,官家左右为难,西边已经乱得不可收拾,哪有什么北征之力呀？"

薛宗道:"你想违约背誓,不与大辽合作了？"契丹女人鬼鬼祟祟,躲在刘氏父子背后指指点点。薛宗道知道刘航已不能为大辽提供真实情报,欲立即离开刘府。契丹女人悄悄地塞给薛宗道一个包裹,刘航佯装未见。薛宗道对契丹女人:"你的担子更重了。"说完,他便怂怂地溜出刘府。

薛宗道回到汴京北城班荆馆,一夜无眠。不待天明,改扮成商人,鬼鬼崇崇潜出河北,直奔上京。沿途正逢瀛、莫、雄、霸诸州乡民冬春围猎习武,或保甲集训,便将一路城堡关隘、营垒铺屋、林木河渠,炼铁、兵器工坊,偷偷绘成图录,不时与契丹女人提供的情报对照。

薛宗道将自己所画的地图和整理的资料以及所得情报,一并呈递正在狩猎中契丹主帐。薛宗道:"陛下,这些谍报由在宋廷的眼线提供,我一路现场核对,真准可靠。尤其是河北一带的炼铁、兵器制作工坊,总在呼呼叫、叮当响,钢铁、刀枪剑戟堆积如山。"

辽皇:"南朝宰相王安石变法,果然民富国强了。"薛宗道:"据说,河北一带年出铁二十亿斤以上。"辽皇:"西夏受挫,南朝是否要攻我大辽?"薛宗道:"并非如此。熙河路经略安抚使王韶虽获熙河大捷,未必能将西边镇住。宋廷内部还是二十年不言兵,一时顾不上我大辽。"

辽皇:"以长城为界的外交斡旋,做得如何?"薛宗道:"有点难……"辽皇:"什么意思?"薛宗道:"王安石变法,确实民富国强了。幸有韩琦、富弼、文彦博、司马光、苏轼等大臣遗老纷纷唱对台戏。只要继续挑唆宋廷内斗,把王安石一班人搞残整垮,废除他的新法,年轻皇帝的熙宁新政就会泡汤。"辽皇:"有这种可能吗?"薛宗道:"有的。南朝官场到处议论王安石的二首《明妃曲》。他认为,汉天子将王昭君嫁到匈奴是好事,北边皇帝比南朝皇帝更通人情,更能治国牧民。"

辽皇:"王安石这么说了吗?"薛宗道递上翻译过的《明妃曲》:"圣上看,他写道:'意态由来画不成,当年枉杀毛延寿。……寄声欲问塞南事,只有年年鸿雁飞。家人万里传消息,好在毡城莫相忆。君不见咫尺长门闭阿娇,人生失意无南北。'"辽皇:"听懂了。他是说,北归匈奴的汉人不要想念南国。"薛宗道:"下文更明白,'汉恩自浅胡恩深,人生乐在相知心'。"辽皇:"汉恩浅,胡恩深。这个王安石脑后定有反骨。"薛宗道:"咱们契丹要更加有力地支持和援助反对派,更多地策动他们内斗,宋朝就一定会回复到贪图享受的老样子,年年向咱们纳币进贡,直到向我天朝投降称臣。"辽皇:"你们加紧与西夏互联互动,咱总会有一天把宋朝那些乐感文化享受者和年轻孟浪的皇帝擒至黄龙府!"

第三十章
最深最浓的人生滋味

契丹朝臣哑口无言

熙宁七年（1074年）春，王安石溲血症反复发作，告病在家。蔡挺到相府求见。蔡挺："相公溲血症好点了吧？"王安石："尿浊如泔水，略带血丝，肾虚，湿热袭入肾脏与膀胱。"蔡挺："朝政非公莫属。王公用高丽参或紫团参吧！为官家，为大宋，一定要善自保重呐！"

王安石："老病痼疾，听天由命吧。昨日接待契丹使者萧禧，印象如何？"蔡挺："老油条，神态骄狂，言语傲慢，张口闭口以长城为界。看来必有一战！"王安石摇头："不至于吧，不至于的。"王安石用手指点了茶水，在案上画出宋、辽、西夏对峙之势："燕云十六州乃我天朝国土，归还大宋是迟早的事，有何边界可争？"蔡挺："依宰相所见，萧禧是来摸我朝底细？"

王安石泰然自若地点头："他契丹皇帝见我熙河大捷，坐不住了。道宗掌朝，远贤臣，亲奸佞，上下离心离德。宠信耶律乙辛，公开行贿，陷害忠良；终日行猎，不理政事。朝廷四分五裂，岂敢与我交兵？外强中干，虚张声势而已。"蔡挺："宰相一言，茅塞顿开。"

枢密院讨论北边事。河北察访使曾孝宽、河北西路察访使沈括等报告察访情况。枢密使陈升之出示辽国文书，指明契丹使臣萧禧咄咄逼人，提出领土要求。

神宗："枢密院有何对策？"中书韩绛、枢密使陈升之无以对。众官面面相觑,王安石示意沈括。沈括出其不意,掀开绸面蒙住的地形图沙盘。众官不知何物,有的轻蔑地猜想:"好事的新法大员又玩弄出什么新的劳什子。"沈括指点沙盘:"各位凑近看,这就是我们大宋朝的北边山川道路地形模型。"有人用手触摸,硬硬的,抠不开,移不动。沈括解释:"先将所绘制的平面图画在木板上,再用熔蜡粘木屑,堆积成山川地形。"

陈升之惊异,吕惠卿怀疑,刘航诋毁。刘航:"你怎么知道北境就是这个样子?"沈括:"我仔细查阅枢密所存地讼故牍数十宗,并实地察访绘图。"神宗十分兴奋:"这是沈卿多年仔细察访、实地调查,对照历代前人所制地图,仔细核对地讼档案制作而成。"陈升之:"准确无误吗?"沈括:"八九不离十。"众官围着立体地形模型指指画画,争论不休。蔡挺伸大拇指,刘航等人嗤之以鼻:"小孩儿玩积木。"

王安石提议:"沈存中对北边事潜心考究多年,胸有成竹。我亦曾任伴辽使到过白沟、塞外,略知边疆形势。契丹前时向我大宋递交北边划界文书,对分水岭一带提出领土要求。中书与枢府商定,我大宋应派使者回绝契丹朝廷,请陛下颁诏。"神宗:"右正言、知制诰沈括假翰林侍读学士为回谢辽国使,李评副之。凡北使所过州、军、县、镇、监、驿首长,一律坚守岗位。京畿、河北、京东西路三十七将加强戒备。"沈括、李评:"遵诏。"

谢辽使沈括、副使李评一路风尘,奔向契丹。

沈括在契丹王宫,指着北边地图模型,严辞驳斥契丹使萧禧以分水岭为界的领土要求。萧禧提出什么问题,沈括的随人一一背诵枢密档案而答。面对地理模型,萧禧、薛宗道哑口无言。契丹宰相杨益戒口气软了下来:"南朝不认数里之地,不计两国绝好乎?"沈括:"师直为壮,曲为老。今北朝弃先君之大信以威用其民,非我朝之不利也!"契丹朝廷上下亲见地图模型,知道分水岭与长城不是一回事,领略南使气势,知志不可夺,不得不接收宋使退回的契丹文书,承认以长城为界。

神宗得沈括《熙宁使契丹图抄》,知折冲契丹朝廷之实,乃开天章阁,召对资政殿。那里摆着沈括制作的地图沙盘,众官员新奇地围看。神宗指着沙盘:"请右正言、知制诰、假翰林侍读学士、回谢辽国使沈括,向中书、枢密两府首相和众官员解说出使契丹情形。"沈括简述使辽过程,详细解读地图,指明长城与分水岭的走向,驳斥契丹领土要求的荒谬。官员们啧啧称赞:"自古至今,没有人制作出这样一目了然的地理模型。沈存中有心,上知天文,下晓地理,细查文牍,究其根本,了不起!"

神宗:"有司不究本末,几误国事。沈卿以此图牍反制契丹对我大宋的领土要求,折得他们君臣心悦诚服,确实不辱使命。"刘航私自嘀咕:"钻牛角尖钻到辽国去了,也算本事!"王安石:"先贤有言:'业精于勤,荒于嬉;行成于思,毁于随。'沈学士曾用指南针判定方向,采石油当燃料,发明丁字尺与分层筑堰法测河建渠,细观天象而修订历法。为人为官不怕事冗,只怕不做,孜孜不倦,多思多为,终有所成。鲁班斧锯、蔡伦纸张、毕昇活字,都是兢兢业业,追求事理的成果。"神宗慰勉沈括:"非卿难以折边讼。"颁诏:"沈括拜翰林学士、权三司使,赐右正言、知制诰、谢辽使沈括银千两。"刘航:"哈哈,玩弄这么些小伎俩,就能获奖升官又发财,官家太慷慨了吧!"

待神宗下离龙座,王安石凑集神宗耳语:"北部边患是臣极为忧心事之一,务请陛下牢记。"神宗:"朕甚明白。熙宁新政的初衷就是富民强国,消除边患,让大宋长治久安,让万民扬眉吐气。"

刚离偏殿,得内务府报:"奉先寺住持伯智长老向两宫太后敬献稻种。"神宗请王安石一起赶往后宫,见两宫太后已在等待僧人。不一会,伯智来到,向两宫太后与今上致礼,两宫太后与神宗齐声回复:"阿弥陀佛!"伯智解说:"本僧欣闻太皇太后、太后不顾辛劳广种福田,为生民纾困,为天下示范。敝寺僧人亦求自力更生,耕种稻田,选育优种,广泛布施农夫使用。"太皇太后十分高兴地接受所献,并陪同伯智参观所耕稻田。伯智称赞不已。神宗:"高僧拳拳爱国爱民之心可嘉。所献优良稻种,助力太皇太后、太后耕耘。今年所繁殖种子,一律布施民间,让天下百姓得福。阿弥陀佛!"太皇太后当即赐僧人紫衣。在随神宗回宫之际,王安石说:"陛下以劝农劝工为善,乃大宋百姓之福,中华世代之善。要是稻麦品种普遍改善,佐以青苗、免役诸法,不荒农田,且每亩多收百十斤,全国增产增收,百姓就不会饿肚子了。"神宗:"奖励创新,应为朝廷国策。"王安石:"遇事而事治,画策而利害得,治国而国利安,陛下此所以异于人者也。"神宗:"此话适合沈括,更适合贤相您。"

闻说沈括创新历将成,王安石视察司天监,见到卫朴。盲人算师辛勤计算,记录数据成箱成堆。沈括夸奖:"天文计算,卫朴喜之为疾,药石无医;恋之成狂,难舍难离。"王安石称赞:"对天文历法爱到疯狂,难得呀! 天才呀!"

神宗再开天章阁,接受知制诰、提举司天监沈括进《熙宁奉元历》。《熙宁奉元历》册熠熠生辉。朝臣问:"不是已有自古传下的历法吗? 为何又要颁布新历?"刘航:"熙宁朝,王安石,标新立异,无人可及!"历官甲解释:"现行的明天历节气不准而有违农时,今上早几年诏司天监推算新历法。"历官乙:"那年天旱数月无雨,急得今上登坛求雨而不得。老相曾公亮将知制诰沈括预报某日某时有大雨的条签递进宫,果然如期喜降大雨,今上高兴得直呼'沈甘霖'! 乃诏沈括任司天监,修制熙宁新历。"王安石:"存中比较历代历法,收集从汉朝张衡浑天仪以来的图谱资料,昼夜观测,即使在使视各路州旅途也风雨无阻,从不间断观测。着意访问老农老僧,获取天文知识。孜孜不倦,才有今日成就。"神宗诏:"沈括加一官,赐卫朴钱百千;司天监官员皆进官,赐绢银有差。"

吕惠卿听见刘航又在嘀咕:"熙宁朝怪事多,那个好耍小聪明者,又耍到了一官,连瞽盲也得钱百千。所谓新政,就这么个世道!"对这种人,朝臣们被噎无语。

朕待卿有不是处

国子监教授们认为《诗经新义·二南》多有不妥之处。王安石接到反馈,仔细核对,确实错误,便来到经义局,询问吕惠卿:"国子监发现《诗经新义·二南》有明显错误,怎么回事?"吕惠卿:"这部分由升卿整理,只因您在外地视察,后来忘记请您过目了。"王安石说:"撤回改后再发。"吕惠卿:"啊? 已流通到市场了啊!"王安石:"学问学问,勤学多问嘛。国子监教材,含糊不得,一定要全部收回。"吕惠卿十分不快:"遵王相令,我尽力去办。"吕惠卿将王安石指令转告其弟升卿,升卿大为光火:"经义,是经典,是学问,虽圣人不能尽。我改动不妥之处,怎么就不行? 学问学问,没有不可增损的吧!"

吕惠卿来到便殿,向神宗倾诉心中的不快:"王公怒斥属臣我与弟升卿改了他的《诗经新义·二南》旧义,令收回已经印发国子监生员并流通到市场的书册。陛下应该记得，当初进《二南》时，特开便殿，召延两府，令王公与臣轮流朗读，陛下褒称其文。王公并未老迈，怎能不记得？"神宗："吕卿不必激动，安慰升卿，宽心理事才是。"吕惠卿："臣自与王公共事，凡有议论，更相是正，未尝有嫌。所有经义文稿，无论王公在朝或外地视察，都请他最后定夺。现今王公当国，以经术自任，意欲去取，谁敢与之争论？"神宗："朕知道，对学问，王相是一丝不苟的。朕知道他并无别论，只认三二十处训诂有问题，稍会改动而已。《序》用旧本，没有什么不好嘛。"吕惠卿："陛下诏臣主持经义局。既然经义局改本不可用，就该夺臣的官！"神宗："言过了！"吕惠卿："王公在朝，我吕惠卿得回避了。朝廷如果有各路州查勘事务，臣愿离朝出差。"

神宗心知吕惠卿就《三经新义》言事，是对朝廷调查吕氏宗亲华亭县置买田产一案，仍然耿耿于怀，却又不便点破："你们开辟了熙宁学政，正是新的起点，咋言离朝呢！"吕惠卿："王公称《三经新义》必垂万世，恐误学者。既然如此，陛下虽不夺臣官，臣亦何面目立于朝廷！制置三司条例司前后奏请均输、农田、常平等敕，无一不经臣手定稿。怎么，现在，我吕惠卿退化到如此地步，改个文稿都不通了？"

神宗一再安慰吕惠卿："卿自去年初丁忧回朝，升知制诰、判国子监，又协助王相主持经义局，与王雱、吕升卿等同修撰。你们勤奋刻苦完成《诗》《书》《周礼》撰修。如今《三经新义》正式颁行学宫，作为讲经的标准教材和考试依据。你们完成了一件大事呀。"

吕惠卿："臣事陛下以来，惠卿所钦服者，唯王公一人而已。在三司、司农寺，臣为属官，王公亦尊礼臣；就算我们极口争事，他也未尝怒形于色，即使王公不察臣，臣终不与之计较。文章声名，臣尤不以为意。"神宗："是呀，自熙宁改革太学体制以来，卿参与并主持整顿扩建太学，各路州县普遍建立学校，以德行学问严选各级教授，拨充学田，废除制科辞赋取士，从太学和各级学校选拔官员，熙宁新政得以大力推行。太学生员咸称安石为孔子，吕卿你为颜渊咧。卿与安石，都是朕的肱骨之臣，断不能为此事生分。"

神宗来到中书省，递给王安石一纸诉状："请王相过目。"王安石起身浏览诉状，见是王雱控诉吕惠卿，不胜惊异："谢陛下。王雱近日精神欠佳，有失常态,办出这等出格事来,须认真追究弥补。"

王安石回府询问王雱。王雱实言其情:"诉状,是我想替父亲您教训教训那个不可一世、忘恩负义的家伙;连虢伯伯、汪弄沟都晓得,忠勇之人多出身平凡,忘恩者常是读书人。"王安石:"元泽怎么可以这样处事!"王雱颇为激愤:"当年,他吕吉甫屈身之际疑无骨,笑谈之中若藏刀,既有欺骗自己的愚蠢,更有欺瞒别人的狡诈!"王安石:"吉甫一直是新政最得力的助手之一。"王雱根本不听:"做人做官可以不崇高,但绝不能无耻,我们不能给无耻者提供无耻的场所。"

王安石继续劝导:"元泽听为父说,当时,惠卿从南方来京,是欧阳公推荐的。他学能致用,为人诚恳,我像得到一件稀世珍宝。万两黄金容易得,知心一人直难求哇!"王雱:"什么知心,您被他迷惑了!"王安石:"新法初行,议论纷纷,三司官员有反有复、有出有进,唯独惠卿与曾布始终力挺。完全可以说,没有他的努力和襄助,就不会有那么多新法相继问世,也就不会在短短几年中出现大宋如今的兴旺局面。"王雱:"曾布不像他那样狡猾、邀功。"王安石:"惠卿主管司农寺期间,工作出色,成绩卓著。今上赞'惠卿言农事甚善,然尚未了五分,若司农,即天下事大定矣'。"王雱:"那是官家把您的功劳转到他身上!"

王安石多方疏通:"惠卿主持国子监,认真遴选太学主判、教授,设立各路州学校,罢停制举,从朝廷至地方,学官、教授全改由经中书或国子监选择之人充任。这些,为父基本上是按他的主意行事的。"王雱伸出大拇指和小指比画:"您是这个,他吕吉甫只是这个!"王安石:"惠卿还主管过军器监,裁定中外所献枪刀样式,规定枪刀质量标准。自此,所制兵械精利,改善了军队的武器装备,增强了抵御能力,才有王韶的熙河大捷。"王雱:"我还上过军器折咧。"王安石:"是呀,他还吸收过你对军器的建议,编制成《弓箭》一书,规范了弓弩制式。"

王雱继续申辩:"如今的大好局面是韩伯伯、曾叔叔、薛叔叔、章叔叔、吕嘉问等参与创造的!"王安石:"熙宁朝新人辈出,是大好事呀!长江后浪推前浪……"王雱声嘶力竭地喊叫:"前浪碎在沙滩上!南方来,北方去,妖精无分南北东西都一样糟糕!"王安石担心引发儿子狂劲发作,转而安慰:"雱儿,不能被那些诋毁新政的议论乱了自己的方寸哪!"

吕惠卿进经义局,亲见王雱独自整理《三经新义》颁行后俱多事务,便说:"元泽辛苦了。"王雱发牢骚:"吕叔叔,您与家严同领经义局,经义局却见不着您的影子呀!"吕惠卿:"单是国子监事务就忙得不可开交,朝廷又命我知谏院、任翰林学士,诸事繁冗,无暇顾及经义局,这边就只得多多辛苦老弟了。"王雱激动起来:"这哪里是'辛苦'二字就能了事的!"吕惠卿摊开两手,表示无可奈何。

王雱病体难支,痛苦不堪,见吕惠卿摊手离去,怒气急剧上升:"不服朝廷查案,总不能拿我们经义局撒气。不是东西!猪狗不如!"王雱情绪激动,足疡下漏,伏书案,竟至扑倒。检讨余中、徐禧、吴著、陶临等七手八脚护送王雱回相府。道医陈景初立即诊视,嘱咐吴夫人:"劝他吃饭,不要离床,莫发性子,莫听朝事。"王安石回府见到长子状况,异常伤心。吴夫人:"与相公一样的蛀书虫,雱儿太用心了。"王安石:"这孩子痴心经义,比我还认真。"

王安石心疼不已,回忆起儿子的往事,思如泉涌,尤其是最近对儿子强调过:"很多人希望你被自己的错误击败。然而,每一次创伤都是一次成熟。我们为实施新法而忠诚地陪侍皇帝,谦卑地团结同僚,在反对者面前忍辱负重,这些都是为了改变国家的积弱积贫,但不能在谦卑的忍让中失去自我。要是我王安石没了自我,就不再是王安石了,雱儿你也是。打铁师傅用双手锻造钢铁,制造一把一把的锁,但没能把人的嘴锁住。人们把镣铐称为习惯,或者说祖宗之法。也有一种能工巧匠善于打破人们的习惯,那就是我们新法制定者。""圣言是时间的女儿,不是权贵的女儿,不朽的只有学问。治学要耐得住寂寞,做人须经得起风雨。要广交朋友,独学而无友,则孤陋寡闻。记住别人的好处,让感恩时时装在心里,你就会成为这个世界上最崇高的人。"前几天还有这样的对话:"千万不能内讧。所有的罪孽由我一人承当。宁肯丢我这老脸,不丢你们的嫩脸。"王雱领会:"我一直自豪的是,有一个伟大的父亲。"王安石说:"父亲伟大,就怕儿子渺小。"

吴夫人虽然不知道丈夫在想什么,也忍不住抽泣:"雱儿脾气虽然古怪,心地却极为善良。那年庞氏嫁出,他说过'分散一对,和合四人'。"王安石听到夫人这话,心理简直要崩溃。他,面对新政的阻力,坦然自若;面对自己的溲血症日甚一日,隐忧难言。即便三灾八难,也未觉五劳七伤。但提起嫁儿媳往事,他隐隐作痛;见儿子的心病日渐加重,更是感到五内俱焚。

虢瑞新帮助汪弄沟抱住王雱,喂下镇静药物。

待到清醒,王雱知道自己弄巧成拙,悔恨不已,抓弄自己的头发,忿恨、内疚、愧恨交集:"我怎么这样无能,狂躁! 我要疯了,我是个疯子!"

王雱的心病急剧恶化,神宗特许王安石休假陪侍。吴夫人忙不迭地烧香拜佛,王安梅尽力安慰。虢瑞新、彩萍日夜陪侍王雱。王旁惊问:"我哥哥呀,学士,帝师,文学家、法学家、道学家、佛学家,著作等身,才学一流,现在怎么啦?"

某些新法反对者得知王府内情,无不兴高采烈。刘航:"王安石作恶多端,报应!"李承之:"这是我们台谏的功劳。"蔡承禧:"英明的今上,这下要摘掉身边的毒瘤了!"

身居相府,王安石心情沉重,不断地自言自语:"天灾、外患、内忧,三路隐忧;最令人闹心的还是内忧,连经义局也内斗起来,如何得了。"内廷宫人持续送药并询问病情。

王安石伏榻草疏,决意辞宰相之职。

张茂胜将王安石辞呈递交神宗,禀道:"臣奉旨每日遣宫人问王相病情并赐汤药,主治他的溲血症。两三个月来,渐见他手脚有些麻木,动转不甚方便。他今日伏榻书写奏疏,请求解除宰相职位。"神宗:"已经是第五次了。王相到底为何一再求罢?"张茂胜回答不上,摇头。神宗:"备驾,朕去相府。"

张茂胜急急进相府报告:"官家看望宰相您来了。"王安石对吴夫人说:"快快更衣接驾。官家临朝以来,只驾临过曾公相府一次。我这点小病惊动圣驾,罪过呀罪过!"

朱轮停在府门以外。金台、银环等侍卫四人,远远站立。神宗衣常服,健步上门台。吴夫人扶王安石毕恭毕敬跪地迎接,神宗迅即搀扶王安石相携而入,边走边安慰:"人吃五谷杂粮,孰能无病。药石将养就是了,怎么总是要求去职呢?"王安石再拜回禀:"臣任事已久,积怨甚多,拥塞人情,深恐累及朝廷。"

神宗扶王安石上榻,细语温言:"卿岂畏人怨? 如今政通人和,哪有什么拥塞？古来圣贤，皆以功成而身退。诸多新法尚未出台，卿断不能退。卿到底有甚忧虑？是不是朕有过失？"

王安石不禁热泪盈眶，五内沸腾，千言万语，如梗在喉。神宗将座位移近王安石，拉着他的手，极其亲切地说道："七年前，卿七次入对，那些精粹犹然在耳，好像真把卿揉碎成为朕。君臣夜以继日，呕心沥血推行新政，乃有如今的大好局面。古今君臣未有如卿与朕相知者。朕虽年轻愚钝，既戴王冠，必承其重。自卿侍读，朕才初悟为政之要。自行熙宁新政，朝廷改观，大宋欣然。天下事方兴未艾，卿无论如何不可离任而去呀！"

年轻皇帝至诚之言，使王安石不能不摧肝撼肺："臣任事五年多，其术已穷。旧病复发，难以理事。天不从人愿，臣亦不能违天意。而今求去者，实不得已也。"神宗呻吟："接览卿辞呈，朕寝食难安。寻思再三，或是朕待卿有不是之处，或是朕的富国强兵大计，注定不能成功？"王安石挣扎离榻，战战兢兢跪于神宗面前，诚恳禀告："臣初执政，颇有雄心。以为君臣同心，变法就会无往而不胜。所以总是鼓励陛下，得其人则成大利，失其人则成大害。"神宗再次扶王安石归榻："欧阳修、富弼、韩琦、文彦博、司马光这些先行荐卿的大臣们，后来与新法势不两立，朕不是一个个叫他们退出朝廷外放州县，或者回家休养了吗？"王安石："他们被安置在州县，更是呼风唤雨、变本加厉戕害新法。富老宰相知亳州，陛下允许他便宜行事，以致所属县令谁行新法就挨板子！"

神宗自觉有失。王安石又说："臣常责陛下奖罚不明，臣之用人亦多失误。本为正人君子，任事以后，则蜕变成小人。吕惠卿、曾布、吕嘉问，皆臣一手栽培，仍不能和衷共济，同心协力，以致争宠擅权，反戈相向，内伤朋友之义，外则贻笑于人。臣明知其非却无能为力，徒立君侧，有何作为呀！"神宗紧紧执着王安石之手说："为政之难，难在用人。古之圣君贤相亦不能尽善，何况你我君臣。子曰：'诚能通神。'只要能以诚相待，贤与不肖自然淘汰可也。"王安石："他变我亦变，这是不错的。问题是，看人很难做到见微而知著，人随着身份、地位、时日的不同会起变化。当朝廷发觉而罢免时，他造成的困局已难以收拾。"

神宗："熙宁新政已行六年多，度过最为艰难险阻的时段。而今众化初成,新政方兴未艾,局面大有可为呀。"王安石:"服从有安,抗拒无宁。陛下近而立将不惑,一如既往地坚持奖优罚劣,熙宁朝定会登上大宋巅峰。"神宗:"卿一直教朕效法唐太宗,朕亦待卿如许敬宗。许敬宗与唐太宗,不是共事得很好嘛!卿就是朕的许敬宗啊!只要卿再为相十年八年,朕的国富民强心愿就会完全成功!"面对神宗的美好憧憬,王安石沉浸在无比感动之中。

神宗环顾相府厅堂,陈设简陋,一案一榻,几把座椅,两束插花。四壁空空,唯有插花置于案左,一排令箭荷花怒放。他感慨:"'深固难徙,廓其无求兮''富润屋,德润身',过于清贫不相宜。前日,张茂胜进画三幅,一是米芾的《春山瑞松图》,二是黄庭坚的《松风阁》书,三是文同的《墨竹》。三人皆是后起之秀,其书其画别有新意,为唐五代大家所不及。朕令他送来,《春山瑞松图》悬于中堂,《墨竹》挂在左侧,《松风阁》则置于书房。"王安石:"陛下知道我是个适简怕繁的人,不必了吧。"银娃插话:"简陋得无以复加,王大公子全用瓦盆洗漱咧。"

神宗:"噢!朕想起来,那年,你们家二千金出嫁,吴夫人置办了一架锦帐。朕多嘴多舌提了一句,王相便将锦帐捐给了寺院,换成一架麻帐。朕哪里晓得师臣家风如此俭朴哇!"王安石:"臣素来以奢为耻,以俭为荣,不让家俬占有我,宜愿让新法占据所有。"神宗:"难道卿不知您恩师欧阳文忠公家藏三宝,其中一宝便是一架屏风。熙宁朝的相府厅堂应有我大宋文明气派。书、鼎、案、屏,一会儿叫张茂胜送来摆布一番,卿会喜欢的。"

吴夫人起身续茶:"谢主隆恩。"神宗问:"雱公子心神好转了吧?"吴夫人回话:"有劳陛下圣念,这个孩子自幼病弱,离不开药物。"神宗:"卿父子善自息养吧。在卿休养期间,朕诏吕惠卿代参知政事,专司新法施行。"

第三十一章
如今始悟君难托

成君家计良苦辛

一向活泼愉快的向皇后这些天心里有些低落。去冬至今，大片农田不见一滴雨，旱灾令满朝紧张、官家焦头烂额。一夜归宿寝宫，神宗关切地问："娘娘近日总不开心，御食减少，是病了还是心遇难事？"向后说："陛下为酷旱焦劳，节用减食，自顾不暇，怎么还想起我来了？"神宗："不是说过嘛，戴此皇冠，必承其重，身不由己呀。外人不知道，皇后你还不晓得？"向后："这样讲来，本后就不敢讲了。"神宗："夫妻恩爱，有心事不对朕说，还能对谁说呀？"向后欲说还休，不禁抽抽噎噎涌出了泪水。神宗紧忙抱住爱妻，抚摸安慰，叫她讲难事、倒苦水。半天，向后才说，都是因妻父受了委屈，不便对陛下倾诉。神宗说："既然泰山遇事，朕在位，哪有不能释怀的？ 姐姐放心，一切有我做主。"向后这才将事情原委道出。

向后倾诉："妻父、陛下的泰山，在汴京各处开了几爿店铺，向来经营顺畅。自市易务成立以来，竟要出免行钱。我父心想，我做我的生意，与你市易务何干！市易务竟然纠缠不休，身为国丈，我父碍于朝廷的面子，便缴了一二爿店的免行钱。市易务却仍不放过，得寸进尺，竟将向家所有店铺具文报到朝廷，大有要国丈吃官司的势头。百姓是赵家子民，缴钱给国库，天经地义。我们向家，既与国姓联姻，难道朝廷没有我们的份！还要向家拿钱给赵家，岂有此理！"神宗接话："姐姐说的这个事，早就办过了的，文书压在有司，不必为此闹心。"

向后不让："妾凭什么上火，是人家有意要踩后族向氏一脚！常有人指着国舅老爷对妾父说，你看人家曹府风生水起，耀武扬威，无人敢惹。你们向府，皇帝的老丈人，应占大宋朝天下一半！开几爿店铺还得缴免行钱，闻所未闻！"神宗安慰向后："姐姐不必听这种闲言碎语，自寻苦恼！"向后："陛下说我们自寻苦恼，那太皇太后与太后向陛下哭诉，怎么立即见效：市易务鸦雀无声，王安石也不敢放个屁！"神宗："王相在朝六年，却是兢兢业业，毫无私利。姐姐不该这样说他。市易务的事，朕会处置好的。你再不必难心了。"

三月十三日，神宗召见王安石，询问："有无法还请市易务贷款者多被没收家产并遭囚禁，怎么回事？"王安石回答："此事去年就向陛下奏报过。据臣等日前复查，两年之间确有六户变卖抵押资产缴纳欠款者。"神宗不信，多渠道告知此类情况极多，以致无人监守。王安石："都是什么人说的，陛下何不宣示姓名，以便委托有关部门查验。若有其事，市易务罪不可恕；若无其事，陛下如何处置造谣生事者？律云：'诈不实，徒二年。'"神宗："指斥市易务者多得很，能查得过来吗？再说，免行钱致使商户怨声载道，应该去掉才是。"

王安石耐心地申述："免行钱的事，怎么兴起来的，陛下应该记忆尤深。"那是去年四月，肉行屠户徐中正等向吕嘉问提出，是否免除行户免费向官户供肉的差使，改用银钱折算，可称为"免行钱"。官户用各行户缴纳的免行钱自行购买所需物资。吕嘉问询问为什么要改缴免行钱？屠户们纷纷回复："将实物送至有司，耽误时间，路途时出故障；官府人等脾性不同，或者有意刁难，或者挑三拣四，牛羊肉肥瘦、前腿后腿，叫人无可适从；不如缴钱一了百了。'吕嘉问、魏继宗等认为很有道理，便将屠户申请上奏。廷议同意，便在市易务和开封府联合成立详定行户利害条贯所，议定汴京二十六家屠户，按不同等第，每年总共免行钱六百贯，不再供应官府各处肉类，可谓公私两便。这一新规执行以后，得到各行各业称赞，京师市易务便将免行钱普遍推开。市易务提举吕嘉问直接向陛下报告过详情。"

神宗："诚然如此。卿应该记得，去年十月十二日，文彦博批评市易务不应差官卖果实，导致华州山崩。"王安石辩解："那是针对我个人的，反对我为国理财而已，与市易务无关。"神宗笑曰："自那以后，买的果实确实比以前好多了。现在看来，市易务买卖果实太过繁细，有伤国体，应该停止。如米麦之类能平价便民故好；其他细微品，若市易务既零卖，民间就零卖不得。"王安石："当初诏建市易务时，就是基于细民必资于大姓，大姓取利厚，细民收利薄。市易务全力求得细民利益均沾，岂有害细民之理！"

王安石将市易法的推行视为变法利民的大事，再一次向神宗阐明施行市易法的意义："小大并举，乃是为政之体。尊者任其大，卑者任其细，此先王之法，乃天地自然之理。实际情况是，下层商贩摆脱了大商户的垄断，所费十减八九，而经营利润增多。为政当论所立之法对民众利害得失，不当因其繁细而废。京师市易务设立以来，用资一万八千缗，不到两年，仅商税已达九万缗；京东、成都府两路，每年增收一百万缗。成效如此显著，陛下才下诏提举在京市易务吕嘉问连升两级，监在京市易务上界刘佐减磨勘二年。"

神宗："卿应该记得，去年十二月，御史论奏吕嘉问过为苛察，掊敛过多，卖茶水、做炊饼的都出免行钱。"王安石连连摇头反驳："中书多次查过，未见此类事实。若有，必经中书指挥，中书实无此文牍。"神宗："朕记得冯京说过，闻后来如此类细碎收钱都罢除了！"王安石："参知政事冯京同签中书文牍，如何却言闻？不知他指的先来如何细碎收钱，后来如何都罢了？分明是有意含混，蒙混陛下。"

自向后哭诉前后，朝廷官员、后族、近习们蜂拥至神宗殿堂、膳房、后宫，诉求市易司搜刮欺压之类，甚至出言"祸祟王子公主"。神宗不得不连续质询王安石，却都受到王安石有理有据的辩解和驳斥。他自知无法从法理、商务各方面说服王安石，便于三月二十日亲书手札，命近侍连夜送交三司使曾布。手札云："闻市易务今日收买货物，有违朝廷原初立法本意，颇妨细民经营，众语喧哗，不以为便。致有出言不逊者，卿必知之，可详具奏。"

王安石丝毫未料一直言听计从、君臣如一人的神宗会绕过他这个宰相处事。次日，他例行向神宗谈市易务。神宗仍然质问不断："士大夫何故以为不便？为何近臣和后族都说不便？前日谈及此事，两宫太后竟至于泣下，极为忧心天灾人祸引发动乱！"

王安石听后，列举后族涉嫌违纪。一是向后之父向经，长期瞒报名下商户，逃避赋税。详定行户条贯所将其一一查出，寄送公文，令其依法缴钱，一直未曾落实，不了了之。二是曹国舅借用太后殿中内臣翻修府宅，赊买他人木材一直不付款。内臣却冒用曹家差役姓名，状告市易司强买了这批木材。有司查问木材商，木材商直指曹国舅确系买主，不曾有市易务买木材之事。此事移送开封府，传唤曹家差役，差役否认写过此状。最后查实，竟然是殿中内臣冒名诬告市易务。开封府只将调查结果通报市易务，并未处置诬告者。

神宗点头认知有此二事，默然未语。

王安石继续申发："这么两件事，也许是陛下耳闻许许多多话语中的些小故事。仅仅观此二事，就知道后族为什么会造作言语称新法不便了。至于近臣，请问陛下，有谁全力为朝廷着想，有所闻必考究事实？无非都是道听途说即以上闻，而且居心叵测，像前述的参政冯京故意含混之语。陛下如果能明示言者姓名，令其与中书当面对证，这些人便不敢空口妄言，陛下所闻才能求得真实，否则对政事有何补益？陛下治身比尧舜，至于难任人，疾谗说，实与尧舜异。如陛下整日监察市易务公事，未免过于繁细，非帝王大体。寸阴可惜，陛下乃以听小人诞罔不经之故弃日，臣诚为陛下惜之！"

神宗不置可否。王安石不得不动情地阐明："陛下喜怒赏罚不以圣心为主，唯左右小人是从，如此如何兴起治道！臣以衰晚之年备位于此。若陛下这样圣裁，即使臣夙夜勤劳何有于补朝政？臣并非担心陛下听左右议论，而是怕那些胡言乱语有害陛下朝政大计！长安多豪右，好为蜚语诬人。臣之言，不是要闭塞陛下广听人言，而是令人不敢对陛下胡说八道。"

神宗还是只听不表态。王安石言犹未已："陛下听到的那些所谓免行钱非人愿、扰人，完全不是事实。"神宗转变话题："京师人素来优幸，不妨分外关照一点。"王安石："这么说，陛下确实被左右蒙蔽了，不懂得京城百姓的疾苦。臣家曾雇一洗涤妇人，她自言有儿能作炊饼。因为要缴重重的行例钱，家中无钱可缴，便一直开张不得。未出免行钱之前，贫穷市民大抵如此。其为官司困扰百端，陛下乃以为优幸。陛下为左右所蔽，并不晓得贫困市民的苦楚哇。"

　　王安石这边不断向神宗说明，曾布那边已按所得的手令调查。曾布找到在京市易务监当官魏继宗查问吕嘉问所为。魏继宗很激动，愤懑斥责嘉问掠其功，列其变换了当初定的市易务规则。他指认，提举多收息干赏，挟官府而为兼并之事。曾布听后，十分诧异，便陪同魏继宗面见首相，具言原委。王安石听了，当面责备魏继宗："既然如此，怎么不早说？"魏继宗辩解："提举天天围绕相公左右，我们哪里敢接近您！"王安石回想，当初为掌握市易务执法，唯有勤向吕嘉问了解情况，并随时鞭策，故吕嘉问三天两头来中书省谈事。此时，曾布对王安石说："只得将魏继宗说的向今上禀奏。"王安石点头认可。

　　曾布上崇政殿对神宗奏曰："吕嘉问等务多收息以干赏，凡商旅所有，必卖于市易，或市肆所无，必卖于市易。大致皆贱买贵卖，重入轻出，广收盈余，挟官府而为兼并之事也！"神宗听后，询问曾布："安石知道吗？安石以为如何？"曾布回答："事未经核实，难辨真假。"神宗指示："要查清实情，非卿莫属。"

　　神宗转而备问王安石："曾布所言如何？"王安石认为："市易务事，恐怕不像魏继宗讲的那样。请陛下勿仓促下诏，容臣一一推究。"神宗说："曾布与卿素亲厚，不至于与卿为难吧？"王安石申明："臣不敢逆料人情，但以实考验事情，辨出是非曲直而已。曾布与吕嘉问有些不和，最好请吕惠卿与曾布一起调查。"神宗认可。王安石又笑着说："前几年，开封、祥符两县人三日拥门，求请常平钱不得，而朝廷方争论抑配不已。陛下亦疑其事，乃即位之初也。今陛下即位已久，言市易事仍复如此，足以观风俗没有多大改观哪！"

　　三司使曾布又听说，市易司提举吕嘉问将案牍藏匿改易，甚至带回家里隐匿更改，请求出榜征求线索，重赏告发者。神宗批示："依奏付三司施行。"曾布便自行将榜文贴到吕嘉问寓所。吕惠卿则询问魏继宗，魏重复对曾布所说。吕惠卿将魏带回寓所问话，特意问及曾布曾任察访使时特聘魏一同出使的缘由。事后，魏继宗又将吕的行为转告曾布。王安石得知曾布张榜到吕嘉问寓所，甚为生气，要求连夜撤榜；左右说盖着御宝，才未撕掉。

　　曾布声言与吕惠卿所见不同，不可共事，神宗欲听之，王安石不可。曾吕二人共同根究市易务事，凡三五日以对。上初以布言为是，已而中变，从惠卿请；此中奥秘，当事者心领神会。至此，王安石变法的左膀右臂完全闹翻,变法中坚内部矛盾公开化。

　　无奈之下,司农寺卿曾布坚请外放。神宗询问王安石,王安石说:"市易务事弄得他焦头烂额,前因华亭县事与惠卿有些抵牾,想趁此外出历练也好。"神宗回顾:"自行新法以来,始终言可行者,吕惠卿、曾布也。"王安石:"他二人一同草拟青苗、助役、保甲、农田水利诸法,并与阻法者随处辩驳,实实在在有功于新政。"神宗期望:"他们如能通力合作,卿的担子会轻得多。"王安石:"陛下任子宣起居注、知制诰、翰林学士、三司使数职,尤其在惠卿服丧期间主持三司和司农寺,一身独任,力战群雄,功不可没。"神宗有雅兴:"还有他的书法刚劲帅气,自成一体,朕还模仿过咧。"王安石赞扬:"诗词也不错,有《江南好》词:'江南客,家有宁馨儿。三世文章称大手,一门兄弟独良眉。藉甚众多推。　　　千里足,来自渥洼池。莫倚善题鹦鹉赋,青山须待健时归,不似傲当时。'"神宗:"傲当时,有检讨之意。青山须待健时归,不愧曾氏子孙。他想去何处?"王安石想了想才说:"他的故乡江南东路饶州缺知州。"神宗立即拍板:"可。诏翰林学士、起居舍人权三司使曾布知饶州。"王安石:"不能行一国,可以利一方嘛。他经历过后自会懂得。"神宗惋惜又期待:"他只怕是懂得了自己已不年轻,就如朕。朕待他青山健时归吧。"

　　神宗又把话题拉到市易司:"两宫太后担心政局有变,示朕撤销市易司。"王安石深知官家迫于后宫与后族压力,加之忧心恻怛于酷旱,决意拿市易司开刀。如果现在撤除,实在不太明智。他重复吕嘉问的奏疏:"朝廷所以许民输钱免行者,盖人情安于乐业,厌于追扰,若一切罢去,则无人祗承。又吏胥禄廪薄,势不得不求于民,非重法莫禁。以薄廪申重法,则法有时而不行。县官为给事,则三司经费有限,今取民财不多,而吏知自重,此臣等推行之本意也。议者乃欲除去,是殆不然。民未尝不畏吏,方其以行役触罪,虽欲出钱,亦不可得。今吏禄可谓厚矣,然未及昔日取民所得之半,市易所收免行钱,亦未足以偿仓法所增之禄,以此推穷,则利害立见矣。"

　　神宗还是只听不说。王安石极为吕嘉问抱屈:"吕嘉问秉公执法,曾与内藏库、内东门司、都知押班、御药局等多部门争论是非曲直,都曾论奏过。也曾与三司、开封府多次论争,虽然他这方面有理有据,但由此引起众怨,是不言而喻的事。如今人臣只要依附陛下亲信之人,即可免责;一与陛下亲信之人相忤，即被吹毛求疵，被弹劾甚至外放而后已。臣以为，这就坏了熙宁新政的清明治世风气。陛下应该清楚，市易司中不是吕嘉问，谁敢守法不避左右近习？不是臣下，谁敢为嘉问辨明以忤近习？臣不会有意为谁护短。陛下当知臣素来操行不会如此污下！况且，市易事务极为劳精费神，正以为我们不欲背负所学，所以决意为天下立法。若因立新法而每每触忤圣意，更加招致近习谗言诋毁，臣却仍然执着做扰害百姓之事，真不知道我到底在干什么！求名吧，则名声不善；求利吧，利则无获。陛下试察臣所以区区为此者何意？天鉴地知！"

神宗实在无法正面回答王安石所问，只能一再拖出朝廷官员说事："朕也不知何故，士大夫言不便者甚众甚急？"王安石仍然耐心解说："士大夫或不快朝廷政事，或与近习相为表里。自古至今，未有令近习如此嚣张而能使治道清明的。陛下仔细回顾，行新政这些年，朝廷大小之臣能出面主持正义、不避近习者能有几人？在廷之臣不敢忤近习，甚而至于表里架合，互相庇护以欺瞒陛下，臣恐国家致乱不难亦不远也。"

由于神宗不断质疑市易司细务，王安石深感"天作之合"的际遇已成过往，自觉不可能将自己揉碎捏成另一个人。正如越次入对前与儿子议论的那样，年轻君主有血性、悟性，但意志和韧性似乎有限，只想改善积弱积贫状态，不会十分触动权贵豪强。中庸，无法改变底层百姓的贫困状态，也无法把积聚在少数人手中的巨额财富让黎民百姓受益。朝廷脊梁骨确实缺钙。君心渐远心渐衰，也许再也听不到"朕为异论所惑"的话了。面对相府窗外盛开的槿花，王安石心中涌出伤心感怀的诗句：

槿花朝开暮还坠，妾身与花宁独异。忆昔相逢俱少年，两情未许谁最先。感君绸缪逐君去，成君家计良辛苦。人事反复那能知？谗言入耳须臾离。嫁时罗衣羞更著，如今始悟君难托。

吟咏到此，王安石还觉意犹未尽，再加了一句：

君难托，妾亦不忘旧时约！

官家困惑《流民图》

刘安世风闻神宗常微服行访王安石相府，便速去安上门询问"智多星"

郑侠:"官家驾临相府,不知有何举措?"郑侠诡秘地说:"参政冯爷传话,目今天降灾伤,首辅告病,官家忧心,朝野上下不安,正是壮士大有为之时!"刘安世:"怎么个大有为?"郑侠:"我那个老师拜相之时,两宫太后曾经许诺,只要国泰民安,任其改易更革。如今蝗虫成灾,无雨久旱,农夫下不了种。陕西、河北饥民遍地,流民四出。你看这安上门里里外外,饥民死去活来,可怜可痛可悲呀!民不安国不泰,何以至此?这都是拗相公变法惹的祸。要是有忧国忧民之能人,把这人间惨状画下来,具状上达天听,岂不功德无量!你们刘氏居本朝书画大家之列,镌刻吕诲墓志铭声满朝野。要是再承当起这项伟业,救民于水火,善莫大焉!"刘安世慷慨应承:"此有何难。"郑侠:"要是能将图画递送官家,一定会追究其因,就此有望扳倒拗相公,罢除那些劳什子新法。进士老弟呀,你二十七岁了还在候选。以本门官之见,您哪,玩起来虽是泥,供起来便是佛。此事成功,即便不拜相封侯,也得个为民请命的美名、长留青史呀!"刘安世被鼓动得非我莫属:"妙,妙!闲人我就按门官您的良谋,绘就安上门下流民图,掀翻王安石那一伙宵小之徒!"

神宗置曾布外放诏未发,正与参知政事冯京、司农寺卿曾布等在偏殿议赈灾事。时近正午,忽然接到密报,乃安上门官截银台通进司快马奉上《流民图》,并奏《论新法进流民图疏》。神宗令曾布展书念道:"臣监安上门郑侠昧死言:窃闻南征北伐,皆以其胜捷之势、山川之形绘图来献,未见有人绘天下子民卖妻鬻子、流离逃散、惶惶濒死之惨状以达上闻者。臣甘俟诛戮,干冒冕旒!自新法颁行,天下苦矣。臣谨以安上门所见,绘成一图,百不及一,但经圣览,亦可流涕。况于千万里之外有甚于此者,比比皆是。此皆新法流毒天下之罪也!愿陛下开仓廪,赈贫乏,去安石,罢新法,下诏和气,上应天心,延万姓垂死之命。陛下观臣之图,行臣之言,灾伤自消。若天仍不雨,即乞斩臣宣德门外,以正欺君之罪。"

神宗审视《流民图》,见所绘流民之惨状:"有的蜷缩冷极,有的饥饿不堪,或啃草根,或吃污土,有的卖儿鬻女,有瘦弱不堪者仍然带着枷锁,有死于道旁被狗群啃啮……另有一般悍吏,对濒死者怒目挥鞭……"神宗嘘唏不已,询问冯京:"郑侠是什么人?"冯京佯装憨钝:"臣不知。"神宗转问曾布:"卿知郑侠?"曾布回禀:"郑侠,字介夫,福建福清人,选人。母早丧家贫,发愤读书。治平间，王公在江宁收为弟子，四年进士后，任光州司法参军，判案精准。王相助陛下行新法，郑侠鼓呼与三代尧舜同其仁，太平可致也。王公数次欲吸收其人参与新法制定，他却声言未尝识法而婉言谢绝。王相也曾过安上门看他，并遣王雱、黎东美数次敦促他参加新法考试，以改变选人地位，他执意不从：'不学律也曾将积案判决得很好。'后多次上书未得回复而大为光火，乃再《上王相公书》，怒斥王公不信他'赤诚如血'之言。以后又借和王公诗恶意讥讽：'何处难缄口，熙宁政失中。四方三面战，十室九家空。见佞眸如水，闻忠耳似聋。君门深万里，安得此言通。'"

神宗："什么'赤诚如血''闻忠耳似聋'！此人明足以察秋毫之末而不见舆薪，与司马光等人相似，不懂熙宁新政之真谛，只计较个人之尊严，是个反复无常之人。朕可免他擅递之罪，但对《流民图》策划之动机必须追究。"

神宗转对冯京："朕即位以来，未修建宫殿园林，也未有游幸赏赐等耗费。理财变法，公私储备多了，应对天灾人祸的底气足了。两浙一路，免除五等户役钱，尚收四万。其他诸路州县，各有积蓄。中外府库，无不充裕，常平、坊场、免役积钱，不下五千余万，完全有能力赈救缺衣少食的农人。取民之财，还以助民嘛。"

神宗提笔在郑侠奏疏上批了几行字，递给曾布，并诏令："司农寺立即诏告天下，诸路州县官吏，凡是无视民人疾苦乃至流离失所者，严治其罪！"冯京、曾布应诏后唯唯而退。冯京回到中书省密嘱亲信："速告郑侠，官家痛斥《流民图》！"亲信："去咸宜坊岐王府？"冯京耳语："去桑家瓦子找文及甫、刘安世。"亲信："中！"

岐王赵颢正在与大理评事文及甫、刘安世等在他们常来常往的老地方与妓女鬼混。他津津有味地讲述蹴鞠场上趣事："你们见过《宋太祖蹴鞠图》吗？从太祖爷那时起，每逢天宁节、圣寿节均有筑球表演。有个高手名叫'撞到山'，球场踢弄，浑身是眼，头、肩、背、臂、胸、腹、膝均为蹴鞠落点，令人叫绝。"文及甫："王爷您也浑身是眼，周身都能蹴鞠呀。"妓女十分惊异："啊，王爷？小女子怠慢了，怠慢了！"

来人气喘吁吁地将《流民图》副本交文及甫，并谆谆嘱咐："及甫，参政冯大人叫你催促岐王，立即将此图奉献太后、太皇太后。"文及甫："为何如此紧急?"来人:"郑爷说,请不动两宫太后,大家就死定了,死无葬身之地!"文及甫听到"死定"二字,魂飞天外,急入刘安世室,拉刘一起闯进王爷室内,扑通跪地:"王爷,上天震怒,赶紧求见两宫太后,请佛菩萨留我们一条小命!"岐王赵颢:"又要本王挨两个老妇臭骂!"文、刘磕头如捣蒜:"王爷,您老人家开恩吧,挨顿臭骂,总比死无葬身之地好得多。"三人如丧家之犬逃离桑家瓦子。

在政事堂,神宗讯问吕惠卿:"郑侠,小臣,怎知禁中之事,连朕与大臣奏对的原话都说得一字不差?"吕惠卿:"据说是冯参政潜心记忆,托王安国转知郑侠。"神宗:"参相临朝,有话不自言,却拐弯儿指使郑侠发难,却是为何?"吕惠卿无以对。神宗:"这个郑侠,不仅诋毁王相,还胡说什么'熙宁政失''君门不通'!"吕惠卿:"一条疯狗而已。"神宗:"立即赶出京门!"

神宗责问冯京:"有司审问郑侠,所言你们执事议事细节,与实情一字不差。据说是从卿得知,还与王安国有关?"冯京脸不红心不乱跳,矢口否认:"绝对不可能!郑侠还未出京,叫他回来,我当面与他对质!"神宗:"朝廷常有莫名其妙的鬼事,你们执政要自省啊!"冯京不忘告吕惠卿的状:"王安国曾痛骂吕惠卿是奸佞之臣,吕惠卿所以挟嫌构陷王安国。"神宗:"这个王安国,与他七弟王安礼一样,总与其兄唱对台戏。朕赐他进士留任京官,既然京中不可留,就放归江宁,免得王相为难。"

是夜,神宗无法安睡。次日早朝,乃诏三司使韩维,停止执行新法,朝廷全力发放免行钱赈灾,修人事以应天变。

第三十二章
欲求保全，不若暂出

趁灾发难的大忠臣

熙宁七年（1074 年）春。郑侠献图的第二天，岐王赵颢蹑手蹑脚遛进宝寿宫："拜见母后。"高太后诧异："王爷鬼头鬼脑地吓我一跳。阿弥陀佛，今儿个太阳从西边出来了！"岐王狡黠地回答："母后恕罪！今儿个太阳被乌云遮挡了。"高太后依然不饶："该是王爷与那帮狐朋狗友生分了？还是为老祖宗千两黄金年礼，化缘来了？"岐王："母后如此奚落亲生小儿子，太偏心了吧！本王向娘娘和老祖宗献宝来了。"赵颢将《流民图》卷轴硬塞给生母："我得了一样稀奇宝物，请太后娘娘鉴赏。"高太后鄙夷地不予理会："你能有什么正经东西？哀家受用不起，拿走！"岐王死皮赖脸："这可与您皇儿命运攸关。太后偏心看不起癞头儿岐王我，总不能不顾您那宝贝儿皇帝吧。"

高太后不得不打开："什么混账图，都是要死要活的人众，哀家以为郭熙的《早春图》咧。"张寺进来插话："娘娘喜欢郭熙画！巧啦，官家一殿皆熙作，最欣赏他独创画山石状如卷云的卷云皴法，还总结他有披麻皴、雨点皴、解索皴、牛毛皴、大斧劈皴等，夸为天下第一咧。"岐王："丑八怪别废话！此乃汴京安上门官郑侠在他镇守的城门亲见，请书画名家刘安世实实在在写生来的。百姓苦难，惨不忍睹！皇兄向来标榜民为邦本，太后娘娘请看，民尽饿死，本在哪里，邦何所依！"高太后："他们奏告呗，拿来吓唬后宫为何？"岐王："郑侠、刘安世他们怕您那宝贝儿子杀头诛家、罪及亲族呗！朝廷那么多言官一个个被他流放到边远非人地带受罪；一个个柱国老臣被他罢的罢，退的退，打入冷宫，谁不害怕呐！"高太后会意，正好用此物做点文章："传官家来见母后！"

后宫传话母后约见。神宗盯住堆积如山的奏折和公文，情不自愿地离开崇政殿，急入宝寿宫拜见母后。但见岐王在侧，神宗便知没有什么好事。神宗："母后安好！对皇儿有何圣谕？"高太后冷冷地说："官家坐吧。"神宗默坐一旁静候。

高太后板着脸说："官家甚忙呀，元宵不观灯，清明不游园，好一个仁德天子咧。"神宗淡然而笑："儿不敢，唯以勤实，乃致太平。"高太后将《流民图》掷于神宗面前："还太平呢，就这么个太平法？民为邦本，民尽饿死，邦何所依？阿弥陀佛！"宫女立即捡起画轴敬奉官家。

神宗打开一看，见是郑侠那幅《流民图》，便转问岐王："谁把这东西传至后宫，惹母后烦恼？"岐王畏怯不敢吱声。高太后："与王爷无关。到底有没有这等悲惨情状嘛？"神宗："偌大的宋朝疆域，哪年没有灾荒？儿子继位那年，流民宿于御街廊下，母后是见过的。"高太后愕然，不知所云。

神宗："几年的理财变法，京师市场货物堆积如山，府库广有积蓄。儿已命三司开仓发库赈灾救贫。那个门官郑侠，乃一反复竞进之徒，先奏均输、青苗法好，后又奏青苗、募役极弊，今再以图画蛊惑人心。此人性情反复，别有用心，母后不必动怒。"高太后更加震怒："天下无此事，怎会有此图？变法变法，王安石秉政七年，令你心醉神迷。如今局面这么难堪，都是王安石的罪过，应该罢免治罪！"

神宗听到母后罢免治罪王安石的话，五内俱焚，自言自语："王相坚决求去，我正竭力挽留，唯恐挽留不住。要是后宫此话传出，安石必去无疑。新政大厦半成，摧折梁柱，不就一地砖头瓦片！"他反驳母后："朝臣数百，儿臣唯一离不得王安石！"高太后更加气急败坏："你们那均输、青苗、募役、保甲、团练，就是一地残砖碎瓦，统统罢除！"神宗坚持："变法理财，为民富国强、长治久安之道，熙宁之根本！"

岐王赵颢见机浇油："母后懿旨，至不遵行，大宋是你一个人的吗？"神宗抓住转机："原来是熙宁错了！我退位，你来坐龙廷吧！"岐王赵颢被吓得跪在高太后面前磕头如捣蒜："'煮豆燃豆萁，相煎何太急。'兄长要杀我！母后救命呐！"高太后怒不可遏："你戴了七年皇冠，同胞手足们提心吊胆！要杀先杀哀家，与他无干！"高太后边说边示意岐王离开。岐王屁滚尿流地后退。神宗自辩："连王诜那厮极端侮辱吾妹越国长公主，朕只流放他，何时对王亲国戚动过杀机呀！朕与王相议定，熙宁朝不杀大臣咧！"提起爱女长公主，高后自然心痛，乃至欷歔不已。

　　稍前，宝寿宫滑稽小宫女飞报太皇太后："太皇太后老佛爷，不好了，不好了！"太皇太后："你总是疯疯癫癫的，又出甚么蛾子？"滑稽小宫女手舞足蹈："官家与太后、岐王打起来了！"太皇太后："嚼舌头！把你丫头片子吊起来。"滑稽小宫女："老佛爷，您老人家吊死我，宝寿宫那边照旧打架咧！"太皇太后："啊，真的？"滑稽小宫女悄悄自言自语："不是针的，还是属锥子的呀！奴婢纳鞋底，真被锥子扎过咧。"太皇太后："别废话！传皇后，与哀家一起乘御制宝辇去宝寿宫。"

　　宝寿宫宫女急报："太皇太后、皇后驾到。"高太后连忙止哭拭泪，引神宗、岐王恭迎。只见太皇太后那黄金玉辇到达前庭，后随向后、陈美人与帝姬、皇子，笑语喧声过来。宝寿宫顿时由内讧转成欢乐。

　　高太后领神宗、岐王一同向婆母请安。太皇太后声称："我那农庄春光明媚，你娘儿们却在宫内发闷生气，不如跟我犁田育秧去！禅师贡献了好种子，今年有望好收成咧。"此时，向后一撒手，小皇子插着满头琼花，跑到祖母怀里。高太后抱起孙子，举过头顶，恼气顿消。神宗与向后伉俪情深，生了一个公主。这皇子赵俊系陈美人所生，已封永王，自然成了众人的心肝宝贝。

　　岐王自幼怯见威严的祖母，此时见机接过宫女手中的茶盘，战战兢兢地奉上。太皇太后接过品了一口，笑问："好久不见王爷蹴鞠，那黄尖嘴蹴鞠茶坊生意兴隆？"岐王尴尬地回答："哪里还敢蹴鞠！兄长要剁我咧，恳请老祖宗留孙儿这条小命。"

　　太皇太后并不理会，转眼笑看恭立一旁的神宗。神宗笑道："王弟输我一回，就不敢再与我比赛，编这笑话逗老祖宗。"太皇太后半嗔半笑地说岐王："准是向母后要米米来的吧！叫人在哀家账上支取十两黄金，拿着斗鸡蹴鞠去,只是不要把汴京城墙踢出个窟窿。"岐王连连磕头而后一溜烟退出。他心想:哼,说不定哪天本王将大内城墙踢个豁口咧!

向后得神宗示意,与陈美人引了帝姬、皇子去另厢玩耍。

两宫太后与神宗叙话。神宗忧形于色,强作欢颜。太皇太后看在眼里,痛爱有加:"知道孙儿凤夜焦劳,脸色不佳,瘦了许多。"太后在姨婆面前,温顺而和颜悦色地说:"蝗虫遍野,经年不雨,黎民没了生计,定是王安石变法乱阴阳之和,天意示警,应罢他相位以顺天意。"神宗垂头答道:"儿已降罪己诏,减食断肉,躬身检讨。"太皇太后对高太后:"自古灾变乃常事,尧有九之水患,汤有七年之旱灾。孙儿已身承其重。有人以灾异攻讦,事出反常必有妖。你当你的皇太后,干嘛对孙儿横挑鼻子竖挑眼的!一幅图画算什么,哀家那里有一大堆奏折哩!"

神宗禀告:"各地灾民生活难济,已诏司农寺出常平米三十二万斛,三司米一百九十万斛,置官场贱价出卖;有关州县广设粥棚应急。"太皇太后点头:"视民如子,这样就好。传言王相告病,谁人主持中书?"神宗答:"王珪、冯京两执政。加上吕惠卿代参政兼司农寺卿专管新法施行。"太皇太后问:"韩绛何处听政?"神宗:"出知大名府,留迩英殿讲《礼记》。"太皇太后嘱咐:"还有他的弟弟、东宫旧人韩维,韩氏兄弟可依。哀家那里有几个老臣建言,少时给陛下送去。孙儿回宫忙政事去吧。"

神宗回宫,见太皇太后遣人送来的封事皆未开启,深感祖母豁达宽容,乃自言自语:"太皇太后如此厚爱,孙儿怎能不奋发图强!"仔细翻阅,皆富弼、韩琦、文彦博、司马光等人奏疏。但见司马光《谏阙政疏》:"方今朝之阙政,其大者有六:一曰广散青苗钱,使民负债日重,而县官无所得;二曰免上户之役,敛下户之钱,以养浮浪之人;三曰置市易司,与细民争利,而实耗散官物;四曰中国未治,侵扰四夷,得少失多;五曰团练保甲,教习凶器,以疲扰农民;六曰信狂狡之人,妄兴水利,劳民伤财。凡此诸端,皆害民扰天下者也。"

神宗对这位师臣彻头彻尾彻里彻外与王安石针锋相对,早已了然于胸,但他竟将熙宁新政视为"害民扰天下"之根源,觉得实在无聊而狂妄,有如投枪扎心。神宗心语:"逞灾发难,无限上纲,真忠臣哪,大忠臣哪!"神宗想大声喊出来，却怎么也发不出声，不觉喷出一口鲜血。在侧陪侍的向后无比震惊，急命家臣召太医。神宗在昏迷中喃喃叮嘱："不要惊扰两宫太后，只唤钱乙就行。"

强兵裕民即为良法

钱乙急急忙忙赶来神宗寝宫，直入御榻前，望闻问切一番，乃出至屏外，低声对向后道："官家前时尚好嘛，几天没陪他下棋，气血竟然亏损得如此厉害！"向后叹道："久旱无雨，心焦如焚。多日去荤就素，减膳增劳；朝事夜以继日，没完没了，神仙也挺不住哇！"钱乙手捻银须，斟酌病理，慢慢说道："皇后不要焦急。官家是为时局逼得气短。臣处方几味导气药物，然后定心补血，陛下很快便会复原。"向后点头："就依内相。"钱乙将医案交付石得一。

待石得一离去，钱乙从囊中取出一折递与皇后，并低声嘱咐："折中之语，乃司天监丞沈括献予官家的秘方。"向后展示，只见"近日必降大雨"一行字，有些疑惑，便立即入室递给神宗。神宗微微睁眼一瞥，顿时精神起来。向后惊奇不已，扶起夫君，轻轻地询问："沈括何人？能呼风唤雨如诸葛孔明？"神宗解释："沈括，虽非神仙，也是异人，天文地理、器物奥妙，无所不知，无所不晓。日前察访两浙水利，所奏十分翔实。疏浚汴河，分层筑堰，贡献颇巨。朕任他司天监丞，他后又制作与契丹的边地沙盘，驳回了萧氏的领土要求。近时又做出浑天仪，还从民间寻访到一盲算神人，推算出奉元新历以献朝廷。"

向后将信将疑。第二天晚上，果然大雨如注，水漫街道，运河恢复船行。清晨，群臣齐聚文德殿阶下拜贺春日喜雨。神宗未上朝，与向后在寝宫共庆"沈甘霖"后，双双入贺两宫太后："喜雨来临，实为新法之利天下。"高太后："陛下节食勤政感动天地，与他王安石沾不上边。"神宗："王相以道为政，勤而不专，殚精竭虑，不计名利，感天动地，熙宁新政，其功至伟。"

太皇太后气定神闲地劝谕神宗："若如此，安石危矣！"神宗不解："老祖宗此话怎讲？"太皇太后："如市易司吕嘉问强征免行钱，故怨之者甚众。"神宗微微点头，静待祖母下文。太皇太后："官家不闻众怒难犯么？天下之人愚者众而贤者稀。愚者定会忌妒贤者，而贤者重以自爱自守，不与愚者争，愚者就更加怨嫉焉。挟忌怨之心则无所不谤，又传而广之，故贤者常多谤，愚者易以谤，谤者易以传也。这就是常言说的树大招风，贤相招怨。以哀家之意，对陛下的爱相，欲求保全，不若暂出。"

高太后见婆母身居佛法龙天上，心在儿孙社稷间，喜悦之极，便起劲奚落儿子："强相专政，陛下至轻，早该罢黜！"神宗气急："欧阳文忠公早就警示过，欲动摇大臣，必诬以专权；唯专权乃上之所恶。"太皇太后看出高太后的得意神气，心里在骂："你这个滔滔，不是我把你引入宫，能有今日！自量点吧，不要总在儿子面前逞能。"

在祖母"暂出"之言出口之际，神宗顿感天塌下来似的，一时泪涌气急。太皇太后正色抚慰道："臣为君设嘛。王安石学问深邃、意志坚强，如若非疾病缠身，即便毁谤铺天盖地，也不会再三再四力辞的。"神宗不由得点头默认："王安石的意志是外力击不倒的，确是被那溲血之症折磨得心力交瘁。"

高太后趁机唱起高调："天得和以清，地得和以宁，谷得和以长，人得和以生嘛！江山代有人才出。权相王安石去后，自有张安石、李安石辅佐。"神宗听到此话，心如锤击，顾不得顶撞母后："新政已见成效，绝不会因恶吏阻法而废除。"太皇太后点头："法无尽善，强兵裕民即为良法。哀家为陛下计：即便勉强留住安石，也去不了他的病根；他依然病重不起，奈何？"神宗回复："只要安石在朝，即便躺在相府，也能令行禁止。"太皇太后："哎，陛下何苦呢！优礼安石，暂归江宁府养病为最佳。"

神宗静默良久才征询地问："安石去后，太皇太后以为，参、相二职，何人为宜？"高太后想插话，太皇太后瞪眼制止，然后闭目止如静水："安石以后的事，陛下自行斟酌吧。"神宗："王珪、冯京留任参政，大致圈定韩绛、吕惠卿二人。"太皇太后微微睁眼："安石交代的吗？"神宗："安石亦请韩绛自代，荐吕惠卿参政。内外传言韩绛是王安石的'传法沙门'，亦称吕惠卿是'护法善神'。"太皇太后显得轻松："既已成竹在胸，就放归安石，叫他安石安心吧。"高太后狐假虎威："这回可不要再刚愎自用了。"神宗默默心语："只要挽留住王相，这一切便不会发生。无论如何，还要争取最后的可能。"

神宗回宫，面对王安石连续六上解除职务札子，再次感到左右为难，在崇政殿来回搓手踱步。他伏案飞快地写一便签,唤内侍冯宗道请吕惠卿。吕惠卿急急来到,神宗对他说:"王相已接连六上札子请求解除相位。朕一直恳留,他终未答应。请卿去相府恳谈,千方百计劝他留任;实在不行,至少留京顾问。"神宗郑重地将手诏递予吕惠卿。吕惠卿既觉官家信任,却也感势难挽回:"深谢陛下重托。自王相请辞以来,臣也曾多次劝他撤辞。微臣巴不得王相无病无灾,一直辅佐圣上,当我们这些人的主心骨。只怕微臣亦动摇不了王公的既定决心。"

神宗:"朕前已特遣参政王珪去劝说无果。以你们这些年变法行政的默契度和友谊,朕以为王相定会尊重卿的情谊。只要有一丝丝希望,朕都要恳留他顾问。"吕惠卿:"臣当全力再请王相遵崇圣意。王公心里何尝不清楚,圣上是极不愿他去位离京的。"

白发银须的道士李士宁用一口四川话毕恭毕敬地问道:"相公溲血症反复,原是过劳所致。"王安石:"近时易怒头晕,双手发颤,正想与道人恳谈养生之术。"李士宁:"本道有大睡三千、小睡八百的法理。我能活到三百岁,就在于凡事都不心焦,酣睡不醒。"王安石:"新法,今天颁布,明天撤销。如此遭遇,要是您老人家当这个宰相,也会睡不着的。"李士宁:"三十年河东,三十年河西,相公是深谙此理的。您的新法,如今遭抵制,数十年后将通行无阻;再数十年,坏新法者也许再起,随后烟消云散。"王安石骤然兴奋:"是吗,道人您能预知数十百年事? 不过,我还是在江宁赠先生的那两句:'杳杳人传多异事,冥冥谁识此高风?'仙风道骨的你老人家能预知未来,凡人我只能执着于现在。"李士宁:"既然官家与太皇太后允准,相公就此入我仙道吧,佛道也可。"

王安石:"还要特别致谢蓝衣人现身,宣德门、飞来峰没能收走我的老命。"李士宁笑得极为开心:"哈哈,义侠无处不在,江湖小技何必挂齿。"王安石心有灵犀,作揖深谢李士宁:"深谢大师用心助力。"李士宁大笑:"多是金台将军弟子,蛋子僧徒子徒孙,自家人。"

此时家臣报:"吕相公到。"李士宁立即退出书房。吕惠卿来到,恭敬地将手诏敬奉王安石。待王安石仔细看过,吕惠卿叙说来由:"相公坚辞,官家一再恳请您以帝师留京顾问。以属下所见,这应该是最妥善的办法。只要恩师在朝，即便坐着躺着，新法就能一如既往地施行无阻。”王安石恳切地回复：“吉甫应知，在官家，这是万全之策；对我，心累却无法松弛，于病毫无康复之望，也许一病不起呐。”吕惠卿：“王相万万不能悲观。改变本朝积贫积弱积习，走富国强兵之路，让大宋百姓过上富足安稳的日子，是恩师扶助官家施行熙宁新政的目标。为新法计，相公离朝，可能半途而废。但只要您能康复，就不至于功亏一篑！”

王安石仔细听过吕惠卿申述的理由，沉默了一会，乃曰：“不会那么严重的，吉甫老弟！官家意志坚定，思路清晰，有子华、你和支持新法的朋友们力挺，反对势力是起不来大浪的。”他停了停，喝了口茶，又说：“那些因阻挠新政被罢免或外放的人，眼睛死死盯住我的一举一动。我一离开，他们会放松对新法的抵制和攻击，你们的阻力定会减轻。你或许已知，苏轼到杭州以后，全然转变了对新政的态度，与张方平一样，力推青苗、募役、农田水利咧。还有，范纯仁等的态度也有转变。”王安石见吕惠卿并无异议，便又继续说：“吉甫从入朝那时起，就未间断地料理我这老朽的生活，亲见我顽疾缠身，力不从心。政事如流水，需要吐故纳新。我的施政理念和行为习惯等，你比谁都熟悉。同样，你对官家的了解也不比我少。太皇太后已有懿旨：‘强兵裕民即为良法。’我相信，你们会辅佐官家把熙宁新政推向更高的境地。”

吕惠卿亲见王相去意弥坚，也被他的诚意和卓识远见所打动，觉得再寻找出十条八条理由也无济于事，便说：“恩师不容官家恳留，属下再说什么也属多余，吉甫只得向官家交白卷了。”回禀神宗以后，吕惠卿又夜以继日地遍发书信给各监司、郡守朋友，请他们上书陈述利害：“王相去职，新法可能夭折。”

王珪拜访王府，王安石抽出一纸，乃《与参政王禹玉书》。王珪捧读：“伏惟明公方佐佑大政，上为朝廷公论，下及僚友私计，谓宜少垂念虑，特赐敷陈。某既不获通章表，所恃在明公一言而已。心之精微，书不能传，惟加悯察，幸甚。”王安石极其恳切地补充：“禹玉前辈呀，你是个好人！感激您当年推荐了我。现在，官家既然请您来说合我，那您也要成全我一件事。”王珪心里明白，自己当初对王安石变法的决心并不十分理解，也曾在背后做过并不光明正大的小动作，便问："我能为宰相做什么？"王安石："一句话。"王珪："什么话？"王安石："这一句话的忙，一定要帮啊！"王珪不可捉摸地点头："只要我能做到。"王安石："恳请你在朝议时美言一句：诚请陛下痛快淋漓地放王安石回江宁。拜托，拜托！"王珪如释重负，却又哭笑不得。他感觉对不起王安石如此推心置腹的信任，就像平时"领圣旨"那样应声："一定一定，宰相老弟放心。"

吕嘉问、张谔一齐拜访相府，王安石起身迎接："望之，张处士，你们来了。望之，你这个虞部员外郎与安持以详定行户免行法事各升一级，是干得不错的！"吕嘉问盛衰不改其态："那是得王公的提携与保护。王公一去，不知市易司何去何从了！"王安石勉励："望之老弟，在这场充满智慧光芒且考验我们勇气与胆识的艰难探索之旅中，无论个人命运如何跌宕起伏，时代的浪潮只会也只能是向前！"吕嘉问、张谔听得热泪盈眶。王安石言犹未已："故人如我与君稀。你们年轻盛开，清风自会到来，有韩相、吉甫、禹玉他们在，定会大有作为的。"吕嘉问、张谔向变法统帅深深鞠躬而别："大恩不言谢。恩公善自保重，盼望您早日归来！"

韩绛应诏拜见时，神宗命他再去王府亲传手诏："朕已降敕命，准卿知江宁军府，庶望安心修养，早日康复。万望师臣为朕详语方今政事人情之所宜急宜重者。"

韩绛去到王府，王安石故意挑逗："子华不在中书决策朝政，来我这里闲逛，我可没有工夫陪老兄喝茶。"韩绛也笑着回复："我也没工夫喝你的什么茶，有至关要件送宰相过目。"王安石："官家已恩准我休息，办要件已是你们的事，请回转。"韩绛将神宗手诏恭递王安石。王安石接过，立即起身："原来是官家手诏，失礼恕罪。"王安石捧读手诏："体卿之至诚矣，卿宜有以报之。手札具存，无或食言，从此浩然长往矣！恳请相公对韩相详示今后行政大略。"

王安石："子华兄折煞介甫也！你们韩家两代为相，老兄和持国老弟先我多年入朝，可谓在朝中吃的盐比我吃的米还多。我莽撞入朝，执拗施政，得罪朝野，累及官家，哪里还有什么执政方略可言！"韩绛："介甫先别封门。恳求'详言方今人情政事所宜急宜重者'，可是手诏原话，并非我韩某私自添加。你辅佐官家整整六年,这漫长的六年哪,在大宋百年史中可谓风生水起,震惊朝廷,撼动国人,扬威世界。乡间小儿皆知,介甫与官家相处如同一人,史家惊呼中国史上从未有过。如今,只因有点慢病,反复请求辞职。官家关爱有加,准予择地休养。还未启程,你就左推右挡,打起官腔来了,不够朋友哟!"王安石笑着说:"看来我没有错荐人。说是为我送行,迎面却先给个下马威。看来我不讲点什么收不了场。好吧,留你吃餐便饭,边吃边聊,我话你听,至于能不能够上官家所急,是不是有利于护法沙门的执政方略,那就另当别论了。"

吴夫人笑嘻嘻地请挚友韩绛进餐。王安石虽然食欲不振,但一直尽情说话,谆谆叮咛:"官家青春鼎盛,意志坚定,已由当年的血气方刚而趋成熟。太皇太后懿旨在案:'强兵裕民即为良法。'你应该心领神会,旧秩序的崩塌声与新秩序的号角声,早已不绝于耳!"

韩绛有时停箸记录,只恨沈括、李公义、黄怀信们未造出录音录像的物事。王安石:"历史的深刻教训是:周因强末弱本而亡,秦因强本弱末而灭,我大宋百年以强本弱末而本末均弱。子华切记:熙宁新政则要强本亦强末。"韩绛:"熙宁新政是为强本亦强末,国富民强。"王安石:"宰相最大的责任在于选人用人。我的教训很多,一言难尽。挚友曾子固曾送我一联现转送老兄:'当容异己之君子,不护昵己之小人。'"韩绛心里感慨:"人生未免起落,精神总可传承。"

王安石放下筷子,反常地端起酒杯,特请韩相转达官家:"认知决定命运。今上决意施行熙宁新政,成效已初见,西夏粗为掌握,伐辽事未及绸缪。好战必亡,忘战必危。逆辽亡我之心不死;不胜辽,臣死不瞑目。拼到最后的靠毅力。愿陛下留心施志,臣虽不在朝,犹不以为恨耳。"

韩绛再一次近距离感触到王安石变法的最终目标,激动得泪眼模糊。

熙宁七年(1074 年)四月丙戌,王安石以吏部尚书、观文殿大学士知江宁府。观文殿大学士、知大名府韩绛复同平章事。翰林学士吕惠卿为右谏议大夫、参知政事。

第三十三章
丢下一局残棋

明月何时照我还

熙宁七年（1074年）六月某日，王安石离京回任江宁府。诏任右正言、天章阁待制兼侍读、同修撰经义王雱以及经义检讨官余中等陪同，金台陈霞夫妇、御医等护送。登船时，王雱的洗脸瓦盆不小心被跌地打破，码头上的官员和百姓对堂堂相府竟然使用廉价粗糙的瓦盆而啧啧称奇："京师有官员打造金莲花洗脚盆咧！难怪那么多权贵与王安石水火不容。"

转运使官船载着王安石一行，行驶在大运河上。王安石一路与地方官员、员外乡绅、农夫商人恳谈，乡民盛赞新法惠民，未闻青黄不接被剥夺之苦，享用沿途时鲜果蔬，心情十分舒畅。薛向："熙宁新法施行六年，国人多被化服。"汪弄沟："我们老家鄞县东钱湖一带，家家有余粮，户户盖新房。"金台："我原以为，一根棍棒能打翻天下不平事。这几年，亲见您一套新法使万民饱暖，军队雄起，国家强盛，多国来朝。"御医："王公再执政六年，那契丹、西夏就会服服帖帖，不敢再要什么岁贡了。"

王安石难得一笑："我是个知其不可为而为之的人，药公也像我一样知其不可为而为之呀。两个不可为加起来还是不可为，非关人力甚至帝王之力呐。"御医："相公善自将息，体气会很快复元的。"王安石："我恨极这副臭皮囊不帮忙呐。"

船过扬州，泊瓜洲。王安石站在船头甲板，遥望运河两岸货栈林立，船只穿梭，原野稻浪翻滚，牛羊悠闲地吃草或嬉戏。待到运河入长江口，可见森森长江水滚滚东流，来往船只望不到头。对着如黛的金山、焦山，不免心潮澎湃，不禁顺口低吟："京口瓜洲一水间，钟山只隔数重山。春风又入江南岸，明月何时照我还？"陪护在身边的吴夫人接腔："相公你看，这边瓜洲，那边京口，江岸黛绿，'春风又入江南岸'一句中的'入'字，改成'满'字如何？"王安石沉思了一会乃答："'满'比'入'好，不过……换成'到'字恰切些。"吴夫人点头："'到'字是好些……我想起一个更好的字来了。"王安石："什么字？"吴夫人："绿！"王安石惊异，想了想，拍手叫好："好一个'绿'字，太入神了！'春风又绿江南岸'，夫人，一字之师呀！"吴夫人："'春风又绿江南岸，明月何时照我还？'天佑相公，成全大宋，会还的！"王安石感动："獾郎此生有姐姐作伴，十分知足。"吴夫人："我懂，相公的世界全是'绿'的，春天永驻心中。"御医对薛向："转运使，看到了吧！宰相心中的世界总是'绿'的！"薛向对御医和金台感慨："熙宁以来，我跑遍全国各地，体会到春风荡漾，绿遍大河上下、长城内外，相信将会绿遍辽、夏！"金台点头："明月何时照我还，王公未忘官家期待，他会回朝再相咧！"

江宁府喜气洋洋。萧先生禀告安石："相公，今儿个，素雯小姐和安持姑爷带儿女到江宁。"王安石特别高兴："伯姬七岁了，吴仰、吴雇也大了。"王安石将诗文递给王雱："雱儿，你觉得大姐诗写得如何？"王雱："爹总是夸她很用功，当然是写得好呐！不然，您怎么会依韵一和再和。"王安石记起曾依韵回赠："孙陵西曲岸乌纱，知汝凄凉正忆家。人世岂能无聚散，亦逢佳节且吹花。"王雱："您还和了一首哩：秋灯一点映笼纱，好读楞严莫念家。能了诸缘如梦事，世间唯有妙莲花。"

王安石陷入对女儿和女婿吴安持的想念中。王雱："再读二姐诗，我更想她了。还有您的《寄吴氏女子》：'梦想平生在一丘，暮年方此得优游。江湖相望真鱼乐，怪汝长谣特地愁。'怪她不该和泪看黄花咧。"

王安石听见伯姬、吴仰、吴雇等远在门外高叫外公，知道素雯与吴安持来到，立即叫萧先生出迎。王安石即兴写诗："伯姬不见我，乃今始七龄。家书无虚月，岂异常归宁？……既嫁可愿怀，孰如汝所丁？……汝何思而忧，书每说涕零！"

素雯看见衰老疲惫的父亲正在书写关于她的诗文,凝视静观,不觉热泪盈眶。她扶持搁笔的父亲坐下,内心如焚。她想起素雾当年说过"虎狼之地",不幸而言中,小家伙真有见地。她又想,如果常陪伴身边的不是那样令爹伤怀的哥嫂,而是那位情商至高、总让人舒坦的妹妹,或者自己未嫁,也许不至于这样。

金台与妻子陈霞亦在议论。陈霞:"三舅年高病重,卸去朝廷重负,或许难以复原,你这保镖也无所事事了。"金台惋惜:"知我者,娘子也!我确实舍不得离开王相。作为帝师和宰相,王公主政七年,大战数百回合,朝野震惊,百姓欢呼,改变了国家积弱积贫状态,当得起我们武术行中的天下拳王、禁军教头。"陈霞:"那就是说,小拳王保护老拳王七年。只是他老人家喘息而上,败阵而归,叫人好不伤情。"金台:"你说错了。他老人家的变法已使国家富强、民众化服,连反对者也纷纷倒戈、同情支持新政咧。"陈霞:"他老人家的意志和毅力是病痛难以击倒的。"金台:"休整一下,他老人家一定会再回朝廷!"陈霞:"你确定?"金台:"确定!"十分伤情的王安梅,见两个武林好汉对世事的认知有了一些深度,感到欣慰。

在喜气洋洋的家宴上,家庭成员都晒出了自己的佳句。吴夫人:"今日安持、素雯、伯姬一家来到,晴朗无云,无风无雨,我想起了去年一句词:'待得明年重把酒,携手,那知无雨又无风'——哈哈,真的兑现了!"陈霞指着飞来飞去的燕子,说道:"舅妈能预知未来,小女子我到现在都甚是懵懂,只凑得这么两句:不缘燕子穿帘幕,春去春来那得知?"吴夫人:"想不到霞儿这个武术大师嘴皮子竟如此了得!我想起你们的小弟那日接诏勾当江宁府粮料院,喜而韵事:杜家园上好花时,尚有梅花三两枝。日暮欲归岩下宿,为贪香雪故来迟。"在场的定林寺道原长老称:"安石这个小儿子,绝句写得有似唐人哪。"众人欣喜:"尽是佳句,我们王家人都是诗词高手。"王旁:"雕虫小技呐。哥哥,经义局编撰,给官家讲读,那才是真学问呐。"

王安梅:"我们王家代有人才啰!"王雱:"大家都有了,但看老爹压卷哪!"王安石刚刚写完给神宗的谢表,又得一五言绝句,乃慢条斯里而深情地吟咏:"墙角数枝梅,凌寒独自开。遥知不是雪,为有暗香来。"

众人静听回味,一齐鼓掌叫好。陈霞:"生姜还是老的辣!三舅的诗寓意深刻回味无穷。"金台:"熙宁新政的暗香愉悦大宋千千万万子民。"萧先生:"汴京市民街谈巷议,尊相公为欧阳文忠公之后的文学大师咧。还说,宰相府的道德文章,大宋少有!"

神宗收到王安石的谢表,急切地翻阅:"哦,王相六月十五到任江宁知府了。'秋水方至,因知海若之难穷;大明既升,岂宜爝火之弗熄。加以精力耗于事为之众,罪戾积于岁月之多,虽恃含垢之宽,终怀覆𫗧之惧。'啊,为人臣者,伴君行政事,就这么难! 朕为天子,要改变积贫积弱,实现国富民强,怎么就遭那么强势对抗?"

神宗读了又读,如见王安石老病羸弱,鞠躬尽瘁,不得已而去,一切都比当面对话更加真切。王相真的去了! 再也没有越次入对时君臣同气相求的惊喜和愉悦,再也不会见到廷议十罪时那种为国事而忍辱负重、顶天立地的高风亮节,再也不会有权臣群起攻击青苗法,而朕抵挡不住以至于不得不下诏废法而宰相挺身而出,站在朕身前抵挡枪弹,再也不会有人将东明百姓进京闹事的群体事件化解于笑谈之中,在王韶西征遭重臣谴责而朕欲撤军时,力挺"三奇副使"以至大获全胜、稳定西边的奇迹,再也不会有《流民图》震动后宫、朕走投无路而欲罢黜新法时而中流砥柱……此时,在经历熙宁新政七年艰苦卓绝奋斗、获得新气象而欲再前行时,神宗感到前所未有过的迷惑与孤独,无助中更加无助。他记起昨夜噩梦:一个羸弱的孩子,被人欺侮了却无能还手,擦干眼泪独自前行,像穿越在荆刺丛林中的拓荒者,被扎得满身血肉模糊,疼痛不已。另一位老者坐地倚靠着一棵巨大而衰朽的古树干,远远地盯着遍体鳞伤的孩子,伸手欲助却无能为力……

神宗圣心五味俱全,不禁忧伤地对宠幸近侍自述心机:"王相离京,朕魂魄都丢了。既然天作之合,天公为何又摘除朕的肱骨!"

眼眨眉毛动的张茂胜刻意转题逗乐:"王相离京那天,朝臣们齐聚相送。刘贡父在书屏上题了一首送别诗,值得一笑:'青苗助役两妨农,天下嗷嗷怨相公。惟有蝗虫偏感德,又随台斾过江东。'"神宗哪里笑得出来:"事不够,灾来凑,便是有些人惯用的伎俩。蝗虫年年有,关王安石什么事,实在可鄙! 这个刘贡父据说还是王相多年的挚友咧,背友迎势,太过分了。"张茂胜:"刘贡父正话反说,戏谑那些阻挠破坏新政之徒。不过,今夏蝗虫确实厉害,从河北到江东,所过州郡的庄稼都被啃得个溜光。"神宗吩咐:"好在司农寺对受灾地区救助措施得力,大部灾民回乡生产自救了。立即遣使赴江宁府慰问王相并赐汤药。"张茂胜:"遵旨即办。"

神宗:"还有,给王雱同赐汤药。儿子不顺也是王相一块心病。"张茂胜:"陛下眷顾王安石父子,如同帝族亲眷一般,臣下感动不已。王公一家会永依鞭策,共誓糜捐。"

不几日,王安石接到韩琦去世讣告,不禁为之一惊。他久坐书房,思念回味:"年轻幼稚,不修边幅;四人簪花,传为美谈;首相推荐,却反对变法;相州对台戏,免除常平利息……韩公、欧公已成古人,富相、文枢密、司马君实,他们都是懂我的圣贤,又是举荐我的知音,却汇合成反对派的旗帜……我都做了什么呢? 新法确实堵塞了许多人的官路财路,让唐介、吕诲、唐坰、贾蕃、郑侠之流割肉剜心……他们都是国之栋梁、圣贤君子,应该分得清国家利害、百姓福祉、民族前途所在呀!"

他记起了曾巩,又一次吟咏起自己给这位诤友的诗:"高论几为衰俗废,壮怀难值故人倾。荒城回首山川隔,更觉秋风白发生。"王安石心里五味俱全,奋笔直书《忠献韩公挽辞》:"心期自与众人殊,骨相知非浅丈夫。独斡斗勺环帝座,亲扶日毂上天衢。"

当晚,王安石再做恶梦,眼睁睁见皇帝被辽夏入侵军俘虏,挣扎出一身冷汗。吴夫人睡眼惺忪地翻身呼唤老伴:"獾郎,獾郎,怎么了,你醒醒!"良久,王安石喃喃地回答:"大宋心腹之患在北边,还没有来得及部署妥帖,叫我如何放心得下呐!"

只需心灯一盏

时至六月下旬,江宁府定林寺道原长老对弟子们说:"徒儿们,听说王相公快回江宁了。"徒儿:"太好了! 有机会汲取王公教诲了。"道原:"王公辞去相位,你觉得太好了?"徒儿:"不是,不是! 王公变法风生水起,大宋百姓丰衣足食。他为何要离开熙宁皇帝? 师傅知其用心吗?"道原:"应该是健康状况不佳。"徒儿:"您不是给他治疗溲血症的秘方了吗?"道原:"只怕是非药物所能为。"

六月暑气蒸腾,王安石骑着毛驴,出东门,悄悄进入钟山,山中林木茂密凉快多了。北走十五里,就是定林寺。

道原长老正在欣赏王安石书写在佛堂壁上的数百字偈语:"只怕是如今再也写不出这么帅气的字来啰。"王安石止住小沙弥的通报,在一旁静观长老佛祖般的形态:"身处世外桃源,总是那样沉稳飘逸。"

长老平声问道:"是王公到了吧?"僧甲:"施主正在观赏长老佛相。"道原喜出望外,双手合十,转身迎接老朋友:"倦鸟飞还啰,阿弥陀佛。上茶!"王安石虽然甚为疲弱,心境却十分好,也双手合十:"久违了!长老可好?"

道原:"元年送君去,七年迎君归;世上七载长,佛界才一瞬。"王安石听到"七载"二字,心如江潮翻腾。那是叱咤风云、天翻地覆的七年哪,君臣相知,同僚齐心,所向披靡。只是帝君并不十分坚定,变法宏图也未完全展开;自己顽疾缠身,改革更易前景堪忧,或将半途而废。王安石感慨:"少年忧患伤豪气,老去经纶误半生""施为已坏平生学……能明吾意可无人。"道原:"不,不!了彻君事世人多。"王安石:"有些事情,不明不白,让你猜不透;有些路径,坎坷难走,让你行不通;有些人物,戴着面具,让你看不清;有些道理,内涵模糊,让你悟不出。"道原:"朋友的竭力支持会助您勇往直前,同路人的反复又叫您进退维谷,仇敌的真知灼见又可能让您终生受用。"

王安石点头静听。道原:"人生,是一场跋涉,路难、事难、做人难。每个人,或多或少,都有所苍凉;或深或浅,都有些无奈。"王安石:"不过,我做的事,确实叫一些人割肉剜心。"道原:"对官家,您虚名实行,强辩坚志,已经尽力了。同僚君子固当亲,亦不可曲意附和。逆反小人固当远,断不可视为仇敌。您都做到了。"王安石:"新政七年,往事已去。就像这杯茶,品味了,既香糯,又苦涩。现在杯空了,也就归零了。"道原:"不!在这场变法中,不论您个人命运遭遇多少波折起伏,时代的洪流始终滚滚向前,永不停歇!"

王安石惊讶地注目他眼里的佛祖。道原:"王公,一灯能破千年暗,一智能灭万年愚呐。走过世界繁华与喧嚣,阅尽人生沧桑与坎坷,有些苦苦追求的,不会是水月镜花。看开一点,看远一点,心智更为通透。"王安石:"是的。莫思向前,已过不得;长思于后,念念圆明。"道原:"我佛智慧,施主践行。欣赏一个人,始于颜值,敬于才华,合于性格,久于善良,终于人品。"

　　王安石:"前几天,惊悉我的老前辈、老长官韩稚圭去世,心中悲痛万分,同时也深感世事艰难。"道原:"从未听到王介甫口里吐出一个'难'字。变法壮举却难住施主您了!"王安石:"今生有幸的是,我遇见了锐意求治、细密周全的熙宁天子。"道原:"是呀! 正如官家自称:'你们君臣同代是上天的安排,天造地设。'不然,您那《上仁宗皇帝言事书》和《三经新义》,一生道德文章,终究会是废绢一折、故纸一堆。"

　　王安石静听下文。道原:"或曰,变法一卷纸,历史一壶茶。非也! 贫僧欣赏您的《叠题乌江亭》诗:'百战疲劳壮士哀,中原一败势难回。江东子弟今虽在,肯为君王卷土来?'熙宁新法正处巅峰期,官家容不得败势。"王安石:"百年承平,享受惯了,惰性做主。你想移动一张椅子也得念佛,做点出格的事更需一番战斗。这倒也不怕,要命的是岁月不饶人,年大多病,实在经不起那刻意折腾和超负荷运转。"道原:"世间的一粒尘埃,落到每个人头上都是一座大山。成功,需要朋友;伟大,则需要敌人。"王安石:"我的反对者却不是要王某人什么伟大,而是要把新法掐死在摇篮里。"

　　道原:"贵公子元泽的心病,恐怕也使施主心灰意冷。"王安石揪心地点头:"心身疲惫实难堪,梦回江南已经年。多谢太皇太后和官家开恩,实在该卸鞍了。"道原:"卸鞍也好。人是活给自己看的,别奢望人人都懂你,别要求事事都如意。苦累中,要懂得安慰自己。没人心疼,也要坚强;没人鼓掌,也要飞翔;没人欣赏,也要芬芳。人生没有模板,只需心灯一盏。"王安石:"我心中自有一盏佛灯。"

　　道原:"你是一切的根源。今天的结果,都是你自己向佛祖许下的心愿。"王安石不能不向老朋友掩盖心中的咸淡苦辣酸甜,随意而沉重地说:"归心似箭呐,不得不丢下一局残棋。"道原:"你执着民为邦本,拼力为天下苍生谋取福报。人家却厮守为士大夫治天下的业缘,黑暗掩盖光明,美丽矫饰邪恶。不必为意。"

　　王安石:"伟哉释迦,阿弥陀佛。人生真正重要的事情实在不多。"道原:"只要还脚踩实地,就别把凡身看得太轻;只要还活在尘世,就别把业缘看得太重。"王安石:"守候这钟山的悠然静美,能让福报如花芬芳。回眸定林寺,一树清风,一窗暖阳,一声念安,足够了!"道原:"你那知其不可为而为之的性格和毅力,正是我佛引领信徒进取的动力。"王安石:"像长老您的佛身一样。在这超然静美之中,王安石就有力量,就拥有整个世界。"

道原:"佛祖圣言,当世不知我,后世当谢我。你的新法,千百年后世或许仍行于世。"王安石:"佛言至圣,常在我耳。"道原:"人生的魅力,不在于完美,而许多时候是在于对缺陷的回味。要是介甫公没了自我,就不是王安石了。"王安石:"像长老您的佛身一样,习惯了孤独之后,我王介甫仿佛自成一方天地。"

王韶在熙河路经略使官邸,收到日夜盼望的王安石书信,飞快地展读。读着读着,骠勇战将眼眶湿润,直至泪如雨下,声音颤抖地喃喃自语:"王公为大宋辛劳到无能自保的程度,还惦着万里之外的末将边事。他老人家推荐我为枢密副使,是为我们熙河边事立威于朝廷,扎根在官家心底,逆势力就别想轻易撼动皇帝的决心!"幕僚:"'看似寻常最奇崛,成如容易却艰辛。'王公尽心尽力、鞠躬尽瘁,诸葛孔明不过如此。"王韶:"王公还教导本帅妥善理财,自力更生才能作长治久安之计。熙河路有幸,我王某有幸啊!"

幕僚:"出师未捷位先去,长留英雄叹息声。"王韶叫幕僚整备香烛,遥对东南祝福:"但愿王公身体康泰,新法顺利施行,熙宁皇帝万寿无疆!"

王安石在半山亭下修建新居中的某日,和道原来到半山古亭。王安石抚摸亭柱,坐于谢公墩上。道原打趣:"谢公墩呀谢公墩,你由古人谢安石所修,如今专供今人王安石享用啰。"王安石笑道:"安石墩呀,你名字不变,可得改姓王了。"道原:"谢安石,早王安石七百年生。七百年后,王安石亦是古人了! 那时会不会又有什么安石来改姓这个墩? 哈哈哈!"

王安石难得这样开心地哈哈大笑:"可不是。大凡人和物,多以古代的为好。可是,我们未曾见过古人,古人也没有会过我们。他们的衣冠埋在地下,身影不知何处,只有这谢公墩的泥木石画依旧。"道原:"茫茫往代,既沉予闻。"王安石:"眇眇来世,倘尘彼观也。我名公字偶相同,我屋公墩在眼中;公去我来墩属我,不应墩姓尚属公。"道原转而打趣:"宰相不当,权势全无,却来钟山争一个土墩,倒是从古至今没有过的。有趣,有趣!"王安石见景生情,顺口吟咏起来:"江湖归不及花时,空绕扶疏绿玉枝。夜直去年看蓓蕾,昼眠今日对纷披。"

　　王安石、道原二人坐于谢公墩，遥看半山亭那边，新近修了几间茅屋。道原："相公在半山亭造宅，山野之中，为何不设院墙？"王安石："长老可曾知道，墙垣者，与世隔绝也。那些权贵豪强，靠保险柜蓄财，养烈犬看家，修围墙防盗，守财守权，对外部世界了无兴趣。老朽我一无财二无势，要院墙做什么呀！"道原："你就不怕蝗虫飞进来，豺狼入内室？"王安石："此话怎讲？"道原："记得你离开京师、出北门的情景吗？"王安石："刘贡父那厮的戏谑诗也传到道长耳里？"道原吟咏刘贡父诗句："你那位挚友实在高明，叫那帮刻意与你作对者哭笑不得。"王安石笑得更开心："我这位多年挚交，爱我，助我，嘲弄让我开心，用尽了心思呀！"

　　道原："今后，您在小院子里盘桓。老衲只恐这半山亭屋空一半，心空一半，成为半字人家。"王安石："大师不要诅咒我。李士宁算定，我的阳寿未尽，决不会以半了结。"道原："那位江湖术士，竟然糊弄您这位宰相。吕吉甫竟然利用李与赵某谋反案牵连您，岂有此理！好在官家英明，一句话了事。"王安石："江湖道人，无所不在。他的养生法则，予我确有裨益。至于他牵扯到国姓家事，与我何干！"道原："这就是了。积极的生活，并非一定得那么拼尽全力，分秒必争，张口新政，闭口富国强兵。有时候放松地唱一阕词曲，欣赏一台杂剧，侍候一裁盆景，享受一顿美食，或者坐在城楼上闲看人来人往，都能让人感到充实与满足。也许那些被你误认为虚度的时光，才真包含我们生命的真谛。"王安石："我这个人呐，'尧桀是非时入梦，因知余习未全忘'。"

　　道原："还有一事不懂。你家兄弟七人，长兄安仁，按仁义礼智信顺序，你老三，怎么成了安石，而不是安礼、安智？"王安石："我因一只獾子闯入家门时落地的，故名獾郎。临川老家萧滩渡口有块生根巨石，任江水冲刷巍然不动。家父生性刚直，认死理，便按他老人家的喜恶，以那块巨石为我取名。"道原："你这个安石哟，前生就定性了的，与那江中生根石无关。"

　　王安石进入定林寺昭文斋专心著《字说》，此书斋之名，则由书法大家米芾亲笔题署。禅院众僧读经习文，论及文章，他们首推韩愈，次柳宗元、欧阳修、王安石，然后才是曾巩、苏轼兄弟。

　　僧甲："韩、欧等大家，皆文人之文。而王安石则学人之文，其理博大精深,其文渊懿朴茂。欧公用韩愈之法度改变其面目而自成一家。王安石用韩愈之面目损益其法度而自成一体。至于苏轼,词胜于理,乞灵于比喻,一泄无余。比之王安石,犹如野狐禅于正法也。"

僧乙:"王安石其文全在气盛。"欲气盛全在段落清,每段分束之际,似断不断,似咽非咽,似吞非吞,似吐非吐。每段张起之际,似承非承,似提非提,似突非突,似纾非纾。学王安石文,当学其倔强之气。其碑志二百篇,无体不备,无美不搜。除韩愈外,一人而已。"僧甲:"古人无限妙用实难领取,维王安石得之。"僧丙:"世人遵崇杜甫,实从王安石始。王安石《杜甫画像》道出心思:'吾观少陵诗,为与元气侔。……常愿天子圣,大臣各伊周……惟公之心古亦少,愿起公死从之游。'"僧丁:"杜甫苦吟,只为忧国忧民;安石新法,志在富国强兵。'惟公之心古亦少,愿起公死从之游。'宋之继唐,一脉相承啊!"

秋日,王安石、道原二人来到江宁府石头城东门楼下,携手登城。王安石:"这石头城寨古朴,山环水抱,气象万千,不愧六朝名都。"道原:"钟山龙盘,石城虎踞。今日登临,不可无诗。相公请!"

王安石应命,遥望大江自西而东,如玉带横抱,白鹭洲、燕子矶影影绰绰。南望芙蓉、天阙诸峰,牵手连接。山风习习,飞雁成阵,红枫遍野,艳若晚霞。秦淮水榭,隐隐传来竹笛笙歌。王安石以高亢悲凉的沙音高唱道:"登临送目,正故国晚秋,天气初肃。千里澄江似练,翠峰如簇。征帆去棹残阳里,背西风,酒旗斜矗。彩舟云淡,星河鹭起,画图难足。　　念往昔,豪华竞逐。叹门外楼头,悲恨相续。千古凭高对此,漫嗟荣辱。六朝旧事随流水,但寒烟衰草凝绿。至今商女,时时犹唱,《后庭》遗曲。"

道原在如醉如痴的状态中醒来:"相公填的是《桂枝香》牌吧？就叫它《京陵怀古》好了。"王安石:"真是同心相依,同声相求哇,我的老朋友！在汴京,官家与臣下;在江宁,道原与安石,高山流水故事也不如我们哪。"道原:"诚如相公所咏,但愿宋人子孙不再唱《后庭花》,不过是王安石多余的担心而已。"

石头城上有士人高叫:"那不是当朝宰相王安石吗,王相怎么回江宁来了？"士人甲:"朝报传了下来,王相溲血之症加重,太皇太后和官家打发他回江宁休养咧。"士人乙："不是吧，我家亲戚说，文太尉、富老相、司马学士等举朝坏新政，他王安石干不下去了。"士人丙："高居庙堂者不一定是栋梁！还不是熙宁新政动了他们的利益，妨碍了他们对百姓的盘剥！前些年，王公在我们江宁实施那些抑制富豪盘剥、让利百姓的办法，不是一样遭土鳖和贪官的抵制破坏嘛！"士人乙："积贫积弱几十年，今上与王相力挽大宋颓势。乾坤有望倒转，王公却被迫离开相位，反对者们又要乱政了。"士人甲："王公是我们江宁的福官，他老人家回归，江宁百姓福报多多。我们为王公祈寿祈福，愿他康复如初，也愿官家把熙宁新法施行到底。"

道原："听到了吧！应了您的诗句：'归见江东诸父老，为言飞鸟会知还。'"王安石激动不已，躬身向士人们敬礼致意。

第三十四章
遍体鳞伤仍然是英雄

从公一觉十年迟

数年后，王安石优游半山园，突然接到苏轼信函："舟过金陵，亲录近时诗文数篇，呈丞相荆公，以发一笑而已。乞不示人。轼拜白。"

王安石微笑着说："这个苏轼，舟泊秦淮，怕我不愿见他，投石问路咧。嘿，不来事，我去接他。"王安石骑驴来到秦淮。多年未到的地方，触景生情，激起无限遐想："曾经无数次夜游秦淮河，日落时分，晚霞照映湖水波光，熠熠生辉。"秦淮风月，歌绕舫摇，看不尽的人文画卷，阅不尽的历史沧桑。如今是白天，行人往来拥挤，岸上店铺，水上船只，犹见一片歌舞升平气象，典型的享乐文化胜地。他打听到苏轼停泊的码头，立即叫："子瞻，子瞻！"

苏轼惊见年长自己十五岁的王安石便服骑驴来访，极为意外，来不及更衣戴帽，便跳下船来，拱手作揖："苏某怎敢以野服拜见丞相。"王安石坦然笑道："礼岂为我辈设哉！"苏轼扶王安石上船述话："公回江宁修养，朋友们都很挂念，嘱我顺道看望。"王安石："多谢。子瞻从黄州回朝述职？"苏轼："述什么职？去黄州不久，朝廷令我知汝州。相公病体可曾安好？"王安石："看我这老态龙钟的样子，觉得还可以吧！"

王安石见过苏轼家人等，便邀他一路乘车上钟山。近半山园，苏轼见士子、百姓鱼贯拜谒；王安石一一招呼众人后，引苏轼入书房。王安石："读过子瞻的《赤壁赋》和《念奴娇·大江东去》等黄州诗词，知道你东坡居士，痛并快乐着,进入创作高光时刻。"苏轼:"汴京人喜羊肉,我却爱上了猪肉。黄州那地方,猪肉贱如泥,贵者不肯吃,贫者不解煮。我焖制的猪肉脍炙人口,人们美其名曰'东坡肉'咧! 百姓编成顺口溜:早晨起来打两碗,饱得自家君莫管。"

王安石问道:"子瞻任职杭州有年,也曾热心农田水利,贯通上中下焦,得民众夸奖。"好像触到敏感区,苏轼正襟危坐,十分慎重地回顾:"荆公新法之初,我们一些人固守偏见,至有同异之论。虽心耿耿于忧国,而所言差谬,悖于民间实情。官家力挺,丞相奋力,坚持数年,圣德日新,众化渐成。回看我等意气用事,着实偏执!"王安石:"子瞻能有这个说法,难能可贵呀! 坊间或有讥诮子瞻一脚踏三界者,并非如此嘛。你说是不是?"

苏轼虔诚地说:"欧阳永叔当年教导:物之成败,皆有定理。介甫以权谋事者也,胆略才具皆无可非议。所行新法,既非尽善,亦非不善,更非庆历当年可比。较之利害,别其优劣,加以取舍,新法方可为善。介甫身在中流,有进无退,多助则成,寡助则败。如吕公著兄弟,名门望族,其势不小,亦皆旧时交好者也,焉能袖手乃至对抗?"王安石:"欧公作古,我难过了许多时日。他既是朝廷砥柱,又是我的恩师,感激他老人家的理解和襄助。"苏轼:"那时,欧阳公身在地方,却总以朝廷视角评判国政,公忠体国,感人至深。我们苏氏兄弟,理应尽朋友之义,顺乎自然可也。惭愧,实际情况是,我没有尽到朋友的责任呐。"

此话又一次将王安石心底里的寒江孤舟、四望无援的心境冲淡了。他说:"呵呵,子瞻幡然践行熙宁新政;俗话说,浪子回头金不换嘛!"苏轼还是那么调皮:"俗话也说,浪子回头更捣乱咧!"王安石笑了笑,语重心长地表述:"天下之难持者莫如心,天下之易染者莫如欲。一个人的生命只有同大宋的命运融合在一起才有意义。子瞻吾小友,去欲归心,可谓一片冰心在玉壶哇!"苏轼:"但愿贤相容后学归心。"

王安石:"在朝时,交友皆因国事而绝,现在闲居复作书向问。"苏轼:"子由收到过您的问候。"王安石:"君弟子由是个实在人。他在三司条例司时,焚膏继晷,兢兢业业;后在户部侍郎位上,妥善处理广州番商财产事件,合乎新政规范,有利于海上丝绸之路扩展繁荣。子瞻如能亲见广州、泉州、明州等外贸港口景象,定能写出更多雄奇诗词。"

苏轼又说:"范纯仁在朝,也曾极力反对青苗、免役;其后渐见国用不足,才懂得食禄之易,治事之难,也就主张恢复青苗等法了。"王安石微微点头:"显而易见,熙宁新政与范文正公庆历新政一脉相承。"苏轼:"司马君实也表达了这么个意思。他说,散青苗钱,本为利民,惟当禁抑配不力而已。"王安石:"子由当时最担心的就是抑配,事实证明他深谙官场利弊。"苏轼:"君实还对人说,讲安石为人奸邪,毁之太过;就性格而言,倔强而又执拗而已。"王安石不置可否,心想:"这些铁杆反对派,通过子瞻之口转达心意,也属难能可贵。"

苏轼:"司马君实自认踏实倔强,视地而后敢行,顿足而后敢立。他感激荆公对《资治通鉴》的褒奖。"王安石点头说:"《资治通鉴》取材不别正顺,不信虚诞,不记奇邪,不奉佛老,将浩瀚如烟的史事删削冗长,举撮机要,专取关国家盛衰,系生命休戚,善可为法,恶可为戒者,为编年一书,功不可没。至于熙宁新政,他可谓以敌对面目立朝的知己。我预料,司马君实会坚决较量到底。"

苏轼:"丞相好像对人说过,那些曾经深深伤害过你的人,你不忌恨,但也不会原谅,更不会忘记。"王安石:"子瞻知其一不知其二。其实,我最愧心的是那些因抵制新法而被贬斥的朝中同僚。"苏轼:"是的,熙宁五年(1072年)春,您力擢御史中丞邓绾加龙图阁待制,责令他负责甄别此前因反对新法而罢免或外放的朝官。"王安石:"我的原则是:只要其人公忠体国,洁身自好,朝廷便可为其官复原职,或另行重用。尤其是御史谏官,他们要尽职尽责,自有他们的难处。"

苏轼瞪眼傻看王安石。王安石:"一些质疑或反对新法而获罪外放者,有的能努力任事,有的却一蹶不振。不振者何以处世、何以养家?还有像程昉那样,为国家立了特大功劳,却被错误处分而身陷困境。变法本为改变天下百姓的弱势,却使强势人家坠入弱势群体,岂不违背初衷?"苏轼好像今天才懂得王安石确系今之古人,熙宁新政既严厉苛刻也宽松包容。他内心感慨:"越成功之人越善良,只因他们早已凶狠过。"

王安石:"子瞻应晓得,一批批曾被外放的官员,陆续回到中枢,与士大夫共天下嘛。"苏轼点头:"我知道,其中包括吾弟子由。他心存感激,不止一次对我说:'不遇王相,不知尸横何处。'"王安石:"言重了。邓绾的甄别也包括子瞻你。对你,对吕献可、司马君实、文潞公,我只有较量,没有陷害。"

苏轼:"坊间久传,邓绾在御史中丞任上,与练亨甫曾举荐你们王家人和女婿吴安持、蔡卞升官。您当即要求官家外放邓绾和练亨甫。朋友们都敬佩介甫只有政敌,没有私仇,更没有私欲。屈原老先生《颂橘》:'秉德无私,参天地兮!'讲的就是先生您呐。"王安石:"在政治场中,搞门儿清,置政敌于死地的人比比皆是。子瞻或许不晓得,我也曾遭遇过几次暗算。比如宣德门坐骑被挝,飞来峰下遭暗杀。子瞻应知道,对你,中书定的原则是:'赏宜从与,罚宜从去,罪宜惟轻,功宜惟重。'所以,即使有人想整饬你,过去或将来,在神宗朝,都不会达到目的。"苏轼:"我懂的。您曾对今上说,哪有因区区文字惹麻烦而与士人过不去的? 杀苏轼那家伙是要遭天谴的! 我今天能有命来拜谒荆公,实在有赖您的包容。大恩不言谢啰!"王安石:"'家伙'二字是你加上去的。万两黄金易得,人才一个难求。我们要给时人和后人留下诗圣词擘。大宋文坛多大家,而法胜者莫如南丰曾子固,以无法胜者莫如眉州苏子瞻。词到你苏轼,将言情与意志结合,与唐诗一样,其体完善至臻矣。不知以后几百年才会有此等人物出队。"

苏轼:"大宋词擘甚众,荆公高抬了。我虽一向狂妄,却自知不敢当。文学泰斗,只尊欧阳文忠公和您王荆公。而我只想以手写心,不被人挖空心思寻找毛病、打棍子、送乌台就阿弥陀佛了。"王安石:"文气不可挡,民心皆所向。我在河北巡边时,处处见到你们兄弟的诗词被张贴于道路旁和家室中,常听百姓哼唱:'人生缘何不快乐,只因未读苏东坡。'在扬州一带,也曾听到孩童们聚唱:'苏文熟,吃羊肉;苏文生,吃菜羹。''竹杖芒鞋轻胜马,一簑烟雨任平生。'有这么高的格局,仿佛唐朝李太白,大宋词圣桂冠必定要戴到你小苏头上。"苏轼:"这样的民间传闻,我也曾听到一些,一笑而已。"

正在热切交谈时,苏轼感觉偏头痛。王安石叫汪弄沟找出一瓶药水,说明左边痛则灌右鼻,右边痛则灌左鼻,左右都痛则双鼻皆灌。苏轼用后立即见效,惊问:"什么神仙药,这么灵验?"王安石告诉他,自己经常头痛,有一次在与今上议事时发作。今上急叫小黄门送来药水,用了马上不痛。今上将处方给了我,并说明是太祖传下数十秘方中的一个。

便餐以后回到书房用茶,苏轼兴致勃勃继续交谈。王安石:"大宋承平百年,工商业达到七成,朝廷收入是唐朝的三倍。熙宁年间每年铸钱五百万贯,而唐玄宗盛世年铸钱才三十万贯。番商咸称中国是世界经济最发达的国家,到处洋溢着人文精神,汴京人口一百多万,世界绝无仅有。火药、印刷术、指南针与航海技术等,被倭国、天竺、波斯等国家称为世界三大发明。文章诗词胜过唐时,充满生活气息和个人尊严。你苏子瞻、他黄鲁直、米元章等书法承魏晋遗风,董源、范宽、李成、郭熙他们绘画风格各异,无名工匠的建筑、佛窟雕刻、陶瓷玉器,精妙绝伦……总之,熙宁朝政治昌明,经济发达,市场繁荣,文化鼎盛,五十多个藩国朝拜,世界唯一呐!"

豪放无羁的苏轼听得发呆。王安石:"子厚先生的'为天地立心,为生民立命,为往圣继绝学,为万世开太平'横渠四句,是我力推新政的助力。子厚长我一岁,言简意宏,达到儒学高峰,我无能及其项背。"苏轼:"子厚先生对我说过,介甫的《三经新义》与新法创意,与他的横渠四句异趣同归。"王安石:"为生民立命,我做了一点;为万世开太平,就靠你们和后人了。路漫漫其修远兮,你们后来人要勇于试错啊。"苏轼此时好像跳出了个人的旷达和放纵的诗词境界,肩负一种空前的社会责任感,突然联想起濂学大师周敦颐的太极理论。

王安石:"濂溪先生已作古,不愧大宋儒家理学思想的开山鼻祖,我朝公认的五子之一。周先生的濂学,张子厚的关学,二程的洛学,我的新学,你们苏氏父子的蜀学底蕴,都由你的《赤壁赋》《念奴娇·大江东去》所道出。魂附骨存,骨以魂立。你的词赋将会代表大宋士人的思想情趣而流传于中华以及藩国后世。"苏轼:"啊,真不敢想,我在颠沛流离中活出的诗情画意,能承载这么大的分量!真可谓'吾上可陪玉皇大帝,下可陪卑田院小儿,眼前见天下无一个不好人'。"

王安石:"我读过子瞻《胜相院经藏记》,内有'如人善搏,日胜日负,自云是巧,不知是业'句。我改成'日胜日贫',可好?"苏轼:"'日胜日贫','负'改'贫'。一个'贫'字,概括了我生命的中气,把我曾经的纵情激辩、言辞相搏的口业,和它带给我的尴尬、无助与难以为继的窘迫体现得淋漓尽致。荆公,一字师啊!"王安石感慨:"呵呵,子瞻此话,为我的《字说》增加了一个词条。可喜可贺的是,子瞻老弟把别人的苟且活成自己的潇洒,一蓑烟雨任平生,归来犹然少年。你看到了,我们大宋熙宁新政,已经汇入史册,谁也改变不了,更无法否认。真愿子瞻在钟山寻一块地,盖几间茅屋,我们天天见面谈心。"

苏轼眉飞色舞,立即涌出一绝:"'骑驴渺渺入荒陂,想见先生未病时。劝我试求三亩宅,从公一觉十年迟。'心中万万事,非面不可道。因为有你,我才是我。咳,要是十年前能有荆公这次叙谈,我的人生也许是另一个样子!"王安石:"走点弯路是人生的一种常态,心安是归处。前辈范希文'不以物喜,不以己悲;进亦忧,退亦忧'。忧国忧民,吾与谁归? 我们与他老人家同归吧!"

有史必有安石其名

在幽静的半山园,王安石接到吕惠卿陈州寄书。知他离朝外放陈州,不免心有所动,乃仔细披览,知其主旨是自责与辩白:"内省凉薄,尚无细故之嫌;仰惟高明,夫何旧恶之念。"

王安石回想起过往情景,思绪翻滚,感慨万千。这位最为紧要的同路人之非,不是细故有嫌,而为欲望所累。世间一切事情都由人来做的。变法成败之机在于得人。吕惠卿、曾布之失在于背离了初心。王安石觉得有必要再明心迹,乃沉静地起笔答曰:"与公同心,以至异意,皆缘国事,岂有他哉!同朝纷纷,公独助我,则我何憾于公? 人或言公,吾无与焉,则公何尤于我? 趣时便事,吾不知其说焉;考实论情,公宜昭其如此。开喻重悉,览之怅然。昔之在我者,诚无细故之可疑;则今之在公者,尚何旧恶之足念? 然公以壮烈,方进为于圣世;而某苶然衰疢,特待尽于山林。趣舍异路,则相呴以湿,不如相忘之愈也。想趣召在旦夕,惟良食,为时自爱。"

吕惠卿如或览见荆公书,有如当年《答司马谏议书》那样精练与搬不动的逻辑,定会心潮澎湃,思绪万千,自愧不如。

定林寺,道原长老总忘不了回归江宁的王安石。他感慨道:"与本朝文

豪、名相同代,且交往不浅,是吾辈之幸呐! 你们要常吟咏多汲取!"僧甲:
"我们都能背诵王相诗文数百篇了,《三经义序》《与王子醇言兵》《答司马谏
议书》,短而精粹,愈短愈妙。"道原:"王安石不仅是文学大学,他在经济、政
治、军事、形而上等各领域都有建树,是一位伟大人物呀。"

　　僧乙:"我们这些小沙弥对王公少年趣事更在意,简直感同身受!"僧丙:
"王公与我们一样,自小发奋求学,读书过目不忘,尊师重道,下马拜过荆
条。"僧甲:"拜荆条做什么?"僧乙:"他十三岁随父守丧祖父墓于临川蛤蟆山
灵谷峰,在隐真观书院读书,与二三小友摘野果、捉小虫、自练拳棒以强身为
国。老师见他们顽皮不羁,便折荆条猛抽他们。二十二岁的他中进士后回
乡谢师,先生离世,书院被雷火烧毁。他好伤心,便跪在荆条树下拜先生,除
草培土浇水,祈祷先生犹如荆树万古长青。"

　　僧丙:"你们晓得王公有一首自嘲诗吗:'苦读天已晓,日高竟忘饥。早
知灯是火,饭熟几多时。'他就读的小学校由学生们轮流做饭。他往往夜读
入迷,把做饭的事忘在脑后;当发觉自己该做饭飞快地淘了米,却没有火种。
到处找呀找总是找不着。学友发现他猴急猴急的,便调笑他:'真个傻书生,
烛光不就是火种嘛!'"

　　僧甲:"我也听说王公外婆家很富裕,粮食藏在山洞中好几年吃不完烂
掉了。有一年天旱,水田里坼张大口,禾苗快要枯死。农人们求拜土地神降
雨不得雨水。王公等小屁孩便编了松针锁链套在土地神颈项上,齐声朗诵:
'土地公公土地婆,骗了香烛炮竹不管禾;剥你金装不解恨,一副锁链铐住你
下座。'他从小就这样嘲弄尸位不作为者。"

　　僧丁:"乡民传说,王公二十岁时进京赶考,路过一大户人家,见府门前
悬灯出联招亲:'走马灯,灯走马,灯熄马停步。'王公未能对,但记心中。进
京后,想不到主考官所出之联竟是:'飞虎旗,旗飞虎,旗卷虎藏身。'他以招
亲联作答,轻松地得中进士。衣锦还乡时再次路见招亲联,居然仍无人能
对,他便以考题联作答。府主人要将女儿许配他,吓得他偷偷逃离。"僧戊:
"嗨,要是我就把那姑娘娶回家,只要不长得太丑就行。"僧人们哈哈大笑:
"难怪长老说你尘缘未了,原来你确实是个饥不择食的登徒子!"僧乙惋惜:
"那家人太不走运! 要是婚成,如今当上宰相岳丈、宰相夫人,多光彩!"僧甲

笑道:"有趣。看来做僧人不能闭目塞听,要多到世上化缘溜溜。"

僧丙:"回到前述正题,除了文学,各领域都有人反对王公,尤其是经济、政治,是不是他树敌太多?"道原:"成功,需要朋友;伟大,需要敌人。"僧甲:"伟大需要敌人?"僧乙:"是的,需要敌人,需要司马光、文彦博、富弼,需要吕海、唐坰和两宫太后等等。"

道原:"伟人还能化敌为友。王安石回江宁默默舔舐自己的伤口,却又不忘搭救昔日朋友。"僧乙:"师父是指那个苏子瞻?"道原:"不止一人,许许多多。当然苏子瞻,文坛巨匠呐,西湖诗词,《赤壁怀古》《与滕达道书》,千古绝唱啊。"

僧丙:"弟子们最佩服也最同情王公。"道原:"英雄泪啊!"僧丁:"近有他的《梅花》诗:墙角数枝梅,凌寒独自开。遥知不是雪,为有暗香来。"道原:"山川钟秀不徒然,致使英雄居江宁。王公躲到江宁这个墙角,而暗香溢满大宋、流遍海外呐。"

僧甲:"常言道,百岁荣华曰夭,万世永赖曰寿。永寿者,荆公王安石也!"僧乙:"无公则无熙宁新法,有史必有安石其名!"道原:"对头! 英雄代表了人间的正气和担当,遍体鳞伤的英雄仍然是英雄!"

尾声

　　熙宁七年(1074年),五十四岁的王安石因痼疾加重而多次请辞相位,神宗皇帝再三恳留而后不得不允准。四月,王安石以吏部尚书、观文殿大学士出知江宁府。正在如火如荼施行而且效果明显的新法首次受挫。十个月后,神宗不得不请他回朝复相。一年多后,年仅三十三岁的长子王雱病逝,心力交瘁的王安石再次辞相,以镇南军节度使、同平章事判江宁府;元丰年间(1078—1085年)进封舒国公,后改封荆国公。

　　二十岁即位、在位十八年的神宗只活到三十八岁。元丰八年(1085年)驾崩后,不到十岁的幼子赵煦即位,改号元祐(1086—1094年),神宗母后高氏垂帘听政。高氏以太皇太后身份请回老病不堪的司马光为相。六十八岁的司马光于元祐元年九月去世;在一年多一点的时间内,急不可待地将王安石新法统统废除。六十六岁的王安石比司马光早五个月去世。人去政失,正如他预示的那样,大宋政局完全逆转。

　　高氏于元祐八年(1093年)去世后,哲宗亲政,改元绍圣(1094—1098年),用章惇为相。哲宗和章惇等人竭力恢复过去八年中被废的新法,史称"绍圣绍述"。

　　哲宗也是个只活了二十三岁的短命皇帝,元符三年(1100年),依母后向氏意,由其弟赵佶继位。这位以书画艺术为业的徽宗虽然继续实行王安石新法,但奸相蔡京将国事弄得面目全非,恰如小说《水浒传》所描述的那样。更为奇葩的是,崇宁元年(1102年),在文德殿端礼门树立了一座元祐党人碑,由徽宗御笔题头、蔡京手书,将司马光、文彦博等三百零九人,包括章惇、王珪、吴充、曾布、张商英、韩维、陆佃、苏轼、苏辙等名字及其罪行镌刻其上,意在将始终反对新法或前后动摇不定者钉在历史的耻辱柱上。这个损招，将王安石、吕惠卿、韩绛、曾公亮、陈升之、张方平、蔡挺、王韶等新法重臣及其家族置于极端孤立的境地，将由施行新法而富强起来并众化大成的大宋社会彻底撕裂。

北宋都城汴京于靖康二年(1127 年)被金兵攻破，徽宗赵佶和由他禅让才即位一年的儿子钦宗赵桓双双被俘(八年后赵佶死于金国五国城)，北宋皇朝灭亡。逃到南方的赵构定都临安(今杭州)建立南宋皇朝，是为宋高宗。

南宋党争蜂起，党人碑被毁。政局上的"翻烧饼"，竟然使碑上有其名者成为"元祐忠贤"，他们的后代子孙引以为豪。正如后人诗云："蔡京奸计假荆公，绍述虽同事岂同！"

宋朝历史被搅成一锅稀粥。在所谓的正史《宋史》成书以后的数百年中，人们把北宋的灭亡归咎于王安石变法，视王安石为罪无可赦的大奸臣。直到清朝学者蔡上翔《王荆公年谱考略》问世，才将这个历史弥天冤案翻转过来。以司马光为代表的倒行逆施而引发的历史大倒退，才是形成宋朝国家南北分裂的罪魁祸首。

后记

　　本书的顺利出版令我感慨万分，正所谓"驽马十驾，功在不舍"，尽管稿件几经修改，但仍难免有粗糙稚嫩之处，我也只能坦诚地将其呈现给大家了。

　　在仰慕先贤、感恩历史的同时，此时此刻，我更要感恩同代贤者智者。二十世纪七八十年代，爱书之人因经济条件所限，往往买不起书，多倚新华书店柜台阅读。尽管我咬牙买了王安石的著作以及《宋史》《续资治通鉴长编》等书籍，但关于北宋都城汴京的详细地图却无处找寻，而这对于我创作本书是不可或缺的资料。幸运的是，原籍开封的报社同事赵晏如托家兄为我寻找并手绘了皇城、内城、外城诸门及主要街道、水道示意图，这才使我在写作时避免了将街铺、皇宫位置及书中人物的行程错置。后来，湖南省煤田地质局物探测量队原技术员张家文、刘经南（现为中国工程院院士）又以专业手段将这些手绘图绘制为更为精准、雅致的地图。在此，我向他们致以诚挚的谢意。

　　本书在撰写过程中吸收了历代诸多学者的研究成果，包括陆象山、蔡上翔、梁启超、邓广铭、漆侠、毕宝魁、崔铭等。书稿初成，也得到众多良师益友的审阅与指正。其中，中宣部的曾建立、同学曾庆珏、"中华之光——传播中华文化(2019)年度人物"谭中老先生、中南出版集团原董事长彭玻、湖南省社会科学院文学研究所原所长及著名文艺理论家胡良桂、好友陆水明陆遥父女的热心推荐尤为珍贵。贵州省政府前副秘书长杨通华、高级编辑及省级阅评员龙炘成、资深媒体人高宗文、古典文学家齐瑞端黄楚文夫妇、冤狱数年而后著作等身的杨德淮、杂文家曹仙源与丁学坚等中文系老同学们给予我极大的鼓励与支持。中国人民解放军原国际关系学院（现国防科技大学外国语学院）教授郗文大姐审阅全稿，笑称能当"第一读者十分荣幸"。此外，我还得到了来自不同领域的专业咨询与帮助，如湖南师范大学历史系出身的异姓哥们周均生（与我同至耄耋之年）、湖南师范大学副研究馆员赵涤平大姐的宝贵意见；海南省书法家黄启雄慷慨赐字；摄影家李锋尽心尽力为本书增色；驻王公故乡抚州的共享集团副总裁宋龙斌、宁波鄞州区宣传口要员翁芳频、南京亲属庄佳政罗湘君夫妇、上海学者薛熙幸、北辰国际颐养中心经理刘琴等也给予了热心的支持与帮助。

　　特别是贤婿高建明与我的爱女潇湘为出版事务劳心尽力；鲁迅文学奖获得者、作家、诗人、媒体人陈仓先生热情赐序；出版社编辑团队精心操作，确保了本书的高质量出版发行。此外，还应特别提及的是，数十年来我深居简出于贯一斋，家务事很少涉及，对于四代家人的理解、宽容和支持，我无比感激。

　　"老去自怜心尚在，后来谁与子争先！"我衷心希望此书能获得研究宋代史的专家学者以及各阶层读者的喜爱，期盼现实社会与子孙后代都能像改革先驱那样，汲取优秀传统文化的智慧和力量。书生微薄之情，寄于一书。若幸得慧眼之人，能以此书为灵感源泉，拍摄成影视剧，将王公的铮铮铁骨与改革先驱们的心路历程更生动、广泛地展现给世人，这无疑将为推动中华民族的伟大复兴添砖加瓦，贡献一份宝贵的力量。

罗少亚

2025 年 1 月于上海浦东